工業化と企業家精神

ヨハネス・ヒルシュマイヤー

編
川崎　勝
林　順子
岡部桂史

日本経済評論社

ヨハネス・ヒルシュマイヤー（1976年）

〔撮影：鈴木浩彦〕

序　文

二〇一〇年、南山大学社会倫理研究所は、創立三〇周年記念を迎えた。一九八〇年五月二六日、第三代学長ヨハネス・ヒルシュマイヤーの提言に基づき、経済学部の教員を中心に、南山大学人類学研究所、南山宗教文化研究所に次ぐ三番目の研究所として、南山経済倫理研究所が発足した。高度経済成長にともなう公害問題などの諸々の弊害が顕著になり、経済学、経営学に新たな価値基準が求められ、企業活動の倫理的側面の研究が必要性を帯びていた。こうして、南山大学の「人間の尊厳のために」の理念に基づいて、経済・経営の諸問題を研究し、社会的関心を喚起し、普及するため、産業社会における人間像、企業の社会的責任、福祉国家の再検討、現代社会における所有権思想、組織、技術、環境、高度消費など、国際的比較の観点から研究を進めることになり、翌一九八一年に、法哲学、政治学、経済学を含めた、南山大学社会倫理研究所に改組された。発足時から、ヒルシュマイヤーも研究所員として参加した。

社会倫理研究所では、創立三〇周年記念事業として、いくつかのシンポジウムの開催、機関学術誌『社会と倫理』第二五号の記念特集が企画された。さらに、「後世に残るものを」ということから検討が重ねられ、研究所の生みの親であるヒルシュマイヤーの業績の再評価に意見がまとまっていった。それは、ほとんど顧みられずに南山学園史料室に保管されていた「ヒルシュマイヤー文書」が整理されて、大学史料室に移管されたときでもあった。こうして、「ヒルシュマイヤー文書」から、今ではほとんど入手することが難しい論考を集めた『ヒルシュマイヤー著作集』を刊行することになったのである。

こうした動きに前後して、企業者文化論を研究するビジネス研究科の広瀬徹が「ヒルシュマイヤー文書」の分析を開始し(「ヒルシュマイヤーの業績——多領域活動への視点——」『アルケイア』第三号、二〇〇九年三月)、大学史料室も参加して、ヒルシュマイヤーの代表的著作の一つである『日本の経営発展』および本著作集に収録した論文「江戸時代の価値体系とビジネス」の共著者である由井常彦氏から貴重なインタビューを得ることができた。これによって、経済学者であり、経営史家であるヒルシュマイヤーの新たな像を知ることができるようになった。

二〇一〇年五月二七日に、南山大学社会倫理研究所にヒルシュマイヤー著作集編纂委員会が構成され、二〇一二年度からは南山大学史料室も共同事業として加わった。数度の検討会議の結果、経済・経営史に関する論考、日本文化論、大学論、教育論、宣教関係、書簡などの中から、経済・経営史分野と文化論分野の二本立てで、毎年刊行されてきた「南山学園史料集」として刊行することが計画された。

また、この間、幸いにも、ヒルシュマイヤーの再評価が、経営史研究者や学会の間にも現れはじめた。このため、より広く業績を共有できる方法を考えることになり、経済・経営史分野については、一般書籍として刊行することにしたのである。

この事業に理解を示されて、多大の支援をしていただいた南山大学と出版をお引受け下さった日本経済評論社に、心からお礼を申し上げる。

二〇一四年三月

編纂委員会を代表して

川崎　勝

凡例

1 本書は、南山大学社会倫理研究所三〇周年記念事業の一環として、南山大学史料室所蔵の「ヒルシュマイヤー文書」(現在は、社会倫理研究所図書室に配架)中の雑誌、新聞、論文集などから、経済論や経営史に関する論考を中心に、『ヒルシュマイヤー著作集　経済経営編』として、編纂したものである。書名『工業化と企業家精神』は、編纂委員会で討議して付したものである。

2 原文の多くは、英語で執筆された後に和訳されたものである。収録にあたって、誤字、誤植、出典の誤りのほか、訳者の間での、訳語、専門用語と歴史用語、文字遣い、記号などの不一致については、統一修正した。

〈例〉 企業家職能→企業家精神　第一次世界戦争→第一次世界大戦　清教徒→ピューリタン　回教→イスラム教

なお、記述上での文意不明な点については、編者である川崎勝と岡部桂史の責任によって、修正・追記・削除した部分もある。

3 全体にわたって、読みやすさを考慮して、文字遣いについては、常用漢字、現行仮名遣いに統一した。

4 『聖書』からの引用については、すべて一九八七年初版の新共同訳に改めた。

5 初出論考の訳者については、「解題」に掲載した。

6 Ⅳの第一論文は、「東西経営イデオロギー」として発表されたが、文章表現が難解なため、「経営イデオロギーの比較史　西洋と日本」として、新訳を掲載した。

7 「ヒルシュマイヤー文書」のうち、日本文化論、大学論、教育論関係の著作については、「南山学園史料集」の一冊として刊行を予定している。

8 南山大学社会倫理研究所ヒルシュマイヤー著作集編纂委員会の構成メンバーは、以下の通りである。
奥田太郎(社会倫理研究所第一種研究所員/人文学部)、マイケル・シーゲル(社会倫理研究所第一種研究所員/総合政策学部)、大庭弘継(社会倫理研究所第一種研究所員/総合政策学部)、林雅代(社会倫理研究所第二種研究所員/人文学部)、川崎勝(社会倫理研究所非常勤研究員/前経済学部)、林順子(経済学部)、梅垣宏嗣(経済学部)、岡部桂史(経営学部)、広瀬徹(ビジネス研究科)、永井英治(大学史料室/人文学部)、リチャード・ジップル(外国語学部/南山国際高等学校・中学校長)。

目次

Ⅱ　前期（一九六一～一九六七）

経済発展と回勅の経済思想

Ⅳ　後期（一九七五～一九八四）

近代企業経営と企業家精神

I 総論

経営史

1　西洋の企業発展

経営史は、経営学と同様に、歴史の浅い学問である。その研究の対象は、企業およびその経営の歴史的発展である。経済史は、一国または一地域の経済の発展を対象とするが、経営史は、むしろ、その経済全体のダイナミックな要因となっている企業そのものを研究する。

大まかにいって、企業発展は、次のように三つの大きな段階に分けることができよう。つまり、商業革命の段階、産業革命の段階、経営革命の段階のそれである。ところが、商業革命は、産業革命が起こる前に終わるのではなく、現代まで継続している。と同様に、産業革命も、現代においても続いていることは自明である。

(1)　商業革命

歴史的に、商業革命のエッセンスに、少なくとも次に上げる、三つの要因が認められる。

①商人、つまりブルジョアジーは、自由主義精神を発達させ、諸都市に民主的自治制度を確立し、支配階級に比べて、極めて進歩的になり、国際貿易によって革新的な態度の持ち主になった。

②商業そのものが、名誉ある職業として評価された。諸国の政府までも、商業を奨励するのみならず、政府自ら商業に乗り出した。この時代に、「利潤極大化」は、キリスト教倫理においても正当化されたのである。

③普遍的市場の確立である。この普遍的市場は、地中海を中心にした国際貿易によって発生した。そして、ついに市場そのものは地理的にも、内容的にも独自な法則で動き、人間も土地も商品と同じように、市場の法則に従わされた。

商業革命は、西ヨーロッパにおいて、産業革命の前に発生した。もちろん、商業革命は、現代でも「流通の合理化」、あるいは、企業の多国籍化の形で継続している。商業革命は、一五世紀前後、北イタリアの諸都市において、特に十字軍の影響と、アラブ地方との貿易交流によって始まった。そして、北イタリアの諸都市の大銀行家は、次第に国際貿易の要となった。フィレンツェのバルディとペルッツィや、後にメディチの経済力は金本位制に基づいていた。また、国際貿易は、地中海や北海の港を中心に発展し、フィレンツェ、そして、後にはベルギーのアントワープにおいて工場生産を大きく発達させた。北ヨーロッパにおいては、ハンザ同盟の諸都市間で貿易が盛んになった。さらに、南ドイツのアウグスブルクやニュルンベルクでは大規模な金融や生産が発達した。アウグスブルクのフッガー家は、鉱山の経営、貿易、金融業によって、莫大な富を得たのみならず、ヨーロッパの政治を牛耳るほどの大きな力を持った。いずれにせよ、一六世紀末期までの貿易は、国境の存在を憶えることなく、ブルジョアジーの強い自負心と、自治を確立した自由都市を中心に交流し、発達した。

そして、この国際交易の後に来る、一六世紀末期から一七世紀の商業革命が、新大陸の発見と、それにともなう諸国の植民地獲得への争いを、特徴として持っている。そのために、まず、スペインとポルトガル、後には、オランダとイギリスが、国を単位とした世界的規模の貿易を奨励した。特に、オランダとイギリスは、そのために東インド会社や他の植民地貿易会社を設立したのである。この時代は、国際貿易の争いを中心にした、経済ナショナリズム（重商主義）が盛んであった。また、この時代に、商業革命は全世界を一つの市場にしたのである。

(2) 産業革命

産業革命は、イギリスにおいて、重商主義と全く関係はなく、実業家個人のイニシアティブと革新によって始まったのである。商業革命においての国家の主導は次第に排除され、それに代わり放任主義と自由競争が浸透した。産業革命の本質は、商業革命の諸要因を受け継いだ上での機械の導入である。つまり、工場では人間と機械の力を合わせて生産の合理化を追求する。資本家の目的は、飽くまでも利潤の極大化であり、そのために、資本も、土地も、人間も、単なる生産要素にすぎないという原理が貫かれたのである。産業革命初期のイギリスはいまだ後進国であったが、一世紀足らずの間に、全世界を経済的に支配する国となった。

産業革命は、いわゆる資本主義の形をとった。資本主義の発生については、いくつかの学説がある。マックス・ヴェーバーによると、プロテスタンティズムの倫理が個人主義と世俗化した禁欲主義を強め、この精神に徹底することが、資本家の成功するもとになった、と書いている。

産業革命の特徴の一つは、その初期に、次々と多くの発明や革新が現れたことである。文字どおり、一八世紀末期において、イギリス全土は発明熱や革新熱で覆われ、また、政府もそれを奨励した。この現象の中に、一つは、ブルジョアジーの新しい教育制度があった。そのほかに、機械の導入が一般化されることによって、生産分野に革新のチャンスが開かれたことが、いわゆる連鎖反応的に効果を現した。例えば、綿花の輸入が紡ぎ手不足を起こし、紡績機械の発明を誘発した。また、紡績機械を採用すると織り手が不足し、彼らの賃金が暴騰した。そして、紡織機械が発明された。

産業革命の大きな問題は、労働者の獲得と労働の管理にあった。工場生産の導入の段階で、労働者の供給不足が起こった。その原因は、家内工業に馴れていた労働者が工場の規律を嫌ったためである。その代わりに、乞食や囚人たちが強制的に働かされた。工場生産が増大すると、それによって家内工業は破壊されるようになった。こうして、いわゆる「失業者の予備軍」が現れた。労務管理は、産業革命初期の頃には、温情主義が取られていたが、その後、マルサスやリカードの学者の理論の影響を受けて、次第に単なる金銭的誘因に頼るようになっていった。つまり、労働規律を支えたのは、賃金の「飴」と、首切りの「鞭」に変わった。労働者は、それに反応した。最初は、機械を敵として、それを破壊する暴力行為から、次第に労働組合を形成していった。

産業革命は、イギリスで起こり、次第に全ヨーロッパに、ついに、全世界に広まったのである。もちろん、現代においても、機械による生産プロセスの合理化をする産業革命の原理は続いている。

(3) 経営革命

経営革命は、企業が成長し、いわゆるビッグ・ビジネスになる段階において必然的に発生する。資本家は、企業が巨大化したとき、もはや一人でその企業を経営することは不可能になり、専門経営者が登場したのである。巨大化する企業においては、組織の拡大にともなう中央コントロールと分権のバランスの問題がクローズアップされる。また、株主の分散によって、所有と経営の分離はますます進み、経営も多面的な目的を追求するようになる。つまり、利潤追求にともない、科学的労務管理を通して、従業員との満足できる関係と福祉問題も新しい目的となる。そして、巨大企業は、一般社会に対する環境等の問題にさらに強い責任を問われる。このいくつかの目的の合理的追求のために、経営者は、近代経営の方法を開発したのである。それは、組織論、財務管理論、労務管理論、マーケティングなどと、学問的に研究されるのである。

経営革命は、最初、アメリカで実現した。一九世紀後半、アメリカにおいて初めてビッグ・ビジネスが生まれたからである。このアメリカのビッグ・ビジネスの発生に、四つの主な理由が上げられる。①人々は、ビジネスを社会的成功の尺度とし、「ビジネスこそアメリカ社会の務めである」とした。②国の大きさ、この地理的チャレンジ（フロンティア）から無数の生産や販売の拡大が可能であった。③移民者の増加から生じた人口の増大と、それによる需要の拡大。④標準化、アメリカは人種の坩堝《るつぼ》となり、社会的階級もなければ、地方的伝承もなかったので、製品の標準化はしやすく、大量生産は容易に受け入れられ、つまりそれは、ビッグ・ビジネスの発達に絶好の条件になった。

まず、アメリカのビッグ・ビジネスの出発は、鉄道網の拡大が始まりであった。長距離を結ぶ鉄道は、従来と違った経営を余儀なくせざるを得なかった。次第に、いくつかの鉄道会社の中に、管理組織の改革が実現したのである。そして、この鉄道網の発達は、全国をつなぎ、アメリカを一つの市場にした。この巨大な市場を利用するために、多くの生産業者は新しいセールス・システムを相次いで導入した。その結果として、究極において垂直統合の大企業が生まれた。つまり、原料生産から小売まで、企業はすべての段階を合理化し、統一したのである。このような大企業の形成によって、激しい寡占的競争が生じたので、それを緩和させるために、企業の合併、あるいはトラストの手段が取られた。しかし、政府は、トラスト禁止法（一八九〇年）で独占への傾向に歯止めを掛けようとしたが、ついに、ウォール街（モルガン）に主導権をとられ、多くの巨大企業、また多国籍企業のゼネラル・エレクトリック（GE）、USスチール、ゼネラル・モーターズ（GM）等が生まれた。この巨大企業や多国籍企業では、ワンマン経営は不可能になった。そして、二〇世紀に入り、特にGMを中心に科学的経営が開発された。また、経営学そのものは、アメリカにおいて発展したのである。このようにして、完全な所有と経営の分離が現代の大企業の原型をつくったのである。

2　日本の企業発展

日本の企業の発展においては、前に述べたとおり、商業革命、産業革命、経営革命は実現したが、しかし商業は、徳川時代における鎖国と閉鎖的封建社会の中に行なわれた。産業革命は、明治維新の特殊な事情の下に発生し、いずれも西洋と違った様相を持っていた。ここでは一応、三つの段階に分けて、日本の商業、産業、経営近代化とその特質を取り上げてみる。

(1)　徳川時代における挫折した商業革命

徳川時代の商業は、城下町に暮した武士階級のために営まれ、栄えたのである。商人の活動によって、全国は一つの市場となり、貨幣経済もかなり普及した。大坂は、貿易の集散地として、大商人の都市となった。金融や信用制度は、両替商の活躍によって高度なレベルに発達した。

ところが、日本の都市商人は、西洋のブルジョアジーのような道をたどることができなかった。その理由は、鎖国が一つの大きな障害であった。日本の商人は、国際市場からの刺激、また利潤獲得のチャンスを得られなかった。そのために、革新的な、そして冒険的な精神を養うことができず、商人は、徳川体制の中でひたすら秩序を維持した。株仲間が商人たちの活動を厳密にコントロールしたと同時に、独占的制度を敷いて、自由競争を阻止した。さらに、商人は、武士階級との相互依存にあり、武士に対し商品を供給することにより利潤を得た。のみならず、蔵屋敷制度や諸大名に対する貸付など、商人は、封建制度を巧みに利用することによって商いを繁盛させた。

商人は、自由主義精神や革新的行動は育てなかったが、明治時代に起こる近代企業発展のために貴重な遺産を残した。それを一言でいうと、「家」の理念である。現在の終身雇用、年功序列、また企業（家）に対する忠誠心は、その理念が近代的な形になったものである。また、徳川時代の商人は、家のために所有と経営の分離を導入して、その多くの場合、有力な番頭に経営を完全に任せたことである。商家の中における縦の序列、従業員の「暖簾」に対する忠誠や、分家と別家の本家への従属、先祖に対する尊敬と家訓の堅守などは、いずれも徳川封建社会の支配的価値体系を反映したものである。つまりそれは、集団または共同体主義、縦の秩序、先祖によって定められた伝統の継承の三つの要素によって形成されたと思われる。ヨーロッパのブルジョアジーは、この三つの要素とは違う、個人主義、平等主義、普遍的倫理の法則を価値体系の基礎とした。

(2)　明治前期における産業革命

(a)　企業近代化の特質

明治前期における企業の近代化は、政府の強い指導の下に実現した。政府の指導者の多くは、以前は熱心な攘夷論者であったが、文明開化論者に生まれ変わった人たちである。彼らは、日本の植民地化を防ぐため、殖産興業政策を実施した。ある意味で、日本の企業の近代化は、西洋諸国における資本主義の発達とは違って、世界で最初の「後進国における政治主導の下に実現した経済近代化」のケースである。明治政府は、短期間に抜本的な経済近代化を実現させるため、自ら官業を設立し、また、すでに近代企業の分野で成功を収めてきた企業家に援助や特権を与え（いわゆる政商）、「士族」としての特権を奪われた人々に、近代企業を起こすための指導と援助金を与えたのである。この総合政策は、結果として政府と大企業の癒着を生み、また、近代企業の東京への集中を刺激したのである。政府の官業経営は、一時的な「呼び水」の役割を果たした。新技術導入にともなう莫大なコストを吸収した後、政府は官業を企業家へ安く払い下げた。この官業払下げは、民間企業に大きな刺激を与えた。また、政府の近代企業奨励により、企業家のナショナリズムのイデオロギーも強い刺激を受けたのである。

民間企業家は、あらゆる階級から輩出されたが、いずれも型にはまった商人タイプの人間ではなく、斬新な考えで伝統を脱皮する挑戦的な人々であった。この指導者的企業家は、三つのグループに分けることができる。①開港以来、経済の諸変動と外国貿易のチャンスをうまく握んで、鋭い商才を発揮し、明治時代に入り、一流の企業または財閥を築いた人々（安田善次郎、大倉喜八郎、浅野総一郎ら）。②幕府や諸藩、明治政府の官吏としての経験または商業能力を企業家として生かした人々（岩崎弥太郎、渋沢栄一、五代友厚ら）。③商家の近代化を成功させた人々（三井の三野村利左衛門、益田孝、中上川彦次郎、住友の広瀬宰平、鈴木馬左也、伊庭貞剛）。③の人々は、主人から幅広い権限を与えられ、所有と経営の分離に基づいた改革をして、企業家的成果を上げた。このグループには、高い教育を受けた武士階級出身者が多く、また人によっては政府の有力者の推薦を受けて財閥の中で活躍したケースもあった。

企業家の社会的プレステージも次第に高まった。特に、福沢諭吉の啓蒙的活動や、渋沢栄一の果たした企業家の指導的役割によって、新しいビジネスマンのイメージが形成された。そのイメージの主な特徴は、公に対する責任、高い信用、革新的活躍と高い教育水準である。言い替えれば、明治時代の企業家は、単なる商人ではなく、経済の指導者であることを自負し、昔の武士に似た、新時代のエリートとして評価されるように努力した。このイメージ形成のために、渋沢栄一は、特に若い企業家の教育に苦心し、彼らに高い理想と責任感を植え付けようとした。彼によって日本の企業家は、西洋の資本家のような利潤追求を第一の目的とはせず、儒教や武士道を受け継いだ精神をビジネスに生かすべきであると強調した。「和魂洋才」、「士魂商才」等のスローガンは、この新しいイメージを象徴する。この結果、優秀な大学卒業生が企業へ入り、ついに優れた財界のリーダーとなったのである。

(b) 近代企業の諸分野

日本の経済近代化を計画した政府や民間企業家が、まず第一に「公」のために企業を起こし、消費者のためではなかった、といっても過言ではない。その近代企業の主な分野は、外国と直接対抗する企業（外国貿易と輸入代替産業）、経済近代化の基礎的企業（金融、交通、鉱業）、そしていわゆる、「公」の近代化に必要と思われる企業（セメント、製紙、印刷等）である。消費者の日常生活に必要な消費材の生産とその流通機構は、近代化されず、ほとんどそのまま残された。

金融制度

明治政府は、一八六九年（明治二）から新しい金融制度の導入を繰り返し試み、ついに一八七六年（明治九）の国立銀行制度をもって成功した。一八七九年（明治一二）には国立銀行は一五三行となり、それ以後の銀行設立の許可は停止された。しかし、私立銀行は引き続き乱立を続けた。一八八二年（明治一五）には、日本銀行が設立され、中央銀行としての役割りを果たした。一八九三年（明治二六）、国立銀行も普通の預金銀行となっていった。そして、その銀行の数は、一〇〇〇行以上とあまりにも多く、やや不安定であった。しかし、銀行を通じて資本は、幅の広い国民層から工業へ回され、それが企業の近代化のために重大な役割を果たした。

外国貿易

外国貿易は、開港以来、輸入も輸出もほぼ完全に外国人に掌握されていた。明治政府は、外国貿易のために組織をつくり、大阪商人を中心とした旧商人の協力を要請したが、失敗に終わった。外国貿易において、最初に成功を収めたのは、大倉喜八郎、森村市左衛門らで、維新前から横浜で活躍した企業家であった。一八七六年（明治九）に設立された三井物産は、当時一番有力な総合商社として、外国貿易に新しいアプローチを開いた。その後、相次いで他の総合商社も出現し、実にユニークな日本の外国貿易の道を開いた。ところが、外国貿易は成功したが、一方、国内の商業は、古い形のまま残された。近代産業部門の企業家も、その製品を既存の問屋制度を通して販売し、直接、マーケティングには手を出さなかった。そのため、日本の流通機構は、第二次世界大戦後まで、徳川時代の複雑な問屋制度を保ってきた。

綿糸紡績

明治初年頃、政府は、絹糸の輸出を奨励し、模範製糸工場（富岡製糸場）を官業として設立したが、大方は、民間の製糸業者のイニシアティブによって絹糸は生産された。ところが、当時の日本の市場は、関税の保護を許されていなかったため、イギリスから良質の綿糸が大量に輸入され、日本の貴重な金の流出の主な原因となった。その輸入に対抗するため、政府は紡績工場の設立を奨励し、短期間にたくさんの綿糸紡績工場ができた。だが、それらの規模は小さく、技術的にも問題が多かったため、ほとんどの会社は潰れそうになった。一八八三年（明治一六）に、大阪紡績会社が、最新の技術と経営に基づいた大規模な営業を開始して、大成功を収めた。次の一〇年間に、この模範に従って三〇余の紡績会社が設立されて、日清戦争以後、その生産は世界中に知られ、イギリスと競争ができるようになった。

海運と造船

幕末以来、日本の指導者たちは、海運・造船業の育成を重要視していた。当時、三菱は、対抗する海運業者との競争に勝ち抜き、大きく発展を遂げた。三菱は、大久保利通、大隈重信により保護され、政府の絶大な援助を受けていたのである。その後、渋沢栄一と三井の勢力を中心とする共同運輸会社が設立され、三菱の海運業支配に挑戦した。熾烈な競争の結果、共同運輸会社と郵便汽船三菱会社は、一八八五年（明治一八）に合併して日本郵船会社ができた。そして、日本郵船会社のほかに、大阪商船と東洋汽船が、日本の海運業を代表するようになった。造船については、政府は、三つの造船所を民間企業者へ払い下げた。長崎造船所は三菱へ、築地（後に神戸へ移した）造船所は川崎正蔵へ、石川島造船所は平野富二へ払い下げられた。この三つの造船所は、大阪造船所を加え、日本の四大造船所となったのみならず、造船所は日本の重工業の基礎となり、中心となった。

鉄道

政府は鉄道を、一八七二年（明治五）に東京—横浜間に敷設し、また、一八八七年（明治一〇）には京都—神戸間を完成させた。しかし、政府は鉄道を官業としては考えず、民間資本のイニシアティブに任せた。こうして、民間の鉄道ブームは一八九六年（明治一九）の後で実現し、三二の私鉄が生まれた。私鉄はすべて株式会社として、幅広い資本家層の資本に基づいて設立された。その後も政府は、国有鉄道の建設を続けたが、一九〇六年（明治三九）の鉄道国有化時点で、日本の鉄道網の六九％は、私鉄であった。

鉱業

徳川時代以来、すべての鉱山は国のものであった。住友の経営した別子銅山も、住友の所有にはなっていなかった。明治維新以後、政府は、諸鉱山の近代化に乗り出したが、鉱山の経営は政府に大きな財政負担となった。そして、一八八五年（明治一八）以後、鉱山は相次いで払い下げられた。その払下げを受けた民間企業家は、新たに技術や経営の改善をすることによって、鉱山を膨大な利潤の源泉にした。特に、財閥のためには鉱山はドル箱となった。

(c)　企業の形態

株式会社

伝統的な分野においては、企業は株式会社の形をとらず、「家」の理念に基づいた個人所有という形態が圧倒的多数を占めたが、金融業、綿糸紡績、鉄道、製紙業等の分野では株式会社制度が支配的になった。株主は、多くの場合少数であった。そして、その株主は、ほとんど華族、地主、商人が占めた。株式会社制度の導入をはかどらせた要因に、商人の伝統にあった所有と経営の分離が取り上げられる。ところで、会社の株主は、毎年投資した資本に対し利子のように高い配当を要求したため、利潤の内部留保が困難になり、会社の成長は押えられた。また、慢性的資本不足に悩まされた会社は、多大な貸付けを銀行に頼らざるを得なかった。

財閥

日本の財閥は、すべて閉鎖的な家族所有の形態をとり、膨大な利潤の再投資によって急速に成長した企業である。日本の財閥は世界に類例のない現象であり、それにはいくつかの理由がある。第一に、出発のタイミングの問題がある。すべての財閥は、明治二〇年代には、すでにしっかりとした基礎が築かれていて、企業として存在した。つまり、明治初期のチャンスをうまく利用できたのである。第二に、住友は少々別であるが、そのほとんどは政府から特権を与えられて、政府の指導の方向に進んだ。第三に、すべての財閥には、すぐれたリーダーシップを持つ企業家が存在した。のみならず、優秀な人材を獲得することができた。第四に、財閥の閉鎖的な家族所有によって、企業は利潤の再投資と大胆な拡大が可能であった。第五に、財閥は日本の家族主義社会の中で、従業員のすべてから忠誠と協力を得ることができた。また後には、財閥は労働者に対する終身雇用や年功序列導入の先駆者となった。言い換えれば、財閥は、商人の家の概念を近代企業の中に実現したのである。

(3) 経営の近代化

この段階は、おおよそ日清戦争から第二次世界大戦の終わり頃までである。日清戦争から第一次世界大戦の終わりにかけて、急速な産業の膨張時代と、その後に来る長引く不況、恐慌の厳しい時代があった。日清戦争、日露戦争、第一次世界大戦は多くの企業に、特に紡績、造船、その他の重工業に刺激を与えた。また、三井物産、その他の総合商社の努力によって、第一次世界大戦中に輸出とそれにともなう産業は極端に膨張した。一九一九年（大正八）以降、繰り返される恐慌に、多くの企業は破産したが、大企業、特に財閥が産業、金融部門において、次第に寡占的、また独占的地位を固めていった。過当競争を緩和させるため、カルテルが相次いで結成された。一九三二年（昭和七）以後は、政府の条令により、ほとんどの産業分野はカルテルによって統制された。

（a）　専門経営者の登場

株式会社の社長や取締役の地位は、原則として大株主によって占められた。取締役会は、実際の経営については知識不足で、ほとんどが形式的な存在であった。社長は、公に対して会社を代表し、社内の経営は、大部分を旧来の支配人に任せた。日清戦争を大きな境にして、明治時代の企業の創立者を肩替わりする、専門経営者が登場した。大きな株式会社においては一般化し、企業や財界のリーダーシップを引き受けた。彼らは、高い教育とすぐれた才能の持主として、企業の中でトップに登り、その企業の成長と、成長によって必要となった組織改革を実現させた。この専門経営者たちは、高い社会的評価を得たのみならず、彼らは、経営した企業の利潤の一割程度を給与として与えられた。そのために早期に大資本家となって、彼らは、社長の地位も当然に占めることができた。彼ら、第二世代の企業家と財界指導者は、きわめて合理的な考え方を貫いた。第一世代の示した政府との協力やナショナリズムの考え方を捨て、もっぱら彼らは、利潤追求と企業の成長を目標にし、そのためには政府と癒着し、さらに政治に介入した。

（b）　財界の組織化

同業組合

政府は中小企業や商業に非公式な組合をつくることを許し、一八八四年（明治一七）には同業組合を正式に認めた。その役割は、商標の制定や品質の監督、また商業の秩序を守るなどの任務が依頼された。

商業会議所

一八七八年（明治一一）に、東京と大阪に商法会議所の名前で設立され、一八八七年（明治二〇）には、ほとんどの都市に普及した。商業会議所は、諸産業に対する政府の諮問機関であると同時に、財界の調整や連絡機関であった。そして、ビジネスの共通機関としての重大な役割を果たした。ところが、商業会議所は、すべての企業をまとめるために制定された組織となったが、次第に、中小企業がその数の多さによって商業会議所に決定的な影響を持つようになった。大企業の指導者たちは、この商業会議所の運営に不満を持つようになって、商業会議所を脱退し、一九一七年（大正六）に日本工業倶楽部を設立した。大企業は、この工業倶楽部を中心に、政治問題、経済政策、特に共通の経営問題について意見を交換し、共通対策をまとめた。かくて財閥や大企業の大きな影響は、中小や零細企業をますます惨めで不安な状態に落し入れた。特に財閥は一九二〇年（大正九）代に巨大化し、莫大な影響力を持つようになった。この財閥の指導者たちは、産業や金融などで企業の多角化を追求しながら、この多角化経営に合わせて内部組織を繰り返し改組したのである。この場合に、一方では財閥家族による企業の完全なコントロールの堅持、また他方では、財閥の所属会社それぞれに最大の弾力性とイニシアティブを残すことが中心問題となった。

(c)　経営の組織

職員の採用と経営者の養成は、企業規模拡大と技術水準の向上にともない、次第に重役たちの中心的関心事となった。職員は、採用と同時に終身雇用を適用された。彼らの仕事は、商人の伝統に従った単純な仕事で、特別な高等教育の必要性はなかった。しかし、財閥をはじめ近代企業では、職員の質の向上を計り、次第に大学や専門学校卒業生を採用するようになった。このプロセスの中で、会社は特定の学校の卒業生を指定し、エリートとして優遇したのである。つまり、企業内に学閥という現象が作られ、強くなった。このような大学、専門学校の卒業生の職員は、次第にミドル・マネジメントの地位に達し、係長、課長、部長となって、ついに取締役になる、いわゆるエリート・コースに進んで行なった。

(d)　労務管理

労務管理については、明治前期において基本的な二つのタイプがあった。その一つは、紡績企業を中心にして働く若い女子工員の場合であった。彼女らは、主に貧しい農民層から集められた。ほとんどは寄宿舎に入れられ、厳しく監督された。数年後、彼女らは結婚のために家に戻されたのである。その女性たちは、いくら労働を強いられ、搾取されても、抵抗するところはなかったし、また許されなかった。他の一つは、納屋制度であった。経営者は、労働者を雇う場合、納屋頭と契約を結び、直接に労働者とはしなかった。労働者に対する労働の内容、賃金、規律など、すべてを納屋頭に任せた。この制度は、主に鉱山や造船所でみられた。明治前期の企業発展において、企業家は、資本の供給と技術開発、その他の基礎的問題に専念して大胆な革新を実現したが、労働管理にはあまり関心を寄せなかった。

二〇世紀の初めを境にして、次第に労務管理が経営者の大きな中心問題になっていった。その結果、新しい労務管理が導入された。それには三つの大きな理由があった。①大企業は機械工の訓練に務めた。だが、急速な重工業の成長に、男子労働者の供給が間に合わず、工場間の引抜き合戦で、労働者は職場をたびたび移り変わった。折角、労働者を訓練しても、企業の苦労は無駄になった。②第一次世界大戦の間、そして直後に、労働組合は急速に増えて、労資の争議が激しくなったので、経営者は、この問題の解決に腐心した。③工業部門に採用された労働者は農村出身者が多く、彼らは農村の温情主義、集団主義に馴れており、特に、安定した人間関係の中に労働を期待した。主にこの三つの理由によって、財閥や大企業の重立った会社は、労働者のために温情主義に基づく終身雇用を次第に採用していった。

日本的労務管理の内容は、多くの企業では、労働者は臨時工または仮採用として雇われ、一三〜四歳の少年は見習工として働いた後、本採用の機会が与えられた。本採用のために厳しい試験、身体検査、また保証人は担保金を求められた。賃金の本俸は、年功序列制がとられた。たくさんの種類の手当が、慶弔のため、またあらゆる形の勤勉のために設けられた。福祉厚生施設も、従業員が家族のように結びつくために、設立された。このような日本的労務管理が、企業近代化時代の労働市場の状況を背景に導入されたのである。そして、近代企業の労務管理の中に、徳川時代の商人の「家」の理念、また日本人全体の行動様式が、うまく適合したように思われる。

3　結び

西洋の経営発展と日本の経営発展は、多くの共通点があると同時に、異なる要素を持っている。日本の経営発展の特質は、大きく次の五つの要因からなる。①日本人の素質——規律正しさ、向学心、プラグマティズム、②徳川体制の遺産——農業生産の剰余と普及された経済的合理性、幕府の綿密な中央統制と、それにともなうエリート的官僚制度、③明治維新の政治的緊急性から生じた近代化路線で、政府の手厚い保護と育成による大企業との密接な協力。また近代経済は消費者や庶民のためではなく、まず国家のためであるという意識。④すぐれた実業家と財界のリーダーシップ——新しいビジネスマンのイメージによってすぐれたタレントとエリート意識を持った財界の指導者の誕生。⑤日本の特殊な価値体系と行動様式——共同体主義、強いヒエラルキーと義務意識、日本の伝統の中に生きている国民の一致性。

日本の経営発展には光と影の要因が混じっている。特にマイナス面を最後に指摘する必要があろう。中小企業者や小作人の苦境、労働者の自由の厳しい制限、政府と大企業の癒着、経済全体の中央集権主義、国家のために進められた近代化などがそれである。また、終身雇用によって強められた企業への忠誠は、逆に排他的企業エゴイズムを誘発させ、労働者やサラリーマンの市民意識、環境への配慮の欠除を生む原因の一つになった。しかし、これらのマイナスの現象は、ある意味で歴史的事情から見て避け難いものであったし、次第に修正される。一方、終身雇用、その他のポジティブな特質は、現代まで日本企業の強さとなっている。

参考文献

Adelson, Howard L. *Medieval Commerce*. Princeton, NJ: Van Nostrand, 1962.

Baughman, James P., ed. *The History of American Management: Selections from the Business History Review*. Englewood Cliffs, NJ: Prentice-Hall, 1969.

Bendix, Reinhard. *Work and Authority in Industry: Ideologies of Management in the Course of Industrialization*. New York: Harper & Row, 1963.

Bjork, Gordon C. *Private Enterprise and Public Interest: The Development of American Capitalism*. Englewood Cliffs, NJ: Prentice-Hall, 1969.

Chandler Jr., Alfred D. *Strategy and Structure: Chapters in the History of the Industrial Enterprise*. Garden City, NY: Bouble-day & Co., 1966.

Chandler Jr., Alfred D., Stuart W. Bruchey and Louis Galambos, eds. *The Changing Economic Order: Readings in American Business and Economic History*. New York: Harcourt, Brace & World, 1968.

Cochran, Thomas C. and William Miller. *The Age of Enterprise: A Social History of Industrial America*. New York: Harper, 1961.

Cochran, Thomas C. *The American Business System: A Historical Perspective 1900–1955*. New York: Harper & Row, 1957.

Gras, Norman S. B. *Business and Capitalism: An Introduction to Business History*. New York: Crofts, 1939.

Hidy, Ralph W. and Muriel E. Hidy. *Pioneering in Big Business 1882–1911*. New York: Harper, 1955.

Kerr, Clark, John T. Dunlop, Frederick H. Harbison and Charles A. Myers, eds. *Industrialism and Industrial Man*. Cambridge, MA: Harvard University Press, 1960.

Knowles, Lillian C. A. *The Industrial and Commercial Revolutions in Great Britain during the Nineteenth Century*. London: Routledge, New York: E. P. Dutton, 1921.

Kocka, Jürgen. *Unternehmer in der deutschen Industrialisierung*. Göttingen: Vandenhoek und Ruprecht, 1975.

Krooss, Herman E. and Charles Gillbert. *American Business History*. Englewood Cliffs, NJ: Prentice-Hall, 1972.

Lyon, Bryce D. and A. E. Verhulst. *Medieval Finance: A Comparison of Financial Institutions in Northwestern Europe*. Providence, RI: Brown University Press, 1967.

Mantoux, Paul J. (preface by T. S. Ashton). *The Industrial Revolution in the Eighteenth Century: An Outline of the Beginnings of the Modern Factory System in England*. London: Harper & Row, 1961.

Mason, Edward S. ed. *The Corporation in Modern Society*. New York: Atheneum, 1967.

Payne, Peter L. *British Entrepreneurship in the Nineteenth Century*. London: McMillan, 1974.

Pirenne, Henri. *Economic and Social History of Medieval Europe*. New York: Harcourt, Brace and Company, 1937.

Polanyi, Karl. *The Great Transformation*. Boston: Beacon Press, 1957.

Pollard, Sidney. *The Genesis of Modern: A Study of the Industrial Revolution in Great Britain Management*. London: Edward Arnold, 1965.

Pullan, Brian S. *Crisis and Change in the Venetian Economy*. London: Methuen, 1968.

Sutton, Francis X., Seymour E. Harris, Carl Kaysen and James Tobin. *The American Business Creed*. New York: Schocken Books, 1962.

Tawney, Richard H. *Religion and the Rise of Capitalism*. New York: Harcourt Brace and Company, 1952.

Thrupp, Sylvia L. *The Merchant Class of Medieval London, 1300–1500*. Chicago: University of Chicago Press, 1948.

Tucker, Kenneth A. ed. *Business History: Selected Readings*. London: Cass, 1977.

Waber, Max. (translated by Talcott Parsons; with a foreword by Richard H. Tawney). *The Protestant Ethic and the Spirit of Capitalism*. New York: Charles Scribner; London: George Allen & Unwin Ltd., 1930.

荒井政治『イギリス近代企業成立史』東洋経済新報社、一九六三年。

江頭恒治『近江商人　中井家の研究』雄山閣、一九六五年。

藤井光男『日本繊維産業経営史——戦後・綿紡から合繊まで』日本評論社、一九七一年。

藤田貞一郎・宮本又郎・長谷川彰『日本商業史』有斐閣、一九七八年。

間宏『日本労務管理史研究——経営家族主義の形成と展開』ダイヤモンド社、一九六四年。

間宏『日本的経営の系譜』日本能率協会、一九六三年。

ヒルシュマイア・J『日本における企業者精神の生成』東洋経済新報社、一九六五年。

ヒルシュマイヤー・J、由井常彦『日本の経営発展』東洋経済新報社、一九七七年。

井上忠勝『アメリカ経営史』神戸大学経済学研究所、一九六一年。

上林貞治郎『現代企業発展史論』森山書店、一九七一年。

上林貞治郎・牟礼早苗『日本産業の発展と中小企業問題』所書店、一九七二年。

加瀬正一編『イギリスの社会と企業』（『世界の企業』一）、筑摩書房、一九七五年。

川辺信雄「企業成長と流通戦略——アメリカ企業の流通機能統合化をめぐって」『経営史学』第九巻第三号、一九七四年。

金融経済研究所編『明治前期の銀行制度』東洋経済新報社、一九六五年。

北村次一『ドイツ近代企業家』啓文社、一九七一年。

北村次一『ドイツ企業家史研究』法律文化社、一九七六年。

北沢康男『中小企業成長論の研究』世界思想社、一九七五年。

小林正彬「日本の工業化と官業払下げ」『経営史学』第六巻第一号、一九七一年。

小林正彬『日本の工業化と官業払下げ——政府と企業』東洋経済新報社、一九七七年。

小林正彬他編『日本経営史を学ぶ』一〜三、有斐閣、一九七六年。

小林義雄『企業系列の実態』東洋経済新報社、一九五八年。

琴野孝『イギリス産業革命史研究』早稲田大学出版部、一九六五年。

栗田真造『経営史』千倉書房、一九六〇年。

栗田真造『経営史学』丸善、一九七一年。

宮本又次『日本近世問屋制の研究』刀江書院、一九七一年。

宮本又次・中川敬一郎監修『日本経営史講座』一～六、日本経済新聞社、一九七六～七七年。

森川英正『日本型経営の源流――経営ナショナリズムの企業理念』東洋経済新報社、一九七三年。

森田鉄郎『ルネサンス期イタリア社会』吉川弘文館、一九六七年。

村松恒一郎『文化と経済』東洋経済新報社、一九七七年。

中川敬一郎・森川英正・由井常彦編『近代日本経営史の基礎知識』有斐閣、一九七四年。

中川敬一郎・由井常彦編『経営哲学・経営理念』昭和編、ダイヤモンド社、一九七〇年。

西村孝夫『イギリス東インド会社史論』大阪府立大学経済学部、一九六〇年。

大石嘉一郎『日本産業革命の研究――確立期日本資本主義の再生産構造』上・下、東京大学出版会、一九七五年。

坂本藤良『日本雇用史』上・下、中央経済社、一九七七年。

新保博『日本近代信用制度成立史論』有斐閣、一九六八年。

新保博「株式会社制度と近代的経営の展開」『経営史学』第二巻第一号、一九六七年。

四宮俊之「明治中期～大正期における王子製紙と富士製紙――寡占的な発展をもたらした経営戦略を中心に」『経営史学』第一〇巻第三号、一九七六年。

正田健一郎『日本資本主義と近代化』日本評論社、一九七一年。

隅谷三喜男・小林謙一・兵藤釗『日本資本主義と労働問題』東京大学出版会、一九六七年。

高橋幸八郎編『日本近代化の研究』上・下、東京大学出版会、一九七二年。

武居良明『産業革命と小経営の終焉』未来社、一九七一年。

竹中靖一『石門心学の経済思想――町人社会の経済と道徳』（増補版）ミネルヴァ書房、一九七二年。

竹中靖一『日本的経営の源流――心学の経営理念をめぐって』ミネルヴァ書房、一九七七年。

鳥羽欽一郎『企業発展の史的研究――アメリカにおける企業者活動と経営管理』ダイヤモンド社、一九七〇年。

栂井義雄『三井物産会社の経営史的研究――「元」三井物産会社の定着・発展・解散』東洋経済新報社、一九七四年。

土屋喬雄『日本における経営者精神の発達』経営書房、一九五八年。

土屋守章「アメリカにおける『管理の科学』形成の基盤」『経営史学』第一巻第二号、一九六六年。

都留重人・本田創造・宮野啓二編『アメリカ資本主義の成立と展開』岩波書店、一九七四年。

宇田川勝「日産財閥形成過程の経営史的考察」『経営史学』第六巻第三号、一九七二年。

上野喬『オランダ初期資本主義研究』御茶の水書房、一九七三年。

山之内靖『イギリス産業革命の史的分析』青木書店、一九六六年。

安岡重明『財閥形成史の研究』ミネルヴァ書房、一九七〇年。

安岡重明他『日本の企業家』一～三、有斐閣、一九七八年。

米川伸一『経営史学――生誕・現状・展望』東洋経済新報社、一九七三年。

米川伸一編『経営史』有斐閣、一九七七年。

由井常彦『中小企業政策の史的研究』東洋経済新報社、一九六四年。

Ⅱ

前期（一九六一～一九六七）

経済発展と回勅の経済思想

経済発展のための企業家供給

1 序論

この論文の目的とするところは、通常、企業家精神（entrepreneurship）とよばれている経済発展における人間的要因について一つの解釈を与えることである。

この問題は、計量的な問題ではないので経済学者にとって困難な研究課題の一つであるが、後進国開発理論の中心的な問題となっている。

第一部は、これら企業家の供給にともなう困難性、ならびに経済の発達過程における私企業の必要性について意見を述べ、第二部は、明治時代の企業家の歴史に基づいた企業家の供給職能のモデルを展開し、若干の試論がなされる。

後進国の経済成長促進のための青写真を求める場合、多くの経済学者は、正統的な理論において中心的地位を占めている既知の諸要因に主たる注意を払っている。その結果、後進国の経済成長の主な隘路は、一人当たり国民所得の低水準から生ずる低い貯蓄率であると考えた。そして、いかにして貯蓄を増加させ、資本導入、外国投資、技術援助、人口抑制などによって、これら後進諸国を開発せしめるかという手段を議論してきた。このような分析は、正しいのであるが、問題の最重要点は、事実どこか別のところにあるように考えられる。

思うに、これらの諸国の後進性は、低い貯蓄能力ではなく、彼らの投資可能性が低いゆえである。投資の意志がないゆえに、貯蓄と所得水準が低いという悪循環が現れる。この悪循環は、投資の面においてたち切られねばならないと考える。ハーシュマンは、投資能力を後進国開発過程における最も大きい戦略的要因として考えている(1)。また、インドの第二次五カ年計画もこの事実をはっきり述べている。「経済発展を促進する最も重要な一つの要因は、生産過程に近代技術を導入し経済を発展させようとする、社会の意欲（readiness）であるといっても過言ではない(2)」と。

もちろん、投資の意欲、発展の意欲が、経済進歩のための最も重要な要因であるという主張は、驚くような新しい発見ではない。このことは、経済学者によって言わず語らずに考えられており、各人は、彼の利潤を極大にするために行動するという公理の中に定式化されているものである。換言すれば、経済的合理性、すなわち、自然に「物物交換し、取引し、貿易しよう」とする「経済人」は、資本主義経済の現実であると同時に、経済理論の根本そのものである。資本主義の精神は、収益の期待さえあれば、つねに充分な投資の能力および意欲の存在を保証した。

古典理論における一般的な「投資意欲」は、シュンペーターの『経済発展の理論』によって明確にされている。この理論においても、企業家は中心的な位置を占め、企業家の投資と発展の意欲が経済を前進させると述べている。シュンペーターの定義する企業家は、新しい可能性に対する洞察力をもった人であり、新しい道を切り拓く指導者であり、そして、彼の開拓に報いる利潤、すなわち経済における唯一の利潤を受け取る人である(3)。

しかし、シュンペーターは、また発展の意欲、投資の新しい道を開拓する意欲の具現者である企業家は、過渡的なものであるということも認識している。すなわち、典型的な企業家は資本主義の所産であり、その以前には存在しなかったし、また資本主義発展の後期の段階では再び消え去るものとされた(4)。

以上は、すべて投資意欲、すなわち企業家のダイナミックスが、資本主義西欧諸国におけると同様に後進諸国においても、容易にみいだされるものではないということを暗示している。むしろ逆に、われわれはここに目下の最大の問題をみつけ得ると期待してよい。そして、後進国がいかに早く繁栄と成長の方向に前進し得るかどうかが、これら企業家に関する問題の解決にかかっているのである。

2　企業家の必要性とその供給の問題

われわれは、以上において、経済発展のための最も重要な要因として発展に対する意欲を重視し、それゆえ企業家が必要とされるということを議論した。しかし、発展に対する意欲がシュンペーター型の私的企業家によって担わるべきであるという論理的な必然性はない。事実、経済発展に関する多くの研究者たちは、私的企業家の必要性を否定するか、あるいはその充分な企業家供給が促進される可能性を否定する。また、両者とも否定するものもある。

第一に、公式主義的な問題点が指摘されている。すなわち、シュンペーターのいう企業家は技術革新者であり、新しい生産方法や新しい商品を開拓する指導者であり、新しい市場を開拓し新しい形の組織を導入する指導者であるといわれている。このような企業家の創造性は、経済発展途上において企業家に指導的な位置を与える。しかし、後進国においては、このような企業家を必要としない。後進国に必要であるのは模倣すること、すなわちすでに行なわれている生産方法を移入することである。したがって、前述の創造的指導者タイプは要求されない。シュンペーターに従って、「企業家」が技術革新者を意味するのであれば、後進国にとってはこのような企業家は必要でなく、われわれが必要であるものは、企業の組織者である。組織化のためには、民間事業家よりもむしろ官吏のほうが適している。(5) 官吏が仕事をすることの有利さについては、最終的な結論をしばらく差し控えても答えはかなり明白なことである。

後進地域における産業の開拓者は創造性を必要としないが、一層多くの努力と指導力と洞察力を必要とする。そして、彼らが解決しなければならない問題はそれほど容易なことではなく、より複雑であり困難をともなうものである。例えば、二、三の問題だけを指摘すると、彼らはすでに発達した生産方法を引き継ぐことができるが、身近によく訓練された労働力をもっていないし、よく調査された市場や技術経験者を持っていない。

後進国がすべての工業技術の移入に関する問題と取り組むためには、根本的には、シュンペーターのいう企業家に劣らない指導力、決断力と洞察力が要求される。事実、レッドリッヒは、先進国と異なる条件をもつ後進国に、発達した工業技術を導入する場合、企業家的人材の要求が重要であるとし、このような産業の開拓者こそ、企業家という名を受けるに値すると述べた(6)。

いま、投資機能が、民間の実業家よりもむしろ官吏の手によって開発されるべきであるという問題提起に戻れば、われわれは手に負えない問題に当面する。すなわち、単に組織化を達成するのは、政府が一番適したものであると考えられるのであるが、調整や大規模投資の必要に応じて、実際に小資本しかもたぬ民間人が、工業化計画に大きな役割を果すことが不可能になってしまう。

この推論は、均衡成長(balanced growth)、ビッグ・プッシュ(the big push)、最小努力(minimum effort)の諸理論によって支持されており、ローゼンシュタイン＝ロダンやヌルクセ、およびライベンシュタインによって擁護されている。均衡成長やビッグ・プッシュの理論は、しっかりした政府の計画を要求する。しかし均衡成長のアプローチに反対する人でさえも、経済的インフラに対する政府による大規模投資や基礎産業の大規模化の必要性は否定しない。この論者たちは、強力な政府の主導権を主張する人々と論争をする意図をもっていない。むしろ、先進国のみならず停滞地域においても、経済問題における国家の役割の増大を認めざるを得ないであろう。

一国が継続的に成長の途を歩みはじめたときの経済要因に、後進性のギャップが大きくなればなるほど、政府の直接の指導と協調の必要性が大きくなるということは歴史的事実である。ロシアでは一九世紀後半に、国家は、ウイッテ伯の下に政府計画の最も積極的な役割を示した。政府は、鉄道や通信の建設に従事し、信用機関を設立し、他の資本主義西欧諸国に「追いつく」ための大なる努力のもとに、多くの重工業を建設し、そこで生産者ならびに主要顧客として行動した(7)。もっと明白な事例は、明治期の日本である。そこには、政府の経済力拡大と投資政策に対する極端な干渉があった。

われわれの論をもとに戻せば、どれほど強力な政府の主導権と大規模な公共投資の必要があろうとも、国家が全面的に社会主義化を決意しないかぎり、活動的な私経済部門も必要であろうということを強調したいのである。もし、たとえ重工業、通信網、鉱業、その他重要な部門が集中的に組織化されるとしても、強力な企業家精神が小規模の製造工業を近代化するために要求される。

インドでは、「経済進歩の祭壇」に民主的な自由を捧げる行動を拒絶した。したがって、インドは、一九五六年に「社会主義的社会体制」を採用したと宣言したが、それは公共利益への私的利益の従属と、自由放任主義の放棄を意味したのにすぎず、私的企業家の主導権に対して実質的な余地を残している(8)。ちなみに、共産主義諸国においてさえも、中央集権化に関して再吟味が行なわれている。ユーゴスラヴィアは、早くも一九五四年に、全面的な中央政府による計画を放棄し、全投資の一〇％から三五％までを個人の自由決定に基づいて行なうことを許している。ユーゴスラヴィアの計画委員会は、毎年各分野において投資されるべき総額を概括的に決定するのみで、資金は競売の方法で個々に配布するのである。ユーゴスラヴィアは、私的主導権を行使することを希望し、能率と消費者の需要の充足のために、市場的諸要因の自由な作用を期待している(9)。

国家の主導権が大きくなればなるほど、私企業家の必要性は小さくなるという主張によって、国家計画と中央集権的な投資の必要性についてのこの議論を、ここでひとまず要約してみよう。

今日、後進国に自由放任主義的政策を提案する者はほとんどいない。しかし、他方、民主的な自由と私的主導権を考慮すれば、民間部門に相当の余地を残しておくことが得策であろう。それゆえ、私的企業家供給を刺激することも、また差し当たって必要である。

今まで後進国における私的企業家精神に反対の意見を述べる人々は、国家による経済政策の遂行が最上であるから私的企業家の必要はないと主張したのであるが、これらの人々ならびにその他多くの人々は、後進国における企業家の充分な供給は、実質的には不可能であるとも主張している。たとえ活発な私企業経済が望まれるにしても、資本主義的な思考（capitalistic mentality）をもつ人間の欠乏のためにつまずくであろう。この「資本主義の精神」（spirit of capitalism）は、厳密に西欧の現象であるといえる。もし、後進諸国が西欧におけるこのような資本主義的指導者を供給することができるならば、もっと早く自分たちで経済発展に踏み切ったことであろう。後進国の沈滞は、「企業家的素質の国民的保有」が劣っていることを証明している。[10]

バランは、全面的にこの理論に同意しないが、彼もまた後進国における充分な企業家供給に関しては楽観していない。バランは、その困難性を後進国固有の「人種的な劣等性」に求めるのでなく、社会的政治的条件にそれを求めている。彼によれば、後進国の中産階級は、封建的地主階級の支配的なグループと結びついている。経済発展の強力な活動は、必然的に古い指導者グループの特権の廃止を意味する。それゆえに、中産階級はほとんど自分たちの意志に反して現状の弁護者となり、そこに社会革命と社会主義の出現が避け得ないものとなる。[11]

固有の人種的劣等性、社会的構造と現状拘束が理由としてあげられる場合、この二つの観点よりすれば、強力な企業の指導者は、私経済部門からは期待できないという結果になる。

この二つの考え方は、非常に静態的であると思う。すなわち、人種的劣等性に関しては、日本の場合をとってみれば、徳川時代の沈滞は、決して力強い産業的思考の展開を不可能にしていたわけではない。今日、後進地域の沈滞は、これまで資本主義の精神が知られていなかったということを意味するであろうが、それが展開することは絶対にできないということを証明するものではない。

中産階級は、現状維持と結びついているというバランの主張についても、似たことがいわれなければならない。これは、ほとんどの後進諸国、特に近東諸国においていわれ得る。しかし、なぜ企業家が絶対的に中産階級的背景をもたなければならないのか。もし、今日の実業家たちが、社会的、その他の理由によって産業の企業家になれないならば、他の社会的グループが強力な経済的リーダーシップを供給できないものであろうか。この問題は、マルクス主義者の青写真を適用することによって答えることのできない問題である。企業家供給の全問題の核心は、明らかに企業家が経済社会のどのグループから生まれ、またどのような過程によって生まれるかという問題であり、中産階級は革新を行ないそうにないというだけではこと足りない。多分、後進諸国と西欧の資本主義諸国では、企業家の供給機能が異なっているし、またそれゆえに、西欧における経済発展を遂行したような中産階級が、アジア、アフリカ諸国においても、企業家階級になる運命にあるという推論を下すにはあまりに性急すぎる。社会主義革命までいかないで、経済界の指導者としての地位の転移ができないのであろうか。

われわれが論じてきたこれらの観点とは異なって、大部分の経済発展の論者は、企業家の重要性と後進国に対する彼らの供給増大の必要性を強調している。しかし、多くは企業家供給の職能の性格を説明することなく、一般論に終始している。バランは、このような一般的な主張に対して次のごとくいう。「企業家精神を論ずる者が説明しなければならないのは、天才の突然の出現のことではない。このような人々は、有史以来われわれの間につねに生きていたのである。むしろ、説明を要するのは、ある特殊な歴史的構成の中におけるこれらの人々が、彼らの「天才」を資本の蓄積に対して背を向けたという事実、また彼らが、産業への投資にこの目的を遂行する最上の方法をみいだしたという事実である(12)」。

事実、われわれが企業家精神の重要性を強調するならば、われわれは、また企業家の出現の原因とその過程について言及しなければならない。企業家の供給機能の完全なモデルをつくり上げることを試みた数少ない学者の中に、ライベンシュタイン教授がいる。(13)

ライベンシュタインの企業家と経済発展についての理論は、最も重要な決定要因を所得と予想所得に限定しているゆえ、明確であり「正統的」である。ハロッドモデルを思い起こさせるような様式において、彼によれば、企業家供給は、国民所得の成長率によって決定されるという。国民所得が成長し始めるとき、投資予想者の期待収益は、実物国民所得を拡大する産業に投資させる点まで上昇する。もし、収益の実現が予想以上ならば、さらに、他の人々が追随するであろう。他方、逆の状態が起これば、彼らは現状に満足したままであろう。

見事な図式によって飾られているライベンシュタインの分析は、後進諸国に対するモデルではなく、西欧の先進資本主義経済のモデルであるが、利潤極大の計算方法は良く発展されており、資本の限界効率が投資決定の水準を支配している。また、彼は投資に対する報酬の問題として、伝統的商業活動から近代産業への変化を扱っている。しかし、伝統的な商人と近代的企業者との違いは、根本的な思考、動機ならびに社会的背景のそれであるということは全く明白である。

筆者にとって、これら二つのグループの企業家は、同一の人々からなり、彼らは単に利潤期待の変化に応じて、あるグループから他のグループに移るにすぎぬと仮定することほど間違ったことはない。実際には、過去の保守者は、将来の建設者にはなれないと主張する点では、バランのほうがライベンシュタインよりも真実に近いといえよう。ライベンシュタインのモデルは、社会構造の変化、および開発経済における経済発展の開拓者にとって、最も決定的なダイナミックな非利潤動機という最も重要な点を見逃がしている。企業家供給の複雑な過程を極端に簡単化し、重要な決定要因を利潤期待に限定してしまうことは、問題を明らかにせず、かえって迷い道に踏み込むことになる。

好むと好まざるとにかかわらず、企業家供給のモデルは、むしろ利潤率以上にダイナミックな企業家的人材の出現を決定する非計量的な要因を含まなければならない。

次節で、企業家精神の供給を決定し、刺激する経済的社会的要因の結合について論ずる。そこでは、新しい企業家グループの出現は、三つのはっきりした段階を要することが示されるであろう。第一段階は、新しい生産方法の可能性と見通しが生まれる伝統的社会の一般的崩壊の時期である。第二段階は、新しい方向への指導権をとる社会的異常者の形成の時期である。第三段階は、そのような経済的指導者が有効に社会的容認を得、それによってその指導権への追従者が現れ、全経済への効果が増大する時期である。

3　明治初期における企業家精神の供給機能

以上の論は、企業家問題を扱うにあたって、陥りやすい誤謬を指摘することに終始した。この点、主として消極的な論となった。

後進国の実際の条件に厳しい注意を払うことなくして理論化を行なわぬように警戒しなければならない。また、一般的な階級概念や先進西欧諸国の歴史的過程を適用してはならない。一般的な反応型のようなものを構成したり、企業家供給を決定する主要要因をみいだすためには、少なくともいくつかの後進国からの実証的史料に頼ることが必要である。

われわれの課題にとって、不幸なことには、問題となる諸国の大部分の現在の諸条件がまだあまりに変動が多く、また、漠然としているので、史的分析を許さない。見通しが欠けているために、誤った結論が出される危険がある。筆者は、日本が企業家に関する研究のために特異な好条件を提供するとあえていう。日本の近代的発展の出発は、十分過去にさかのぼり、さらに正確な分析のために必要な歴史的研究がよくなされている。また、非西欧国であり、西欧経済の「示威効果」(demonstration effect) の突然の衝撃によって、封建的経済の背景から急激な産業化への転回を行なった。こうして、われわれの問題とする今日の大部分の後進国の例にむしろ近く、なおかつ歴史的起源に関する史料と眺望を得る利点がある。

以下において、明治初期の企業家発展の型を縮約して、ごく一般的に、問題の最も重要な側面に限定して、提示するであろう。周知のごとく、明治期の事業家についてはおびただしい史料が現存し、あらゆる種類の伝記と経済条件の記録がある。しかし、筆者の知るかぎりでは、企業家供給の問題そのものを分析する試みはまだみられない。もちろん、その理由は、問題そのものがごく最近提起されたものであるということにある。この論文の短いスペースでは、筆者の論の証明を徹底的に行なうことは許されない。したがって、この論文は近い将来に出版を予定されている筆者の広範な調査研究の主要点を再言するに止まるであろう。

(1) 内部分解と示威効果

伝統的社会の崩壊が経済成長のために絶対的に必要な予備条件であるということは頻繁にいわれてきたことであり、ロストウによって最も明らかに述べられている。古い価値体系を保持しながら、しかも同時に、漸進的成長の恩恵にあずかることは不可能である。普通、封建制度の崩壊は、「中産階級」、すなわち貨幣の使用から利益を得る新しい階級の出現と結び付けられている。事実、貨幣の普及は、農業と実物課税に基礎をおく古い封建的諸関係を破壊する最も強力な梃子である。この現象は、ヨーロッパと日本において本質的に同一であったし、今日でさえ中央アフリカのような辺鄙な国々においてみられる(14)。貨幣の使用が地盤を得るときには、階級構造と伝統的価値体系と経済的態度に徹底的な変化が発生する。

徳川時代の日本においては、商人階級が経済の頂点に立つようになり、武士や大名の上に経済力をふるうようになった。貨幣によって、大坂は日本の強力な金融の中心地となり、両替商が多くの封建領主の運命を左右した。しかし、封建制はそう容易には席を譲らなかった。封建階級が窮地に追いつめられれば追いつめられるほど、彼らは一層「寄生的」商人に対する自分たちの優越性を主張した。言い換えれば、社会は、経済的かつ貨幣的な成功を容認し尊敬しようとはしなかった。富そのものは、栄誉をともなわなかった。武士の称号は買うことができたが、それによって得られた威信は、武士という身分のためであって、貨幣のためではなかった。また、「寄生者」という宣告も全面的に間違ってはいなかった。なぜならば、商人は商取引と金貸しをしたからである。これらのゼロ・サム（zero sum）的活動は、彼らに有利なように所得分配の曲線を傾けたが、しかし、その総額をいささかも増大することはなかった。

徳川時代の日本は、明治維新に至るまで、典型的に封建的な価値体系を温存した。他方、西欧諸国では、中産階級が産業革命のはるか以前に、「資本主義の精神」の普及によって、経済的成功そのものから栄誉と社会的地位を獲得した。資本主義の精神は、大部分の今日の後進国に欠けている。しかし、強力な金融階級の経済的興隆に資本主義の精神がともなわないときには、すなわち事業活動の社会的栄誉と威信がともなわないときには、それは中産階級が近代産業時代への発展のリーダーシップをとることを著るしく妨げるであろう。こうして、貨幣の普及と金融中産階級の勃興による古い秩序の分解は、必然的に経済進歩の結果を招かないであろう。

幕末における経済発展のもう一つの一層重要な刺激は、西欧の軍事力と経済的優勢に直面したことによる、日本の後進性と弱体性の突然の認識である。黒船は、国全体の心胆を寒からしめた最も効果的な示威であり、次の数十年間に、二五〇年間も門を閉ざし自己満足の中に眠ってきた国のおびただしいエネルギーを解放した。日本経済の発展過程に対する「示威効果」の激しい衝撃は、今日のアジアおよびアフリカの後進諸国に対する「示威効果」に匹敵する。幕末時の日本にみられたと同じ「西洋に追いつく」決意と民衆的情熱をかきたてているのは、今日では脅迫的外国船ではなく、新聞、ラジオ、テレビ、その他多くの方法による資本主義の繁栄との接触である。

しかし、ここで一方に日本政府ならびに民衆一般、他方に堅固な地盤をもった大阪の中産階級の両者の示威効果に対する違った反応に注意すべきである。政府は、全面的に新しい制度を採用する体制をとった。これは、一八七一年における欧米諸国への岩倉使節団の派遣によって証明される。また、民衆は文明開化に夢中になって、ガスランプ、洋傘、牛肉などに熱狂していた。しかるに、商人たちは、極度に警戒的かつ臆病な態度を捨てなかった。彼らにとって、新しい事物は損失を招来した。彼らは、自分たちの独占的地位と従来の商慣習と市場が失われるのを怖れた。彼らはほとんど最後の一人に至るまで伝統的な商取引や金貸しに執着し、新しい産業投資に参加することをいっさい欲しなかった。彼らは、長期投資を避け、先駆者的役割を他に譲った。その結果、産業の実質的開発は、違った性格の人々によってなし遂げられた。

中産階級の示威効果に対する反応は、彼らの事情から察して驚くに当らない。短期投資や速い資本回転や慣習的商法になれた人々にとって、方向を転換して未知のことがらに投資することは、明らかに踏み切りのつき難いことである。アジアの港湾都市には、商人が密集しているが、彼らの資本を進んで産業に賭けるものは少ない。このようにして、発達への民衆的情熱、すなわち示威効果は、ライベンシュタインの便利な表現を用いれば、「伝統的商業活動から近代産業へ移動する」意欲を生み出さないであろう。

西欧における発展の主導力が供給側である中産階級から生じたことは従来指摘されてきた。今日の後進国においては、それは需要側からくる。これは、徳川末期の日本についてもいえることである。まず、高い生活水準と新製品への要求が生じ、企業家の反応（供給）がそれに従う。この二つの型は、根本的に相違しており、違った扱いを必要とする。

結論として次のようにいえる。貨幣の普及と示威効果による伝統的社会の分解が必要なことはいうまでもないが、しかし、それだけでは自動的に旧来の商業中産階級を積極的な近代的企業家あるいは産業家階級へ転化させることにならない。この過程はもっと複雑で、さらに考察をつけ加えることを必要とする。

(2) 洞察力の所有者としての企業家

シュンペーターは、企業家は洞察力をもった人物でなければならぬという事実を強調した。このことが原初の革新者についていわれ得るならば、後進諸国において開拓者的地位にある模倣的投資者についても少なからずいわれ得る。ここでまず問題になるのは、特殊の生産機能の理解ではない。これは何時でも技術専門家に委任することができる。そこで問題は、新時代において、社会経済的変化とその前途について全般的洞察力をもつことである。そのためには、伝統的な偏見や慣習を払いのけ、未開拓の課題と思い切って取り組む鋭い先見力をもつ人物が必要となる。

この洞察力と勇気は、二つの条件を前提とするように思われる。その一つは、知的条件であり、もう一つは、意欲的条件である。すなわち、企業家たらんとするものは、課題と傾向の幅を把握するに足る知的能力をもつとともに、また、この新しい理解をおし進め、古い思考の型から脱け出さなければならない。

このことは、明治時代の事情を取り上げると直ちに明白になる。教育を身につけた人々は、洋書の習得または洋行のいずれかによって、新しい時代の洞察力を身につけた。表通りや港にみられた文明開化の受動的印象は、必要とされた新経済秩序についての洞察力を生み出すのには不充分であった。書物から習得したり洋行したりするには、大阪商人はあまりにも無教育で保守的であった。それゆえ、明治初期の主導的企業家の間に大学教育を受けた人――特に福沢諭吉派の人々、例えば、中上川彦次郎、荘田平五郎、近藤廉平、大川平三郎、原六郎、山辺丈夫ら――をみいだすのは驚くにあたらない。また、ほかに知的偏見をもたず、平均以上の教育を具えた人々がいた。その主な例は、もちろん渋沢栄一と岩崎弥太郎である。

現存の封建的経済秩序と異なる新しい可能性が感知されるとともに、現状に対する反発が起こった。この反発はすべての企業家に共通し、彼らはそろって何らかの方法で伝統に反抗した。そのあるものは熱心な攘夷論者となり、また、あるものは開国論者になった。さらにあるものは、一時浪人生活を余儀なくされたか、あるいは多くの場合、単に現状に嫌気がさして、故郷の町や村を離れ、変動の中心地である長崎、横浜および特に東京へと移動した。これらのものの中で、二〇歳に達する前の青年期に、これらの三つの進歩の中心地へおもむいたものの割合は事実きわめて高い。これは不満と、台頭しつつあった願望と、差し迫った変化についての洞察力の指標である。開国論者や攘夷論者などは一つの力となって、過去の絆と現状への満足感を打破した。

過去との関係の断絶は、ときとして極端なかたちで行なわれた。例えば、馬越恭平が進歩の空気を吸うために沈滞した大阪を離れて上京することを決定したときがそうである。彼は断髪にし、牛肉を食べ、かくして文明開化の途に沿って企業家としての経歴を始めた(15)。何か新しいことを始めたくて家を飛び出した大塚栄三、浅野総一郎、安田善次郎の例はよく知られており、ここで繰り返す必要はない。このようにして、伝統的な人物と全く対照的な企業家タイプに到達する。突然の変化による新時代と過去との断絶がきわめて徹底したものであったため、大阪の金融家や商人および地方の資本家の間に、明治期の産業先駆者の姿をみいだすのはごく稀れである。しばしば、継承した地盤の上で伝統や家憲に縛られるよりも、むしろ大倉喜八郎、安田善次郎、浅野総一郎のように、全くの無一文から資本なしに出発するほうが楽であった。三井や住友の場合も全く例外ではない。なぜならば、彼らの運命を新しい時代へ導いたのは、この種の洞察力をもった外来者であったからである。

日本の企業家エリートは、一方で個人的な決意の産物であるとともに、他方で全人口に影響を及ぼした全般的な社会的諸要因の産物であるから、企業家の主要供給源として特定の社会階級を的確に指摘することは不可能である。商人も武士もともに、相対的な優勢を示していない。貧農は、時代の力を理解する知的能力ならびに移動の自由を欠いているから除外するとしても、残りの人々は、どちらかといえば、ほとんど一様に明治初期の指導的企業家の間に代表されている。五〇人の指導的企業家のサンプルの中で、[16] 二二人は武士出身であり、一四人は農民（通常豪農）、そして一二人は商人の出身で、残りの二人の社会的出自は確認され得ない。武士が商人や豪農に比して二倍近くの数を占めていることからみて、典型的な非階級的混成に達する。これは広く抱かれている意見と全く対立する結果である。しかし、この事実は、われわれが試みんとする、この種の社会過程分析の重要性を指摘するものである。そして、それは、中産階級が階級として今日の後進諸国の私経済部門における企業家的役割を担う自然の適任者であるべきであり、また、あり得るというバランのような人々の説に対立する。

(3) 動機の問題

新しい経済社会秩序についての洞察力と密接な関連をもつのは、産業化の開拓段階において企業家精神の労を担う動機である。われわれは、事業活動の究極目標としての「利潤極大化」の概念にあまりに慣らされているので、この重大な問題を提起することを忘れがちである。それにもかかわらず、この点に真の企業家と追随的事業家の間の最も顕著な差違の一つがみいだされる。後者が経済理論におけるタイプにむしろ密接に合致しているのに対して、前者は主として純粋な金銭的収益以外のものによって動機づけられている。この点は、シュンペーターによってすでに強調されている。彼は、革新の主な推進力として、成功、権力、栄誉ならびに社会的認識に対する願望をあげている。最近、ハーゲンが企業家の非利潤動機を新しく強調している。彼は、事業家が主として利潤に対する願望によって動機づけられるという伝統的観念を、「単に非現実的であるばかりでなく、また分析的に有害である」と考える。[17] 社会的認識は、革新への刺激として、物的蓄積よりはるかに重要である。心理学者と社会学者は「成功欲求」(achievement need)、すなわち名をあげ、何らかのリーダーシップと栄誉を勝ち得んとする意志が、事業的成功と革新への推進力の核心であるということを発見した。

事実、後進国の産業の開拓時代において、純粋かつ単純な私的利潤極大化の願望は、まことに貧弱な動機であるということは、全く明白である。一般に知られているように、産業投資はきわめて危険であり、経験不足と社会的投資の欠除による失敗は頻繁である。そればかりでなく、完全な成功例の場合においてすら、懐妊期間は通常長く、利潤は平均四～六年間生じない。典型的な高利と貸金、商取引、投機からの収益可能性が与件として存在するとき、長期投資の機会費用は極度に高くなる。静的割引方法（静的というのは、選択可能性についての現行利子率ならびに現行利潤をとるという意味である）に従えば、長い懐妊期間を要する産業投資は、普通冷静な打算的利潤極大者によって回避される。

これは、明治初期の大阪金融業者の産業投資に対する慎重な態度の弁解と説明以外の何ものでもない。彼らは最も卓越した利潤極大者であった。したがって、彼らは革新によって動機づけられなかった。企業家的指導者は、高度の成功欲求をもった人々であり、主として社会的認識や権力を追求し、創造への渇望に駆り立てられた人々である。

明治初期には、指導的企業家に二つのタイプがあった。すなわち、国のため、文化や進歩のために革新を行ない、それによって愛国者としての名声を得んとした理想家たち、それに権力や富を追求し、それらの中に彼らの成功を享受したもう一つのグループの人たちがあった。もちろん、それぞれの場合の特質を明確に示すことはできない。最初のグループの指導者は、疑いもなく渋沢栄一であった。第二のグループの代表としては、岩崎弥太郎や安田善次郎を上げることができよう。しかし、両タイプはともに高度に成功意欲によって動機づけられており、先駆者であること、古い型の利潤極大者と違ったことを実行していることを、鋭く自覚していた。彼らは、国家主義と文明開化の波に乗ってこの理想に合致しようと望んだ。新しい経済秩序や国の進歩のために働いているのだという確信は、彼らすべてに共通していた。岩崎は、たしかに彼の私的な権力と利潤の探求において成功を遂げたが、それでもなお、大きな計画の一〇分の三を仕遂げただけで死の床にあったとき、自分を「東洋の男子」とよび(18)、また、家憲の中で後継者に小さな計画に手をつけないよう、また、愛国的態度で事業に臨むよう戒めた[19]。また、高島嘉右衛門は、たとえ伊藤公が死んだとしても高島が生きているかぎり国のことについて憂う要なし、と豪語したと伝えられている[20]。

明治の産業先駆者の全部または大部分を理想家とよぶことは誤りであろう。野心と経済的、社会的、政治的権力の追求は、貨幣蓄積の願望より遙かに深い利己的本能である。重要なのは、明治期に必要であった経済力の追求が、国家的奉仕や進歩のための貢献という美衣を着せられたという点である。でなければ、栄誉と社会的認識が、出現してきた財閥創建者に与えられることはなかったであろう。民衆世論と明治の価値体系の性格そのものが、この種の動機づけと強い国家主義的、進歩的アプローチを必要とした。

(4)　社会的受容

非資本主義社会では、威信と栄誉はそれほど富に関わりなく、身分や土地所有や軍事的、宗教的機能にかかっている。事業運営は寄生的という悪名を着せられ、金銭と事業は汚いものとみられる。したがって、もし新しいタイプの企業家たちが彼らの社会的威信と権力の目標を獲得しようとすれば、彼らは、新工場の建設に先駆けするばかりでなく、また、事業に対する古い偏見を効果的に粉砕し、古来の栄光に輝く封建グループに勝るとも劣らぬ、社会への奉仕者としての事業の新しいイメージを創造しなければならない。これはきわめて重要な過程である。社会が威信を近代事業に付与することがなければ、有能な企業家を知的で野心的なグループから求める努力は無駄に終わるであろう。このディレンマは、次のようである。利潤は高度の危険要素・長い懐妊期間および高い機会費用のゆえに、商人階級にとって不充分な動機である。また、利潤だけでは、野心のある人々にとって不充分な動機である。なぜなら、彼らは、栄誉・権力・成功を求めるからである。それゆえ、違った報酬が社会から由来しなければならない。すなわち、社会は、それがゼロ・サム活動に寄生的という悪名を着せたと同じように、ポジティブ・サム（positive sum）活動に栄誉を付与しなければならない。

社会的容認は、先駆的企業家にとって絶対に必要である。それは、彼ら自身の活動のためばかりでなく、また高度に成功欲求をもった指導者タイプの人物の間に多数の追随者をみいだすためにも必要である。この関連において、社会の中の「外集団」(out-group)が効果的に企業家活動を促すことができるという、しばしば提起される命題について一言しなければならない。「外集団」は、普通、人種的異邦人か移民であって、土地の民衆と同じ価値体系や判断によって縛られない。かくして、彼らは、より大きな経済活動の自由を享受し、経済的成功によって彼らの劣等な地位を補おうとする。この種の例はたくさんあるが、まず欧州におけるユダヤ人にはじまり、東南アジアの華僑、東アフリカのインド人、アフリカ西海岸のレバノン人、またさかのぼっては、トルコ内のギリシア人がある。しかし、これらのグループが経済的に自由に進むことができるに違いないとしても、彼らが土地の人々の中に追随者をみいだし容認されるかどうかは、きわめて疑わしい。今日の後進諸国を特徴づけている強い国家主義の下では、彼らは、むしろ事業成功のゆえに憎まれ、おそらくトルコのギリシア人のように追放されるであろう。しかし、彼らが土地の成功意欲に燃えたエリートの間に重要な追随者の波を引き起こすということは、おそらく望めないであろう。しかし、これこそ、真に要求されることなのである。

明治時代の事情は、これと違った傾向を示している。社会的容認と追随者の必要は、企業家と国家主義ならびに文明開化の大きな波の結びつきによって満たされた。彼らは、自分たちの事業運営が過去の賤しむべき寄生的商人活動から無限に異なっていることを、民衆一般にいかに示すかを知っていた。彼らは、自分たちが文明開化の人間であるということを宣伝した。この点に関する福沢諭吉の成功を評価し過ぎることはないであろう。彼は、多くの著書の中で、彼に進んで耳をかした社会に向かって、教育のある進歩的な事業家の姿を印象づけた。彼は、事業家が学問を身につけることを望み、新しく出現してきた明治時代の産業界に多数の卒業生を送り込んだ。

この努力と平行して、渋沢栄一は、愛国的立場から国家奉仕を強調した。渋沢の龍門社の中に責任感と、高い倫理的規準を身につけた事業家の理想像が現れ、他のすべての事業家の手本とされた。大川平三郎、安田善次郎、岩崎弥太郎など個人的な権力と成功をまっさきに念頭においた人々でさえも、これを手本とした。渋沢は彼の描いたタイプの事業家のための新しい名称さえ考案し、彼らを「実業家」とよんだ。彼の定義に従えば、実業家は、産業の促進のために正直に働く人物である。[21]

このようにして、明治時代の開拓者たちは、社会の外部者であるどころか、むしろその中心となり、民衆の尊敬を一身に浴びることに成功した。したがって、民衆は彼らの政治的特権や政府助成金をあまり気にしなかった。なぜならば、近代産業家の成功は、同時に国民経済に対する奉仕であり、彼らの仕事は、官職や昔の武士の役目と同じ程度に重要なものであることが明白になったからである。産業家の算盤が、武士の刀のもつ尊厳を受け継ぐことができたというこの驚くべき価値体系の変化は、勇気ある人、能力のある人、高度に成功欲求をもった人々を日本産業の隊列に加えることを保証した。この社会的容認がなかったならば、日本の明治時代の私企業の成功や存在そのものが疑問であったろう。

新しい事業家イメージの必要、社会による企業家の熱望的受容は、ガーシェンクロンが強調している。彼は、後進国の産業家にとって最も重要なことの一つは、新しい職務ならびにそれを実行する人々に対する民衆の熱狂であると述べている。[22]フランスでは、サン＝シモン派社会主義者たちが、彼らの経済的職務に対する民衆支持を引き起こすために、福沢や渋沢に似たことを行なった。彼らも、また新しい名誉称号をつくり出し、彼らを「伝道者」（missionaries）とよび、また、彼らの銀行を「より高い力への銀行」とよんだ。ドイツにおいても、企業家精神は政治的感情をもってみられ、その結果、高い社会層の人々が産業界に入ることができた。今日の国家主義は、大部分の後進国において最高調に達し、これらの国の指導者の精神は、明治タイプの企業家に似た新しいイメージをつくり出すことである。このことは、必ずしも容赦ない蓄積や明治時代の財閥が受けたような特恵待遇を意味しない。しかし、利潤の獲得が困難で、したがって利潤動機の作用が弱ければ弱いほど、企業家を募るために国家主義的感情や社会的威信を利用する必要が増大する。

4 結び

筆者は、明治時代の先駆的企業家の出現過程の主要な特徴のこの短い説明を、「そのまま」今日のすべての後進国に当てはめようとするものでない。しかし、幕末や明治初期の特徴の若干が、今日漸進的に経済成長を始めている諸国の事情によく似ているということは、すでにみたところである。したがって、私的企業家の出現に関するかぎり、明治時代の日本に今日の多くの国に広く適用できる一つの示唆的モデルをみいだすことが期待される。

まず消極的に、われわれは、日本の産業先駆者が、伝統的な利潤極大者としての商人から、ほとんど対角的に異なった新しいタイプであるということをみいだした。新時代とその可能性ならびに職務についての洞察力の必要、さらにまた投資の高い危険率と長い懐妊期間に対処するだけの強力な非利潤的動機の必要、これらの要因が算盤を手にした人物をして近代産業家になることを難しくした。結果として、書物から企業家精神を習得するほうがより容易であった。事実、新旧両タイプの事業家の極端な相違の立証が、社会的容認の過程における根本的要件の一つであった。

すべてこれらのことは、ライベンシュタインの後進国における近代的企業家職能の発展についての見解が、誤謬を招きやすいことを示している。所得上昇期待そのものが、同じ人々ないし社会集団を伝統的商人から近代企業家へ転換させるという彼の説は、あまりに単純であり、全価値体系の社会的変化という肝要な点を見逃している。同様に、すでにみたように、少なくとも明治時代の日本に関するかぎり、バランによって示されるような生のマルクス的階級分析は当てはまらない。日本における近代的企業家エリートは、階級区別と関わりなく全人口をおそった国家的感情の波にさらわれたのである。同じような感情は、今日新独立国をあまねく蔽っている。それゆえ、ここでも有効な企業家精神が愛国心によって強く動機づけられ、古典的な中産階級のモデルから異なることが予想される。この関連において、企業家となるべき人の手による貴重な資本蓄積は、産業における有効な革新にとってより必要な条件であるということも、しばしば強調されている。この主張もまた誤解に導くものである。すでにみたように、安田、大倉、浅野、その他の明治の企業家たちは無一物から出発した。同時に、この急激な変化の時期に、多くの豪商が没落した。

このようにして、このような社会的大変動のときには、資本でも階級でもなく、野心、洞察力、勇気、手腕が企業家をつくる決定的要因である。このことは疑いもなく、経済進歩の険しい道を最初にたどったアジアの国と同様に、今日の他のアジア諸国においてもいい得ることである。

明治の企業家の特色と彼らの出現の過程については、まだ多くのことがいい残されている。しかし、これらは他の機会に譲らなければならない。この論文の主な目的は、基本的なアプローチと、今日の後進国の企業家供給の有意義な分析のために注意を払わなければならない若干の重要点を示すことであった。細部は場合と国によって異なるであろう。しかし、重要なのは、企業家精神が経済的・社会的両側面をもって現れたということである。経済学者がこの対象を扱わねばならないとき、純粋に計量的な要因とか、階級観念や史的決定論による手頃な青写真に問題を狭めてしまわぬよう警戒すべきである。

注

（1）Albert O. Hirschman. *The Strategy of Economic Development*. New Haven: Yale University Press, 1959, 1–6.

（2）Government of India Planning Commission. *Second Five Year Plan*. New Delhi: The Commission, 1956, 6.

(3) Josef A. Schumpeter. *The Theory of Economic Development: An Inquiry into Profits, Capital, Credit, Interest, and the Business Cycle.* Cambridge, MA: Harvard University Press, 1934, 66.

(4) Josef. A. Schumpeter. *Capitalism, Socialism and Democracy*, 3rd ed. New York: Harper & Brothers, 1950, 131–142.

(5) Henry C. Wallich. "Some Notes toward a Theory of Derived Development." in *The Economics of Underdevelopment.* edited by A. N. Agarwala and S. P. Singh. Bombay: Indian Branch of Oxford University Press, 1960, 201.

(6) Fritz Redlich. "Entrepreneurship in the Initial Stages of Industrialization." *Entrepreneurship and Economic growth.* Cambridge, MA: Harvard University 1954, mimeograph 3.

(7) Peter I. Lyashchenko. *History of the National Economy of Russia to the 1917 Revolution.* New York: Macmillan, 1949, 553–561.

(8) Government of India Planning Commission. *Second Five Year Plan*, 21–24.

(9) Egon Neuberger. *The Yugoslav Investment Auctions* Feb. (1959): 88–115.

(10) Wallich. "Some Notes." 191.

(11) Paul Baran. "On the Political Economy of Backwardness." in *The Economics of Underdevelopment.* edited by Agarwala and Singh, 75–92.

(12) Paul Baran. *The Political Economy of Growth.* New York: Monthly Review Press, 1957, 235.

(13) Harvey Leibenstein. *Economic Backwardness and Economic Growth.* New York: Wiley, 1957, 111–146.

(14) Paul Bohannan. "The Impact of Money on African Subsistence Economy." *Journal of Political Economy* 19, no. 4, (1959): 491–503.

(15) 大塚栄三編『馬越恭平翁伝』馬越恭平翁伝記編纂会、一九三五年、三八～四三頁。

(16) 筆者は明治初年から日清戦争までの間に近代的企業において活動した五〇人の指導的企業家に関する伝記資料を蒐集分析した。この資料は筆者の博士論文の中の一章において分析されている。"The Genesis of Modern Entrepreneurs in Meiji Japan, 1868–1895," Presented to Harvard University, 1960. この博士論文は、近い将来に出版される予定である。

(17) Everett Hagen. *An Analytical Model of the Transition to Economic Growth.* Cambridge, MA: mimiograph copy, 27.

(18) 田中惣五郎『岩崎弥太郎伝』東洋書館、一九五五年、三〇一頁。
(19) 岩井良太郎『三菱コンツェルン読本』春秋社、一九三七年、二三八頁。
(20)『大日本人名辞書』新版（下巻）、大日本人名辞書刊行会、一九二六年、一四八一頁。
(21) 井口正之編『渋沢男爵実業講演』乾、帝国図書出版、一九一三年、一九九頁。
(22) Alexander Gerschenkron. "Economic Backwardness in Historical Perspective." in *Progress of Underdeveloped Area*. edited by Bert F. Hoselitz. Chicago: University of Chicago Press, 1952, 24.

経済発展は自由市場体制によるべきか中央計画によるべきか

1 序論

近年、後進国の経済発展の問題を扱った書物が、それこそ洪水のように現れている。困惑するほどさまざまの機構や方法の提案がなされているが、細部におけるこの多様性のうちに、二つの両立しがたい根本的概念がみられる。発展が価格機構の自由な作用が需要供給をきめ、消費者が自分の選択の自由をもつ、自由市場体制のもとで行なわれるべきか。それとも、発展が消費者の自由のほとんど許されない、私企業のイニシアティブの余地が全くない、厳格な中央計画のもとで行なわれるべきか。この二つの途のいずれを特定国が選ぶべきかは、社会的・軍事的な要因によって決まり、冷静な経済的考慮によって決まるものではないと思われる。しかし、なおこれらの選択方法のそれぞれの経済的意義と結末を指摘するのは、経済学者の任務である。

この問題の検討を始めるまえに、用語を説明する必要がある。自由市場経済の概念によって、われわれはある程度の国家統制までも排除するものではない。西欧資本主義のもとで、現実に完全な自由経済主義が存在したことはなかったし、今日、われわれは多くの国家的取締りに慣れ切っているし、その上ほとんどいかなる西欧経済においても、国家の直接的計画が広く行なわれている。インドは、多額の政府投資をともなった計画経済を有しているが、それにもかかわらず、活発な私企業部門をもった「自由主義体制」を有している。個人は、自分の利益のためにある種の事業をはじめ、規定された限界内で自分の判断に従って経営する自由をもつ。これとは対照的に、マルクス的な型の計画経済は、すべての個人的イニシアティブを抹殺し、これに集権的官僚機構をもって代える。このような経済は、ロシア、中国、および概して東洋の諸国に存在している。

筆者は、「自由市場対中央計画」という微妙な問題に含まれているすべての点を扱うことは、ここで企てるものではない。純粋に社会学的、政治的、文化的ならびに宗教的な問題に触れるものではない。しかし、このことは筆者の価値尺度を反映するものではない。むしろ、筆者は「人はパンのみに生きるものにあらず」と信ずるものである。それにもかかわらず、もっぱらパンのみについて論ぜんとするものである。さらに、それ以上の限界がこの論文に課せられる。すなわち、投資決定に関連して起こる問題だけが扱われるであろう。目新しい概念は何も提示されない。しかし、古い思考、提案あるいは反対提案について考え、それらのもつ妥当性を相互に比較してみるのも無益ではないであろう。取り上げられる問題は、いずれも完全かつ徹底的に論じ尽され得るものではない。それには一冊の書物が必要となる。この論文は、むしろそれらの緊急性をもち、かつ論争のもととなっている問題についての、一層の検討を促さんとするものである。

この論文は、長短を異にする三つの部分からなり、各部分において投資決定の特殊な側面を扱う。第一部は、投資資金の供給を扱う。第二部は、投資需要を決定する諸要因を探求し、かつその需要が二つの体制のもとでどのように違うかを調べる。最後の部分において、投資需要の主観的要素、すなわち「企業家精神」ないしは「投資意欲」に関連して、二つの体制がもつ意義の分析が試みられる。

2　貯蓄の供給

経済的後進性は、低度の総貯蓄によって性格づけられる。典型的な後進国の貯蓄率が五％であるにしても、これらの投資は、必らずしも総生産力の上昇になるとはかぎらない。しばしば、これらの投資は、豪華邸宅の建築や少数資本家による資本輸出以外の何ものでもなく、国民の大多数は、貧乏に苦しみ、貯蓄をするなど思いもよらないであろう。一国を有効な発展の道に出発させるためには、総貯蓄率が一五％ないし二〇％であることが必要である。その一部は海外から供給されるであろうが、必要とされる投資資金の大部分は国内から供給されることを要する。

まず、稲を栽培する貧窮大衆からはじめると、彼らは貧しすぎて、余分の努力を期待することは難しい。したがって、国民の八〇％ないしそれ以上のものから、貯蓄の供給を期待できない。仮に、もし彼らをさらに搾取することが理論的に可能であるとしても、それらの国は、普通能率的な徴税機構を欠いている。西欧においては、農業が産業革命のための原始的余剰を提供した。先行した農地改革は、次の二つの効果をもたらした。再分配とより能率的な単位の形式による農業生産力の上昇。能率の上昇もまた、農民の農奴制からの解放とそれに類似した要因によるものであった。同時に、余剰農村人口が産業労働のために利用可能となった。

西欧的解決策の繰り返しを、大部分のアジア諸国において期待することはまずできない。まずなにより、総体的生活水準が一七世紀および一八世紀のヨーロッパのそれに比べてはなはだしく低い。クズネッツは、今日の後進国の平均所得が、一世紀以前の先進国のそれの六分の一ないし三分の一であると推定している(1)。また、産業革命直前のヨーロッパの人口密度もまたはるかに低かったから、余分の人口を養い、農業生産力を改善する余地が十分あった。最後に、今日のアジア農村地帯は、二世紀前のヨーロッパの場合に比べて、はるかに強く伝統と宗教、それに変化に対する社会的障壁によって縛られている。当時のヨーロッパでは、田舎においてすら、合理的な経済的態度が行き渡っていたように思われる。

もし、農村人口が投資資金の重要な供給者として期待できぬとすれば、少数の資本家と資産家が残される。一般に、これらの人々は能力の限度まで投資しないし、また彼らの投資は、経済発展にとって積極的意味をもたない非生産的な贅沢な型のものであると考えられている。問題は、彼らの現実的ならびに潜在的な貯蓄を生産的投資に振り向けることにある。

ブロフェンブレナーは、マルクス主義者の財産の没収が最も能率的かつ安全な貯蓄問題解決策であるという主張を分析している。モデルはかなり単純で、その考えの要点を示せば足りる。大部分の後進国における財産所得は高く、例えば粗国民所得の一五%を占める。しかるに、財産所有者はたった五%しか貯えない。残りは浪費される。もし、財産権が廃止され、財産所有者が一般大衆と同様な平等の所得を受けるとすれば、粗国民所得の一二%から一三%が貯蓄となるであろう。仮に官僚的経営の不始末と没収過程における破壊による損失を計算に入れても、貯蓄は約一〇%を十分上まわり、活発な発展の開始が可能となるであろう。

ブロフェンブレナーは、このような方策が西欧的な民主主義政府のもとで可能であるとは主張していない。普通の場合、財産所有者の階級はきわめて有力で有効な徴税を避けることができるから、一層没収を免れることが可能となる。したがって、過激で強力な政府が必要となる。このような政府は、財産所有者と資本家の階級の敵であるプロレタリアートの手によって確立される。

簡略にいうと次のようになる。貯蓄率を高めなくして経済発展はあり得ない。没収なくして貯蓄率を高め得ない。強力な反財産所有者的政府なくして没収はあり得ない。すなわち、プロレタリアート革命のみが経済発展を開始し得る。

歴史的に、われわれはロシアや中国のような共産主義国で、どのようにして没収が実行されたかを知っている。ロシアにおける血なまぐさい富農の処刑と中国における人民裁判。しかし、これらの没収から生じた貯蓄の純増加額を評価することは困難である。なぜならば、没収は、貯蓄増加を確保するための、他の多くの施策と平行して実行されたからである。例えば、農村所得の搾取、労働時間の延長、労働者部隊の編成などがある。それにもかかわらず、没収がある程度まで貯蓄率の上昇に寄与したことは否定できない。

問題は、没収が望ましい目標に到達するための唯一の方法であるかどうかである。もし、ほかにより穏かな方法があれば、人権と社会的安定を高く評価する人たちにとってより望ましいかもしれない。しかし、民主主義的方法と説得だけでは事実きわめて非能率的であろうという点では、筆者は、ブロフェンブレナーと全く同意見である。強力な政府と徹底的な施策が必要とされるかもしれない。しかし、これらの施策がマルクス主義者が欲する程度にまで押し進められなければならないものであろうか。

次の点が明らかにされなければならない。もし、財産所有者をして、彼らの所得を自発的に生産的に投資せしめる方法がみいだされ得るならば、その方法がより望ましいものでなければならない。なぜならば、破壊と荒廃を引き起こすことがより少なくてすむからである。その上、資産家階級の企業家的才能とすぐれた教育的、知的資質を利用できるであろう。人的才能は、後進国において最も貴重かつ稀少な品物の一つであって、浪費してはならない。

強力な国民主義的政府をもつことは、マルクス的な型の革命なしに可能である。われわれは、今日このことをさまざまの国において目撃している。エジプトがその典型的一例である。この国は、改革が徹底的である点において疑問の余地がない。財産所有者は、その特権の多くを削がれ、その財産の多くを実際に没収された。しかし、私的投資とイニシアティブが完全に息の根をとめられるところまでは行なっていない。インドにおいて、中央政府は、議会主義的かつ民主主義的であるが、財産権を拘束し、財産所得を投資に振り向ける方向に向かって目立った施策をとっている。中間借有権が廃止され、それによって全農地の約四〇%と約二〇〇万人の小作人が影響を受けた(2)。土地所有の最高限度が課せられ、再配計画が進行中である(3)。土地以外の生産資本の所有者は、漸次、一般発展計画に従って、望ましい産業・商業分野に投資するよう仕向けられ、それによってこの国の貯蓄に著しい損失はみうけられない。

財産所得を有効貯蓄に変えることは、明治時代の日本において実行され、大きな成功を収めた。維新以前に、大きく分けて二つの型の財産所得があった。封建階級の俸禄と、商人階級の大きな利潤である。武士は、もちろん土地を所有しなかったが、経済機能的な意味において、彼らの俸禄は、完全に消費される土地からの剰余地代所得であった。商人は、なるほど投資するにはしたが、それは、積極的意味においてではなかった(近代産業への投資は、生産的資本財を増やし、それによって実質国民所得を増大するが、伝統産業への投資は所得分配を変え、総実質所得に付加することなく価格を高める傾向をもつ)。

伝統産業型の商人階級は、激しい経済的・政治的変化の期間に没落を経験し、それによって、彼らの消極的資本はほとんど一掃され、港町の新しいもっと冒険心に富んだ進歩的な新しい商人たちの手に移動した。この過程の典型的な例は、一方で破産の目にあった多くの大阪商人の家であり、他方で浅野総一郎、安田善次郎、大倉喜八郎などといった新しく出現した商人と産業家の人々である。

おそらくもっと興味深いのは、武士がその財産所得を奪われた過程である。彼らは、維新直前に俸禄として総国民所得の約一〇%を少なくとも受けていたと仮定されよう(4)。武士のわれわれの意味での「財産所得」の投資への変形は、俸禄の利子は債券への転換によって起こった。武士は、マルクス的型によって暗示されるように、単純に彼らの権利を奪われたのではなかった。彼らは、その「俸禄」を資本化した価値を授与されたのであるが、しかし、このことは彼らが投資家になることを強いた。金禄債券は、政府の指導と圧力とによって意図的に投資資本に変えられた。この過程の結果は、国立銀行であったが、また他の多くのいわゆる「授産」計画に含まれる投資計画に振り分けられた。

武士の債券は寄せ集められ、大会社が設立され、それによって武士は、消極的な「地代」受領者から積極的投資者と変わった。その上、債券の価値が急速に下落したため、多くの会社が破産し、そのため、この資本化された地代支払金のほとんどが有効に拭い去られることになり、以前の武士の大多数が、賃金所得者に成り果てることになった。

これらの事実は周知のとおりであって、これ以上の説明を要しない。しかし、次の点を強調しなければならない。ある意味での没収過程が、以前の商人と武士両者に対して実施されたが、それは暴力をもってでなく、むしろ経済自体の発展過程を通じてであった。その間、商人および武士のあいだの企業家的要素が、投資家としての才能を示す機会を与えられ、彼らのうち少なからざるものがきわめて有能な企業家となり、明治時代の産業計画の全般的な経済的成功に大きく寄与することになった。マルクス的な型の過激な没収によったならば、彼らは決してその才能を育て上げることができなかったであろうし、また、近代産業も、もっぱら非能率的な国家経営に頼らなければならなかったであろう。

今日のインドと明治時代の日本においては、消極的な非生産的財産所得の産業投資への変形は、発展に適した環境の確立を進めていた——直接投資と一連の経済的政治的施策を通して——強力な政府によって実現された。政府は抵抗——例えば西南戦役によって頂点に達した日本における武士の抵抗のごとき——を乗り切るだけの力を備えていたけれども、また、私企業の将来に対する確信を吹き込み、それによって潜在的企業家の積極的反応をよび起こした。これは、個人のイニシアティブと企業家的才能を根絶やしにする、過激で陰鬱なマルクス的アプローチよりも好ましいと考えられてしかるべきである。

3　投資に対する需要

(1)　工業技術的考慮と要因付与

今日の後進国が発展を遂げるために、何よりもまず必要とするのは、大規模の投資と近代技術であるという論がなされるのを耳にする。これらの大規模企業は、また適当な通信設備その他の一般的投資を必要とするが、それには巨額の資本を要する。私的企業家は、彼らの限られた資源をもってこのような投資を行なう能力も意欲ももたない。彼らは、従来の方法を固持して、貴重な資源を浪費する傾きをもつ。そこで、一国の貯蓄を結合して、重工業と通信分野の大規模な事業に投資しなければならない。しかし、このことは、中央計画によってはじめて有効に達成され得る。小規模の漸進的アプローチは、私企業にとって典型的なものであるが、二〇世紀半ばの後進諸国においてとられる余地がない。

もちろん、社会化をおすこの第二の論が、第一の論を前提としていることは明白である。大規模の近代的投資を実行するためには、財産所得の没収が必要手段である。しかし、われわれは現状そのものを順を追って検討してみよう。

今日の後進国、ことにアジアにおけるそれらの国は、大量過少雇用によって性格づけられている。労働の限界生産力は、多くの場合ゼロである。そこで農村の余剰労働の限界生産力をゼロ以上に上げる雇用は、いかなる型のものであろうと、経済にとって有益であるといわなければならない。低生産力は、生存賃金率に表現される。労働は安く、資本は高い。

いかなる企業家といえども、このような事態に直面するならば、高度に労働集約的な生産方法を用いるであろう。

もちろん、現実には、彼は旧式の安い機械を使って、原始的な生産方法を用いることを余儀なくされるであろう。静態的観点からすれば、これは最適方法であり、多くの経済学者がこのような方法が後進国にとって好ましいと考えている。

しかし、他の経済学者は、このような見解があまりに静態的であり、近代的な資本集約的な大規模投資が全体的経済機構に与える副次的効果を過小評価していると批判する。個々の投資家にとって、直接的に資本の浪費と思われるものが、他の産業にとって刺激となる。大規模な資本集約的投資によって、広汎にわたる外的経済が生み出される傾向がある。高級の国際的競争力を備えた製品は、近代的機械によってのみ製造が可能である。大規模の近代企業は、技術者と経営者の訓練所として役立つ。最後に以上に劣らず重要な点として、このような投資は、国民一般に対して進歩と業績の象徴として作用し、野心と企業家的イニシアティブを鼓舞し、これら国民の根深い劣等感と戦うのに役立つ(5)。

歴史的にみて、明治時代の日本において、これらの要因がすべて近代産業の大成功に重要な寄与をしたことが知られている。渋沢栄一、岩崎弥太郎、大倉喜八郎、その他の企業家たちは、最新の工業技術を用い、大規模の事業に投資するのに熱心であった。日本の初期の紡績工場は、規模が小さいことと技術が非能率なことのために、深刻な危機に見舞われた。その資本源はきわめて小さく、その低品質の織糸は、国内市場においてすら高品質の外国織糸との競争に効果的に打ち勝ち得なかった。渋沢は、大阪に大規模の近代技術を採用した紡績工場を建設することによってこの事態を解決した。同様のことは、後ほど中上川彦次郎が彼の鐘淵工場において最新式の機械に投資し、高質織糸の大規模生産に入ったときにも起こった。この工場から、彼は日本製の綿糸を世界市場に送り出すことに成功した。

したがって、筆者は、旧式の工業技術では駄目であり、かつまた多額の資本が投資されなければならず、一時に少しずつではどこへもたどり着くことができないという説に同意する。しかし、どうして私企業家が、例えばきわめて望ましいとみなされている巨大な製鉄所や近代的な鉄道や発電用ダムなどに投資しようとするであろうか。彼らの短期的直接的な利潤極大化の観念からすれば、彼らは高い資本―産出率よりも、むしろ低いそれを選ぶことをやむなくされるであろう。

何よりもまず、国家が私企業にとって大きすぎたり懐妊期間が長すぎる投資を引き受ける義務をもつことは疑いない。私企業を支持するものといえども、この点を否定することはないであろう。事実、ほとんどの後進国において、政府は、運輸施設その他の大規模事業の建設を担当している。しかし、資本集約的投資の必要性について同意するにしても、このことはただちに全経済がもっぱら高い資本―産出率によって改造さるべきであるというのではない。むしろ逆に、経済の「上層機構」――社会的投資と試験的工場――は、最新式であるべきだとしても、「下層機構」は、ぜひとも余剰労働を吸収し、労働集約的方法を用いなければならない。私的部門は、もし私的投資家たちが製鉄所や化学工場などと調整された、彼ら自身の企業をつくり上げる機会を与えられれば繁栄するであろう。単純な農村機具や雨傘とか台所用具といったものの生産すらも、政府によって設立された製鉄所や機械工場という「上層機構」の下で、私的資本にとって廉価で有利なものになるであろう。この点でも、インドは、この企業家の仕事の分割の典型的な例である。私的産業投資が全般的発展計画の下で増加し、活発である。私的イニシアティブは抹殺されることなく、普通は小資本を用いるにすぎないが、大いに奨励されている。特に注目すべきは、協同組合活動と手工業が奨励され、成功していることである。巨大な国有工場は、しばしばそのような小さな機会を利用することができず、そのため全経済に大きな損失をもたらすであろう。

ここで少々触れておきたいのは、この点において、合資会社が相当大規模の資本集約的投資を行ない得ることである。インドにおいて、巨大な工場が、例えば製鉄所さえもが、私的資本によって営まれており、普通国家経営の企業よりも高い能率をもって営まれている。(6) しかし、この場合、インドは後進国の原則に対する例外といえよう。なぜなら、この国は、しばしば他の国に欠けている、伝統的な私的産業企業からなるむしろ大きな部門を誇ることができるからである。

(2)　国内需要の不足

さまざまな後進国の国内需要の型を、一つの方式によって包括することはできない。しかし、一般的にいって、産業製品に対する国内市場の需要は、生存水準に近い生活を営む国民大衆にとってきわめて低い傾向がある。ある種の綿製品と農機具を除いて、農村人口は、普通、自分自身で必要とするものをほとんど全部生産する。私的大規模産業は、そのような国内市場を相手とするとき、産業投資と同時に、またはそれに先立って、一般の購買力を高めるすべをみいださないかぎり、きわめて大きな困難に遭遇する。

もし、国民大多数からの需要が不足するとき、ほかに考えられるものは、少数だが金融的に強力な外国の影響を受けた一部の金持たちであろう。このような場合、その国の企業家は、この国民人口の比較的小さな一部をめぐって、上質の輸入品、しばしば贅沢品と競争する負担を担わされる。たとえこれが有利で外国の競争に打ち勝つことが容易であるにしても——関税と補助金によって——、このような方向をとることが経済発展に有利に作用するかどうかは疑わしい。経済成長は、まず国民大多数の消費水準を上げることをねらわなければならない。最初から少数の金持たちの嗜好に合わせるようであってはならない。

大規模産業企業に対する国内購買力の不足の問題は、ローゼンシュタイン＝ロダンとヌルクセによってきわめてよく示されている。彼らは、均衡成長的解決策を唱える。均衡成長の基本概念は、一つならず多数の産業を同時に開始することにある。これらの産業は、賃金から生ずる増加所得が全産業に広がるがために相互に必要な需要をつくりだす(7)。この論はよく知られているが、シンガーによるその反論もまたよく知られているところである。彼は、均衡成長が農業労働力を一人当生産力の高い産業へ大規模に移すことを必要とする点を指摘する。しかし、このような移動を実現するためには、産業のみならず農業への投資も必要となる。均衡成長の概念によって要求されるこのように、全般的な巨額にわたる投資計画を実施するに足る貯蓄をもつ国は存在しないであろう。これは、極度に共産主義的な組織の下でもいえることである。

事実、ソ連が全般的に消費者需要を高めることによって、均衡成長を達成しようと企てたことはなかった。むしろ逆に、ソ連は、資本財と重工業に強く重点をおく、極度に不均衡な計画を追求した。第一次五カ年計画のもとで、ソ連は、八五％を資本財産業に投資したのに対し、消費財産業に対しては一四％を投資したにすぎなかった。一九一三年から一九五〇年までの間の成長率は、次のとおりである。鉄鋼五四九％、石炭七九九％、石油三二〇％、綿布七五％、穀類五六％[8]。消費財部門のきわめて低い成長率が、消費水準の上昇と新産業に対する国内需要の育成に関心が全く払われなかったことを物語っている。むしろ需要は、不均衡成長型を保持するために、いくたの政策によって抑制された。中国も、これに似た農業と消費財産業の犠牲による産業鉱業の重視という型に従った。現在、中国は、その消費者需要抑制の厳格さを、幾分緩和することを余儀なくされているようにみえる。農業への低い投資率は、ほとんどすべての共産主義国家の経済を特徴づけている。もちろん、低い農業所得にともなって、大衆消費財産業に対する国内需要が低いことはいうまでもない。

中央計画による経済のもとでは、国家は、このようにして需要の不足という難問を切り抜け、必要を口実に、まず重工業と経済的一般施設を建設し、消費者の福利をほとんど無視することができる。共産主義諸国においては、全工場が常時最大能力において運転されている。他方、自由市場経済においては、有効需要の不足にともなう設備の過少利用という問題がつきまとう。インドにおいて、一九五四年に全産業工場の六一％が五〇％以下の生産能力で運転されていたと報告されている[9]。明治時代の日本において、市場需要の不足が企業家の最大の頭痛の一つであった。このことは、特に以前日本になかった製品についていわれることであった。例えば、西洋紙、セメント、ガラス、機械、皮製品、それにビールがこの類である。極度に必要とされた肥料ですら、当初市場需要の不足に直面した。ついに渋沢の多大な宣伝努力の結果、農民たちにその有用性について確信を与えることができた(10)。紙、セメント、皮について いえば、倒れかかった企業を当時支えていたのは、主として多額の政府購入であった。これらの産業は、大きな熱意をもって始められたものの、誰も製品を買おうとしなかったために、ほとんど失敗の一歩手前までいった。

日本においては、問題は、種々の形による実質的な政府補助によって解決された。独占権が授けられ、直接補助金が与えられ、また政府が自体の建設事業と軍隊のために新産業の主要顧客となった。しかし、このことは、長期的に問題を解決するに十分ではなかったであろう。市場需要は、全面的にはじめられた広汎な発展計画によって創造された。土地税の改革、士族雇用計画、政府の直接投資、軍備購入、通信施設の建設などが行なわれた。

経済発展を論ずるにあたってしばしば犯される過ちは、単一の変数あるいは問題を孤立的に取り上げることである。現実にどの一点から出発したとしても、それが効果的であるかぎり、全般的に有利な政策と政府施策によって支援されるならば、一連の付帯的変化を引き起こし、それによって一連の投資が連鎖反応的に行なわれて相互に補強し合うから、ことさらそれらを釣り合いのとれた型に選り分ける必要はなくなる。むしろ逆に、ハーシュマンが主張するように、一連の不釣り合いこそ最適の刺激効果をもつであろう(11)。ここで再言しなければならないのは、国家の役割はきわめて重要であるが、中央計画のためのマンモス機械として行動する必要はないということである。

4　投資性向

経済発展の方法をめぐる論争は、最終的に検討すれば、それは投資率の向上のみならず人間の心をめぐっての争いである。二つの道が人間について二つの対立した観点を代表している。自由企業体制は、個人のイニシアティブ、自分の利益のための経済的合理主義に根差している。それは、危険負担と革新の追求を前提とし、中心人物として企業家をおく、マルクス的青写真においては、個人的イニシアティブ、個人的危険負担と自分の利益を求める経済的合理主義のための余地が存在しない。逆に、自由主義的思想とイニシアティブは、中央計画者の最悪の敵である。

もし、アダム・スミスが今日の経済論争を目撃するならば、貯蓄と革新をすべて自分で行なった彼の理論の中心人物、資本家兼企業家が戦いに敗けているのに驚ろかされるであろう。企業家を彼の経済発展の理論に主人公として導入した同一人物のシュンペーターが、また資本主義と企業家の没落の予言者となったのも皮肉といわざるを得ない(12)。企業家の有用性は、先進国においてすでに失われたかにみえる。彼らは、経営者と調査研究チームによって取って代わられたかにみえる。それではなぜ、われわれは後進国における彼の出現について心配しなければならないのか。事実、マルクス主義者は、現在行なわれている企業家研究の量を冷やかしの目で見るであろう。なぜならば、彼らの機構の中に企業家のための空間は存在しないからである(13)。

ロストウは、経済成長が本質的にある性向によって決まると考え、次の六つをその最も重要なものとしてあげている。

基本的科学（物理ならびに社会）を開発する性向
科学を経済的必要に応用する性向
革新を受け入れる性向
物的進歩を求める性向
消費する性向
子どもをもつ性向(14)

これら六つのうち、消費する（または貯蓄する）性向は概して所得に依存し、また一部分人口変数にも依存する。しかし、最初の四つの性向は、少なくとも部分的に他の性向を決める独立変数であり、これらを合わせて最も広い意味で「投資する性向」とよぶことができる。ほかにも、ここにあげるべき重要な独立変数があることは疑いない。例えば、気候や天然資源がある。しかし、不利な気候と資源条件にもかかわらず発展した国があるのに対し、企業家精神なしに自由市場経済を発展せしめた国はいまだかつてない。この精神こそ、人々の間の伝統主義、偏見、非合理性の障壁を打ち破り、彼らに経済的変化の観念を受け入れさせるために欠くべからざるものである。

(1)　資本主義の精神

「ブルジョアジー」という語は、プロレタリアートの搾取者からなる利潤に飢えた独占階級を指す、何か汚い言葉のようになった。ブルジョアジーは、進歩の主な敵であると考えられている。しかし、もしこの言葉をその歴史的意味において捉えれば、今日のマルクス的用法の正反対の意味をもっていたことがわかる。ブルジョアジーとは「市民」であった。彼らは、進歩的で自由な中産階級の人々で、自分たちの封建的きずなからの解放を誇り、科学と文化の先駆けとなり、経済的革新と政治的自由の先頭を切った。言い換えれば、彼らはロストウが経済成長の不可欠条件とよぶ四つの性向を兼ね備えていた。

もちろん、国と時代とによって投資の方法に大きな違いがあった。イギリスのブルジョアジーは、ほとんど国家の助けの手を借りずに彼らの投資決定を行なった。彼らが要求したのは、財産権と経済安定が保証されるということだけであり、その他のことに関しては自由放任的態度をとることを望んだ。他方、フランス人は、国家の補助と保護政策に大きく依存した。彼らは政治的に過激であったが、経済的には保守的であった[15]。ブルジョアジーは、経済問題に対して科学的態度をもって臨んだ。彼らは人は革新を行なうことによって、意志のままに、存在する条件を変えることができるし、また変えるべきであると信じた。自然と人間の条件についてのこの合理的見解にそって、ブルジョアジーは、経済の運営を従前の宗教的、社会的かかり合いから解放した。経済上の成功は、他の個人的業績と同様に名誉あることとなった。イギリスと、ことにアメリカにおいては、大学教授や医師が自分の社会的名声を全く損なうことなしに事業を営み、名誉を保つことができたし、また、一八世紀のアメリカにおいて、地方の商店主がきわめて重要な政治的地位を占めていた。[16] 利潤は投資を増大するために蓄積され、革新家側の投資性向は、社会全員、特にブルジョアジーの間の一般的に高い貯蓄性向をともなっていた。

したがって、西洋における経済発展は、ブルジョアジーによる高い投資および貯蓄性向を基盤としていたのであり、このことは、さかのぼって経済的問題に対するきわめて合理的かつ進歩的な態度から生まれたものであった。経済活動は、社会的尊敬を勝ち得、それ以前の社会的宗教的条件の下での従属状態から大きく解放された。

今日の大部分の後進国においては、社会的経済的機能がなお緊密に結び付いている。例えば、インドネシア、その他のイスラム教諸国の人々は、一生に一度メッカへ巡礼の旅に出かけるために貯金をし、熱心に働く。しかし、彼らがこのようにするのはもともと信心深いからではなく、メッカへの巡礼が単なる経済的成功では勝ち得られないほど、彼らの社会的地位を高めるからである。[17] したがって、貯蓄は投資のためになされるのではなく、巡礼のためになされる。すなわち、経済的意味よりむしろ社会的意味をもつ。部落のきずなは、人がイニシアティブを使って経済的成功の階段を昇ることを妨げる。革新は、成功よりも高くみられている神聖な伝統に逆らうものと考えられる。インドにおいては、カーストの神聖な伝統とある種の動物の生命が、多くの人々によって緊急を要する経済改革よりも重要とみられている。このような社会的、宗教的なつながりが、進歩と西洋型の「ブルジョアジー」のその土地における出現に対する、ほとんど克服しがたい障害となっている。

徳川時代の日本において、大坂商人が彼らの伝統主義の精神によって妨げられていたことが知られている。革新は、先祖に対する不敬と考えられ、あらゆることが「相変わらず」であるべしとされた。投資は、もっぱら伝統と独占権によって限られた狭い範囲内で行なわれた。結果的にみて、この伝統主義が、大坂商人が産業化が始まったときに近代的企業家になる機会を奪うことになった。彼らの多くは、西洋のブルジョアジーをあれほど特徴づけていた革新意欲を欠いていたがため、破産する破目となった。

(2)　企業家精神に対するマルクス主義的態度

マルクス経済学者にとって、私的部門があるはずがないから、私的部門にイニシアティブが欠けているという問題は存在しない。事実、私的イニシアティブは抑圧され、社会主義の敵と考えられる。この事実は、ソ連と中国の発展に明白に現れている。ビカニックがいうように、

社会主義的生産の継続的拡大は社会主義的部門の外での生産をすべて排除する。……すべての自主的成長もまた非社会主義的と考えられ、社会主義的部門のうちにおいてすら絶えず抑圧される。……それは反動的分子によって指導されていて、社会主義国家の科学的補導と政治的指導に反抗する腐敗した自由主義であると考えられる。(18)

この社会主義的経済形態が自動的に出現するものでないことは、マルクス主義者といえどもためらわずに認めるところである。それは、プロレタリアートの革命による強力な後押しを必要とする。出発点においては、私的事業部門における協力とある程度の企業家活動が、転換期における混乱を避けるために必要とされよう。たいていのマルクス主義者は、社会化への漸進的歩みについて同意しているように思われる。(19) ブルジョアジーの協力は、中央計画機構が私的事業家の企業家的機能を代わって営むことができるようになるまで必要である。したがって、初期の段階においては、真の目標がときとして否定されるか隠蔽される。

毛沢東は、一九四五年に、次のように書いている。「われわれの新民主主義体制に課せられた仕事は、……人民の

生活を統制することより、もむしろ有益な私的資本主義経済の自由な発展を促進し、すべての正直に築かれた私的財産を保護することである」[20]と。私的部門は、中国において最初のうち保証を与えられ、その間、次第次第にその特権を制限されていった。一九五九年に、資本家に対する弾劾運動が開始され、一九五九年までに、全私企業の九九%が社会主義的部門に吸収され、その所有者はプロレタリアートの仲間に加わることになった[21]。

正統派マルクス主義は、私的イニシアティブの成長に反対するために、官僚的非能率と個人の精力の浪費という危険をもたらす。ランゲも「社会主義の危険は経済生活の官僚主義化のそれである」と認めるのにやぶさかではない[22]。この個人イニシアティブを根絶やしにするような抑圧性が、ユーゴスラヴィアをして、一九四八年に、早くもこの形態の企業に背を向けさせ、生産手段の公的所有をともなった自由市場経済が採用された。それは、官僚主義化を食い止めるよう設計された、新しいむしろ独特な形態の経済組織であった。ユーゴスラヴィアが「株主のいない資本主義」に戻ったのは、あるユーゴスラヴィアの役人がいうように、「われわれは国家が社会主義の敵であるという結論に到達した」ためであり、また中央計画が「個人の自由の大きな犠牲によってのみ作用するものである」との結論に到達したからである[23]。

したがって、マルクス主義の最大の成功が、個性と自由の意識の発達が最も少ない地域や社会集団の間にみられるとしても不思議ではない。このことは、マルクス主義が大衆運動と行動をともにし、個人の批判的思考を許さないという現象を指すばかりではない。マルクス主義の歴史的動きは、次の点をも明確に示している。すなわち、マルクスは、彼の理論をイギリスの経済条件をみて築き上げたのであったが、実際には、彼にとって最も失望すべきことに、古い政治的自由の伝統をもつこの国において、最も受け入られることが少なかった。そこで、マルクスは、フランスとドイツが最初の共産主義国になることを望んだが、ヨーロッパの諸国の中で最も後れていたロシアが、まず共産主義の採用に成功するとは信じようとしなかった。マルクス主義の東進運動をさらに特徴づけているのは、今までにユーゴスラヴィアが厳格な「正統的」マルクス主義に背を向けたばかりでなく、ソ連内部においてすら個人的イニシアティブの徐々の拡大が不可避となり、正統的路線が全社会主義諸国のうちで最も遅れた中国に移動したという事実である。経済進歩がはかどると、人々は、党の規律に縛られることを拒否するようになり、自分たちの経済活動における個人的イニシアティブと責任を要求するようになる。

歴史的なマルクス主義の東進運動は、この意味関係からすれば、後進国におけるマルクス主義的経済形態の採用を強く支持する。そのような国においては、先に述べたように、企業家精神が恐ろしく欠けており、人々が社会的宗教的偏見によって束縛されているかぎり、自由企業体制は作用しないであろう。マルクス主義は、人々の社会的宗教的偏見を変えさせ、大衆を、彼らが欲すると否とにかかわらず、翻る旗の下に新しい進歩の時代へ向かって前進させることができる。

(3)　自由市場経済のための企業家精神

次のような問題を提起しなければならない。後進国において自由市場体制を作用させるに十分の企業家精神を刺激する手段があるかどうか。また、十分な数の精力的な企業家を確保することができるかどうか。理論的に検討する代わりに、簡単に二つの歴史的事例を調べ、方法と成功度を示そう。

インドは、進歩に対するあらゆる種類の社会的宗教的偏見と障害が、最も顕著に存在している国とみることができよう。この国は、宗教的に神聖化されたカースト制度によって制約され、能率的な産業労働力の移動性と確保を拒むところが大きい。手工労働は、上位のカーストによって軽蔑され、上級の企業家活動への昇進が多くのカーストに対して拒まれている。経済的進歩は、さらに神聖な牛や動物の生命一般に対する態度のような禁制によって抑制されている。その上伝統主義と無気力が社会的圧力とヒンズー教の信仰と結び付いて、特に農村地帯において、変化を妨げている。

それにもかかわらず、インドは、むしろ能率的に前進を行なっており、社会構造に驚ろくべき変化が起っている。どうしてこれが可能になったのか。徹底的な変化を可能にした最も重要な要因は、疑いもなく独立の達成であった。ガンジーの消極的反抗運動に対する民衆支持が、すでに社会的障壁をいくらか克服した。ガンジーは、「不可触民」の差別と戦い、独立後はカースト制度の最もいまわしい現象である「不可触民」の差別が犯罪とされた。民主主義的議会制度を採用はしたが、インドの国民的自覚が五カ年計画による経済発展計画を可能にした。一九五六年に、インドは社会主義的社会形態を採用した。それによると、各市民はカーストや宗教や経済的背景と関わりなく、平等な経済的機会と社会的権利を与えられる。それにもかかわらず、インドは、マルクス主義的意味での官僚主義的中央計画を採用しなかった。むしろ逆に、私的イニシアティブは多くの形で鼓舞された。

農村地帯においては、村落発展計画が、後れた方法や後れた考え方を変えるために案出された。協同組合運動は、民衆による新しいより能率的な企業を促進している。小規模の事業所に対しては、低利子の資金が貸しつけられている。カースト制度を破壊し、自由な移動を許し、労働と事業の尊厳を回復させることに特別の関心が払われている。国家は、重工業と社会的建設事業への投資を引き受けているが、私的事業と産業は活発であり、一貫して奨励されている。[24] 全投資の約半分は私的部門においてなされ、その絶対額は継続的に上昇している。

いまなお、特に農村地帯において、不気力を打ち破り、健康な進歩の精神を向上させる必要が、インドに残されている。しかし、相当の進歩が国民意識と政府によって民衆の上に印象づけられた新しい目的感と平等感の影響を通じて達成されていることは否定できない。[25]

ときにアジア人は、人種的に消極的、伝統主義的になりがちなために遅れているといわれる。積極性と消極性に関する東西の内在的相違に幾分の真実性があるとしても、少なくとも一つの事例は、このような運命論的見解を反証しているように思われる。日本の経済発展はいかに驚くべき活動力が東洋の国においてもあの条件の下で生み出されるかを示している。

明治維新以前の日本は、アジアの多くの後進国において変化の妨げになっている、消極性と伝統主義によって不利な立場におかれていた。そのような障壁を破って偉大な精力を発展へ向かって解放したのは、国民的覚醒と統一の力であった。経済的職業についての階級差別と偏見は、門戸開放にともなう一連の出来事によって一掃された。門戸開放に対する初期の反応は、軍事的性格（攘夷運動）をもっていたが、維新の後すぐに西洋の経済的、文化的模倣に変わった。しかし、攘夷思想は同じであった。全精力が西洋による支配を避け、最も進歩的な国と平等の立場で国際市場で戦うことに注がれた。この経済的攘夷思想は、「国内市場から外人を追い出す」ために商社や工場をつくった明治時代の企業家たちの伝記にしばしば記録されている。

できるだけ急速に強力な国内産業をつくり上げるために、産業の先駆者たちは、一つの基礎から次の基礎へと移動し、細目と経営の職務を自分より下の者に委ねた。その当時、近代私企業を確立することは、国民的に最高の重要度をもった職務と考えられ、ときには政府官吏の仕事と同等であるといわれた。

理想主義的な人々を企業家の地位にひきつけるための新しい身分的象徴をつくり出すために、事業指導者たちは、事業界の教育道徳水準を高めるのに努力した。福沢諭吉のような人物が教育者として、また渋沢栄一のような人物が企業家的指導者として、この企業家の仕事の理想主義的観念を説き、利潤動機を愛国心と社会奉仕に結びつけることが必要欠くべからざることであった。利潤動機だけでは、未踏の分野で必要な危険負担と先駆者的精神を鼓舞するに十分でなかったであろう。

私企業は、ほとんど利潤のためにのみ、あるいは少なくともある種の私的利益のためにのみ、社会的影響を無視して確立されるものと考えられている。しかし、西洋資本主義の古典時代において、ピューリタン思想が事業活動にとって理想的な背景を提供したことを念頭におかなければならない。投資と革新は利己的動機からのみ実行されたのではなく、義務感と神と社会に対する使命をともなっていた。初期の先駆者時代の資本主義は、快楽主義的ではなくて禁欲主義的であり、消費よりも投資、慎重な配慮よりも先駆けと危険負担に傾いていた。

明治時代の愛国心に、ピューリタン精神に等しいものをみいだしても誤りではなかろう。イギリスのピューリタン精神と明治の愛国心や国民主義がどれほど相違しているにせよ、ともに企業家に利潤極大以上の付加的動機、ほとんど熱に冒されたような勢いで危険を冒し、革新し、投資する動機を与えるという基本的機能を果たした点では同一である。

明治時代の日本の例は、今日の後進国に対して開かれている可能性を示すものである。後日の歴史は、これらの国がその多くを特徴づけている反植民主義的、国民主義的運動に内在する可能性を利用したかどうかを示すであろう。しかし、この方向にマルクス主義的方法以外の道がみいだされ、私的な投資意欲が伝統的にきわめて消極的な国においても鼓舞され得るように思われる。

以上、簡単に後進国における投資問題の三つの側面を考えてきた。貯蓄の重大な不足、投資基準と国内市場構造の特殊性、そして最後に国内の企業家の欠乏。これらの問題は、すべてマルクス主義的な形態の中央計画によって解決することができる。この単刀直入の迅速かつ徹底した解決が、社会化と経済発展をその計画の第一位におく諸国にとってきわめて魅力あるものにする。しかし、すでに示したように、これら三つの問題のそれぞれに対して、もっと穏当でしかも根本的に同じ目標を達成する解決策がほかに存在している。しかし、いかなる場合にも、先決条件は、政治的安定を確立し、民衆の想像力を刺激し、かつ彼らを前進計画のために結集することのできる強力な政府を確立することである。

注

（1） Simon Kuznets. "Underdeveloped Countries and the Pre-industrial Phase in the Advanced Countries, an Attempt at Comparison." in *The Economics of Underdevelopment.* edited by Amar N. Agarwala and Sampat P. Singh. Bombay: Oxford University Press, 1958, 144.

（2） Government of India Planning Commission. *Third Five Year Plan.* Delhi: Oxford University Press, 1961, 221.

（3） インドは、州と地域によって異なる多様な土地所有制度を有している。ある州では、地代が直接政府に支払われるが、他の州では、封建領主が「永久授与制度」（permanent settlement scheme）とよばれるものに従って、地代受取人となる。後者の場合、封建領主に任命された中間地主が小作人から不法に多額の地代を取り立てる。この「永久授与制度」は、完全に廃止される過程にあり、中間地主は、すでに広範囲にわたって廃止されている。次を参照。Chittatosh Ganguli. *Studies in Indian Economic Problems.* 9th ed. Calcutta: Binapani Ganguli, 1961, 145–160.

（4） 伝統的な「四公六民」（四割を封建領主に、六割を人民に）の制度は、商人による生産性向上と新田開発、さらにインフレ的価格変動によって、幕末の数十年間に大きく揺らいでいた。

（5） 「大規模」対「小規模」、「最新技術」対「旧式技術」の問題については、次を参照。Charles P. Kindleberger. *Economic Development.* New York: McGraw-Hill, 1958, 180–183.

（6） *The Eastern Economist* 37, no.17（1961）: 780.

（7） Ragnar Nurkse. *Problems of Capital Formation in Underdeveloped Countries.* New York: Oxford, 1955, 11–17.

（8） Alak Ghosh. *New Horizons in Planning: A Study of Planning Techniques with Special Reference to India's First and Second Five Year Plans.* Calcutta: World Press, 1956.

（9） Chandulal N. Vakil and P. R. Brahmanand. *Planning for an Expanding Economy: Accumulation, Employment and Technical Progress in Underdeveloped Countries.* Bombay: Vora, 1956, 23.

（10） 日本における近代産業に対する市場需要の不足の問題については、次の文献を参照。渋沢青淵記念財団竜門社編『渋沢栄一伝記資料』渋沢青淵記念財団竜門社、一九五五～七一年、または、短い回顧録形式の『渋沢栄一自叙伝』渋沢翁頌徳会、一九三八年。

(11) Albert O. Hirschman. *The Strategy of Economic Development*. New Haven: Yale University Press, 1959, 62-73.

(12) Joseph A. Schumpeter. *Capitalism, Socialism and Democracy*, 3rd ed. New York: Harper & Brothers, 1950, 131-134.

(13) Paul A. Baran. *The Political Economy of Growth*. New York: Monthly Review Press, 1957, 234-237.

(14) Walt W. Rostow. *The Process of Economic Growth*. New York: W. W. Norton, 1952, 13-14.

(15) Bert F. Hoselitz. "Entrepreneurship and Capital Formation in France and Britain since 1870." in *Capital Formation in Economic Growth: A conference of the Universities-National Bureau Committee for Economic Research*. edited by National Bureau of Economic Research. New York: Princeton University Press, 1955, 295-304.

(16) C. Cochran. "The Entrepreneur in American Capital Formation." *Capital Formation*. edited by National Bureau of Economic Research, 343.

(17) Julius H. Boeke. "Social and Economic Needs." *Indonesian Economics: The Concept of Dualism in Theory and Policy*. edited by Dutch Scholars. Hague: W. van Hoeve, 1961, 72-74.

(18) Rudolf Bicanic. "Economic Growth, Development, and Planning in Socialist Countries." in *Economic Growth: Rationale, Problems, Cases*. edited by Eastin Nelson. Austin: University of Texas, 1960, 178-179.

(19) O・ランゲは、次のように論じる。「実際に社会主義に真剣な社会主義政府は、その社会化計画を一息にやってしまうか、あるいは、完全に諦めてしまうか、いずれかに決めなければならない」と。この点で、彼は、他のほとんどのマルクス派経済学者ならびに政治家と異なっている。Osker Lange and Fred M. Taylor. *On the Economic Theory of Socialism*. Minneapolis: Univ. of Minnesota Press, 1956, 124.

(20) Therle J. Hughes and David Evan T. Luard. *The Economic Development of Communist China, 1949-1958*. London: Oxford University Press, 1959, 83.

(21) *Ibid*., 89.

(22) Lange and Taylor. *On the Economic Theory of Socialism*, 109.

(23) Calvin B. Hoover. *The Economy, Liberty and the State*. New York: Twentieth Century Fund, 1959, 412.

(24) Government of India. *Third Five Year Plan*, 266-267.

(25)　これらの問題の把握は、次の示唆に富んだ研究が有用であろう。Barbara Ward. *India and the West*. London: Hamish Hamilton, 1961.

回勅「マーテル・エト・マジストラ」
――その経済学的評価――

1．一九六一年五月一五日に、経済問題に関する長文の文書が、普通は経済成長率に関知しない、また白書を出したり五カ年計画をつくったりしない場所から発表された。ローマ教皇が、全世界のカトリック信者に対して、社会経済問題に関する回勅を出したのは、これで三度目である。最初のこの種の回勅は、一八九一年に、「レールム・ノヴァルム」なる表題の下に出された。これは、私有財産権、賃金、および労働組合の問題を論じた。一方で、マルクス主義的理念に対抗して私有財産権をあくまで固守しながら、また同時に、労働者の組織権を主張して、古典経済学者の賃金は、市場諸要因の自由な動きに委ねるべしとの説を真向から排斥している。この最初の社会的回勅から四〇年して、一九三一年に、第二の回勅が「クワドラジジェジモ・アンノ」なる表題の下に出された。これは、さらに一歩進んで、新しい社会秩序の輪郭を示している。この新しい秩序の下では、労働者は、人間共同の原理に基づいて利潤に参加し、さらには、企業の所有権にすら参加することが期待されている。「クワドラジジェジモ・アンノ」は、新方向への研究を大いに刺激し、この大胆な社会再組織プログラムを実行に移すために、数多くの企てが実際に試みられた。例えば、利潤参加契約が結ばれ、産業協議会が確立され、また、ドイツでは、石炭および鉄鉱業に共同決定の原理が導入され、大会社の監査役会に労資が平等に代表されることになった。

この最新の回勅、すなわち「マーテル・エト・マジストラ」は、「レールム・ノヴァルム」の七〇周年を記念するもので、今までの立場の再表明以上のものを含んでいる。それは、一つの大胆かつ進歩的なプログラムであり、従前からの問題に新しい光をあてるとともに、その起源をごく最近に有する困難な問題のいくつかを取り上げている。

2. 回勅は、職業的経済学者のために書かれたものではなく、世界中のカトリック信者にあてたカトリック教会の首長からの勧告である。それではなぜ、経済学者がこのような文書に関心を払わなければならないのか。

何よりもまず、カトリック信者といえども、そこに書かれていることすべてを信じなければならないという絶対的な義務はないのである。それは、むしろ課題に関するカトリック的見解の要約を示すものであり、また重大な理由があれば、適切な判断力を備えたものが、それらの所説に異論を唱えることも許されるのである。それにもかかわらず、回勅は、全信者が深い敬意を表すべき重要な道しるべである。それは、この分野における卓越したカトリック専門家の協議の結果生まれたものであり、それのみでも関心の対象となる価値をもっているのである。さらにまた、回勅は、主として経済における人間の問題、正義、倫理、ならびに共通善の問題を扱い、技術的分析を主眼とするものではない。数学方程式のみを尊重することなく、産業社会における生活環境の中の人間に対する関心をなお失っていない経済学者、また厚生経済学の無差別曲線が万事を明らかにすると考えてしまわない経済学者は、そこに人間的・倫理的価値に対して光が投げかけられていることに満足を覚えるであろう。

回勅について考慮が払わるべきもう一つの重要な点は、その終わり近くで、教皇が、カトリック系の学校および神学校（カトリック聖職者が訓練を受けるところ）がこれらの社会経済問題に関する授業を普通の教科の中に組み入れることを、要請していることである。このようにして、回勅の全カトリック世界に及ぼす影響は、次第に増大してくるに違いない。

3. 古くから論じられてきた、経済闘争における個人と国家の関係の問題について、回勅は、新しい見解を示している。詳細に社会化と福祉国家が論じられている。福祉国家へ向かってのきわめて積極的な態度は、今まで教会が極端に保守的な立場に立つと考えてきた多くの人々に、ショックを与えるかもしれない。教皇ヨハネ二三世は、増大する社会化へ向かっての傾向を、

人間の中のほとんど抑えることのできない自然的傾向の結実と表現、一個人の手中にある能力や手段を越えた目標を共同で達成せんとする傾向

と考える。かくして、福祉国家は、工学と経済学の進歩の結果とみなされる。工学により――なぜならば、それは産業のタイプを変えるから。また、経済学により――なぜならば、国家の行為は景気循環を調整し、完全雇用を保証し、かつまたより平等な所得の分配を達成することができるし、またそうすべきであるから。

医療サービスや教育、あるいはすべての人々への専門的職業の開放などの近代的偉業は、大々的な国家的調整なくしては不可能であったであろう。しかし、穏健な社会化について、根本的に楽観的な態度をとりながらも、教皇は、個人ならびに小さな地方自治体および利益団体ができるかぎり大きな自主性を与えられ、それによって自己の福祉のために責任と創意をもち得べきであると強く要求している。この有名な「補完性の原理」は、最初「クワドラジェジモ・アンノ」に示されたのであるが、このように、国家の専制に対する一つの防衛手段となしている。小さな地方団体（さらには個々の家族）が、国家の権威とならんで何らかの機能を果たすことができるためには、小さな単位は、行動の自由を与えられなければならない。国家は、より高いレベルにおける整合を担当し、社会の共通善を防衛しなければならない。教皇は、二つの極端な立場について、次のような鋭い批評を加えている。

個人の創意が欠けているところには政治的専制がある。しかし、特に広範囲にわたる消費者物資やサービスの生産に従事している経済部門に沈滞をきたす。……この反面、国家のサービスが欠けているか不完全なところでは、治しがたい無秩序と破廉恥な強者による弱者の搾取がある。

これは、たしかにマルクス主義的社会主義と自由放任主義の根本的弱点をよくついている。

回勅は、どこまで社会化が進むことができ、かつ進むべきかについて、何らの明確な線を引いていない。これは、実際に社会的構造の種類、発展の程度、および国民の性格にかかっているであろう。しかし、責任ある政府、および農民と労働者を含めた社会の全集団の政治生活への積極的参加の根本的必要が、一経済集団の利益による国家行為の支配を防ぐための一要件として述べられている。

そこには素朴な中世的生活への郷愁は全くみられない。そして、教皇は、マス・メディアとマス・コミから結果する近代的マス社会について、悲観的態度は全く示していない。個人は、自分の自由と尊厳を充分に保存することができ、一般的発展は、多くの好ましい特徴を表している。人間の中にマスの一員となる絶対的な宿命論的必然性は存しない。歴史をつくるのは人間であり、歴史が人間を虐げることはない。回勅よりも、むしろ教皇は、近代的通信手段を駆使し、適度に社会化された経済の基礎の上に、国際的平和と福祉のために協力することのできる人間からなる、新しい世界社会の成立を期待しているかにみえる。同時に注目に値するのは、小単位の独立決定集団に対して、必要に重い力点をおいているという事実である。これは、中央集権的経済の経験に多少通ずるところがある。ユーゴスラヴィア、そして、最近にはソ連が、自由と人間の尊厳のためではなかったとしても、少なくとも生産能率のために、分権化へ向かって一歩戻った。したがって、このようにみてくると、倫理的に健全な構造は、また経済的利点をも有すかに思われる。

4. 社会化に関する節は、進歩的な見解と見ることができたが、それに続く私有財産の箇所は伝統的な教えのきわめて力強い再表明である。すなわち、現代の変化した諸条件の下においてすら、個人は、自分の私的財産を所有する不変の権利を有する。最も、今日では、仕事からの報酬、集団的訓練および社会保障が、生産その他の財産を所有する絶対的必要を緩和している。にもかかわらず、人類の経験は、「生産財を含めた財の私有権を認めない政体の下では自由の基本的な発現が抑圧されるか窒息させられている」という事実を確認している。したがって、国家は私有財産を減らす目的のためでなく、共通善のために必要な範囲でのみ、その所有権を拡大すべきである。一層平等な財産分配の提唱にもかかわらず、これがいかようにして実現され得るかについては、何ら詳しいヒントが与えられておらず、またどの程度まで国家が、正義に反することなく、不当に大きな財産の所有者に対して行動にでることができるかについても、何らの限界点が示されていない。回勅は、慎重な立場をとり、政治体は「有効と証明されたさまざまの技術的手段を用いる」べきであるというに過ぎない。教皇は、ここでむしろ徹底的な土地改革、引き下げ価格による強制的社会化を含めているのか。それとも、ただ単に課税手段、相続法、価格補助、賃金法令といった種類のものを含めているにすぎないのか。これらの疑問に対する回答は、緊急の場合には公共善が私的利益に優先すべしという一般的原理の中にみいだされるべきことは確かである。そこでどの程度の緊急度をもって、共通善のために特定の処置が要求されるかは、個々の社会に委ねられるべきことである。

5．労働と賃金の問題は、直接目新しい考えを含んでいない。ここでもまた、賃金は、最大の雇用を保証するとともに、他方で各人に自分の家族を人間の尊厳にそって維持することを許すべきであると、強調されている。報酬における極端な不平等、すなわちしばしば生産的貢献と何らの関係ももたぬものは、廃止さるべきである。ここで教皇は、おそらく事業経営者の交際費、その他の経済学において地代および擬似地位といわれる性格をもつ報酬について考えているに違いない。しかしながら、重要な点は、仕事を労働者自身の人格性を完成する手段とし、彼に自分の仕事に対する個人的興味を与え、仕事における彼の創意を回復することにある。大企業においては、これは労働者に会社の株券（すなわち所有権）の一部を与えることによってなさるべきである。この影響するところの大きい示唆は、人によっては歓迎され、また人によっては反対されるであろう。利潤参加がすでに広く受け入れられているのに対し、所有参加はきわめて合理的な根拠から反対されている。ドイツの主要産業家たち（カトリックをも含めて）は、このようなプランが実際に労働者を益するよりは、むしろ損なうという理由で反対した。利潤率と会社の事業の変動は、動的かつ進歩的な過程の本質的特徴である。株価のときとして急激な変動は、不必要に労働者を損失の危険にさらすであろう。それは、強力な資本家ですら彼らの資本を一会社に集中しないことによって、つねに避けているものである。したがって、労働者は、自分の会社の運命に自分を縛りつけるよりも、むしろ彼の賃金と利潤参加分を種々の株式あるいは保険会社に投資することによって、より利益を得るであろう。日本においては、同一会社への終身拘束からみて、事情は異なるかにみえる。しかし、ここでも、個人的拘束が一つの事業に自分の持つすべてを投ずる必要をともなうと考える必要はない。

6．小規模企業と農家の補助が、詳細にわたって提唱されている。これは、全く福祉国家の概念と社会の共同的性格に合致するものである。もし、教皇が、明らかに過去に対する郷愁に傾いているかにみえるときがあるとすれば、それはこの箇所である。しかし、彼は、小規模家族企業、特に農家を近代マス社会に対する不可欠かつ健全な平衡力とみなしている。農業および手工業は、特別の面倒を受けるべきであり、それらの能率と所得を改善するための処置のための負担は、社会全体が担うべきである。彼は、特に農村地帯における、経済的・社会的公共施設の建設、価格補償、特別保険率、および事業近代化のための低利貸付金、ならびに技術的援助に言及している。家族規模農場は、理想的と考えられており、教皇は、ここで南イタリアの大農場に使役されている、惨めな境遇の農業労働人口のことを念頭においていると思われる。このような家族規模農場に達する道は示されていない。しかし、ここでもまた、それは、個々の社会が地方の条件に従って解決するのに委ねられなければならない。

回勅は、農民が工業労働者に似た単位に結束することを促すことによって、新しい角度を付け加えている。農村労働者は相互に団結の念を抱き、協同組合と職業団体を結成するために合同すべきである。……これらはもし彼らが自分たちの産物の価格を有効に保護し、他の通常同様に組織化された経済的職業階級と同等の足場を確保しようとするならば不可欠のものである。……今日では、孤独の声にはほとんど誰れも耳を傾けないし、関心を払うことはなおさらない。

工業労働者ならびに農民は、彼らの影響力を、地方的、全国的、ならびに国際的に行使すべきである。しかし、階級闘争と他の階級に対する敵意といった意味からでなく、彼ら自身の地位を向上させ、それによって社会全体の福祉を向上させるためにそうすべきである。この関連において、ＩＬＯの努力は、特別の称讃を受けている。かくして、回勅は、労働者と農民のマスの善意と政治的成熟に深い確信を示し、彼らがすべての集団の共同の基礎の上に新しい社会を築き上げることを期待している。

7．この回勅の中で扱われている最後の二つの問題は、経済発展と人口過剰である。世界の後進地域の経済発展は、「おそらく近代世界の最も困難な問題」と考えられている。援助を行なう必要は、すべての国の肩にかかっている。なぜならば、「われわれはすべて等しく栄養不足の人たちに対する責任をもつからである。……したがって、すべての人、ことにこの世の富に恵まれた人々の上にかかる責任感に、自分の良心をならす必要がある」。教皇は、いままでに後進諸国にさしのべられた援助にふさわしい讃辞を与えているが、回勅は、なお遥かに多くのことが、食糧援助、技術援助、および資本供給の形でなされなければならないと主張している。しかしながら、この援助は、冷戦の武器として、それから政治的利益を得るために用いられるのであってはならない。

世界制覇のプランを実現する目的で、後進国の政治的事情を左右せんとして、彼らの技術的・財政的協力から利益を得ること……もしこのようなことが起これば、それは明白に新しい形の植民地主義であると断言しなければならない。

これらの貧しい国々の平等性を尊重し、こうしてすべて国家からなる真の共同体を建設するために、教皇は、援助が利害関心を抜きにして与えられるべきであるという。もちろん、誰れでも東西両陣営が広く経済援助を「紐つき」で用いていることを知っている。このような態度は、冷戦の事情から理解され得るが、それは、被援助国を一層惨めにし、彼らをして他国の手にもてあそばれる玩具に過ぎないとの感じを抱かせる。他方、今日のアメリカ合衆国の立場において、同時に何らかの国家的利益がなければ対外援助支出の議会通過が難しいという事実が認識されねばならない。ここに利害関心を超越した援助の必要を、民衆心理に植え付けるという大きな課題が残されている。

回勅は、さらに先進国における、農業価格安定のための食糧生産の制限や意図的破棄を批難している。世界の大きな地域が飢えているときに、豊富な食糧供給をもつ国は、人類のために、食糧供給の制限や破棄以外の国内価格体系の維持方法をみいださなければならない。これはなかんずく、農業政策として食糧生産の面積を制限している、アメリカの事情に対する批判である。しかしながら、福祉国家の確立へさらに一歩進むことなくして、農業問題を解決することは困難に思われる。世界世論は、次第にアメリカに違った種類の農村援助手段に訴え、その無限に豊富な食糧供給を飢えている世界に提供するように強いるであろう。

経済発達の途については、回勅は、後進国に社会的、経済的不均衡の途をとらぬよう警告している。始まった発展過程からの結実は、社会全員の間にむしろ平等に配分させるべきである。「それゆえ、社会的進歩が経済発展と同じ歩調で運ぶように努力が払われなければならない。これはそれができるかぎり徐々に、かつすべての開発部門、すなわち農業、工業およびサービス部門において、調和をとって実現すべきであるということを意味している」。それらの国々は過去における他の国々の衝撃的な経験を避けるように警告されている。ここで引き合いに出されているのは、おそらくイギリスがとった極端な自由放任主義の途と、労働人口の悲惨な生活である。しかし、共産主義諸国の強制的行進も、またこれに劣らず念頭におかれている。極端な不均整は、急速な成長を達成できるが、口で言い表せない悲惨をともなうものである。共産主義諸国は、重工業と達成された成長の成果の大部分の再投資を強調するための、模倣さるべき理想として役立たないと思われる。この点で、強いて試みれば、経済学者は、回勅に含蓄されている「均衡成長」の概念を問題にすることができる。なぜならば、均衡的アプローチでは、資本の著しい不足によって進歩が達成され得ないと考える経済学者が少なくないからである。若干の重荷は、転換期においては、農業に負わせなければならないであろう。そして、重工業が最優先的地位を与えられる。ヌルクセの均衡成長の概念は、普通大部分の後進国の手の届かぬほど多額の資本供給を前提にする。おそらくインドのとっているアプローチが、ヌルクセの均衡成長アプローチと共産圏の非均衡的なアプローチの、実際的で穏当な折衷であるとみうけられる。インドのプランにおいては、社会的投資と農村開発計画に適当な注意が払われているが、それでもなお重工業に有利な適度の不均衡が、特に第二次五カ年計画において維持されている。ここで教皇の胸に最初に浮ぶのは、経済発展の初期の段階においてすら、人間の尊厳が高揚され、保存されなければならないという考えである。また、よりすぐれた健康と、より高い教育水準と、倫理的行動から最大の恩恵を受けるのは、明らかに経済発展である。

最後に人口過剰については、回勅は、この世界問題の重大さを認めながらも、よく知られたカトリック的立場を再表明している。しかしながら、一経済問題の解決は、決して神聖かつ不変の道徳法を犯すことによって得られるものでなく、むしろ全世界の国家の協力による、あらゆる科学的、技術的業績の利用によって可能になるものである。人間の生命の破壊のために、果てしなく高価な武器をつくる代わりに、同じエネルギーが人間の生命のために使用さるべきである。今日の世界事情の核心は、相互理解と協力の欠除にある。それは、また翻って、共通の正義秩序の欠除による。国際的規模における人間関係は、この回勅に従えば、真実、正義、および愛における再建を要する。この協力と相互理解への強いよび掛け、そして以上に輪郭づけられた新しい社会秩序のために働くようにとのすべての善意の人々、特に全世界のカトリック信者への要請をもって、この回勅は、終わっている。

回勅が、国の内部および国際的レベルにおいて、現存する社会的、経済的条件を変えるにあたって、現実にもつであろう効果を評価するには、なお時期尚早である。実行は、民衆の内から、すなわち人口の大きな部分の再教育から始まらなければならない。さらに、詳細な諸点は、後ほど解決されるであろう。しかし、次のことだけは確実にいえる。すなわち、回勅「マーテル・エト・マジストラ」は、一つの道標として残り、資本主義と社会主義の両極端の間の実質的総合に向かって大きな貢献をなすであろう。もちろん、マルクス主義的社会主義がその唯物主義的歴史観とその他の多くの極端な立場のゆえに、絶対的に排斥されることに変わりない。この回勅は、少なくともカトリック諸国において、社会主義運動の勢いを大きく殺ぐであろう。このようにして、ロストウの表現を用いれば、それはカトリック教会の『非共産党宣言』と称することができる。

教皇パウロ六世の経済発展モデル
――回勅「ポプロールム・プログレシオ」の評価――

1 序論

一九六七年三月二八日、教皇パウロ六世は、冒頭の二語をもって"Populorum Progressio"（「諸民族の進歩」）とよばれる回勅を発布した。先進国による援助と世界協力を声高く訴えて、もっぱら低開発国の諸問題を取り扱っているこの回勅は、また一面では、社会問題についてのカトリック教会の教えに重要な一歩を記したものである。社会的回勅の偉大な最初の二つ、「レールム・ノヴァルム」（"Rerum Novarum," 1891）と「クワドラジェジモ・アンノ」（"Quadragesimo Anno," 1931）は、主に「労働問題」すなわち労働者と雇用主との関係を扱い、また私有財産権と社会体制の諸問題をも含むものであった。教皇ヨハネ二三世の回勅「マーテル・エト・マジストラ」（"Mater et Magistra," 1961）と「パーチェム・イン・テリス」（"Pacem in Terris," 1963）は、主として経済的だがまた政治的な、国際的諸関係の問題にその注目の方向を転じている。このたびの新しい回勅は、その方向を受け継いで、世界の経済発展のための協力という大きな課題を果すために確立しなければならない、世界的兄弟愛の壮大なヴィジョンを提示しているのである。

ところで、回勅は、権威ある公文書であり、カトリック信者に忠実な服従をもって受け入れられるべきものであるが、しかし、それは不可謬のものではない。それはむしろ、発展しつつある教会の教説が現在到達している段階と、その現在の関心の焦点とを示すものである。いうまでもなく、この回勅は、他の回勅の場合と同様に、教皇によって発布されたものであるけれども、実際には主に数名の専門家によって書かれたものである。この回勅の執筆者の一人には、フランス人のドミニコ会司祭ルイ・ジョセフ・ルプレ神父（Louis Joseph Lebret）があり、この人は、人間が盲目的な法則の犠牲になるべきでないとして、人間の人格を中心に据える新しい経済秩序を目指してすぐれた業績を上げてきた人である[1]。経済問題についての一般学術論文と同じように、この回勅も経済学的分析に関するかぎりはその学術的評価を受けなければならない。その意味では、この回勅は、経済学的に批判の余地を残しており、とりわけ経済発展の技術的な「モデル」に関して、そういうことができる。

2　内容の要約

教皇パウロ六世がこの回勅を執筆するに至った理由――低開発諸国のますます悪化しつつある社会経済状態、および個人的には教皇が最近のインド訪問中に受けた強い印象――についての簡単な前書のあと、教皇は、人々を逡巡させるような問題を、次々に勇敢に取り上げている。これらの諸国は、先進諸国の植民地政策――それは悪しき結果とともによき結果をも残した――の軛を逃れて独立を獲得したけれども、富める諸国がいよいよ急速な富の増加を謳歌しているのに反して、ますます貧困の度を加えていくのをみているほかない状態である。先進、後進両諸国間の格差はますます拡大しつつある。社会的不正、イデオロギーの対立、古来の文化的遺産などが事態を悪化させ進歩を阻んでいる。だが、発展を企てるとすれば、目指すべきものは単に財貨そのものの増大ではなく、人間への奉仕の増大でなければならない。パウロ六世は、ここで人間についてのそのヴィジョンを示し、物質的進歩は個人としての人間全体と社会との完成をもたらすようなものでなければならぬというキリスト教的ヒューマニズムを展開している。そのような進歩の根底には労働に対する新しい評価がなければならない。多くの進歩した国々にしばしばみられる物質主義と貪欲が強く批判される。すべての人間は、労働と協力を通じて、新たな諸国民の一致、すなわち宇宙の父たる神のもとにおける人類の一体としての兄弟愛を創造するという究極目標に向かって、たがいに助けあう義務を有するのである。

実践的な関心をひく一層細目的な諸点をあげれば、次のようである。私有財産権は、絶対的なものではなく、もし広大な私有地の存在が発展にとって障害であるような場合には、国家は、それらを収用することができる。工業化は発展のために必要な経路ではあるが、自由資本主義の道は強く非難されるべきである。労働は、人間完成のための手段であるとともに義務であり、労働を組織するにあたっては、そこに真の人間共同体が形成されるように留意しなければならない。社会経済全般に徹底した改革が要請されるとしても、暴力革命は避けるべきである。国家は、経済活動を計画しなければならないが、個人の発意と中間的諸団体の活動とにその余地を残すべきである。国家計画のなかでまず最初に取り上げられなければならないものは教育である。なぜなら、教育は経済成長の必要条件であるとともに、直接的に人々を人間的存在のより高次の水準へ高めるものだからである。人口過剰は、発展への重大な障害であるようであり、国家は、夫婦の権利と自然法を侵さない範囲内で適当な手段を講ずべきである。最後に、物質主義と貪欲に対する警告をもって、第一部は終わっている。

回勅の第二部において、教皇は、すべての国家すべての人間が、低開発諸国を経済的近代化に向かって援助する義務があるという理念を展開している。各個人は、この目的のために、自分のポケットからいくらかでも犠牲を捧げる用意があるかどうかを、自ら尋ねてみるべきである。飢餓を排除するだけでは十分でなく、経済成長が確保されなければならない。先進諸国は、その援助をたがいに調整すべきであって、それを「紐つき」の政治的武器として利用してはならない。二国間あるいは多国間の援助協定は、今後も相並んで存続して差し支えないが、世界的な広がりをもつ協力計画のために、世界基金が設立されなければならない。そして、援助を与える国は、その基金が取り決められた計画に従って浪費されることなく使用されるように要求することができる。国際貿易は、一次産品を生産する低開発諸国の窮乏を救うように調整されなければならない。すなわち、低開発諸国は、先進諸国が自国の農業に農産物の価格維持その他補助金給付などの方法で与えているのと同じような配慮を、国際的に与えられるべきである。自由貿易主義は、経済力の弱い国にその交易条件を悪化させることによって不利な影響を与えるために非難される。国家主義と人種的差別主義は、進歩と国際的な相互理解との敵である。それに反し、先進国から後進国へ出向いたり（友好使節団、実業家など）、逆に後進国から先進国へ出かけたり（学生、労働者など）する国際的交流は、相互理解と善意の創造とのための手段として積極的に利用されなければならない、——現在では残念ながら、反対の影響を及ぼしている場合もしばしばである。

教皇は、最後に、すべてのカトリック信者、すべてのキリスト教信者およびすべての善意の人々に、繁栄する世界共同体の創造というこの大きな課題のために力を合わせるようにとよびかける感動的な勧告を行なって、この回勅を結んでいる。

骨組みだけの以上の概要が、回勅の真に力強い雄弁とその内容の豊かさを正しく表現し得ていないことはいうまでもない。回勅には、記憶に値する宝石のようなすぐれた叙述が、いたるところにちりばめられているのである。

3 ポプロールム・プログレシオの経済学

回勅のなかには、順序だてて配列されているわけではないけれども、散在的に一つの経済モデルが存在する。回勅の最も多くの部分は、国際的な援助と協力に対する人道主義的な勧告によって占められ、新たな全人間的ヒューマニズムの発展が強調されているのであるが、そこには経済学的な論究をも明らかに認めることができるのである。われわれは、いまや、その点にもっぱら注目しよう。

回勅にみられる経済発展のモデルは、これを次のように組み立ててみることができる。

1　低開発国にとって、経済発展は緊急の必要事である。経済発展とは工業化を意味する。

2　資本供給は三つの源泉から生ずべきである。

(a)　国内的には、富める人々から、また土地の一層効率的な利用から。必要な場合には私有地を公共のために収用することも可能である。

(b)　外国の援助から。援助は寛大に与えられなければならない。

(c)　貿易から。国際貿易に新しい体制が必要である。

3　経済発展への主要な障害の一つは人口爆発である。国家は自然法に反しない範囲内で適当な手段を講じなければならない。

4　経済発展のために採用されるべき体制。

(a)　自由資本主義（一九世紀的な型の）はよくない。

(b)　個人の発意をも取り入れた計画経済が必要である。計画の内容――公正な所得分配と基礎教育を優先させること。

5　経済発展のイデオロギー。

(a)　全体主義と無神論（マルクス主義）は拒否される。

(b)　民族文化はその特質を生かしながら近代化されるべきである。

(c) 新しい労働の倫理が必要である。

6 目標——人間の尊厳に基礎づけられ、経済的・政治的問題における世界一致をともなう全人間的ヒューマニズムを実現すること。

(1) **経済発展には工業化が必要である。**

工業の導入は経済的発展と人間的進歩のために必要なことであり、進歩の指標、また要因となるものです。人間は自分の知的能力と労働力を賢明に利用して、自然からその隠れた力を少しずつ取り出し、その富のもっと有効な用途を考察します。それによって、人間は自分の習性を訓練し、それと同時に、自分のうちに研究心と発明心、予測された危険の受容力、企画の際の大胆さ、実行力、責任感を育てて行きます[2](25)。〔以下すべて、引用文の末尾および本文中の括弧内の数字は、回勅の番号を示す〕

じゅうぶんな配慮なしに行なわれた農業改革では、その目的を失することがあります。あまり急ぎすぎた工業化では、まだ必要な機構制度まで破壊し、かえって人間性の後退を招くような社会的貧困の原因となる恐れがあります(29)。

この二つの叙述は、すぐれた簡潔さで述べられており、実際問題の核心を正確に捉えている。農業と工業のいずれの発展を優先すべきかは長らく論争の的となっている問題である。欧米型のモデルでは、種々の理由からむしろ農業に優先性を与えている。すなわち、低開発諸国では通常総人口の六〇%から七〇%が農業に従事しているのであるから、農業における生産性の向上は、増加人口に食料を供給し、生活水準を最も速く高めるであろう。その上、一人当たり農業生産性の上昇は、工業のために労働力を解放するとともに彼らを扶養し、また一次産品を輸出することによって工業のための資本と必要な外貨を提供するのである。成長力が強くて十分他国と競争し得る産業が確立されるまでは、工業製品を輸出することができないのは当然なのである。実際、今日の先進諸国の大部分は、工業化に先行してか、少なくともそれと並行して、農業生産性の上昇をみてきた。だがソ連と中国型のモデルでは、この過程を逆にして、まず重工業を推進し、農業には大きな投資を行なわずに厳しく圧迫したのであって、そのために消費は低いままにとどめられた。そして、国家自体が新しい重工業の顧客となった。人口の大部分が――農業、工業の従事者ともに――厳しい圧迫のために十分な購買力をもたなかったからである。つまり、ソ連＝中国型の接近法は、成長と工業化という点では明らかにより急速であったのであり、ターンパイク（高速道路）接近法とよばれているのである。

教皇は、いずれの接近法がよいともはっきりとは言明していない。しかし、どちらかといえば、その主たる強調は工業の側にある。なぜであろうか。その理由は、経済発展についての教皇のすべての考えが、国家の発意と計画を中心としており、そして周知のように、農業は、計画に最ものりにくいのに対して、工業、特に重工業は、最も計画が容易だからである、と考えられる。その上、おそらく一層重要だと思われるのは、人間に近代的な「成功への意欲」を与えるものが農業ではなくて工業だということである。欧米や日本においては、農業は実際に、非合理的態度をもった後れた人々によって運営されているという意味では、決して後れたものではなかった。日本でもヨーロッパでも、近代的な経済発展の初期とそれに先行する時期に、農民は、合理的に計算する方法や市場のために生産する方法を学んでいたし、最も負担となる部分であったにしろ、かなり統一された国民経済の一部であった。だが、大多数の低開発諸国の国民については、このことは全く異なっている。したがって、そこで企てられる農業改革は、非合理的な慣行や、進歩に対する伝統的な敵意に遭遇せざるを得ず、それが根強いところでは、近代的な思考方法はほとんどその足がかりさえ得ることができないのである。かくて、農村地域から移入してくる人々が、日常の経験を通じて、教皇が「研究心」「予測された危険の受容力」「責任感」とよぶところの、新しい精神態度を獲得する近代的経済の中心をつくることが緊急事なのである。のみならず、後進諸国においては、無学な農民に土地を単純に再配分するというような農地改革は、もし農民がこれまでの労働の困難を急激に緩和するのみで、単に自分たちの生計のための最低量だけをこれまでどおり供給し続けるというようなことであれば、社会の生産を上昇させるどころか、むしろ低下させるという逆の結果を生む恐れもある。このような理由から、回勅には、農地改革の自動的な効果というものに対する信頼があまりないのである。しかしながら、このことはソ連＝中国型のモデルに賛成するということを意味するものではない。むしろ、工業投資に若干の重点をおいて、農業と工業のバランスを取るということが要求されているのである。

(2) 工業化のための資本供給

いうまでもなく、資本の十分な利用可能性は、経済発展の要諦である。工業設備への直接的な投資だけでなく、いわゆる社会的間接資本の整備拡充のためにも、投資基金の大きな供給が不可欠であり、また農業の近代化でさえ、灌漑、機械化、施肥などのための資本を要するのである。経済学者は資本供給が経済発展を成功させるための十分条件であるとはもはや主張しないけれども、しかし、それが必要条件であることに変わりはない。

教皇は、この重要な問題を扱うにあたって、資本供給の三つの主要な源泉をあげている。すなわち、第一に、利用可能な国内の資金、特に富裕階級の資金の利用、第二に回勅全体を通じて最も強調されているところであるが、外国による援助、第三に貿易による収益という源泉が、これである。

(a) 国内での資本供給——私有財産権の問題

まず教皇は、投資基金の莫大な供給を没収によって一挙に獲得するような革命という方法を拒否する。教皇は、次のように警告している。

すべての住民が生活に必要なものを奪われて、自分の発意と責任に基づいて働くことも、文化的進歩や社会的、政治的生活へ参与する可能性も全く望めないような隷属状態の中で生活していると、この人間の尊厳に対する不当な侵害を暴力によって排除したいという誘惑が大きくなります（30）。

教皇は、この種の革命が一層大きな不幸を招くだけであると主張する[3]（31）。だが、革命への誘惑を惹き起こしそうな教皇の怒りの言葉は、十分に承認されなければならない。実際、南アメリカの状態を観察すると、そのような誘惑を永久に食い止めることができるかどうか、人々をして疑わしめるほどのものがある。そこでは、平均して国民のほぼ一〇％が全可耕地の九〇％を所有し、その土地はしばしば非効率的に用いられ、課税も軽い。他方、農民は増加し、その窮乏はますます増大しているのである[4]。しかもその同じ不在地主が、必要なあらゆる改革をつねに妨害する強力な政治的党派を結成しているのである。彼らは教会への忠節を公言してはいるけれども、教皇の強い言葉によって動かされるかどうかははなはだ疑問である。そのような場合には、暴力革命以外の、真に革新的な改革が要求される。経済発展は徹底した施策を必要とするのである。

現在の状況に対しては勇敢にこれと取り組み、それが内包している不正義と戦い、これを打ち負かさねばなりません。進歩のためには大胆で、真に革新的な改革を必要とします。差し迫って改革を必要とすることについては、遅滞なく手段が講ぜられるべきです（32）。

次のきわめて重要な文章は、このような背景のもとに理解されなければならない。

つまり私有財産権は、誰にとっても無条件で絶対的な権利ではないと言っているのです。他の人々が必要なものを欠いているというのに、自分の必要を満たす以上の財貨まで自分だけのために取っておくことは誰にも許されていません（23）。

次いで、断固とした言明が続く。

したがって、もし広大な私有地が存在していて、ほとんど見るべき開発もなされず、しかもそのために土地の人々が貧困に苦しみ、国家の利益にも大きな害をもたらして、国家全体の繁栄に障害となっている場合には、共通善のためにしばしばその土地の収用が行なわれなければなりません（24）。

この叙述は、回勅のなかでも最も関心をよぶものの一つである。それがきわめて革新的だからというのではない、――実際、それは私有財産に対する国家の権限という問題についての極めて率直な叙述であるが。関心をよぶ要点は、「公正な補償を対価として」国家が私有財産を収用することの理論的可能性についての議論が、ここで実践的な場合に適用されているということである。（補償についてはこの回勅では何も述べられてはいないが、第二バチカン公会議「現代世界憲章」（Gaudium et Spes）N. 71, #6、を参照すれば、おそらく補償が含まれていると解される）。ここで教皇が、南アメリカにおけるような、実際の状況を対象として述べているのであることは全く明らかである。「公正な補償」について言及がないのは、おそらく次のような理由からであろう。実際的にみて、真に「公正」な補償は、もし「公正」ということが収用される財産の市場価格でという意味であるならば、それ自体不可能なことになってしまうかもしれないからである。むしろ「公正」というのは、国家の側の支払能力によって決定されるべきであって、ある場合には、地主の富の状態と国家の側におけるより多くの資本の必要という事情を考慮して、ほとんど無に近いものを意味することもあり得るのである。国家は、一方の手で補償を与え、もう一方の手で一層高い所得税と他の特権の撤廃とによってそれを取り上げる、ということにしなければならぬかもしれない。これに似た事実は、かつて日本で行なわれたのであって、武士階級で構成された明治政府は、国債をもって「公正に補償する」ことにより武士階級の特権（俸禄）を撤廃したが、その国債は間もなく価値を失い、かくて事実上補償はほとんど経済的価値をもたなかったのである。武士たちは、小店主や教師、労働者などになっていった。

大きな問題は、そのような思い切った改革が暴力革命なしに実行され得るかどうかということである。われわれは、ただ、まさにこのような改革を達成するためにチリのフライ大統領が行なった試みを、興味深くみまもることができるだけである。

ところで、いまひとつ別な意見があるかもしれない。すなわち、私有地が「国家の利益に大きな害をもたらす」ような場合にはその土地の収用が容認される、という言葉は濫用されやすい、という批評である。たしかに、ヒトラー時代のドイツでは、多くの法令が「国家の利益のために」と称して布告されたが、それらは単に支配的勢力をもった一部徒党の利益に合致したものにすぎなかった。しかしながら、そのような濫用の恐れが多くの場合にあるとしても、民主主義的プロセスと法の支配が存続するかぎりは、「国家の利益に大きな害をもたらす」というこの一般的名目のもとに私有地の収用されるべきときに、国民はより一層明確に限定される適当な方法を考え出すことができるであろう。

国内での資本供給に関するいま一つの局面として、教皇は、自国が極度の資本不足に悩んでいるとき、自分だけの安全のために資本を国外に逃避させるような資本流出を管理すべきことを強調している(24)。この点についてもまた、国家は所得の支出に対する厳格な統制と同様な、実際的な方策を採用しなければならない。しかし、資本逃避の誘惑は、なによりも国内に安定と発展への社会的雰囲気を醸成することによって消滅させるべきである。国内で十分に引き合う場合には、資本は低金利の地域へ逃げ出すことはないはずである。おそらく、資本流出の禁止に代えて、割増金利の支払いや、銀行倒産に対する政府保証など、国内で預金や直接投資を行なわせる誘因をつくり出すことのほうが良策であろう。

(b)　外国からの資本援助

この節の主題に関する部分は、回勅のうちに数多くあり、回勅全体は援助への訴えと勧告に満ちている。したがって、ここでは、教皇の主張の重点を、逐語的な引用をしないでみてみることにしよう。

基本的にいえば、富裕な人々は社会的公正の原則によって貧しい隣人を助けなければならないのと同じように、世界の富める国は貧しい国を援助する義務があるという連帯性の原理が適用される。このことは、単に低開発諸国の飢餓を軽減するということを意味するだけでなく、それらの諸国が経済的に発展するのに役立つ機会を提供するということを意味する。実際、ＯＥＣＤ諸国の政府は、後進諸国に対する援助資金として、長期間にわたって、その国民所得の一定の割合を留保するように協定しなければならないであろう。

教皇は、実際的提案として、先進国の援助の調整と長期間にわたっての安定的な寄金を要求する（50－51）。世界の経済発展のための援助の最大の貢献者たるアメリカにおいて、外国援助予算が毎年議会で削減され、被援助国にとってそれが基本的に不確実な収入源のままであるということがその安定的な発展を害していることは、よく知られているところである。教皇は、さらに援助が植民地主義や冷戦といった利己的な政治的目的に利用されてはならないと警告する。そして、二国間あるいは多国間の援助協定を排除するものではないが、すべての国が払い込むことによって、発展のための世界基金を創設することを提唱している（52）。その資金は相互に取り決められた計画に従って使用されなければならない（54）。なぜなら、援助を与える国はその資金がどのように使われているかを知る権利をたしかにもっているし、またそうすることによって、経済的合理性が浪費的な見栄によって侵されたり（53）、あるいは援助が非能率で腐敗した官僚を維持するのに用いられるのを、防ぐことができるからである。

外国からの援助について、教皇は、外国資本による直接投資には全く触れていない。実際には、企業組織がいまだ十分に機能していない大部分の低開発国にとって、発展への最大の隘路は有能な経営者と技術者の不足であるが、直接投資と手を携えて無料でやってくるのは明らかにこの要因なのである。このような直接投資は、通常いわばその国の経営者、技術者にとっての訓練場であって、以後徐々に模倣することのできる合理性の実例を提供してくれるのである。事実、大多数の低開発国の政府は、利潤の本国送還および自国の資本と経営者の参加に関する一定の規定のもとにではあるが、外国による直接投資を歓迎している。教皇は、直接投資について述べることが、新植民地主義を擁護するように聞こえるかもしれないことを恐れたのであろうか。それとも、適当でしかも利潤の得られるところでは、資本家の「貪欲」が回勅の勧告を無視して行動するかもしれぬという理由から、そのような行動に対して口実を与えるようなことは不必要だと考えたのであろうか。ともあれ、経済学者の立場からいえば、直接投資は後進経済を離陸させる上に、しばしば不可欠の、また極めて効果的な方法なのである。

(c)　貿易による資本の稼得——自由貿易主義に対する攻撃

経済発展のための資本供給の第三の主要源泉は、回勅によれば、低開発国の輸出による収益である。だが、現在の世界貿易の状況は、富める諸国の利益のために、経済的に弱小の国々を搾取するという事態を招いている。このようであっては、貧しい国々は「一方の手で与えたものを、他方の手で取り上げるという印象」をもつようになる(56)。事実、今日の貿易事情が先進国に有利であることを主張する経済学者はきわめて多い(5)。

回勅によれば、このような事態を招いたのには二つの基本的な理由がある。すなわち、交易条件の悪化と一次産品の価格変動がそれである。教皇は、一次産品の長期交易条件は工業製品に対して悪化してきているというプレビッシュの命題を、はっきりとは承認していない。むしろ、工業製品が漸進的に価格上昇を続けているのに対し、一次産品が激しい価格変動にさらされていることを述べている(57)。われわれはここで、これら二つの事情、まず一次産品の価格と工業製品の価格との関係、次いで一次産品の大幅な価格変動について簡単に検討しなければならない。いうまでもなく、この二つの現象はともによく知られているだけではなく、この問題に関する文献もここに包括することが不可能なくらい多数存在する。

もし、いま述べたような事実があるとしたら（ハーバラー教授はこの事実を否定する学者の一人であるが[6]）、一体なぜ、低開発国が購入しなければならない工業製品の価格が、それと交換に低開発国が輸出しなければならない一次産品の価格よりも、急速に上昇するのであろうか。（一次産品は農産物か原料であって、ごくわずかしか、あるいは全く、加工を経ていないものである）。

第一に、食糧に対する需要が「人間の胃の腑の大きさに制限される」（いわゆるエンゲルの法則）ところから、一次産品に対する需要は非弾力的である。また、工業製品に含まれている原料の価値は、工業製品そのものの価値と同じようには高まらない。一丁の鋤には一個のトランジスタ・ラジオとちょうど同じくらいの原料しか含まれていないかもしれないし、一台の機関車には一機のジェット航空機よりも多くの原料が使用されているかもしれない。工業においては、製品に占める「技術」の容量が原料の容量に比して相対的に増大していくのである。また、今日の先進国ではしばしば、木綿や羊毛の代わりに合成繊維を用いるように、かつて必要であった原料の代用品を用いるようになる。

このことは、おのずから第二の要因、すなわち、品質の変化が価格の差異の原因であるということに関連してくる。おそらく、ブラジルのコーヒーやキューバの砂糖は、一九一〇年と現在とでその品質にあまり変わりはないであろう。しかし、フォードの古い「モデルT」と近代的なデトロイトの「ストリート・クルーザー」とでは大変な違いようなのである。だが、低開発国はそれらの間の選択をすることはできず、近代的な高価な自動車を輸入しなければならない。なぜなら、「モデルT」は、今日では博物館でみられるだけで、買うとしたらもっと高価にさえつくかもしれないからである。

最後に、最も重要な点は、「人間の胃の腑の大きさには限りがある」という第一の原則の直接の結果として、発展途上にある国が工業化を開始し、その所得が上昇していくにつれて、工業製品に対する貨幣支出の割合がますます高まっていくということである。その上、工業化の開始の過程自体が、機械その他工業製品の巨額にのぼる輸入を必要とする。一次産品生産国がその経済状態を工業化によって改善しようとする努力そのものが、実は、その貿易事情をさらに悪化させるのである。

激しい価格変動

交易条件の悪化に劣らず、多くの低開発国の国民経済を不安定ならしめている要因は、一次産品の激しい価格変動である。これには主として二つの対策が企てられてきた。一つは、国際協定（砂糖、小麦、ゴムなどについて）であり、もう一つは、国家による価格固定の方策、すなわち需給調節のための貯蔵、市場調査委員会などといった制度・組織の設定である。価格変動はいうまでもなく一部は豊作・凶作による収穫変動の結果であるが、事態を一層悪くしているのは、ある国が凶作のときに他国が豊作で、したがって少ししか売ることができない上に世界市場の価格が下落さえしているという事情である。

最善の対策は明らかに作物の多様化であるが、その実行は必ずしも容易ではなく、この点、一次産品の価格安定のために国際的な協力が要請されるのである。

さて、回勅に戻って、どのような提案がそこになされているであろうか。

自由貿易主義に対する異議

教皇は、一時凌ぎの方策を求めることをせず、今日支配的な自由貿易主義を超える全く新しい方式が必要だとしている。

自由取引の法則だけで国際関係を統御することは、もはやできなくなっているのです。自由取引の法則は、取引の当事者間にはなはだしい経済力の不均衡がない場合には、たしかに益があります。それは進歩の刺激となりますし、努力に報いを与えてくれます。ですから、工業化の進んだ諸国は、この法則を正義の法とみなしてしまいます。しかし、条件があまりにも違いすぎている国と国との間では、この法則はもはや正義の法としては働きません。市場で『自由に』形成された価格が、不公平な結果をもたらす可能性があるからです。したがって、商取引の規準としての自由主義という基本原則が、いま問題となっているということを、みな認識しなければなりません（58）。

つまり、貿易経済は、もはや自由競争の法則に安住して行なわれてはならないのです。なぜなら、それがあまりにもしばしば経済的独裁を生みだしているからです（59）。

もし、各国がただその収益を極大にすることだけを企てるならば、弱者はついに敗者になるであろう――これが一般的傾向だが――というような事態について、自由貿易体制の原則は、全く顧慮するところがないのである。貿易を発展途上国に対する援助の有効な手段になるように改造するために、断固たる努力が払われなければならない。今日各国内において、すべてが自由市場の作用に任せられるとき、結局敗者になってしまう自国内の農業部門に対処するために発展してきている公正の概念に準じて、国際的な公正関係の原則が生みだされなければならず、競争の原則はこの原則に道を譲らなければならないのである。

先進諸国も、しばしば経済的に条件のよい分野の犠牲において農業の振興をはかろうとしています。……国内経済についてあてはまること、先進諸国間の関係で受け入れられることは、富める国と貧しい国との通商関係にも同じように妥当します（60、61）。

援助の一形態としての貿易

もとより、国内的な農業保護と対照してみてみれば、そこに多くの困難のともなうことが察せられるであろう。国内農業保護そのものが、アメリカでは厄介な余剰農産物の問題、西ドイツではＥＥＣ農業との困難な犠牲の大きい再調整、日本では米価決定と農業物価格の持続的騰貴とをめぐる毎年のような論争をもたらしているからである。西ドイツと日本の農業政策の比較は、われわれに次のような示唆を与えてくれるであろう。もし、世界の一時産品が教皇の要請しているような何らかの保護を受けるとすれば、それによってもたらされる余剰を、不均衡を永続させるのでなく改善し終熄させるのに利用するための、なんらかの管理機構の設立が必要であろうということである。(7) 一時産品に対して特別な価格維持を与えられる国が、その収益を適切に管理する政策を用いず、またそれを投資の方向に効果的に流れさせる方策を知らないならば、価格騰貴にともなって需要は低下し供給が増大するために、慢性的な余剰生産物を抱えることになるかもしれない。しかし、また、アメリカの余剰農産物の急激な減少は、次のことを教えるかもしれない。すなわち、世界の人口爆発が、少なくとも食糧についてのこの交易条件の問題を、われわれの予想するよりも急速に片付けてくれるかもしれない、——まさに、世界の食糧価格の押し上げの責任が、最少の購買力しかもたない人々にあるという逆説をともなって、——ということである。

(3)　過剰人口の問題

経済発展に関する文献の中に通常かなりの部分を占めている過剰人口の問題は、回勅では簡潔に扱われている。しかし、少なくともこの問題の緊急性に対しては真正面から立ち向かっており、回勅「マーテル・エト・マジストラ」においてなおとられている、いささか楽観的にすぎる態度からは幾分変化している。

人口の規模が獲得可能な資源よりもっと急速に増大するので、人々は一種の袋小路に閉じ込められたような気がしています。そこで人口の増加を過激な手段を講じて押さえようとする誘惑が大きくなっています。公権はこの問題に、その権限の範囲内で、適切な広報活動を行ない、適当な手段を用いて介入することができます。しかしそれらの手段とは、道徳法の要請にかない、夫婦の正当な自由を尊重するような手段でなければなりません(37)。

教会は、産児制限に対する態度について重大な局面に立っている。出産を制限するために避妊薬（器具・薬剤）を使用することを禁じている伝統的な教えに、思い切った変更を求める強い傾向が、神学者や専門家の間にみられるようになった。教皇パウロ六世は、この問題の研究のために、神学者や司教はもとより、医学、人口学、生物学、その他諸分野の専門家によって構成される研究委員会をローマに招集した。一九六六年六月二六日、委員会の神学者たちの三分の二以上が、避妊薬の使用についての再考と容認とをすすめる勧告を起草した。委員会の司教の大多数もこの多数意見に賛成したといわれる。少数派の神学者たちは、いかなる変更をも拒否する別の報告を提出した。多数意見は、人間はその積極的な人間的目的を達成するために、自然的作用に介入する権利と義務を有するのであって、産児の調節もそのうちに含まれるものであると主張している。少数派は、そのような変更が教会の教えの不可謬の権威と両立しがたいのではないかと恐れているのである(8)。

しかし、変更を求める傾向は十分根拠のある神学的理論に支持されてより一層強まってきており、この問題について教会の態度の変更が行なわれるのは時間の問題にすぎないように思われる。要するに、この点についてはすでに教会は大きく変わってきているのであって、一九三〇年の回勅「カスティ・コンヌビー」（"Casti Conubii"）の厳しい見解と、第二バチカン公会議の憲章「ガウディウム・エト・スペス」（47－52）のそれとを比較すると、その間にきわめて実質的な変化のあることに気がつくのである。結婚の倫理を、愛情関係全体にではなく、生物学的作用に固着させるという伝統的な考え方は、今日では多くの神学者によって、あまりに静態的で旧弊であるばかりでなく、根本的に非キリスト教的であると考えられている(9)。自然法は静態的なものではないということ、人間の倫理観は発展するものであるということ、したがって、それは、歴史と社会の全関連において判断されなければならないということ、この確信はますます広く認められつつある。いかなる人間も孤立したものではなく、また本質的に歴史的存在である。人間の道徳もまた然りである(10)。このことを示す例はもとより数多い。最も有名なのは、貸借に利子をとることについての教会の教えの転換であって、静態的な社会においては禁ぜられてきたことが、資本主義の到来とともに正当なこととされるに至った[11]。

動態的な変化をこうむる自然法は、歴史のうちに存在するものとしての人間の本性を顧みることなしには、聖トマスから引用された哲学的議論によっても、あるいはローマ教皇の決定によってさえも、排他的に確定することはできないのである。そして、この人間本性の探究は、心理学、人類学、歴史学、社会学等の科学が課題とするところであり、道徳神学はこれらの科学の進歩を、それがすでに時代遅れのものとして明らかに批判されることがないかぎり、無視することはできないのである。

この問題の複雑さについて、ここでは立ち入って論評することはできない。だが、人為的な産児制限を拒否するという静態的な考え方の根底にあるものは、①異教社会から受け継がれた男女の性や夫婦愛そのものを蔑視する態度と、②近代科学のもたらした進歩という道徳的善に対する不信と根本的に相通ずる、自然的作用への技術の適用に対する暗黙の敵意であり、最後に、③ローマからの中央の決定を、あたかもそれが不思議な力で困難な問題を解決してくれるかのように、もっぱら受身に依頼するという多くのカトリック信者にみられる傾向であろう。

人口爆発に対する効果的な政策いかんという観点からの見解は、回勅のうちに見つけることができない。国家は広報活動を行なって介入することができるという章句でさえ、その後のバチカンの解釈によれば、意味の狭いものであって、人為的な産児制限の広報活動はそのうちには含まれていない（Osservatore Romano 紙（April 19, 1967）は、Corriere de la Sera 紙（April 6）が回勅は国家が人口制限を奨励すべきだとほのめかしていると解釈したのに答えて、そうではないと否定している）。したがって、現実に人口問題に立ち向かわなければならない諸国の政府が、回勅をその指針とすることはほとんどないかもしれない。しかしながら、せめて、個々の夫婦の権利を尊重するようにという警告に十分留意するよう願わざるを得ない。なぜなら、もし個人的良心の権利と夫婦の自由が保護されないならば、われわれは、物質的進歩を手に入れるのに、人間の尊厳を破壊するという大きな犠牲を払うことになるからである。

(4) 経済体制――発展への接近法

(a) 自由資本主義への強い非難

一九一七年までは、経済発展にはただ一つの体制、自由資本主義しかなかった。マルクスは、それを歴史的必然であると考えたし、各国は、イギリスが最初にたどった道を追随してきた。その道には、労働者の苦難が刻みこまれており、経済的進歩は文字どおり非人間的な卑劣さで贖われたのであった。しかしながら、現今では、先進諸国においてさえ、資本主義的発展の体制は相当の変貌を示している。われわれは、政府の役割がますます拡大してきていることに気づくのである。

一九一七年以来、もう一つ別な、それとは対立的な発展の体制、すなわち中央計画経済の体制が歴史の段階に現れてきた。中央計画経済のこれまでの経過は、それが民衆の苦難を軽減したことを必ずしも示してはいないが、今日の低開発諸国のそれに対する共鳴は大きく、とりわけその体制下での急速な成長率と平等な所得分配という表看板に対してそうである。

この両者間の基本的な選択について、回勅はきわめて明確な態度を示している。回勅は、マルクス主義的、絶対主義的なものでない計画経済を採択し、一九世紀的自由資本主義を強い言葉で非難しているのであって、この回勅を発布後いち早く有名にさせ、はなはだ厳しい批評を招かせたのは、なによりもこの点である。Wall Street Journal がそれを「二番煎じのマルクス主義」とよんだのに対して、マルクス主義系の新聞は「これみよがしの歓呼」をあげたのである。次に引用するのはこの論争の的となった文章である。

しかし不幸なことに、ひとつの主義が社会の新しい条件〔工業化〕を足場にしてうち立てられました。それによると、利潤が経済的進歩の本質的動因であり、競争は経済の最高法則であり、生産手段の私有権は絶対的権利とされ、これに対応する社会的制限も義務もないものと考えられていました。この無制限の自由主義は、ピオ一一世によって適切にも『国際金融資本による帝国主義』の温床と批難された独占支配へと発展して行きました。このような乱用は何度批難してもそれでたりるということはありません。なぜなら経済は人間に奉仕するためにあるものだからです。わたしはこのことを、もう一度厳粛に指摘しておきたいと思います。しかしながら、ある種の資本主義が、このように現在にまで影響を及ぼしているあまりにも多くの苦しみや不正義、さらに同朋を殺し合う闘争の源泉であったことは事実ですが、だからといって、工業化それ自体に、それにともなったいまわしい主義に由来する諸々の悪の責任を負わせるのは間違っています（26）。

第一に注意しなければならないのは、この文章では過去形が用いられているということである。回勅は、現在の資本主義体制を決して非難しているのではなくて、経済学者には周知の三つの原理、利潤極大化、競争、私有財産権によって特徴づけられる自由資本主義を非難しているのである。教皇は、これら三つの原理が自由市場経済の基礎であることを確認するとともに、反面で、自由資本主義の下ではこれらが経済生活を統御する唯一の最高法則になっていることを非難しているのである。

これら三つの原理が公共の福祉のためにいかに多くの拘束を受けてきているかは、広く知られているところである。利潤極大化は、今日では決して唯一の本質的動因ではない。外的には、それはさまざまな社会立法によって限界づけられ、内的には、大企業における所有と経営の分離にともなって目立って現れてきた長期的な安定と成長という新しい目標によって限界づけられている(12)。しかし、利潤極大化は、効率性の唯一の信頼するに足る尺度であるがゆえに、なお本質的動因の一つとして残っているのである。そして、特に高い利潤は、経済を前進させる革新に対する報酬なのである(13)。どちらかといえば、低開発諸国にとっては、利潤極大を目指して企業を経営することに結びついたあの成功への意欲を学ぶことこそむしろ望ましいであろう。少なくとも東欧諸国は、現在このことを学びつつあるように思われる。

競争についても同じことがいえる。すなわち、それが唯一の決定的な市場原則であってはならない。（小規模企業による）完全競争の理想が独占的構造に道を譲ってきたがために、このことはなおさら重要である。実際、現在どの国家も、独占の弊害に対してはいうまでもなく、破滅的な競争に対しても多くの防止策を採用してきているのである。しかしながら、なお競争は進歩を保証し、したがって、人々の福祉を保証する自由市場の基本原則として止まっているのである。

一九世紀自由主義においてきわめて絶対的な権利であった私有財産権は、現代資本主義においては特に課税や相続法によるとともに、私有財産の使用についての他の国家的権限や統制によって、厳しく制限されている。一片の土地でも所有している人は、その使用についていかに多くの規制が存在するかが容易にわかるであろう。

最後に、自由資本主義が「独占支配」へと導き「国際金融資本による帝国主義」を生み出すということに関しては、われわれは、実際に植民地主義と国際金融帝国主義が一九世紀の自由資本主義下の経済発展の直接的な自然の成り行きであったということを、否定することはできない。第一次世界大戦前後にこの問題がしばしば取り上げられ、レーニンはプロレタリア革命に先行する資本主義最後の段階として、その有名な帝国主義論を展開した。やがて一九三〇年代に大恐慌が到来し、その間に回勅「クワドラジェジモ・アンノ」（一九三一）が書かれたのである。

しかしながら、ケインズによって革命的にもたらされた経済学の一層深い知識のおかげで、植民地主義や激しい労資闘争の弊害がすでに早い以前に超克されてしまった今日、なぜこのような発言が行なわれるのか不審に思われるかもしれない。現在の資本主義体制が非難されているのでないならば——回勅の叙述が全くこれに触れていないことからしてこのことは明らかであるが——、なぜ低開発国が修正されない自由資本主義を繰り返すことに誘惑を感ずるかもしれないなどと恐れるのであろうか。経済発展に着手するいかなる国も、今日経済において果す政府の役割を無視することはできないのであって、政府は景気変動を緩和し、大量失業を防止し、一定の最低賃金を保証し、教育組織を整備し、その他一九世紀の無制限の資本主義に欠けていた多くの活動を行なうのである。

ローマがケインズによる経済学の革命的な進歩に追いつけないのだというようなことは、全く無意味で愚かな批判であろう。自由資本主義をだしにしたこの刺激的な論述は、おそらく次のようなことを十分に理解させたい意図にいづるものと思われる。

教皇は、いっさいの経済活動と経済体制が、人間の人格的完成を中心に据えるようなものでなければならないということを、できるかぎり明白にさせたいと望んでいるのである。自由資本主義体制のもとでは人間は盲目的な法則の生贄である。マルサスその他が労働者階級の窮乏を「自然法則」の結果だと考えた宿命論は、経済学に「憂鬱な科学」という名を与えさせるゆえんとなり、また社会主義思想やマルクス主義の反抗を招くところとなった。しかし、実際には資本主義は試行錯誤によって、人格的自由のみならず所得分配の公正の増大や文化的進歩を守る道をみいだしたのである。ところが、理論的にそのような「法則」の作用に挑戦するために提起され、労働者の主張を代弁したマルクス主義は、実際には、人々から自由を奪うのみならず、公正な所得分配についてもその約束に反して現代資本主義におけるよりも悪化させ、一般公衆を生贄にしているのである。

教皇が、低開発地域の多数の人々に、教会は貧しい人々の味方であるということを、できるだけはっきりと知らせたいと望んでいることは明らかである。一九世紀における労働者階級の教会からの疎隔という失敗——これは教会が私有財産権をあまりに頑強に擁護し、あまりにブルジョア階級のために代弁しすぎたことから生じた——は、どんな犠牲を払っても避けなければならないのである。

最後に、教皇のここでの主たる論点は、自由資本主義の基本原則に表れ今日なお持ち続けられているような精神では、世界の経済発展という大きな課題を担うことは不可能だということにあるように思われる。教皇は、キリスト教的兄弟愛による協力という新しい接近法、新しい精神を要請する。先進諸国の国民は、個人的にも国家としても、後進国援助から、政治的あるいは経済的に自分たちがどのような利益を手に入れることができるのか、というようなことを尋ねるのをやめなければならない。あえて問うならば、そこには想像を絶するほどの大きな利益があるであろう、とたしかに答えることができる。すなわち、利己的な「経済的合理性」に立ってその利益を目指すということを止めてはじめて、われわれは、一つに結ばれて繁栄する世界を実現することができるのだからである。聖書に述べられている次の言葉がこの場合にもあてはまるのではないだろうか。「自分の命を救いたいと思う者は、それを失うが、わたしのために命を失う者は、それを救うのである」（ルカによる福音書、9－24）。

このようにみてくると、回勅は、新しい精神による協力をよびかける一方、全くのところ、自由資本主義の体制のうちに結晶している経済的利己主義を非難しているのであるということができる。

(b)　経済計画の必要性——計画の限度と目標

教皇は、経済計画をはっきり支持している。これは五カ年計画が、空港や総理大臣用のメルセデス・ベンツと同じくらいに、国家的威信のシンボルとなっている低開発諸国における趨勢と軌を一にしている。教皇はこう述べている。「個人的な発意と単なる競争の結果に期待するだけでは、進歩の成功はおぼつかなくなります。……ですから、個人と中間的諸団体の活動を『激励し、刺激し、秩序づけ、補い、そして完成へと導くため』に計画をたてることが必要であります。すなわち、追求すべき目的と、達成すべき目標と、そこに至るための手段を選び、必要ならばこれを義務として課することは、公権の権限に属します。またこの共同の行動の中に結集されたすべての力を刺激することも、公権の仕事であります。しかし公権はこの仕事に、個人の発意に基づいた働きと中間的諸団体とを結びつけて協力させるように配慮しなければなりません。こうすることによって、個人の基本的権利の行使を不可能にし、自由を否定するような画一的な集産化、あるいは恣意的な計画化を避けることができるでしょう（33）。

この叙述が自由主義的な政治家や経済学者からの激しい批判をよんだことは容易に理解できる。ミルトン・フリードマンはこう書いている。「教皇と同じ考えの人はたくさんいる。この〔中央計画に対する〕信頼は、今日、特に低開発諸国において、知識人によって広く主張されている。その上、それは多くの国で相次いで実行されてきている。だがその結果はどうであったか。教皇の予期するところは明らかに正反対なのである」[14]。実際のところ、フリードマンの指摘するように、現在低開発国にみられる計画の結果はそれほど望ましいものではない。計画を行なっている大多数の国には、きわめて非能率で個人の発意を窒息させるような官僚主義が存在する。しかし、もしそこに計画がなかったならば、どういうことになるだろうか。先進国と後進国の技術的格差が非常に大きい現在、「個人的な発意と単なる競争の結果に期待するだけ」では十分ではないであろう。この問題についてあらゆる学者は、政府が近代的な社会的共通資本を整備することが必要であり、またしばしば個人の発意の不足や資本調達の力の不足のために、政府が大企業を設立することが必要であると指摘している。近代的企業のための資本需要と組織の必要という両者の規模そのものが、その国の多くの資源を装備した国家が主導権をとらねばならぬほどに、大きいのである。

ここまではフリードマンにではなく、回勅に一致しているわけであるが、他面、計画は漸次計画自体を解消して行くようなものでなければならぬことを指摘するのもまた重要である。社会が発展すればするほどますます計画のメカニズムは、援護物たることをやめて妨害物に転化する可能性があるからである。さらに、初期段階においてさえ、価格と生産量が競争市場との関連において測定される場合に達せられる効率性を破壊してはならない。このようなジレンマは、ソ連とその衛星国の中央計画経済が徐々に当面しつつある問題である。したがって、計画は個人の発意と競争市場の両者を含まなければならないのであるが、しかし計画者は、より一層大きな力を獲得しようとしたり自らの非能率を隠蔽しようとしたりするときには、この両者を抹殺しようという誘惑にあまりにも屈服しやすいものである。このように個人の発意と計画の結合は、言うは易く行なうは難しであって、自由企業制をとりながらも中央計画官僚が効率性に対する最悪の背反者の一つに転じているインドの例が、このことをよく示している。

他方、計画に原則的に反対する人々に対しては、欧米資本主義経済でさえますます計画化されつつあるということを述べなくてはならない。そしておそらく、ガルブレイスとともに次のようにいうべきであろう。スモッグによる窒息と交通地獄をもたらすまでにますます大型多量の自動車を生産することから、文化的社会的価値の創造の方向へ、すなわち公共住宅、教育、文化の向上、公園の造成など私企業が供給するには引き合わないが公共の需要のきわめて高いもののほうへ、資源を転換することができるように、少なくするどころかより一層多くの計画化が欧米世界に要求されるのであると――。そうすることによって、私企業ではなく社会だけが完全に実現できる外部経済が生み出されるのである。

かくして教皇は、計画の主要な目標が物質的富の増大の達成に限られるべきでないことを明らかにしている。

つまり進歩とは、社会的向上と経済的発展の両方を等しく考慮することにほかなりません。……明日の技術主義（テクノクラシー）は、昨日の自由主義と勝るとも劣らぬほどの、恐ろしい悪を生む可能性を秘めているのです(34)。

一人当たり生産高の急速な成長率の達成は、経済発展の成功度を示す唯一の指標では決してあり得ない。なぜなら、一人当たり生産高という平均値は、所得がどのように公正に分配されているかということも、またどれだけ多数の人々に人格としてのその教育的文化的状態の向上あるいは退歩があったかということをも、明示するものではないからである。

かくて教皇は、計画の主要目標の一つが、より一層公正な所得分配でなければならないことを要請する（34）。このことは、もちろんマルクスのいうような意味での平等分配を意味しない。そのような平等分配が空想的なものであることは、マルクス主義者自身今やよく理解しているところであって、ソ連における所得分配のきわめて大きな不平等を引き合いに出すだけで十分知られるであろう。公正な分配は、十分な刺激を持続させるために、生産性の差違に応じた報酬、革新活動に対する特別の報酬、特殊な能力に対する経済的準地代の評価、貯蓄に対する報酬などを考慮に入れなければならない。さらに、所得の再分配は、消費の増加に対するその影響を算定し、その国民経済の枠内で耐え得る程度でなされなければならない。実質賃金のあまりに急速な上昇は、発展初期の非能率な労働を競争力の弱いにかかわらず費用の高い労働たらしめるかもしれず、これは、欧米と同じだけの労働能率を供給しないでいて、消費需要のほうは労働組合が欧米の標準に従って方向づけるというような国々に、きわめて明らかに現れる傾向である。

いかなる発展計画においても目指さなければならぬもう一つの主要目標は、回勅によれば、初等教育の普及である。経済的発展は何よりもまず社会的向上に依存しています。したがって初等教育が開発計画のまず最初に来るべき目標であることは誰しも認めることでしょう。教育の欠如は食糧の欠乏と同様好ましくないものであります（35）。

ここでは、教育の人道主義的な側面に主たる強調点がおかれているが、現在の経済学者たちは、経済発展を成功させるための第一の役割を教育に担わせる点で意見の一致をみている。ガルブレイスの言葉でいえば、「世界の教育のある国民は実際にみな貧しくなく、教育のない国民はみな富んでいない[15]」。欧米諸国の成功も日本の成功も、普通教育の水準の一般的向上によって合理的思考があらかじめ普及していたという事実に、その一つの原因を求めることができるのである。近代的生産方法の採用において、日本が目覚ましいスピードを示した主な理由の一つは、その発展の最初から一般的な教育水準が高かったということである。明治時代の直前に（一八六七年）、男子人口のほぼ四〇％から五〇％、女子人口のほぼ一〇％が、家庭外の何らかの公式の教育を受けていたと推定されている[16]。そして、一八九七年までに、日本の子女の九〇%ほどが小学校教育を受けるに至っていたのである。

しかしながら、教育についての問題点は、それが成果をもたらすまでに時間がかかるということである。地味な教育に比べて一層はなばなしくみえる他の投資は、その懐妊期間がはるかに短い。したがって、焦りがちな政府は、充実した教育組織を準備することよりも、むしろ大きなダムや製鉄工場や国内航空網などを建設することのほうを選ぶ傾向がある。また、普通教育のための学校を設立する固い意志がある場合でさえ、教員のはなはだしい不足がしばしば手に余る隘路になることがある。他方、民族的自負心や外国人に対する敵意から、ビルマや若干のアフリカ諸国などでは、これまでその国における主要な教育担当者であった外国人宣教師を締め出したりしている。この点については、われわれは外国投資の場合におけるのと同じようにいうことができるだけである。すなわち、植民地主義は許されてはならないが、産業への直接投資や教育における宣教師の積極的な貢献は貴重なものであって、奨励されるべきでこそあれ、決して禁止されるべきではないのである。

(5) 経済発展におけるイデオロギーと文化の役割

「企業家精神」とか「心的態度」という非数量的な変数を経済発展モデルの中に取り入れることを、経済学者たちが潔しとしない一時期があった。そこでは後進国の構造は、資本と労働のような量的に測定可能な要素が先進国におけるのと同様の予測可能な様式で変動するものとして、同じ「他の事情等しければ」式の方法で扱われた。しかし、この扱い方はすっかり変わった。今日では、発展計画の成否を決定すべき重要な要因として、イデオロギー、文化的影響、社会的条件、企業家動機などを扱うのが普通のことになっている。

発展を刺激したり阻害したりする上にイデオロギーが果す役割については広く取り扱われてきた。ヒンズー教精神やイスラム文化というような文化的遺産の影響力などがそうであった。進歩の産婆役としてのピューリタン精神と同じようなものを、発展途上国のためにみいだそうとする追求が続けられているが、国家主義とマルクス主義がそのような発展のイデオロギーとして現在最も目立つ存在である。文化とイデオロギーについての回勅の叙述をここで検討しようとするのは、この問題からである。

(a)　マルクス主義的イデオロギーに対する穏かな拒否

回勅にはどこにも共産主義やマルクス主義という名称は用いられていない。多くの低開発国に最も大きな共鳴をよび起こしているのが、資本主義ではなくてマルクス主義であることから考えると、これははなはだ驚くべきことである。

古い伝統に執着するグループと、伝統的な文化的価値を拒否して近代化を鼓吹するグループとの間の衝突について語った（10）あと、教皇は、次のように述べている。

このような混乱の中で、救世主を気どる人物が現れて、素晴らしいが、偽りに満ちた約束で人々を引きつけるという危険な傾向が、強まっています。このような人物のもたらす結果がどんなに危険なものであるか、例えば民衆の過激な反応、収拾のつかない混乱、全体主義的体制への移行などがもたらす危険がどんなものであるか、誰しもよくおわかりのことと思います（11）。

教皇は、後のほうでもう一度、社会と所有関係に革新的な変化をもたらすことが必要である場合でも、その手段として革命的暴動に訴えることは拒否している（31）。さらに労働組合について語るとき、教皇は、これら労働組合が「人生をその究極目的との関連で考える宗教的精神を尊ばず、人間の自由も尊敬も軽んずる唯物論的、無神論的哲学」に基づくべきでないと述べている（39）。マルクス主義と共産主義を間接的に暗示している章句はこれだけに過ぎない。

これを自由資本主義非難の激しい言葉と対照してみるとき、どうしてこのような態度の変化が生じたのか不審に思われるかもしれない。実際そこには少なからぬ態度の変化がみられる。ピオ一一世とピオ一二世の時代には、共産主義は最も激しい言葉で非難されていた。経済発展を扱うこの回勅は、当然に同じ言葉を繰り返す恰好の場所であり得たはずである。その激しい自由資本主義非難との釣り合いを考えるべきだとしたら、とりわけそうであろう。カトリック教会とマルクス主義との間の冷戦のこの「雪どけ」は、一体どのように説明されるのであろうか。

「雪どけ」は孤立した現象ではなく、第二バチカン公会議がその劇的なハイライトとなったカトリック神学の発展という全体的な関連のうちに理解されなければならない。教会の中のそれまで支配的であった保守的グループは、当時の現状を公認しようと望んだのであって、近代科学の理念および進歩的な社会主義思想とカトリック教義との調和は不可能なこととされた。フランスにおけるいわゆる保守派と進歩的なカトリック左派（大抵は知識階級）との間の対立が最も目覚ましかった。進歩派がマルクス主義思想の一部の採用を要求したのに対し、保守派はブルジョア文明を、それがはなはだしく不正で非キリスト教的であるような場合でさえ、信仰の名において公認しようとする傾向があった。(17)

保守派のグループは、ピオ一二世のとき、回勅「フマニ・ジェネリス」("Humani Generis," 1950) において、進歩的神学者たちが非難されるに及んで成功を収めた。そして労働司祭の運動が禁止された。その後、ヨハネ二三世のもとでその逆転がやってきた。教会は、なによりもまず教会自体の近代化を開始し、現代世界に対して大きく目を開いた。その目覚めとともに、マルクス主義に対する新しい接近法がとられたのである。マルクス主義の原理（特にその無神論的唯物論哲学）は依然としてキリスト教の原理と両立しないものであるが、マルクス主義を非難する代わりに次のことが明らかにされた。経済・政治体制としてはある程度協力が可能である。教会はいずれかの特定の経済体制そのものを勧めるものではない。そして、その無神論哲学に関しては、現在中欧で行なわれている両者の対話が開始された。(18) なぜなら、マルクス主義とキリスト教との間にさえ、若干の根本的な共通の関心が存在するからである。この新しい「雪どけ」の目に見える印としては、幾人かの共産主義諸国の首脳のバチカン訪問があり、特にソ連のポドゴルニー最高会議幹部会議長の訪問がある。

しかしながら、マルクス主義との対話ということは、決してそれを承認することを意味しない。原理的には、教会は今もかつてそうであったと同じく、マルクス主義には反対している。したがって、「二番煎じのマルクス主義」というような批判の誤っていることは明らかである。混乱は経済計画とマルクス主義的社会主義とを誤って同一視することから生じている。教皇は、個人の発意をも保ち、マルクス主義的体制のそれとは全く異なった目標をもった計画を勧めているのである。いまやすでに欧米諸国が計画に対して抱いていた憎悪を忘れ去るべきときである。というのは、もし計画が個人の発意および市場組織の作用と結合して行なわれ、単に物質的財貨の蓄積を目指すだけでなく、人間とその文化をますます高めることを目指して実施されるならば、今日大多数の先進国において計画が有効に働いているように、計画が単なる自由市場体制よりもすぐれていることは明らかであるからである。

(b)　民族文化の積極的な役割——伝統とその再生

教皇は、国家主義をそれの孤立主義的な、したがって発展に与える有害な影響のゆえに拒否する際、それに関連して民族文化の積極的な価値について述べている。

最近政治的独立を獲ち得た共同体が、まだ脆弱な国家的統一に敏感で、それを守り通そうと努めるのは自然のことであります。また、古い文化をもつ国民が、祖国の歴史が自分たちに遺した遺産を誇るのも当然です（62）。

しかし、教皇はまた、古いものと新しいもの、伝統と進歩の間に生ずる衝突をもみのがしてはいない。

世代の対立はこうして、父祖伝来の制度と信条を固守して進歩を放棄すべきか、あるいは外から技術と文明を迎え入れて、過去の伝統とともにそれが持つ人間的な豊かさまですっかり捨ててしまうべきか、悲劇的なジレンマに陥って、事態は深刻化しています(10)。

国家主義

教皇が、この問題について示唆しているのは、最善の伝統的価値の維持と、多くの伝統が破壊されるに違いない徹底的近代化とを、最もよく合成するような選択的な文化移植が望ましいということである。この課題に最も適合したイデオロギーの一つに国家主義がある。実際、低開発諸国のほとんどすべての発展への努力の基礎にあるものは、マルクス主義であるよりは国家主義である。一つには、これらの国々は極く最近その国家的独立を勝ち得たからである。そして、その国民的統一の基礎はさまざまである。ある国にとっては、例えばインドやエジプトのように、それは古代文化であるが、インドネシアやコンゴはじめ大多数のアフリカ諸国などにとっては、植民地としての同じ過去をもっているという機縁以外には、結合の絆がないのである。したがって、そのような国では、過去の植民地主義に対する反抗心にもかかわらず、往々かつての植民支配者たる国の言葉が「標準語」であり、また唯一の結合の絆なのである。

しかし、いかなる国も、もはや存在しない敵に対する反抗心を、長らく統一の手段とすることは不可能である。もし、軍国主義的冒険や「文化大革命」という魔女狩りを選ばないとしたら、経済的近代化の計画と実行が新興国にとって国家形成のための必要物になるであろう。輝かしい未来の約束、先進国に追いつく時間競争、五カ年計画、成功を示す何らかのシンボルなどが、国民の自信を支え、必要な努力を喚起し、古来の特権の廃止と犠牲を弁護するために、存在しなければならないのである。このようにみてくると、かつて植民地であった諸国において「反帝国主義」的な感情がこの目的のために利用される理由も、また鬱積した抵抗を圧しつぶして民衆により一層重い負担を課するのに、社会主義的スローガンが便利な道具となる理由も、心理学的に容易に理解できる。

しかしながら、その国の経済的後進性が一層の努力を刺激する宣伝手段としてつねに利用される一方、国民の自尊心は、「物質主義的」な「腐敗」した「資本主義的な」欧米諸国に対する、文化的、倫理的ないしは宗教的な優越性が讃美されることを要求する。それはいわば劣等感を埋め合わせるのに必要な代償物なのである。

明治時代の日本は、国家主義がこのような筋道で、いかにして強力な発展のイデオロギーとなり得たかの古典的な例を提供している。幕府の実際政策による日本の開国に対して、国民のエリートである武士階級の側の最初の反応は、尊王攘夷の掛け声のもとに裏切り者幕府の打倒をはかることであった。しかし、これら国家主義者たちは、勝利を手中に収めるや否や、欧米の影響に対して広く門戸を開いた。文明開化という新しいよび声のもと、「神国」が西洋の植民地となることを防ぐために、天皇は「知識ヲ世界ニ求メ」ることを宣言した。経済発展と西洋化とが国家隆昌の道具として意識的に利用された。西洋の知識と技術は、日本の伝統の最善のものを一掃するものであるどころか、むしろ、これを護ってくれるものであったのである。(19) このようにして、続いて起こった文化的変動は西洋文化の選択的な移植であったのであり、その結果は、しばしば西洋の技術と日本の伝統および精神との感嘆すべき合成をもたらしたのであった。そしてその間、日本は日本であることを損なわれることはなかったのである。

教皇が、古い伝統の維持と新しい技術文明の受容との間に横たわるジレンマについて述べるとき、このような文化の選択的な移植を心に描いているのである。過去の価値を維持することの重要性を強調して、教皇はこう述べている。

（第二バチカン公会議も）『経済的に貧しくても英知に富んでいる国は、他の国に大きな福祉を提供することができる』と指摘しています。富める国も貧しい国も、それぞれ先祖より受け継いだ文明を……所有しています（40）。

だが、この問題の難点は、すべての低開発国の文化的伝統が、必ずしも日本が行なってきたような、文化の選択的な移植に適合しているものではないということである。いかなる文化や価値体系も、それが経済発展の基礎を提供するものとなるために、満たさなければならぬ前提条件として、次の二つをあげることができるであろう。まず第一は、自然に対する態度が、単に受動的な姿勢から、人間知識によって能動的に自然を支配する姿勢に変わらなければならぬということであり、第二には、創造的な仕事に対する積極的な評価がなければならぬということである。この二点について、欧米と日本は有利な前提条件をもっていたが、アジアの大多数の低開発国はこの点に重大な問題を抱えているのである。

経済的合理性

国家主義は奇跡を行なうことはできないのであって、民族文化と伝統を再生の力として利用するためには、その文化は合理化の過程を通過しなくてはならない。欧米先進諸国と日本を一瞥するだけでその意味は明らかであろう。進歩的な物質的文化の発展のための基礎は一体何であろうか。

日本と欧米諸国では、一般教育水準は今日の多くの低開発国におけるよりも高かった。教育の普及の基礎には、進歩への信頼と自然に対する能動的な態度があった。欧米では、理性によって獲得し得る客観的な真理に対する信念と、この地上を従え支配するという人間の使命についてのキリスト教的信仰とが、科学進歩に不可欠の堅固な基礎、すなわちロストウが「ニュートン以後の精神」とよんだものを形成したのである。日本においても、武士階級は儒教の研究のみならず西洋の技術（蘭学、洋学）にも非常な熱心さを示した。また、武士以外の商人や農民の状態についてみても、他のアジア諸国にしばしばみうけられる自然に対する受動的・宿命的な態度とははなはだ異なるものがあった。彼らは算盤を使うことを知っていたし、生産増大のために自然に打ち勝つ法を十分に知っていたのである。

だが、仏教、ヒンズー教、イスラム教などの影響を強く受けた文化は、自然と経済活動とに対するその宿命論的、非合理的な態度を保持しながら、どのようにして発展することができるのであろうか。よく知られている例をいえば、ヒンズー教における動物の生命の神聖視（聖なる牛）の問題の解決が、いかに困難なものであるかをわれわれは知っている。また、イスラム教徒の宿命論が進歩に対する最も決定的な障害の一つであることは、近年繰り返しいわれてきたところである。それらの諸国の指導者が、改革の望みのない伝統を一掃し、全く新しいイデオロギーをもってこれに代置するために、マルクス主義を利用する気になるのもよくわかるのである。われわれは、インドにおいて、その「古代文化」を維持しながら、それを発展への障害物から刺激へと変形させることが、果たしてどの程度まで可能であるか、あるいは可能でないかを、大きい関心をもってみまもるものである。

教皇は、低開発諸国が近代的技術と一緒に、物質的に豊かな国の物質主義的精神と貪欲とを受け入れるのではないかと懸念している。

貧しい民族は、富める民族からやって来るこのような誘惑に対して、どんなに警戒してもすぎるということはありません。……彼らが主として物質的繁栄を勝ち得るために用いた活動様式をモデルとして押しつけてきます。もちろん、物質的繁栄が精神の活動を封じてしまうというのではありません。……しかしそれにもかかわらず、『現代文明は、その本質からではないが、あまりにも地上のことがらに夢中であるために、しばしば神への接近をいっそう困難ならしめている』のであります(41)。

先進諸国の物質主義というのは、教皇の考えでは、消費についての享楽主義をいうのではない。もし、先進諸国と少なくとも同じ程度の十分な所得が与えられるならば、むしろ低開発諸国にこそ享楽主義が現れる恐れがある。なぜなら、先進国の経済が「供給」に力点をおくのに対して、大多数の低開発国のそれが、主として「消費」動機に支配されるものであることはよく知られているところだからである。

ここでいわれている物質主義とは、世俗的価値の追求に熱中すること、すなわち、人々の心とエネルギーのすべてを、精神的宗教的な価値の追求にはほとんど向けないで、物質文化そのもののうちに没入させることである。このような価値体系をわれわれはどのように判断すべきであろうか。

世俗的な価値体系が、最初は強固な宗教的裏付けをもつものであったことは周知のところである。科学者は神の創造の神秘を発見しようと努力したし、清教徒は神の召命として利潤を追求したのである。だが、その「世俗的禁欲主義」は時の経過とともに、真に「世俗的」なもの、すなわちそれ自体単独では宗教的意味をもたないものとなってしまったのである。

日本においては、武士階級が経済的利益追求の同様な「世俗化」の過程を歩んだ。彼らの社会的身分が、商人の「寄生的な利潤追求」を排撃させ、したがって彼ら自身が商人になったときには、彼らは「進歩」のためや「国家」のためにそうしたのであって、決して何らかの「物質主義的」な動機のためにそうしたのではなかった。渋沢栄一は、「日本においては、天皇に対する忠義感と儒教の影響が西洋的な物質主義の出現を防いだのである」と主張した[20]。しかし、やがて、武士階級は何にもまして利潤のために働くようになり、彼らの商人に対する軽侮が身分的な自負心に由来するものにほかならず、経済問題の理解の不足以外の何物でもなかったことをみいだしたのであった。

では、そのような世俗的価値体系は、なぜ神への接近を困難ならしめるのであろうか。その理由は、世俗的価値体系がいっさいの人間行動および自然の非神秘化と合理化とを包含するものだからである。もはや宗教も近代的思考の時代のものとならなければならないのであり、また世俗的価値追求はそれ自体の固有の価値によって評価されなければならないのである。現代の科学者や経営者は、その職能を自分の仕事と他の人々とに対する深い責任感をもって遂行する。自分の専門知識以外のいかなるものも指針としない全く世俗的な態度でそうするのである。しかも同時に、彼は信仰の厚いキリスト教信者であるか、あるいは無神論者なのである。実際のところ、物質文化をそれ自体のためにそれ自体の法則に従って評価するというのが、現代人にとっての典型的な考え方なのである。教会が今日注意を向けているのはこの考え方なのである。なぜなら、過去において教会は、しばしば経済的技術的進歩に対する根本的な不信、また世俗的思考がとる独立の途に対する根本的な不信を示してきたからである。

合理的な経済的思考、したがって、また世俗的価値体系の確立に向かってのこの過渡期において、多くの人々がその宗教的信仰を失ったり、あるいは伝統的な信仰の教義を疑いはじめるという事態を招くかもしれない。根本的にはこれが、今日カトリック教会を揺り動かしている大きな危機の理由であり、そしてより一層大きな危機が低開発諸国の宗教に対して確実に用意されているのである。カトリック教会においては、問題の調整はそれほど困難なものではない。だがいったん物質文化が定着したとき、ヒンズー教にはどれほど大きな問題が残されるであろうか。ましてや、アフリカの多くの部族的な信仰にとってはそれ以上の困難があるであろう。しかしながら、低開発諸国では、今日の「神々の死」から、明日は多分一層純化された信仰が生まれてくる可能性があるのである。

労働の評価

すべて働く者は、ある意味で創造のわざを行なうのです。働く人間は、彼に抵抗する素材に働きかけ、それに彼の印を刻み込みます。そしてこの働きの間に粘り強さと技巧と発明心とを勝ち得るのです。その上さらに、希望と苦しみ、抱負と喜びをともに分かち合って生きる働きの生活を通して、人々の意志はひとつになり、精神は触れ合い、心は融け合うのです。こうして働くことによって、人々はおたがいが兄弟であることを発見するのです(27)。

このまことに美しい文章は、キリスト教的な労働観を、結晶させたように簡潔に表現している。労働することを軽蔑する人々に対して、教皇は、「働きたくない者は、食べてはならない」(テサロニケの信徒への手紙、3-10)という聖書の言葉を引用している(18)。ついでながらいえば、労働が人間を形成し社会を構成するというこの理念はマルクスにもみられるが、それは宗教を感情的に拒絶しているにもかかわらず、マルクスがその考えのいかに多くをキリスト教に負っているかを示しているにすぎない。

非西欧的世界では、手でする労働に対する根強い蔑視がはなはだしばしばみうけられる。かつて中国では、手指の長い爪は手を以て働く必要のない人々の身分を示すシンボルであった。インドでは、苛酷で卑賤な労働は、低い身分の人々の神の罰にも似た不幸な運命であった。よく知られているように、進歩に対する障害の一つは、民衆の間に支配的な受動性である。労働の報酬が高くなると、彼らは努力を増加しないでむしろ労働時間を短縮する。もし発展を成功させるべきならば、労働をもっぱら必要悪のように考える労働蔑視と、物質的進歩に対する関心の欠如が打破されなければならない。この点において、教皇の上の言葉はあたかも「発展の福音」として伝えられてよいものであろう。

これまでのところで、経済発展に成功した唯一の非白人国として日本を何度も引き合いに出してきたので、他のアジア諸国にしばしば見られる消極的な労働評価と日本におけるそれとを比較してみるのがよいであろう。日本人がつねに労働を高く尊重してきた国民であったことはきわめて明らかなところである。日本では豊かな地主でさえ通常自らの手で働くことをやめなかったのであって、他の多くの国の地主にはあまり聞かないことである。さらに、明治維新後、武士階級を労働に従事させることにも何ら問題を生じなかったし、また武士の妻や娘がきわめて容易に紡績工場の労働力に仲間入りしていったことは、驚くに価するほどである。さらに、大事な要因はおそらくその社会的移動性であり、日本では自らの努力によって社会的地位を高めることができたのに反し、大多数の低開発国では階級間の障壁がきわめて堅固である(21)。日本人は多くの他のアジア人と同様に、労働と自由時間の明確な区別を発達させなかったが、反面自由時間を犠牲にして労働時間を延ばす傾向がある。しかるに他のアジア諸国ではそれとは反対の傾向だけがあまりに明瞭すぎるのであって、この現象は別の言葉で「逆傾斜の労働供給曲線」とよばれているのである。

このように日本と欧米では、労働の気風が主に「成功」ということに力点をおいた供給指向的なものであったのであり、そこでは、まさに教皇によって非常に美しく述べられているとおりに、労働はそれが社会構成の上に果たす貢献のゆえに高く評価された。他の文化においては、しばしば労働は恥ずべきこととみなされるが、その根本的な理由は彼らが物質的世界を悪とみるか、少なくともあまり熱中すべきでないものとみるからである。ピューリタン風の世俗的禁欲主義の場合のように、ヒンズー教や仏教や宿命論的なイスラム教は、それらの基礎そのものを破壊することなく、つねにそれ自体の再検討を続けていくことができるであろうか。(日本では、仏教ではなくむしろ儒教が自然や労働に対する態度を形成したのである)。経済発展に懸命の政府は、宗教を、その旧来の慣行や外見はそのままにしておいて、国民的統一を強化するために利用したり、さらにはそれを発展のイデオロギーに変形したりすることさえ企てるかもしれない(ナセルのイスラム教とウ・ヌーのビルマ仏教)。だが、つねにその過程において、宗教の生命そのものは徐々にそこなわれていくであろう。回勅の言葉を言い換えれば、経済発展に必要な物質文化の到来は、その社会の伝統的な神々への接近を困難ならしめているのである。

4　結び——新たな全人間的ヒューマニズムに基づく世界一致のヴィジョン——

これまでのところでは、この偉大な回勅の経済的モデルをもっぱら取り扱ってきたが、もとよりそれは通常の経済学教科書が教える以上のものをわれわれに提供している。それは新しく生まれるべき平和と調和の世界に対する楽観主義の精神で書かれているのであり、そこにみられる情熱に満ちたよびかけも厳しい非難も、すべてこの偉大な目標の上に立って評価されなければならないのである。回勅の全ページを貫いているこの「全人間的ヒューマニズム」を完全に評価するためにはまた別の論文が必要であろう。ここでは経済的モデルの結論として、回勅の言葉を若干引用することで満足しなければならない。

進歩は単なる経済発展に還元されるものではありません。本当の進歩とは全体的なもの、すなわち個人としての人間全体、および人類全体を進歩向上させることであるはずです。……『われわれは経済的なものを人間性から引き離し、進歩をそれが繰り込まれている文明と分離することに賛成できない。われわれにとって大切なのは人間なのだ。一人ひとりの人間、その人間の集団、そして人類全体なのだ』(14)。

貪欲な精神に対する厳しい非難はこの高い観点から出てくるのである。

したがってただ所有することだけを求めるのは、人がより価値のある存在となることを妨げるばかりでなく、人間存在の真の偉大さに相対立するものです。個人にとっても国家にとっても、貪欲にとりつかれているということは、道徳的には進歩していないことを示す何よりも良い証拠です（19）。

この二つの引用によって、回勅における、既述のような自由資本主義に対する非難の激しさの理由がより明瞭に理解できる。すなわち、それが体制として人間の向上ではなく、ただ物財の蓄積だけを目指しているからである。マルクス主義は、盲目的な法則に代えて人間を中心に据えようと、少なくとも試みた。ただそれはその唯物論的な基礎と、人間および社会についての誤った概念のゆえに失敗に終わったのであった。社会ではなく、一人ひとりの人間のみが絶対的価値を有しているのである。しかし、隣人を愛し社会のために働く人間こそ、真に創造の業に携わるものとなり、神の子となるのである。

教皇は、ボンベイを訪問した際自ら語った言葉を引用して、次のように述べている。

個人は個人同士、国家は国家同士、兄弟として、また神の子として出会わなければなりません。私たちは、このような相互の理解と友情の中で、そしてこの聖なる交わりの中で、人類共通の未来をともに建設する仕事にとりかからねばなりません（43）。

この諸国家の共同体への具体的な足がかりとして、教皇は不断の対話を勧めている。

個人と個人との間と同じように、文明と文明との間でも、誠実な対話は兄弟愛を生み出すのに効果があります。……進歩への企ては、ひとつの共同の努力で仕事の実現をはかっている諸民族をもっと近づけることでしょう。そのときに、物や技術にではなく人間に焦点を合わせた対話が始まるでしょう（73）。

教皇は、特に低開発諸国において、友好使節、私的団体を通じて派遣される人々、宣教師たちのように、社会的な奉仕に働く多くの人々の努力を称えている。しかし、発展のための経済協力だけでは十分ではない。国連よりもさらに包括的な、強力効果的な世界政府を樹立することが必要である。この新しい世界的権威は、「法的・政治的分野において、効果的活動が可能」となるものでなければならない（78）。

世界の未来については、教皇は楽観的である。教皇は、より大なる一致へ向かい、ついには究極点たる神に達すべき不可避的な発展のうちにますます成長していく、という人間性についてのシャルダン（Teilhard de Chardin）のヴィジョンを展開している。

ある人々は、このような希望は単なる夢想であると言うかもしれません。しかし、そのように言う人々の現実主義こそ欠けたところがあるのではないでしょうか。そのような人々は、いっそう兄弟としての連帯を固めて生きようと欲している世界の動勢を見ていないように思われます。世界は、その無知と誤りと罪、野蛮への逆行にもかかわらず、自分で気がつかないうちに、少しずつ自らの創造主へ近づいているのです（79）。

このヴィジョンを単に受身の瞑想に終らせてはならない。この新しい平和な、一つに結びあった世界に向かって、すべての善意の人々が犠牲を払い力を合わせて働かないならば、それは決して達成されないであろう。

このより人間的な世界への道は、努力と犠牲を要求します（79）。……行動開始の時を告げる鐘は、今鳴っています。……今や、すべての人が、すべての国が、それぞれの責任をとって立ち上るべきときです（80）。

その全人間的ヒューマニズムに関するかぎり、回勅は、すべての人々の心からの賛成を得ることができるであろう。政治家と経済学者が、人間の尊厳と神のもとにおける普遍的な兄弟愛との原理に基づく、平和と繁栄の世界を目指して力を合わせて働くならば、彼らはつねに必要な実践的手段と政策をみつけだすであろう。そして、彼らの考えが教皇の経済発展モデルと若干の瑣末な点で部分的に異なっているかもしれないというようなことは、大した問題とはならないであろう。

注

（1） *Columbia*. Knights of Columbus Magazine. June (1967): 6.

（2） 回勅の日本語訳は、パウロ六世『ポプロールム・プログレシオ——諸民族の進歩推進について』（上智大学神学部訳）、中央出版社、一九六七年によった。

（3） マルクス主義的な富裕階級からの全面的収奪の利点の技術的な分析が、M・ブロンフェンブレナーの次の論文にみられる。Martin Bronfenbrenner. "Appeal of Confiscation in Economic Development." *Economic Development and Cultural Change* 3, no. 3 (1955).

（4） 南アメリカにおける土地所有の状態については、Thomas Carrol. "The Land Reform Issue in Latin America." in *Latin American Issues*. edited by Albert O. Hirschman. New York: Twentieth Century Fund, 1961, 161-201を参照。

（5） Gunnar Myrdal. *An International Economy*. London: Harper & Bro., 1956, 225.

（6） Gottfried Haberler. "Terms of Trade and Economic Development." in *Economic Development for Latin America*. edited by Howard S. Ellis. London: Macmillan, 1961, 275-303.

（7） この点について、次の論文が有益な示唆を与えてくれる。Henry C. Wallich. "Stabilization of Export Proceeds." in *Economic Development*. edited by Ellis., 342-365.

（8） *The National Catholic Reporter* 25, no. 3 (1967).

（9） Egbert Höeflich. "Die Geburtenregelung als Problem der Kirche." *Hochland* 59 (1966/67): 363.

（10） 自然法と歴史の問題については、次を参照。Ildefons Lobo O. S. B. "Towards a Morality based on the Meaning of History: The Condition and Renovation of Moral Theology." in *Concilium, an International Review of Theology* 5, no. 3 (1967). *Concilium* のこの号は、全て自然法と歴史の問題を扱っている。

（11） John T. Noonan Jr. "Usury and Contraception." *Theology Digest* 15, no. 2 (1967): 105-110.

（12） John K. Galbraith. *The New Industrial State*. New York: Hamish Hamilton, 1967; Adolf A. Berle Jr. *Power without Property*. New York: Harcourt, Brace, 1959.

（13） Josef A. Schumpeter. *The Theory of Economic Development*. Cambridge: Harvard University Press, 1955, Chapter 4.

（14）Milton Friedman. "Papal Economics." *Newsweek Magazine.* April 24（1967）: 68.

（15）John K. Galbraith. *Economic Development.* New York: Oxford University Press, 1962, 19.

（16）Ronald P. Dore. *Education in Tokugawa Japan.* Berkeley and Los Angeles: University of California Press, 1965, 254.

（17）Ignace Lepp. *Splitter und Balken.* Graz, Wien, Köln: Verl. Styria. 1957, passim.

（18）マルクス主義哲学者とキリスト教神学者の間の対話が、特に中欧において、数多く発表されている。例えば、次のようなものがある。Branko Bošnjak, Wilhelm Dantine and Jean-Yves Calvez. *Marxistisches und Christliches: Weltverständnis.* Freiburg: Herder, 1966; Martin Stoehr. ed. *Disputation zwischen Christen und Marxisten.* München: Kaiser, 1965.

（19）Johannes Hirschmeier. *The Origins of Entrepreneurship in Meiji Japan.* Cambridge MA: Harvard University Press, 1964, Chapter 4.（J・ヒルシュマイア『日本における企業者精神の生成』土屋喬雄・由井常彦訳、東洋経済新報社、一九六五年、第四章）。

（20）Johannes Hirschmeier. "Shibusawa Eiichi, Industrial Pioneer." in *The State and Economic Enterprise in Japan.* edited by William W. Lockwood. Princeton: Princeton University Press, 1965, 245.

（21）この問題についての議論が次のシンポジウムにみられる。「日本人はなぜよく働くか」隅谷三喜男『日本人の経済行動』上巻、東洋経済新報社、一九六九年。

Ⅲ　中期（一九六九～一九七四）

日欧文化比較からみる経済行動

ニッポンの挑戦
——広がるネオ・ナショナリズムへの恐怖——

1　序　論

一九六九年は、人間が宇宙にその第一歩を踏みだした年として、長く歴史に残るであろう。アポロ計画の成功は、たしかにアメリカの巨大な技術力の勝利に違いないが、その技術力がアメリカ経済全体の副産物に過ぎないということも忘れてはならない。

科学の最先端《フロンティア》は現代経済の最先端と密接なつながりを持っているのである。経済が急速度で発展している国は、その他のあらゆる面でも素晴らしい発展を遂げ、明日の人類の希望の担い手としての役割を果たしているといっても過言ではないであろう。

日本経済が奇跡的な発展を遂げ、自由諸国のすべての経済発展の記録を書き換えてしまったことをうんぬんするのは、もはや時代遅れかもしれない。だが、日本人が自国の経済発展を誇りに思う理由があればあるほど、日本経済が欧米先進国において、どのような評価を受けているかを知りたいと思うのは当然であろう。驚くべき成長を示す数字や輸出の増大を、アメリカ人やイギリス人やドイツ人はいったいどう受け取っているであろうか。

世界の国々が、おたがいに有無相通じ合うようになればなるほど、他の国が自分の国をどう思っているか——ほめているかけなしているか、正しく理解しているかいないか——を知ることが重要になってくる。このことは、まだ大部分自給自足に頼っている国よりも高度に発展した国について、より強くいえることである。

この論文を書くに当たって、筆者は、学術書は参考にしないことにした。というのは、そのような本が一般大衆に与える影響はまことに少ないからである。

筆者がここで試みようとするのは、アメリカ、イギリス、ドイツで発行されている部数の多い日刊紙や週刊誌の記事をもとに、欧米における「日本経済像」をつくり上げることである。アメリカ、イギリス、ドイツを対象国として選んだ理由は簡単である。アメリカは、世界のリーダーであり、日本研究が非常に盛んであるため、おそらく他のどの国よりも深く日本を理解しており、そのうえ、両国は経済的にも強く結ばれているからである。

イギリスは、日本と同様島国であり、工業化された最初の国であるにもかかわらず、現在は日本と正反対に先進国中、最も問題の多い国だからである。また、ドイツは、世界第三位の経済国としてその地位を、日本に奪われるというショックを身をもって体験したという意味で、三国のうちで最も興味をひく国といえよう。

このため、本論文中でも、ドイツに最も多くのページをさくことにした。

三〇以上にものぼる、一〇頁から一二頁の長い論文を対象として使用する以上、内容の取捨選択に筆者自身の判断や見解が顔をだすことは当然である。しかし、筆者は、できるかぎり自分の意見は差し控えて、欧米の新聞自身に「日本経済像」を描かせるように試みたつもりである。

なお、使用した新聞や雑誌の記事は最近のもので、一九六八年および一九六九年に発表されたものである。

2　市場の奪い合い

「フランスよりも国土がせまく、しかもそのたった三一％しか耕地に適せず、五四の活火山の影響で、年に七〇〇〇回もの地震に見舞われる日本。人類に落とされたただ一〔ママ〕度の原子爆弾の被害を受け、第二次世界大戦では完敗を喫した日本。その日本が現在再び、市場と栄光とを求めて世界に挑戦しつつある」。これは、ドイツの雑誌『シュピーゲル』誌からの引用であるが、西欧――特にドイツ――が日本経済に深い興味を示しているのはなぜか、その理由をはっきり物語っていると思う。

(1)「日本はドイツ産業の強力な競争相手」

世界のあらゆる国にもまして、ドイツは、いわゆる「日本経済の奇跡」に驚き、ショックを受けている。それは一つには、ドイツが自国の経済復興およびヨーロッパ内での地位向上に慢心し、経済的にはＥＥＣ諸国に、政治的にはアメリカとソ連にのみ目を向けていたという事情による。かつての同盟国日本は、一般的に軽んじられ、フジヤマとかゲイシャとかサクラなどの観光面でのみしか注目されていなかった。それが数年前のオリンピックを境として、近代経済国としての日本が急にクローズアップされるようになり、昨今では、日本に対する興味が驚くべき程度にまで達している。いくつかの新聞は、一〇頁から一二頁にわたる日本特集を組み、「挑戦者日本」とか「日本躍進の秘密」とか「極東の大経済国」などという題名をつけている。ある新聞は、読者の興味をひこうとして、日本と西欧との文化的、社会学的相違を強調し、日本があたかも『千一夜』のページの中から生まれたような書き方をしている。「日本とはいったいどういう国民なのだろうか。寝るのにベッドさえ持たない彼らなのに、旅行するときには世界一速い列車を利用する。椅子を使わず、床に座る彼らだが、世界一のマンモス船を作り上げる。巨大な都市を作っておきながら街路には名前がない。新聞の発行部数は世界一だが、その新聞たるや、最も肝心な問題は素通りする不思議な術を心得ている」とか、「日本には九五〔ママ〕のかな文字のほかに、三万から四万の漢字があるので、大企業でさえタイプライターを使っていない。商業通信文のコピーを取ることもないし、書留にすることもない」といったぐあいである。

ドイツ人はいま、日本人が黒船に出会ったときのようなとまどいを日本に対してもっているといってもよいだろう。ある新聞が福田赳夫蔵相の「日本はいつもドイツを追い越さんがために、ドイツから学んできた」という意味の発言を特に取り上げていたのも理由のあることである。日本はたしかにドイツを追い越したのだ。

ドイツの新聞は、日本の業績——特に東海道新幹線——に対して絶賛を惜しまない。ある新聞(『ディ・ヴェルト』)は、三頁にわたる記事の中で、新幹線の素晴らしい速度、電子制御装置および正確な走行時間に驚きの目をみはり、この技術の奇跡を紹介している。同紙は、特に、新幹線の到着時間の誤差が、平均たった一八秒だということに目を向け、ドアの自動開閉、列車の定位置停車、電話連絡、丁重な客扱いなど、日本ではごく当然と思われていることを特に取り上げている。新幹線に比べて、いかにドイツの鉄道が遅れており、おそく、サービスが悪いかというわけである。

また、光学機械の分野——特にカメラ——において、日本がドイツを追い越したことは「日本がドイツに学んで、ドイツを破った」典型的な例として捉えられている。また造船についても、ドイツのある新聞は、この分野における日本の成功が決して低賃金によるものではない証拠として、五万トンのタンカーをつくるのにスペインでは二年、アメリカでは一六カ月、ドイツでは一年もかかるのに、日本では、たった七カ月か八カ月しかかからないという点をあげている。この事実は、明らかに優秀な技術によるものであり、低賃金によるものではない。

日本に追い抜かれてショックを受けていることは事実だが、ドイツの新聞は、日本の躍進のプラス面をも見逃してはいない。「限りなき躍進」という題の論文で『ディ・ツァイト』紙は、「日本が強力な競争相手になったことは、たしかにドイツ企業にとっては頭の痛いことではあるが、ドイツ産業全体として、またヨーロッパ産業全体としては、むしろ喜ばしいことである。というのは経済的に向上した日本は、ドイツ産業、およびヨーロッパ産業に対して多くの新しいチャンスを与えるに違いないからである」と論じている。

(2) 進歩的経営

イギリスの『エコノミスト』誌は、日本の貿易が好調であるのは、確固たる構造上の基礎によるものであり、一九七六年頃までは年率約一〇%の成長率を達成するのに、貿易収支面で何らの支障をきたさないであろうという福田蔵相の見解に、基本的に賛成している。『エコノミスト』誌によれば、日本の経済が安定している理由の一つは、GNPに対する輸入の率が一九五六年の一三%から一九六六年の九・九%に下落したことである。イギリスでは、この率が一五・六%にも達している。慢性的な貿易・通貨問題を抱えているイギリスにとって、日本の健全な貿易構造や輸入率の低下はまさに夢物語なのであろう。

ドイツやアメリカの記者は、日本のリーダーたちが、非常に早い時期に、繊維のような成長しきった労働集約的産業から、光学機械や電子機器のような高度に資本および技術集約的な産業や、鉄鋼や造船のような輸入原料を使用する重工業に、切り替えていった決断力や先見の明に深い敬意を表している。そのような切り替えができたということは、日本が自国の洗練された技術と熟練労働力に深い自信を持っていたことを意味し、かつての低賃金、低質労働力は、高賃金、高質労働力に取って代わられていることを示している。ある新聞の指摘するように、かつての日本品は「安かろう悪かろう」であったが、現在ではいぜんとして値段は安いものの、「メイド・イン・ジャパン」の表示は最高の品質を意味している。

日本の経済を語るとき、西欧の新聞はよく「計画」という言葉を使用するが、この言葉は、政府、銀行および大企業の三者の間に存在する、日本的な強い協力体制をさしている。この協力体制の特徴は、社会主義経済と違って、「ダイナモ」——すなわち主導権——を政府がもつのではなく、民間側がもっているということである。日本において、この協力体制が素晴らしい成功を収めている理由は、三者がおたがいに深く信じ合っていると同時に、共通の目標——すなわち急速な成長と近代化——によって強く結ばれているからだと受け取られている。『エコノミスト』誌の結論によれば、日本経済は世界で一番洗練されていると同時に、最も綿密にコントロールされた経済であるとのことである。

高度産業への脱皮は、莫大な投資を必要としたが、これは国民の強い貯蓄欲によって助けられ、高い成長率を達成することとなった。この莫大な新投資によって、生産性は急速に上昇し、卸売物価の高騰や輸出の停滞などを起こさず賃金の上昇を吸収することができた。『シュピーゲル』誌によれば、日本の使っている機械のうち七七%は使用年数六年以下の新鋭機であり、このため、日本の製品は世界市場で、価格のみならず品質の面でも強い競争力を持っているのである。また、『フランクフルト・アルゲマイネ』紙は、日本が石油、石炭、鉄鉱石など重工業に必要なほとんどすべての原材料を海外から輸入していることは、マイナスどころかむしろプラスであるとさえいっている。その理由は、工場が港に隣接しており、原材料を直接製造工場や製鉄所に荷揚げすることができれば、原材料をマンモス船で運んだほうが、陸地を運ぶよりおそらく安上がりに違いないからである。

西欧の新聞、雑誌の一致した見解は、もし企業の経営者たちが、進んで危険を冒し、急速な技術革新を受け入れようとしなかったならば、日本の成功はなかったろうということである。ヨーロッパの企業がまだ「トランジスターなどは真空管の代用にはならない」とやっきに主張している頃、日本の企業はすでにトランジスター生産のオートメーション化を図っていたのである。デュッセルドルフの『ハンデルスブラット』紙によれば、製鋼での酸素吹込法についても同じことがいえるという。しかし、ある新聞によれば、日本の経営者は決断を下すのに時間がかかるという。というのは、決断を下す前に、いろいろのデータを集め、幹部間で話し合い、おたがいになかなかはっきりした意見をいわないからである。しかし、ひとたび決断が下ると、何をやるにもすばやく、徹底的である。

(3)　強力な売り込み

西欧の新聞は、このように日本の計画性および進歩的な企業経営に対して拍手を惜しまないが、新しい市場を求めて日本が展開する貪欲なまでの売込み作戦には、強い批判の声をあげている。西欧の企業家たちは、昔からある種の競争の作法といったものを心得ているが、日本の企業家は、そのような作法を無視することが有利な場合は、しばしば平気でそうするのみでなく、自分たちが不利の場合は西欧企業家たちにフェアプレーを要求するというのである。「一万五〇〇〇ドルのボイラーを売る場合、われわれがパンフレットを送っている間に、日本企業は、二人もエンジニアを送って契約を取ってしまう」とか、「日本企業は、二%か三%の値引きで商談がまとまる場合でも、一〇%も一五%も値引きする」等々の苦情が、『フォーチュン』誌に掲載されている。『シュピーゲル』誌も同じような意味の論陣を張っている。いわく「日本人ほど猛烈に市場を開拓しようとする国民はない。西欧の企業家は一人でこつこつ市場を開拓しているのに、日本の企業家は専門家のチームを派遣して、正確な市場分析を行ない、外国人の気質や、商売相手の個人的性格まで徹底的に調べあげ、商談の際、相手の毒気を抜いてしまう」。

もちろん誰でも、自分が実際に競争にさらされるまでは、競争の賛美者であるのがつねである。競争技術が下手で、努力が足りないことの言い訳として、日本人が〝アンフェア〟であり〝強引である〟と非難されている面もあるであろう。しかし長い目でみれば、自分たちの売込み作戦がまき起こす外国人の対日悪感情についてもう少し注意したほうが、日本企業のためではないかと思われる。たとえその悪感情が、日本人に負けたことに対するいわれのない怒りから生まれたものであり、日本と西欧の慣習の違いとか、ときには〝アンフェア〟と思われる行動のために正当以上に拡大されたものであってもである。

おそらく日本人がここまで成功したのは〝頭のよいものが勝つ〟という大原則の一つの実例といってよいであろう。

『フォーチュン』誌がいうように、日本人は「ゴルフコースでご機嫌をとりながら商売をまとめるのがうまいだけでなく、広告や販売技術の面でも優秀で、ある分野では、アメリカ顔負けである」。

(4) 日本の保護政策に怒り

「国際会議で日本の代表は、いつも大声で貿易自由化を要求するけれども、日本自身は、自由化といわれるような政策を全然とっていない」。これは『ディ・ツァイト』紙の論評であるが、このような意見は西欧各紙に共通している。先頃日本は、新しく一五五種の産業を自由化したが、『エコミスト』誌は、それを日本特有の煙幕に過ぎないと評している。というのは、これらの産業はすべて日本が世界に冠たるものであるか、醤油の生産や自動車学校の経営のように、外資が入ってきても失敗することがはっきりしている産業ばかりだからである。このため、いつもはその冷静さで知られる『エコノミスト』誌もさすがに頭にきたようで、次のように論評している。「膨大な輸出と世界第三位のGNPを誇る日本が、たった二億五〇〇〇万ポンドの外国投資――しかもそのほとんどが石油関係だが――しか受け入れておらず、一〇〇%の外資会社でまあまあといえるのはコカ・コーラぐらいというのでは、皮肉の一つもいいたくなるのも当然であろう」。

日本が、もうとっくに幼年期を脱した自動車産業を、かたくななまでに保護してきたことが、特に海外の怒りを買っている。『フォーチュン』誌によれば、国内では自動車産業を一方的に保護していながら、海外で強引に自国の自動車を売りまくっているため、日本は「第二次世界大戦以後ようやく築き上げた海外における善意と信用を失いつつある」ということである。自動車産業の自由化に関するかぎり、日本の交渉態度は、自国の利益だけしか考えない狂気の沙汰であるとまでいった、アメリカの代表さえある。

しかし、この点においても、強い批判があると同時に、日本が直面している特殊な事情に理解を示しているものもないわけではない。特にドイツの新聞は、日本の保護政策に同情的で、かえってヨーロッパ諸国が、ある産業の分野――特に電子機器の分野――で、アメリカの巨大企業の衛星的な存在にまでなり下がったことを嘆いている。ヨーロッパと違って日本は、電子機器の分野で保護政策をとったことが成功して、とにかく外国とたち打ちできるコンピュータ産業を育成することができたと指摘されている。『フォーチュン』誌も、日本が外資に対して神経質になるのも無理からぬ点があるとして、次のように論じている。「日本の企業の中でアメリカの資本が大きくなると、〝生産の増大よりも高利益の追求だ〟というような変化が起こりかねないし、あまりにも急速な経営の〝アメリカ化〟は、日本企業の体質にとって不可欠と考えられている忠誠心と協調性とを破壊してしまいかねない」。

『エコノミスト』誌も、その他の新聞雑誌も、現在の保護政策がいつまでも続くとは考えておらず、日本の政府も産業界のリーダーも自由化という基本方針は了承しているという点では一致している。日本のリーダーたちも、自国が「小さい島国経済に固執しながら、国際貿易による利益だけはいただくという態度をとり続けることはできないということは知っている」と『フォーチュン』誌も書いている。

3　躍進の秘密は何か

日本経済に関して西欧の新聞、雑誌が抱く第一の関心は、それが自国の市場にどのような影響を与えるかということである。西欧の新聞、雑誌は、日本の経済統計を使用し、いつ日本の一人当たりの所得が西欧のそれを上回るようになるか予想したりしている。ドイツのある新聞によると、一九八五年になると日本人のほうがドイツ人よりもよい生活をするようになるとのことであり、いくつかの点――例えばカメラやテレビの一家族当たりの所有率――などにおいて、日本はすでにドイツを追い越していると論じられている。

統計を取り扱うのは簡単でも、日本をかくも急速に成長させた、制度的、社会的、心理的な要素をさぐり当て、体系だてることは容易ではない。というのは、いかに素晴らしい政策でも、それだけですべてが解決されるものではないからである。そこで、いくつかの新聞は無味乾燥な統計の裏側にある生きた要素を捉えようとし、かなりの成功を収めている場合がある。海外の観察者によって重要と思われる要素はいろいろあるが、なかでも次の五つが最も重要と考えられている。すなわち、貯蓄性向、伝統的な小企業と近代的大企業の適度な組み合わせ、グループ内の忠誠心に支えられた仕事に対する熱意、新しい民族主義、および未来に対する楽天的な信頼——この五つである。

(1) GNPの三分の一に達する貯蓄

ある報告によると、日本の消費者は、一九六〇年から一九六六年の間に、可処分所得の一八%という〝信じられないような〟膨大な貯蓄を行なったとのことである。この期間中でのアメリカの数字は五・五%である。ではどうして日本人はこのように巨額の貯蓄を行なうのであろうか。『フォーチュン』誌は、この問いに対する答えを探しあぐねた結果、結局必要だからであろうという結論に達した。

すなわち、日本の社会保障制度がまだ未発達の状態にあるので、台風の被害や長い病気に備えて貯蓄をしておかなければならない。また高等教育費は主として個人で負担しなければならないし、日本では結婚式も非常にお金がかかるので、それらのための貯蓄もしておかなければならないというわけである。

いくつかのドイツの新聞は、日本企業の負債率が非常に高く、平均して八〇%にも達することを指摘している。『ハンデルスブラット』紙は、次のように書いている。「日本のような状態だったら、西欧の銀行家は心配で眠れないであろう。日本では信頼感がひろく行きわたっており、大企業が資金を必要とする場合は、銀行は喜んで協力する。ただし、小企業の場合はなかなか面倒をみてもらえないが」。八〇%もの高い負債率からくる危険は、実際は協調の精神および高度成長に対する絶対の自信などのために、かなり和らげられるので、ある新聞のいう〝危険なカードの家〟――すなわち日本の金融機構――は、思ったより強力なのである。

以上のように、国民は熱心に貯蓄に励み、銀行は驚くほどの資金を喜んで貸し、企業を高度成長部門に投資するよう仕向けるので、日本の投資率は過去に類のないGNPの三分の一という高いものとなり、日本経済の高度成長を実現してきたのである。このような事情だから、日本の設備投資活動――ひいては日本経済全体の近代化――が西欧よりもかなり早い速度で行なわれるのは当然といえよう。もう一つ忘れてはならないのは、一般消費者が企業に対して事実上ただで資金を貸しているということである。というのは、銀行は預金者に対して、物価の上昇で帳消しにされてしまう程度の利子しか払っていないからである。このようにして、企業は銀行からの借り入れを最大限に利用し、成長の速度を緩めることなく、徐々に自己の資金を蓄えていくことができるのである。

(2)　進歩の奴隷――小工場

「世界で最も高性能な造船所をもつ日本は、また西欧諸国の四分の一にも達しない低生産性農業をもつ国でもある。世界的に有名な日本の企業も、トイレみたいにチッポケな工場しかもたない子会社に支えられている。一方に数少ない優秀な経営を誇る企業の群れがあるかと思うと、他方には四〇〇万人にものぼる中小企業の経営者がおり、彼らは近代経営者としての資格はほとんどなく、もっているのは〝お金を儲けたい、一生懸命働きたい〟という望みだけである」。これは『ハンデルスブラット』紙の論評であるが、同紙はまた、日本の中小企業の倒産率が、七年前の月五〇件から一〇〇〇件にまで上昇したことをも指摘している。『エコノミスト』誌は、日本産業の二重構造について、非常に残酷だが、成長のためには最善の制度であると評している。またセンセーショナルな表現を好む『シュピーゲル』誌は、日本の大企業は「技術革新の担い手であり、中小企業はその奴隷である」と述べている。この点を強調するための『シュピーゲル』誌は、日本の中小企業の賃金水準は大企業の三分の一にすぎないが、ドイツでは四分の三程度である、と統計を使って説明している。しかし、現在では日本の中小企業の賃金水準も急速に上昇し、大企業の六〇%ぐらいになっている。

『フォーチュン』誌は、日本産業の二重構造のよい面を捉えようとして、次のように述べている。中小企業においては、人間関係が大企業より密接なので、おたがいにいっそう努力し合おうという気風が生まれる。各自が自分の働いている職場を自分のもののように感ずる。中小企業は、また比較的小回りがきき、一生懸命にやりさえすれば、ある製品を大企業より上手にしかも安く作ることができ、生存競争に勝ち抜いて行くことができる。もちろん、倒産の危険はいつもついて回り、「中小企業の経営者に、最高の努力をしなければ潰れるぞ」と警告を発している。『フォーチュン』誌は、このように好意的、楽天的に中小企業を眺めているが、何といっても中小企業が大企業の〝奴隷〟であるという印象はぬぐえない。

『フォーチュン』誌の記者は、日本産業の二重構造の裏側には、日本人の基本的な精神構造がのぞいていると指摘している。日本人は、新しい考え方や方式を非常に早く取り入れるが、だからといって古いものを簡単に捨て去るということもしない。住居や食べ物や芸術に現れている伝統的な生活様式は、なかなか消え去るものではない。日本の〝伝統破壊率〟は西欧よりもはるかに低い。そのため新しいものが古いものとともに存在し、完全に自動化されたマンモス工場のとなりに〝パパ・ママ・ストア〟が店を開いているという風景が見られるわけである。

(3) グループ内での勤勉

西欧の新聞が異口同音に語るところは、日本人が一生懸命に働き、喜んでオーバータイムをし、訓練がいきとどいており、忠実であるということである。『フォーチュン』誌は、「日本人が持っている最大の強味は、喜んで働くという点である」と論じている。また「日本人は時間で働くのではなく、天職として働くのだ」と論じている新聞もある。日本の労働者は、終業時間がきても工場や事務所から大急ぎで飛び出すようなことはない。やりかけた仕事をまず終えて、しばらくゆっくりし、いろいろな問題点を検討し、掃除をし、自分がこの職場に全力を注いでいるということを示してからおもむろに帰路につく。日本人労働者は、西欧の労働者のように、仕事と余暇との区別をはっきりつけない傾向がある。

日本人の伝統に深く根差しているピューリタンのような純粋性や、〝禄を喰む〟などという言葉にも現れている、労働に対する米作文化の影響などについて触れている西欧の新聞、雑誌はない。しかし、大多数の言論機関は、日本人が一生懸命に働く最も基礎的な理由として、グループや会社に対する忠誠心をあげている。『シュピーゲル』誌によれば、「西欧の個人主義から生まれる不干渉的な関係というものは日本にはない。日本では個人個人は重要でなく、グループがすべてであると考えられている」といっている。西欧の新聞、雑誌は詳しく例をあげて日本人の忠誠心について論じており、その忠誠心が、会社の寮の設備とか娯楽プログラムとか、結婚などを含めた家族に対する手当とか、毎朝の社歌斉唱などによっていかに育まれるかを記述している。

会社に対する忠誠心は、もちろん年功序列や終身雇用制によって培われている。『エコノミスト』誌は、これらの日本的制度が、ようやく欠陥を露呈し始めてきており、やがて消えていくのではないかとみているが、『フォーチュン』誌は、松下電器やソニーの例を引いて、会社に対する忠誠心は、最も近代的で合理的な経営体の中にあっても生き続けて行くことができると評している。これらの会社は、忠誠心が仕事の最も強い刺激剤となるという、日本人特有の精神構造を上手に利用しているのである。『フォーチュン』誌のいうとおり、日本人は「労働も消費財と同様に売買された商品の一種にすぎぬという考え方に強く反発を感じている」のである。

もちろん、一生懸命働くということが、必ずしも能率よく働くということではない。事実、同じ条件の下で一時間当たりの能率を比較したならば、まだ西欧のほうが日本よりも高いかもしれない。これは、特に低能率を長時間労働で埋め合わせなければならない中小企業において事実である。たしかに『エコノミスト』誌のいうように、事務的な仕事や中小企業においては、能率が非常に悪いけれども、その反面近代的な工場の高能率には目を見張るものがある。その代表的な例としてトヨタ自動車の工場が、西欧の新聞、雑誌に登場する。『ディ・ツァイト』紙は、あるイギリスの訪問者がトヨタ自動車の労働者の厳正な規律と献身的な態度に驚嘆したことを報じている。彼は一本のタバコの吸いがらも落ちておらず、壁にはピンナップ・ガールの写真など見ようとしても見られない職場に目を見張り、トヨタにはもう一〇年来ストライキがないということを聞いて、ブリティシュ・モーターの四分の一の労働力で、なぜトヨタがより多くの自動車を生産することができるかの秘密がわかったと語っている。

4　未来への確信

西欧の新聞は、「もし現在のトレンドが続くとすれば、二一世紀は日本の世紀になるだろう」というハドソン研究所の予想を大きく取り上げている。評論家の多くは、情勢は日本にとって非常に有利であり、日本が世界経済のリーダーになることをさえぎるような障害はほとんどないという点で一致している。

もちろん、このように非常に明るい日本の地平線の彼方にもいくつかの〝かげり〟があることは確かであり、『エコノミスト』誌と『ディ・ツァイト』紙はこの点を見逃してはいない。

(1)　〝いくつかの心配〟

日本の高度成長をストップさせるような問題点がもしあるとすれば、その第一は、日本経済内部の構造的な不均衡である。『エコノミスト』誌によれば、農業や小企業や流通産業は非常に非能率的であり、完全な再編成が必要である。このような部門が完全に近代化されれば、かなりの労働力がこの部門から流れ出ることになり、現在の労働力不足（これはある程度人工的なものと思われるが）は、かなり緩和されるようになるであろう。しかし、そうなるまでの間に賃金水準が急速に上昇し、深刻なインフレが起こり、そのため政治的安定が脅かされるかもしれない。

今まで日本経済は、その余剰を直接生産につながる部門へ投資して、生産力を急速に増強してきた。しかし、今後はそうはいかないかもしれない。というのは、次にあげる三分野が、余剰の分け前を強力に求めているからである。

①日本の社会資本は非常に立ち後れている。ある新聞によれば、「東京の大部分には今でも下水設備がない」。この点も改善しなければならないし、住宅、公共施設、道路などにも、今後はＧＮＰのかなりの部分を投入しなければならなくなるであろう。

②好況が拡大すればするほど、政府は多くの福祉的な役割を果たさなければならないであろうし、社会保障を拡大し、教育費の大半を受け持たざるを得なくなるであろう。

③最後に、ある新聞が指摘するように、日本はすでに経済大国になったのであるから、軍備費の支出を今までのようにほおかむりして逃れることはできないであろうし、低開発国——特に東南アジア——の経済発展のための協力も大幅に増やさなくてはならないであろう。

いくつかの新聞は、日本がはたして今後も、西欧との技術的ギャップを〝利用〟し続けることができるかどうか、またできるとしてもそれはどの程度かなどを検討している。今まで日本は、西欧で発明された技術に大部分寄りかかり、それを改良して独得のアイディアを盛り込み、西欧企業とたち打ちしてきた。しかし、日本が徐々に技術の分野の最先端に躍り出すにつれて〝後続者《フォロアー》タイプ〟の性格から抜け出して〝リーダータイプ〟に変身しなければならない。日本は、自分自身高価な研究投資をして新しいアイディアをつくりださなければならないであろう。

しかし、この点について、『ディ・ツァイト』紙は楽観的な見通しを立てている。というのは、日本は現在ドイツよりも多額の研究投資を行なっているので、リーダーとなる資格を十分持っているし、しかも日本の教育水準（各年齢グループの大学修業率による）は、ヨーロッパのどの国よりも高いからであるという。

勤勉と低消費水準という日本人の特徴的な性格についても、〝かげり〟が見えはじめている。『エコノミスト』誌は〝銀座のゴーゴー〟と題する記事の中で、東京のバーやレストランやナイトクラブでの社用族の〝甘い生活〟を活写している。最近六年間に、社用族の消費する娯楽費は二倍以上になり、今では政府が教育や研究に消費する資金より大きくなっているという。このような〝甘い生活〟が社会の上層部にだけ限られている間は、経済全体に対する影響はたいしたことはないであろう。しかし、賃金水準が上昇するにつれて、上層部の示すこのような悪例が他の人々にデモンストレーション効果を及ぼして、いまだに日本人の特徴となっている勤勉とか高い貯蓄性向とか節倹の美徳を消し去ってしまわないともかぎらない。

(2) エコノミックアニマルか新しい民族主義か？

日本の強引な売り込みと自国産業の保護政策のために、多くの西欧の評論家たちは日本人を、経済のことしか頭にない実利主義的な国民であり、人道的または精神主義的な価値に対しては何の関心も持っていないと非難している。例えば『シュピーゲル』誌は次のように論じている。「日本は〝飢えたる者にパンを〟というような運動は、うしろめたい気持ちを持っている国にすべて任せて、自分は人道的な気持ちなどにはいっさいおかまいなく商売に身を入れている」と。その例として、朝鮮戦争やベトナム戦争のときにも、自分こそは平和の友というようなポーズを取りながら、ちゃっかり大儲けをしてきたことがあげられている。

しかし、日本としては、このように非難されても皮肉な笑いを浮かべるほかはない。というのは、おそらくドイツでも、日本と同じ立場にあったならば、当然そのような利益を喜んで手にしたであろうからである。これはドイツが現に自国の思想上の敵である国々と、非常に有利な取引を行なっていることからも明らかである。しかし、ここで『シュピーゲル』誌の見解が正しいか間違っているかを論じても仕方がない。問題は、かつてドゴール仏前大統領が、日本の三木武夫前外相のことを〝トランジスターのセールスマン〟と評したときに、西欧の新聞はいっせいに同感の意を表したということである。『ニューズウィーク』誌は「わが国の現在の文化は根無し草である。われわれは自分たちが誰なのか、また何なのかを知っていない」という三島由紀夫氏の自己批評を引用している。

いくつかの新聞雑誌――特に『ニューズウィーク』誌――は、日本の鋭い経済攻勢の裏側にある〝エコノミック・アニマル〟という言葉では言い表しきれない力を発見しようとしている。明治以来の日本の一〇〇年を通観しながら、『ニューズウィーク』誌は、民族主義が、先進諸国に追いつくという錦の御旗の下に、日本民族を巨大なエネルギーの中に結集したと論じている。この民族主義は終戦直後眠っているようにみえたが、現在は徐々に復活してきている。『ニューズウィーク』誌はいう。「驚くべきほど根強い民族的誇りが、今日日本のほとんどあらゆる面に現れてきている。オリンピックで金メダルを取るとか、宇宙へロケットを飛ばすというような全く違った行為の背景にも、鬱勃たる民族主義があり、日本人を成功へと駆りたてるのである」。

『シュピーゲル』誌も同様に、次のように論じている。「日本人のように、かたくななまでに目的意識をはっきり持っている国はほとんどない。日本は、どんな代価を払っても、世界のどの国よりも偉大であり、高速でありたいのだ」と。この傾向は、エッフェル塔と似たものをつくり、しかもエッフェル塔よりも数メートル高くしたり、モスクワにある現在最高の塔よりも数メートル高いものをつくろうと計画しているというような滑稽な事実でも明らかである。

日本人は、グループまたは民族としてのプライドがかかっている目標――特にはっきりした、限定された目標――を達成する場合に最高の努力をするということは、外国人の間にもよく知られた事実である。〝人道上の配慮〟とか

〝自由〟とか〝民主主義〟とかいう漠然とした命題が与えられても、日本人はなぜかあまり行動的にならない。日本の民族主義は、また単一の価値を持った目標に向けられるときに最高の威力を発揮するが、たまたま今日においては、その目標が経済という形で与えられているわけである。

『シュピーゲル』誌は、「もはやドイツを追い越してしまったのだから、日本が経済的に追い越さなければならないたった一つの相手はアメリカだけである。アメリカを追い越せば第二次世界大戦で受けた敗戦の打撃を完全にぬぐい去ることができるだろう」と書いている。

『シュピーゲル』誌の論評は、いつもながらおそらくあまりにも単純であり、誇張されすぎていると思う。日本が実際に手さぐりで求めているのは自己意識《セルフ・アイデンティティ》であり、国際社会における名誉ある地位――特にアジアにおけるリーダーシップ――であり、そこに到達する一番の近道が経済力であるといったほうがより正しいと思う。

国際的に見れば経済力は単一価値ではなく、目的でもない。経済力が高まれば、民族としての自信が生まれ、自国の文化を改めて認識するようになる。『ニューズウィーク』誌によれば、日本人が最近書道や神話に新たな興味を示し歴史を再検討しているのは、民族的自信の現れであるという。多くの西欧の新聞、雑誌は、京都産業大学の若泉敬教授の「日本のように自意識が強く、誇りの高い国民にとって二三年もの雌伏の歳月は長すぎた。われわれはいま一度自国に誇りを持たなければならない」という言葉を引用している。

経済力の伸長とともに、国際的責任も増大してくるのは当然である。しかし、日本は、米ソ両陣営のいずれにもはっきりと加担したくないのである。もちろん、日本はアメリカと非常に密接な関係にあるが、ソ連との関係をも緊密にしたいと思っており、シベリアの工業化などでは協力しようというプランを持っている。『ニューズウィーク』誌は佐藤栄作首相の「世界には二つの強国がある。しかし第三勢力の入り込む余地もあるはずだ」という言葉を引用しているが、この第三勢力というのは軍事的な意味のものではなく、〝全世界の平和と繁栄〟のために尽そうとする目的意識を持ったもの、という意味においてである。このような日本の行き方を、『ジュートドイチェ・ツァイトゥング』紙は〝感性のないドゴール主義〟と評している。

日本がなるべく軍備をさけ、平和の推進者となりたく思っていることはわかるが、強大な国となるためには、どうしても何らかの方法で軍備を増強しなくてはならなくなるであろう。というのは、よくいわれるとおり〝軍艦がなくては大きな口は叩けない〟からである。特に中華人民共和国が隣人である日本にとっては。

(3)　昨日と明日の間で

昨年の夏、南山大学の学生がヨーロッパに旅行したときに、ドイツのテレビに出演したことがあった。プロデューサーは、その番組に「昨日と今日の間にある日本」というタイトルをつけた。

しかし、実際の日本は「昨日と今日」の間にあるのではなくて「昨日と明日」の間にあるのである。すなわち、日本は、まだ過去と完全に絶縁することもできていない反面、すでに未来に大きく足を踏み込んでいる。そして、現在は単に不安定な過渡期にすぎないのである。

『ディ・ヴェルト』紙は、日本人の精神構造の三つの最も基本的な要素として、次のものをあげている。一つは、日本の芸術に現れている文化的要素であり、自然に対する親近感であり、ユニークな人間関係である。第二には、一生懸命働き、新しいものを学ぼうとする勤勉さ、能率の高さである。第三には、未来に飛び込んでいこうとする力強い態度である。しかし、未来に力強く踏み込んでいけばいくほど、過去の価値が失われていく危険がある。過去の価値を失うことは、日本にとって大きな損失である。『フォーチュン』誌も同様の考えを述べているが、日本には〝民族の使命感〟や〝社会的連帯感〟が強く、〝整然〟としているので、ヨーロッパではすでに広まりつつあり、アメリカにも目立ち始めてきた〝破壊的な力〟に十分対抗していくことができるであろうと論じている。『フォーチュン』

誌はさらに、「そのような日本的特性が失われるならば、日本の経済発展は止まり世界はそれだけ貧しい場所になるであろう。世界は、日本をユニークにしている特性が失われていくのを黙視して平気でいられるほど、文化的に豊かなところではない」と論じている。

不思議なことに、西欧の新聞や雑誌は、日本の左翼学生が日本の経済的政治的安定を脅かしていることについて、ほとんど触れていない。大学キャンパスにはびこる彼ら理想主義的な反逆者たちは、人間が〝疎外〟されて〝平板な生きもの〟になるのを防ぐために、資本主義と戦っているのだと称しているが、国民一般はそのような考え方に同調していない。学生の運動がもし日本の一面を示すものとすれば、それは日本があまりにも早く未来――漠然とした、しかも過去の生活様式からの別離を意味する未来――に突入しつつあることの現れであるということができるであろう。この過去の生活様式との訣別は、また過去の文化的価値との訣別をも意味するのであろうか。

『ディ・ヴェルト』紙は、エクスポ'70のための建築案に関するインタビューの中で、丹下健三博士が語った言葉を掲載している。博士はいう。「一〇年前までは日本の社会は静的であった。一九五八年からの日本は、単に経済的に高成長を遂げたのみでなく、その他のすべての面でも変化しつつある。過去とその伝統はぐんぐん遠のいていき、国民は未来のことを思い、未来を信じている」と。

西欧が日本に望むことは、日本が未来へ突進するあまり、その文化が失われ、国内的安定が危機にさらされることがないようにということであり、二一世紀版エコノミック・アニマルになりさがることなく、日本の経済を動かしている独得の価値を、形こそ違っても、日本の世紀である二一世紀に生かし続けてもらいたいということである。日本はたしかに西欧にとって挑戦者である。『ディ・ヴェルト』紙は言う。「日本は欧米にとっての挑戦者である。しかし、それは本質的に言えば、経済的な競争相手という意味ではなく、また、もちろん〝黄禍〟という意味でもない。日本は欧米に対する精神的挑戦者なのである。日本が挑戦しているのは、広い開発の場におけるリーダーシップであり、日本人類の将来の担い手としてのリーダーシップである」。

「GNP教」への熱情と不安
――日本人の行動の原点を求めて――

1　序　論

人々の表情も、社会の動きも、世界で日本ほど活気に満ちた国はないという。いま、日本人は何に燃えているのだろう？　〝一億総火の玉〟ではない。〝一億総GNP〟に燃えているのである。時代は変われど、一丸となって突き進む民族に、青い目は神秘に似た不思議さを思う。理解しがたい特異なものを感じる。そして、この勢いでこれからの日本社会が、日本人がどうなるか、静かな表情でながめている。

2　"We are different"（われわれは違うんだ）

私が初めて日本に来たのは、今から一八年前のことだが、そのとき以来、日本については不思議に思ったり、当惑させられたりすることの連続であった。日本はすべての分野で素晴らしい発展を遂げた。日本について、私がどのように考えているか、しばしば質問されたが、そのつど私は称賛の言葉を禁じ得なかった。

日本で生活し、多くの日本人の友人と語り合い、お粗末な日本語を話したりしてきたけれども、私の日本を見る目はつねに外部から窓ガラスを通してであった。ところが、アメリカではたった四年間の滞在期間ではあったが、彼らの一員であるかのように感じ、アメリカ人になったような錯覚にすら陥った。だが、日本においては、たとえ私が今後三〇年間住み続けたとしても、同様の感情を持ち得ないであろう。

日本社会の異常なまでの排他性は、ある意味で日本の経済力の最も重要な源泉の一つではないか、と思う。私は外側から窓ガラスごしに見ることによって、独自の危険性をはらんだ日本の経済力の源に関する私の見解を書き記してみたいと思う。

ある国の文化を理解する最善の方法の一つは、その国の言葉を通してみることだと思う。なぜなら、言語はその国民の思考や感情を表現する手段であるばかりか、思考そのものをも形成するからである。日本に滞在しているすべての外国人が知っているように、日本語はきわめて難しい言語である。そこには文法というものがほとんどない、といっていい。その代わり、日本語は日本人だけにしか満足に把握できない不明確なある種の観念や感情の伝達に依存するところが大きい。ガタガタ、ゴタゴタなど、何百種もの、感情、騒ぎ、動作を表す音を例にとってみても、そこには文法的に説明できる意味は全くないにもかかわらず、日本人にはよく理解できるのである。日本語は家族語である。すなわち、家族のメンバー間には前もって親密な相互理解が存在するため、言葉を半分聞いただけでも意思や感情を伝達することができる。

一方、それとは対照的なのは西洋の言語である。西洋の言語にははるかに複雑な規則や厳密な論理がともなうばかりか、それらは客観的に組み立てられ、意味づけられているので、他国民でも理解できる。西洋の言語や思考は家に例えれば表玄関を用いるのに対し、日本語では自らは裏口を使用している。ところが外国人が裏口から入ろうとすると、表玄関から入るように注意されるのである。外国人が、最も欲しがっている人間的親しさを見失い、淋しい思いをするのはこんなときである。やがて彼は〝内側のみで通用する〟家族語が使われている家族国家の中で客人として扱われている自分を感じ始める。

3　国際的視野を阻む排他性

日本では昨今、国際的視野の広さという言葉がはやっている。日本人がこの言葉の中に求めているものは、自分たちに欠けている心の広さであろう。

このことから思い起こすのは、アメリカの経営において〝人間関係〟を養成しようとする諸々の努力である。アメリカ資本主義の伝統によれば、労働は生産に必要な一つの要素にすぎない。すなわち、利益計算の成り行きいかんによっては、〝雇用も解雇も自由〟である。ところがメイヨーなどは、もしよい〝人間関係〟が生まれれば、労働効率はもっと上昇する、ということを発見した。このように人間関係は、労働に人間価値を与えるためにではなく、利益獲得の手段として労働の効率を上げるために養われたのである。

それでは日本の国際的姿勢についてはどうであろうか。私はここで日本の経済援助について少し触れてみたい。たしかに後進国援助では、高額拠出国として日本のイメージは固まりつつある。しかし、詳しく調べてみると、日本の援助は、東南アジアにおいて、日本の経済的優位性を確立しようとする意図だけで裏づけられており、後進国に対する寛大さはほとんどみいだせない、ということは明らかである。将来いつかアジアの隣人たちが、現在の〝醜いアメリカ人〟の場合と同様に、あるいはそれ以上に日本人を毛嫌いし、恐れる日が来るか否か、私にはわからない。本当の意味での国際的視野の広さと、インターナショナリズムのイメージを植えつけようとする国家主義的政策との間には大きな隔たりがある。日本ははたして、〝われわれ〟と〝彼ら〟（アウトサイダーである他国民）との間に横たわる根深い差別を克服することができるであろうか。

4 〝われわれ主義〟(We-ism)

言語としての日本語の不可思議さの一つは〝I〟(エゴ)を表す言葉として、私の知るかぎりでも六つの形があるにもかかわらず、〝We〟を表す言葉が全くなく、表そうとすれば〝I〟の複数形を用いる以外にない、という事実である。英語では〝I〟が最も重要である。それは〝I〟がつねに大文字で使われていることからも明らかである。この点において英語は西洋の個人主義的思想と合致している。一方、日本には個人主義の伝統はなく、〝I〟はつねに〝We〟に、言い換えれば個人的エゴは集団的エゴに服従しなければならない。日本人は、個々人の考え方は正しくても、ひとたび集団化すると過ちを犯しやすい、といわれている。

次に、企業における日本人の温情主義および集団行動について言及してみよう。

徳川時代の非常に長い伝統の中で培われた家や仕事に対する忠誠心、あるいは明治の温情主義を経てきている日本では、近代の企業経営においても、従業員のやる気を起こさせる手段として、いまだに集団の一致団結と会社に対する忠誠心の倫理に頼っている。経済学者の中には、日本の終身雇用制度や年功序列制度を〝封建制度の遺物〟とみなし、それらを排除すべきである、と主張する人もいるが、私にはこの論理に妥当性があるか否かについてははなはだ疑問である。西洋では、今日、会社内のコミュニティ形成が衰えるどころか推進されているのが一般的趨勢である。日本が西洋的個人主義へと傾斜していかなければならない理由は何であろうか。

組織、国家、技術の巨大な力に圧倒された近代人は、孤独を恐れている。世界の趨勢は、個人主義から次第に離れようとしているようである。ウッドストック音楽祭にみられるようなヒッピー運動は、経済的個人主義に対する反感がいかに根強いものであるか、まざまざと見せつけた。

私の知るかぎりでは、日本人の倫理は期待に応えること、すなわち所属しているコミュニティの中で自分の義務を履行することが強調される。いわゆる〝うちの〟会社のために骨身を削って働くのである。

日本では伝統的に、終身雇用の従業員たちは、自分は会社内で単に仕事だけによって評価されるのではなく、会社というコミュニティの一員として受け入れられているのだ、という感情を抱いてきた。社会学者の言葉を借りれば、人間は自分を一つの生産要素以上の存在として意識できる集団（家族、クラブ）に所属したがるものである。そして、まさに、この〝第一次的関係〟（人格として認められる存在）こそ、日本企業の大変な強みであった。従業員は、この関係の枠内で会社に所属しており、会社のためならば全力投球を惜しまないからである。

5　コミュニティ原理を破壊するもの

しかし、モティベーションに関連して、もう一つの重要な観点があげられる。最近の傾向として、能率給制度を採用し始める会社が多くなっている。若い従業員たちがより高い初任給を要求するのも一理ある。技術が急激に変化しているために、若い人の能率のほうが年とった人たちよりも優れている場合が多い。したがって、若手従業員の間では、自分たちよりただ年上であるというだけの理由で、先輩たちを尊敬することはしなくなってきている。

しかし、能率給はよく考える必要がある。なぜならば、会社は従業員をその経済的価値のみで評価するため、従業員側も会社を経済的側面からしか評価しない。したがって、もしほかに今よりも条件のよい会社がみつかれば、そちらへ転職したいと考える。

例えば、ドイツのように労働力不足に見舞われている国では、雇用の移動が自国経済の安定にとって深刻なハンディキャップとなるかもしれない。事実、従業員狩りは、ドイツの例にみられるように、結果として非能率を招くことになるのである。また、優秀な人材は不足しているのがつねであるから、賃金は引き上げられよう。

このように能率給を導入する場合、それがコミュニティ原理に与える破壊的作用を解消させるための、何らかの手段が講じられなければならない。特に日本においては、権利の主張よりむしろ義務の履行という、伝統的で、かつ文化的に根深い倫理観の存在を考えると、その重要性は著しいものがある。

6　ＧＮＰという名のモーレツ宗教

日本人は、おそらく世界で最も経済問題に意識の高い国民ではなかろうか。日本は他の国々に追いつき追い越せと、経済を国家的信仰にまで高めてきた。

明治の工業化は、生産重視（殖産興業）によって促進されたのに対し、昭和の経済成長は、有名な池田勇人内閣による〝所得倍増〟政策によって達成された。両者の間には一つの相違点がある。すなわち、明治の生産中心性は耐乏と重労働とを要求した。経営者は、販売努力は商人のすることであって産業家のすべきことではない、としてこれを軽視した。ところが、昭和のブームは、所得、それゆえにまた消費を重視している。この意味で、明らかに日本は大量消費社会の時代へ突入した。人々は絶え間ない広告によって刺激され、気楽に消費し、快楽を求めるようになったのである。

このような快楽の追求には、マイナスの側面がともなう。若者は自己の理想を失い、無責任になり、厳しい労働を避けるようになる。なかには世の中のすべてが生産と消費のまわりを回転しているこの種の社会に反抗し始めた若者もいる。産業組織の利己主義的目標への反抗は、アメリカにおいて最も激しい。ところが、最近日本においても、環境汚染の問題が国民の関心を集めるに及んで、はたして日本は、ＧＮＰをその最高の宗教に仕立て上げてよいものかどうか、という疑問がもたれ始めたのである。

私の考えるところ、日本は、世界一の経済成長率を目指す〝モーレツ〟国民の住む国である。少し以前のことだが、日本人ははたして〝エコノミック・アニマル〟であるかどうか、という議論が沸騰したことがあった。その当時、この言葉の意味には思い違いがあったのではないか、と思う。私の知るかぎりでは、この言葉を最初に用いたのはパキスタンのブット氏で、彼はその言葉の中に、自分の会社のために全力を注ぎ込もうとする能率的、かつ献身的な日本人労働者を称賛する意味を込めたはずである。

一方、自由主義哲学者や古典的資本主義の時代から〝エコノミック・マン〟というよく似た表現が使われてきた。この言葉は自分の利己的な経済目標のみを追求する人、という意味を持っている。私はブット氏の日本人は勤勉な労働者であるという説には同意できるが、〝日本人は個人的な経済利益のみを求めている〟という意見には賛成できない。個人的利益の追求という面では、日本人も他国の人々と変わるところがない。しかし、日本人の偉大な努力とは一致団結した努力であり、それこそが会社、国家あるいは他のわれわれ主義的（We-istic）目標に対する献身を生ませたのである。

以前にも指摘したように、消費を増加させ、人々に快楽を求めさせようとするその推進力は、おそらく勤勉な労働意欲を減退させ、生産への献身を弱体化せしめることになるのではないであろうか。また同時に、それは最高の国家目標としてのＧＮＰに対する信仰を、徐々にではあるが弱めることになりはしないか。だが差し当たり、この国家目標に取って代るものはほかにみあたらないのである。

7　未来によりよく生きるために

去年の夏のある朝のこと、私はドイツのフランクフルトに降り立った。街を歩きながら、歩道を行く人々の姿を見て私は意気消沈してしまった。彼らは憂鬱そうな顔で、ゆっくりと、重い足どりで、ほとんど無目的に足を運んでいた。その中には年老いた人々が多かった。

しかし、私が日本で見慣れた光景は、ドイツのそれとは全く対照的であった。街を行く人々の足どりは速く、皆屈託のなさそうな顔をしていた。その中には、各自定められた目的地に向かう様子の若者の姿が多かった。これは私個人の主観的な印象にすぎないけれども、私は、日本はまだ若く、しかも偉大な確信を抱いて未来を指向しているのだ、という感じを受けたのである。

アメリカは、今日、社会的大危機の渦中にあり、あたかもその成長が止まったかの感を受ける。アメリカは、これまで自由の理想を掲げてきたが、今日では国内で自らの自由をも維持できないばかりか、海外においては逆に自由に対する抑圧に走っているかの印象を受ける。

ヨーロッパではどうであろうか。ＥＣがある種の大胆な未来構想の一つであることに異論はない。しかし、構成国の各国について見ると、国内では些細な事柄にまつわる争いが絶えず、統合体としてのヨーロッパの未来に深い信頼感を抱いているとはとても思えないほど、多くの障害物がその前途に立ちはだかっている。

それでは東欧圏はどうか。かつてソ連の将来性は確実に約束されていた。それは自由と平和とを旗印にしたマルクス主義者の天国であった。未来に生き、革命に生きた国であった。しかし、ソ連の軍隊や戦車が東欧の衛星諸国の共産主義政権を監視し、またそれらの国々の知識人の思想の自由を否定している現実を目の当たりに見せつけられ、一体誰がそのような未来を信じることができようか。

日本は、対照的に、相当楽観的にその将来を見つめているようである。最近、総理府に依頼されていくつかの研究者のグループが「日本列島の未来像」というテーマで、これからの日本の理想像を研究し、その研究の中にも日本国民の将来への大胆な信頼が見受けられる。それは単なる技術的問題を取り上げるのみでなく、地形を含めた全国土を造成し、変革し、改造するための自信であった。しかもその中には、価値観の変動、あるいは体制そのものに対する不信と戸惑いは見受けられないようである。基本的に若い国家のみがそのような計画を策定できるし、またそのような夢を見ることができるのである。

一方、より直接的に経済的角度、すなわち、非常に高い投資比率から日本の未来指向性を観察することもできる。誰しも知っていることだが、もし社会保障や公共教育により多くの資金が用意されたならば、投資（貯蓄）比率は逓減することになる。にもかかわらず、貯蓄比率が極めて高いということは、将来見込まれる利益に備えて、現在の消費を後回しにしているわけである。経済政策に関するかぎり、日本は、大変未来指向的である。未来に生きる国家は、両親が子どもの将来のために働き、かつ貯蓄している家族にきわめてよく似た行動をする。日本人の態度や政府の経済政策がそれを如実に表している。国家も家族もともに輝かしい明日の日本を創造するために、多くの投資に回し、消費を引き延ばす義務を負っているのである。これこそ国家への信頼から生まれた目標達成意欲ではなかろうか。

だが、振り返ってみると、ここに一つのジレンマが現れる。すなわち、もし、消費水準の上昇や利己的個人主義の風潮を通して、献身という日本人の道徳的基盤がそこなわれるようなことになるならば、偉大なる未来社会の実現は失敗するかもしれない。事実、現在の日本のGNP教に変わるべき何かをみいだす必要に迫られている。「人はパンのみに生きるに非ず」を認識することである。さもなければ、日本は、仮に現在計画中の輝かしい未来に到達したとき〝全員盛装したが、いくところがどこにもない〟ことになりかねない。

文化的価値と工業化の論理

1 序論

工業化とは、生産のために技術を用いることと同じ意味である。経済が発展すればするほど、ますます広く技術、複雑な組織を受け入れなければならなくなるし、また、工業化に固有な普遍的論理——これは、非合理的な行動の範囲を容赦なくせばめていく——を、ますます強く求めるようになる。コールが述べたように[1]、近代化の初期には、企業者が自由に行動する余地が残されている。それは、標準化された、他の者から期待されている行動を強制する、相互依存的な社会組織がまだ存在しないからである。統計的に計算された危険の代わりに、企業者は、漠然とした不確実性に直面する。彼は、今日より多様な、まだ限定されていない要素を使うことができる。一口でいえば、彼は開拓者でなければならない。このように考えれば、工業化の初めには、革新はまだ制度化されておらず、さまざまな角度から接近することができる。すなわち、非経済的な、厳密には合理的でない行動動機、接近方法、労使関係、一般的にいって経済行動を許す。

まず、工業化は、それ以前の時代の人々、社会的・経済的条件に基づいて始めなければならない。これらの与件は、ほとんど定義的といってよいほどに、今日とは異なった人間関係、経済行動のルールをもっている。工場を設立しても、それだけでは人間行動の次元で、大転換をともなった、新しい冷厳な合理主義の時代に入ったとはいえない。各国の工業化は、異なった思考、行動様式の結果というばかりでなく、それ自体が新しい諸類型をつくり出す。このように相互規定性があるために、特に経済的近代化の初期には、各国の工業化の中に、それ以前の伝統的な行動様式の違いに基づいた、際立った差異をみることができる。

経済発展に関する理論は、新しい経済合理性を受け入れるために、また、伝統的な人々からの反発を打ち倒すために、イデオロギーが重要な役割を果たすことを強調してきた。今日、開発途上の国々は、人々の思考や行動の様式を変革するために、また、ときには工業化に対する反発を抑えるために、反植民地主義的なナショナリズムかレーニン主義を用いている。しかし、イデオロギー自体は、目標を指示する一時的なものである。たしかに、イデオロギーは外国から取り入れられ、さまざまに活用されることはできるが、永続的な価値はもっていない。私の考えるところでは、より具体的なレベルでは、人間の経済行動に決定的な影響を与えない。

では、文化様式のほうはどうであろうか。文化的価値や行動の規範は、短期間ばかりでなく長期的にみて、経済発展のコースに影響を与えるか（マクロ的問題）、あるいは、少なくとも企業内の人間行動、企業行動にある種の特徴を与えるか（ミクロ的問題）。また、与えるとすればどの程度にか。最近の経営理論は、次第に、このような問題の建て方を受け入れてきた。複雑な技術、会社、市場の組織は一定のことがらを要求するが、外的な条件が同じでも、国によって経済のあり方は異なっている。ファーマーとリッチマン(2)は、社会学的、文化的な変数が、どのように労使関係に、また、労働者の資本家に対する反応のあり方に影響するかについて、詳細な事例を提供した。国によって条件が異なるので、実用的なハンドブックでもあり、どの国では、経営はこうあるべきで、こうあるべきでない、というようなことがわかれば便利である。しかし、これだけでは、国による違いを生み出す最も深い要因を解明することにはならない。このような「ガイドブック的なアプローチ」をとれば、社会学的、文化的変数をいくらでも増やすことができる。

本論では、これと同じ問題にもっと基本的な角度から接近する。日本と西洋の経済行動の間には、しばしば違いがあるといわれてきたが、両者の間に何らかの同じ原理が存在するか。また、これをさらに少数の（私の試みにおいては二つの）最も根元的な文化的要素に還元することができるか、もしできるならば、それは何か。この問題を解くために、①まず、西洋の歴史、哲学、宗教、人類学的特徴について調べ、次に、これらすべてを一つずつ、例えばイギリスの産業革命の過程における、すでに確認されている経営者、労働者の行動様式と関係づけ、②次に、日本についても同じことを行ない、③最後に両方を比較して、「なぜ」とか、「もし」とか問うとすれば、そのような試みは馬鹿げたものであろう。私には、実際、そのようなことを行なう知識も時間もない。そうではなく、私は、二次的な資料により、すでに広く知られ受け入れられている観念や事実を集め、これらを対照的にみるとどうみえるかと考えているだけである。そこで、本論の中に、西洋についてであれ日本についてであれ、何か新しい事実をみつけようと思っている人があれば、ここで読むのを止めていただきたい。

ここで、もう一つ注意しておきたいことは、私は、日本と西洋を対照的にみるために、双方から二つの基本的と思われる価値類型を選び出した。このうちの一方は、どちらかといえば理性のレベルにあるもので、他方は、人間関係に係わるものである。本論全体は、ほとんど意図的といってよいほどに、対称的な構成をもっている。これは、本論が単なる仮説的な試論の性格をもつものであることを強調し、最終的な解答でなく、問題の提起をしたものにすぎないことを示すためである。またさらに私は、ここで述べる基本的な文化的価値が、さまざまな可能性をもち、また、その効果がはっきりしないものだと考えている。すなわち、これらの価値は、促進的な、あるいは遅延的な、また、社会的に有益な、あるいは有害な要素として、肯定的にも否定的にも機能する。これは、人間の性格についても同じであろう。誰も、快活な性格と陰鬱な性格のうち（このような性格の分類法に従ったとして）どちらが経済的に「好ましいか」ということはいえない。こう考えれば、例えば、①政治的、イデオロギー的条件、②近代化の出発点における後進性の程度などを考慮に入れなければ、文化的要素を取り扱えないことがわかる。

純経済的、社会政治的、文化的要因は、実際の歴史においてはすべて絡み合っているので、どの原因がどれだけの結果を生んでいるかを見分けることはできない。われわれは、「他の条件が等しければ」という仮定の下で実験することはできない。これが、社会科学の難しさであり、また、主観的な解釈を招く原因でもある。これは私の主観的な見解だが、工業化の論理は、行動類型の違いを許容するばかりでなく、むしろ、国によって異なった文化様式が存在するために、これに適合した行動様式を要求する。「工業化の論理は、必然的に核家族化を進め、労働への高い価値を与え、また、最も主要な社会的単位としての国家という観念を強める」[3]ものといわれてきた。しかし、私は、このような一般的命題には疑いをもっている。私の聞いたところでは、インドでは、複合家族制度が立派に機能しており、しばしば経済活動を助けている。また、イギリスの産業革命の高揚期にも、「最も主要な社会的単位としての国家という観念」が重要であったとは思えない。そこで、私は、この試論において、経済発展をただ経済的な要因のみによって説明する図式的な、一元的な見方を壊したいと思う。

2　西洋の工業化に影響を与えた文化様式

ヨーロッパの経済的近代化について研究している者は、ピューリタンの倫理が「資本主義の精神」を生むのに重要な役割を果たしたことを強調しているが、これは正しいであろう。最近では、ロストウがより一般的な形で、経済発展が始まるには、一種の「ニュートン以後の精神」が必要であると述べている。このような段階論は、もちろん有益なものである。なぜなら、われわれは歴史をみる場合に、どこからか始め、残りの部分は取り扱わないからである。

高校生の社会科では、「近代」は自然科学の発生と、ルネサンス、宗教改革における合理主義と個人主義の強化とともに始まることになっている。しかし、西洋の「近代化」が歴史のある時点から始まるとするのは、大変主観的な見方である。なぜなら、その人の観点や、その人が問題としている特殊な歴史的変化に応じて、その時点も変わってくるからである。さらに、このように歴史を一定の時点で切断してしまうと、私がここで強調しようと思っている発展と文化の連続性を見落としてしまう。私がここで指摘しようとしていることは、おそらく高校の教科書程度のことであるが、西洋の近代化が文化的にみて、いかに古来からの基本的な価値意識に基づいているかということである。

(1)　西洋の基本的価値

(a)　理性の優位

資本主義的イデオロギーの父である自由主義思想は、ギリシア哲学、ローマ法、キリスト教の信仰の三本の柱によって支えられている。ギリシア人は観念に魅せられ、この世を不変の自然法則の実現として理解する、最も包括的な試みを行なった。プラトンは、西洋の全思想史を方向づけた人だが、彼にとっては、物ではなくイデアが真の実在であり、永遠なものであった。すべての物は、この永遠の真実が具現したものであった。そこで、もし人がイデアをつかむならば、彼は実在をつかむことになる。聖ヨハネは、神やキリストをしばしば「真実」として話しているので、プラトンのギリシア思想は、ヨハネ伝に影響を与えているかもしれない。実際、「初めに言葉ありき」という言葉も、プラトンの哲学を思わせる。ローマ人は、ギリシア哲学を受け継ぎ、これに、独自の力で法と支配の要素を付け加えた。彼らは法体系を発展させ、これは、西洋の思惟方法に巨大な影響を与えた。こうして社会は、詳細に定義され一般化された、権利と義務の体系によって制御され、また秩序づけられることができるという考えが生まれた。キリスト教は、これら二つの遺産に新たな要素を加えた。すなわち、永遠の観念と社会的な法に道徳的な意義を与えた。神は、この世に、自然的および道徳的秩序を与えることによって支配している。神は、冷徹な理性ではなく、地上の御子たちに摂理を与える父である。法に従い、自然の機能を知ることによって自然を制御することは、人間が神に従うことである。

このほか、聖書は、きわめて重要なもう一つの要素を導入した。ヘブライ人は、自然を神聖なものとも、神がかったものとも考えていなかった。人間とその使命について書いてある古典的な一節においても（創世記、第一、二章）、人間は、自然を支配し、それを自分たちの目的に利用できるよう十分な力を与えられている。人間は、自然を変え、それを制御し、神と並び立つことを要求されている。神は、人間を自分の姿に似せてつくり、しかる後、自分は創造するのを休み、世界を人間の手に任せた。コックス(4)が述べたように、近代の自然に対する世俗的な態度（ニュートン以後の精神）は、キリスト教がヘブライから受け継いだ最も基本的な考え方の一つである。ヘブライ人のような砂漠地帯の民族は、一般に、自然に対し行動的な、合理的な態度をとる傾向があるといわれてきたが、もしこれが正しいとすれば、西洋は砂漠地帯ではないが、砂漠のヘブライ人に多くを負っていることになる。

これら二つ、すなわち、一つは、歴史的な現実を決定する永遠の法則、および社会に秩序を与える法律という観念、他方は、世界を人間に従わせるべきだという義務の観念であるが、これら二つを結合すれば、「近代合理主義」の核心——自然や社会のあり方を決定する一般的な法則が存在することを信じ、これを探究すること——ができあがる。

このほかにも、近代をそれ以前の時代からはっきりと区別する出来事が起こった。その一つは個人の確立である。

(b)　個人の尊厳

ギリシア思想が個人に重きをおいたために、この思想が、西洋の個人主義思想の起源であると考えられることが多かった。これは、ある程度正しいが、個人主義の確立についても、合理性の場合以上に、キリスト教の信仰が果たした役割が大きい。キリストは、下層の、貧しい、虐げられた人々とともに歩んだ。そして個人の尊厳と平等は、誰も奪うことができないと教えた。キリスト教においては、個人は、社会的に有用であろうとなかろうと、神に愛され、永遠の救いに予定されている。さらに永遠の救いは、他人や教会の判断によるのではなく、神自身の判断による。もし、個人が、彼の良心に基づいて真理に従うならば、「真理はあなたたちを自由にする」（ヨハネによる福音書、8－32）。たとえ家族に反対されても「わたしよりも父や母を愛する者は、わたしにふさわしくない」（マタイによる福音書、10－37）、また、国家によって拒否され迫害されようとも「人間に従うよりも、神に従わなくてはなりません」（使徒言行録、5－29）、個人の尊厳をうたったマグナ＝カルタは、キリスト教の信仰にきわめて忠実である。聖トマスは、彼の分析をつねに個人から始め、個人で終えている。

しかし、教会は、人間は罪深いもので、規制や導きが必要なことをよく知っていた。そこで、「公共の利益は個人の利益に優先する」という原則が生まれた。なぜなら、他人に奉仕することにおいてのみ、個人は、本能や利己心を抑え、自己を完成するであろうから。事実、トマスは、フッカーやロックと同じように、すべての人間は平等であるから、他人にも自分と同等の権利を与えなければならないと述べている。

しかし、テイラー(5)が指摘したように、トマスによる宗教と哲学の統合は、近代になって再び分離した。自然の法則は、もはや「神の意志」とはみられなくなり、独立したものとなった。近代の合理主義は、自然や社会を宗教から切り離してみるようになった。人間は主のない個人となり、自然や社会を自分たちの目的にかなうよう操作するようになった。人間は罪深いものだという、慎ましい人間観は、人間は無限に自己を完成していくことができるという幸福感の中で忘れられた。社会統制は、一般的な法則の機能や、個人の資本の蓄積を「妨げるもの」として拒否された。さまざまな形で個人の権利が宣言されたが、これは、人間を自律的な主体であると宣言した点で「新しい」ものである。個人が社会に属しているのでなく個人が社会を担っているとされた。また、人間は、生まれながらには何も「授かっておらず」、裸で生まれてくるので、何人にも譲渡できない権利として私的所有権を必要とする。

このように何の規制も受けない個人主義は、個人の尊厳という、キリスト教の基本的な考えからは離れている。しかし、この種の個人主義は、何も資本主義的な思想にだけかぎられているわけではなく、マルクス主義にも影響を与えている。ミュルダールが述べたように、「マルクスは、経済的自由主義学派のすべての人と同一な、形而上学的先入見をもっていた」(6)。彼は、自由主義者と同じように、不変の法則を信じ、彼の体系においては、自由主義経済学においてよりも、個人は、すべての有機的な社会的結合から切り離されている。「ブルジョア的家族」を破壊することによって、マルクスのイデオロギーは、個人を経済的原子としようとした。なぜなら、マルクスにとって、階級とは、有機的なものではなく、能率によってのみ価値の定まる「経済人」の集合であった。このようにみると、マルクスのイデオロギーは、西洋の合理主義、個人主義に代わるものではなく、それらを逆立ちさせたものである。

(2) 経済行動のパターン

工業化は、歴史的変化の過程として、さまざまな角度から眺めることができる。どの視覚から見るかは、何を研究の対象とするかによって決まる。本論の目的に鑑み、私は次の三つの側面を取り上げる。それは、革新と破壊のプロセス、競争のメカニズム、目標の設定である。これら三つは、どのようなタイプの近代化にもある基本的な特徴なので、たとえ国によって発展の程度やスピードが異なっても、経済行動の三つの側面として、相互に比較が可能である。しかし、各国の差異のすべてを、あるいはその多くを、文化的価値の違いによって説明するのは馬鹿げている。各国の差異は多くの要因によるのであり、例えば、近代化に政府がますます重要な役割を演ずるようになっているし、発展が遅れていればいるほど急進主義が必要となる。このほか資本を必要とする度合い、教育のレベル、イデオロギーのあり方なども影響しよう。しかし、私の考えによれば、文化様式の影響は、単に認められるというだけではなく、かなり大きなものである。私は、これをよりはっきりと証明しようとしているのである。

(a)　革新と破壊のプロセス

イギリスは、どの国にも先駆けて工業化への道を切り開いた。このとき、存在したのはただ伝統的な行動のパターンばかりで、真似をすべきモデルは何もなかった。この事実は、まず、イギリスが歩んだ道を考える場合に忘れてはならないことである。他の国の場合には、これは最もなことだが、すでに試みられた行動のパターンが存在し、これを目指した。また、古典派経済学やマルクスによれば、これが唯一のパターンであった。そこでイギリスが、この特定のタイプの経済行動を選択し、すでに確立されているモデルを打ち壊したからには、それが経済的必然性にでもよるのでないかぎり、それなりの文化的理由をもっているに違いない。

工業化は、革新に基づいている。革新とは、時代遅れになったもの、工程、組織に代えて、より生産的な、少なくともより収益性のある新しいものを採用することである。しかし、ここで考えなければならないことは、革新による利益はすべての人に及ぶものではない点である。少なくとも、すぐには及ばない。むしろ、破壊、あるいは社会的犠牲の問題が浮かび上がってくる。「公共の利益は個人の利益に優先する」という伝統の下では、個人主義は制限されており、つねに社会的犠牲が考慮され、財産の使用や革新を行なう場合にも、他人に不当な損失を与えることは許されなかった。しかし、近代になってからは、イギリスの工業家、あるいはビジネスマン一般は、社会的な犠牲を考えずに彼らだけの利益を追求するようになった。社会も、一般的な法則が存在するというイデオロギーの下に、ビジネスマンが彼らのみの利益を追求し、従来の社会構造全体を壊すことを許した。私は、イギリスのビジネスマンが、他の時代や他の国の人々より、生まれつき利己的になったと考えているのではない。要は、彼らは、社会が認めたので、私的な利益を追求することができるようになったということである。よく知られている三つの破壊的な行動について述べれば当時の一般的な傾向がよくわかるであろう。

囲い込み運動は、経済史家の注意を集めてきたが、これは最もである。農業は、どの国においても最も伝統的であり、村落は強固な共同体で、相互扶助の精神によって特色づけられている。しかし、ここに進歩の名の下に、最初の決定的な栽壊が行なわれた。まず、農業技術が進歩したために、新しい耕作方法が必要になった。すなわち、輪作、新しい作物の栽培、深耕が、囲い込みを必要とした。伝統的な価値意識によって考えれば、これを行なう多くの方法があった。しかし、最後に選ばれた道は、人々を共同体から排除することであった。これは、彼らが土地を所有していないからとか、また、彼らの保有地が小さいために、合法的な囲い込みに要する費用を負担できないからと理由づけられた。羊の飼育が農村地帯の人口を減少させたとき、事態は最悪となった。また、頑強なピューリタニズムが、共同体の相互扶助性という、横の紐帯を断ち切った。経済においてばかりでなく宗教においても、誰もが自分自身を救わなければならなかった。教義を徹底させるという西洋の伝統の下で、「各人が自分のために」という考えは、そのとおりの結果を生んだ。

また、企業の中でも、いま述べたものと同じか、あるいはもっと悪い破壊が行なわれた。ヨーロッパ的な伝統によれば、日本の場合と同じように、労働者は仕事の場を与えられるばかりでなく、彼と上の者との関係は個人的な忠誠によって結ばれている。この親方、徒弟の関係は、工業化が始まった後にも、初めのうちは保たれていた。さらに、下請制度が広く行なわれていたが、これは、親方、徒弟の関係を維持するためであったことは疑いない。多数の労働者を管理する方法は、きわめてゆっくりと発展してきたにすぎない。親方は、労働者を罰し、搾取することができた。しかし、彼は、労働者に最後まで責任をもたなければならなかった。下請制度もまた、請け負う者に、ある程度の親方的な自由を残していた。(7) しかし、これら二つの人間関係は壊され、これに代わって、金銭の授受によってのみ結ばれる関係が生まれた。こうして、後にみるように、親方が徒弟に責任をもつというような関係はなくなったが、これは、伝統的な考え方からすれば、あり得べからざることである。日本の場合には、西洋のモデルを先例として受け入れたが、親方に対する忠誠を会社全体に対する忠誠に代え、会社が労働者に責任をもつことにした。

最も広く影響を与えた革新、したがって破壊は、新しい価値尺度の導入である。新しい産業家は、革命家であった。そして、すべての革命家と同じように、既存の体制を攻撃した。彼らは、反封建的であった。彼らは、誇り高い貴族とは対照的に、下層からの成功という、彼ら独自の成功のイメージをうまく用いた。(8) 貴族が「成り上がり者」を軽蔑したとき、ビジネスマンたちは、彼ら独自の、偉大さのイメージをつくらなければならなかった。このために彼らは、技術の適用による進歩という自由主義的な考えを用いた。すべての人間は同じ条件から出発するので、彼らの成功は、そのすぐれた素質や努力による。そして、彼の考えによれば、私的な利潤は、そのまま国全体の利益となるので、貴族ではなく彼らが社会の英雄である。このような理由づけの下で、最も過酷な搾取が、社会のためという名で行なわれた。この社会が、何を意味するのかは明らかでないが。革新を行なった者は、もともとは反知性的な人間であったが、科学とか哲学とかいう衣裳を着けることができたことは重要である。西洋では教養について争われることが多いが、このような伝統の下では、科学とか哲学とかは、彼らの破壊的な活動の言いわけとして最も効果のあるものであった。

(b)　市場における競争

われわれは、経済学において、競争的な制度を賞賛することにかなり慣れてきっているので、自由な市場の導入が、どのように恐ろしい歴史的変化をよび起こしたかに目を止めることはほとんどない。アダム・スミスは、この点に強い関心をもち、その革命的な潜在能力を予見したが、これは正しかった。市場の導入によって、とりわけキリスト教の伝統が、根本的なレベルで、悲劇的に断ち切られることが明らかとなった。トマスの説明によれば、自然法は、神の摂理によって永遠不変に定められており、良心においてこの法則に従わなければならない人間のために働いている。しかし、今度は、自然法は、なんらかの独立したメカニズムであり、それ自体が人間を義とするものとして研究されるようになった。もし自然法が、人間に「交換や取引」の本能を与えたのであれば、そのような本能に従うことは、他人にどのような結果を及ぼそうが道徳的に正しい。なぜなら自然法は、最終的には調和をもたらすだろうから。個人の私的な利益を社会全体の利益に転ずる「見えざる手」の存在を信ずることは、父なる神の姿が消え、冷徹な理性と無慈悲な混沌のみが残された瞬間には、楽観主義者の願望的な考えであった。しかし、もし理性や法則の存在を信じないとすれば、成年に達した人間は、ほかに何を信ずることができたであろうか。そこで、市場機構という万能の仕組みを信ずることが宣伝された。なぜなら、それが荒れ狂う個人主義を擁護する最良の口実を提供したからである。

市場は、「正義」に類似したものとして描かれた。この正義は、目隠しをされ、一方の手にものさしを、他方の手に剣を持って、規格に合わない人間を無差別に切り落とすものと考えられた。もし、すべての人間は生まれながらには同等で、また、市場がすべての人間に同じ機会を保障するのならば、最良の人間が勝利を収め、また収めるに値する。カテドラルから市場への変化は、なんと大きかったことだろう。前者においては、すべての人間は神の御子であるため、平等な兄弟であり、おたがいに助け合い、強きは弱きを助けなければならなかった。しかし、市場における平等は、理性の名において利己心を正当化し、そのような手助けは自滅でしかないことを証明した。

これは、最も大きな関心を集めた点であった。では、貧乏人とは何か。この世に生み落とされた人間は、経済的な面では生きる権利をもっている。これが古い信仰であった。しかし、新しい信仰によれば、この世に生まれた人間は、生命を誰からも侵されない権利は認められたが、それは必ずしも生きる権利ではない。そして、新旧の両勢力は、スピーナムランド体制に対する闘争――これは、機械的な市場機構に対する最後の勇敢な攻撃であった――において、倒れるまで戦った。ポランニーは、彼のすぐれた研究において、この試みがいかに、なぜ失敗したのか、また、いかに市場は有機的な人間関係を完膚なきまでに破壊したかを示した[9]。市場は、何か客観的なもので、反論を許さない性格のものであった。人間は、有機的な社会構造から切り離され、生産の要素として、経済の上下の動きに動かされ、また、その動きに反応しなければならなくなった。しかも、この経済たるや、その座席に操縦者のいない巨大な機械となったのである。

能率は、経営にとって一つの大きな問題である。労働者は、田舎や小経営からやってきたとき、まだ工場の規律に慣れていなかった。彼らの飲酒、欠勤、頻繁な転職は、さまざまな手段で矯正された。初めは体罰が用いられたが、これは特に子どもに用いられ、伝統的な方法を踏襲したものであった。次に、経営者は、労働者の良心に訴える説教という手段も用い、教会に通うことを主張し、キリスト教の道徳、特に禁酒、勤勉、節倹、正直という当時の功利主義的な美徳を説き勧めた。労働者は、彼らの惨状は自分たちの不道徳な行為によるのだと教えられた。ときには労働者の規律を保ったり労働に就けるために、暴力も用いられた。少なくとも初期には、囚人や貧民が、自由な労働者が不足していたので、雇用されることが多かった。

しかし、ポラードは、いかにしてイギリスの産業経営者が、最後に、労働規律を強制するために、市場機構を用いるほうが便利で、有効であるかに気づいたかを示した[10]。賃金を切り下げたり、解雇するほうが、体罰や説教よりも、労働者を屈服させる点ですぐれており、最も有効な手段であることがわかった。他方、賃金で刺激すれば、より大きな努力を呼び起こすことができた。長期の契約は、ますます廃止されるようになり、ついには、能率給という市場の原理が支配的となり、他のすべての、より人間的な人間関係を破壊するようになった。

タウンゼントは、市場機構と、その労働者に与える効果を最も賞賛するスポークスマンの一人となった。彼は、自然科学ことに生物学の考えが、いかに深く浸透し、社会関係を支配するようになったかを示している。すなわち、「飢えは、最も獰猛な動物も従順にするであろう。それは、最も頑固な者にも、礼儀、儀礼、服従、隷属を教えるであろう。一般的にいって、彼ら（貧乏人）を労働に駆り立て追いやるのは、飢えだけである。……飢えは、平穏な、静かな、絶え間のない圧迫であるばかりでなく、勤勉と労働への最も自然な動機として、最も力強い努力を喚起する。そして他人の寛大な施しによって満たされたとき、善意と感謝の、永続的な確実な基を築く」[11]。

自由な市場の制度は、また、資本家自身の頭上にもダモクレスの剣を吊るし、彼らを絶え間のない危険にさらした。各人がたがいに敵である。このため資本家も、労働者と同じように、忠誠ということを気づかうことがなかった。資本は、餌食を求める野生のライオンのように考えられた。マルクスの言い回しを用いれば、一人の資本家は、他の資本家を貪り食ったものだった。もし、資本が忠誠を知らないのならば、それは祖国をもたないことになる。イギリスの製造業者は、良心の呵責なく、武器を同時に自分の政府にも、また敵国にも販売した。敵国に安く売ることさえした[12]。経済力は国境によって柵を設けられることはない。これが一九世紀の一般的な考えであった。経済の目的は、どこであれ「最大多数の最大幸福」を遂げることであった。しかし、このように国家の制約から逃れることは、もちろん長く続けることはできなかった。社会的犠牲を国民に負わせながら進歩を主唱することは、混沌を通じての進歩というダーウィンの理論を受け入れた時代においても、なお堪え難いものであった。

(c)　目標の設定

個人についても社会全体についても、その基本的な考えは、それが達成しようとする目標の中に最もよく現れるであろう。こうみれば、現実的な達成よりも、この目標を成就するためにどの程度の犠牲を払う用意があるかのほうがより大きな意味をもっている。人間も社会も、つねにさまざまな選択肢の中から目標を選び、この目標をどの程度力を入れて追求するかを決めなければならない。そこで産業革命期における、西洋社会の目標の設定は、非常に重要な意義をもっており、なんらかの価値類型から生まれたものとみるべきである。

この点で私は、イギリスが利潤の極大を目標にすることを公に認めた最初の国であることをもう一度指摘したい。他の後進国の場合には、彼らの経済発展への志向は、先進国に「追い着こう」という欲求、あるいは「植民地的な従属から逃れよう」とか、「革命を起こそう」とか、その他多くの欲求が結びついて生まれる。今日においては、これらの信条——経済的近代化の達成、能率の尺度としての利潤極大の原理——を初めてつくり出した人々とは異なった意味をもっている。

私的利潤の極大化という福音の起源は、次の三つに求められる。①無限の進歩を固く信ずること、②個人の権利の強調、③所有と統制の分離。

①われわれは、進歩を賞賛することに慣れている。特にイギリスにおいて発明が相次いだ時代にはそうであった。これまでまだ聞いたこともないようなことが起こった。すなわち、人間は、自然の働きを、その秘密を知ることによって変えることができると気づいた。何世紀もの間先祖からの慣行に従順に従った後に、人間は広い世界に飛び出した。進歩は、いかなる犠牲を払っても達成さるべき義務と感じられた。このように感じたのは、学問のある人たちばかりでなく、流行歌においてさえ、進歩がたたえられた。次のドイツの詩は、これを示している。「蒸気機関が力強く動いているところでだけ、人々は救われる。光り輝く工場でのみ、人は高貴に、自由に、勇敢になる。なぜなら、工業がやってくる以前には、人間は動物と同じだったのだから(13)」。銀行や株式取引所は、新しい時代のシンボルとして、宮殿のように建てられた。進歩や自然法の名の下に、社会は、飢えた労働者の群がる、悪臭を放つスラムの存在を容認しなければならなかった。進歩自体が、そのうちにこれらの問題を解決するであろう。技術は最後には黄金の時代をもたらすであろう。こう信ずる点では、自由主義者とマルクスの間にはなんら違いはない。ともに技術を信じることをたたえた。人間はついに神や迷信から解放され、自己を完成するために技術を用い、神が果たせなかった楽園を建設するであろう。

②キリスト教の伝統は、個人を救いの究極的な目的とみなしていた。個人の完成は社会の目的であった。しかし、この完成は、他人に奉仕すること、したがって、社会に従うことの内にあった。個人の完成は、今でも最高の目標ではある。しかし、二つの違いがともなった。すなわち、社会は、自ら自分の問題を処理し、個人は、天与の促しに従う。また、人間の完成は、経済や技術の領域における成功とほぼ同じになった。マルクス主義者は、人間は労働によって自己を形成することを強調し、自由主義者は、財産を自我の物への拡大とみたが、この二つの見方は、経済や技術を人間が自己を完成し、幸福に至る手段とみなす同一の考えに基づいている。たとえマルクスが、資本家にとっては「蓄積しろ、蓄積しろ、これがモーゼや予言者の教えなのだ」と批判しても、彼は、これとは異なった、功利主義的でない福音の予言者になったのではなく、ただ、不平等な分配について怒っているのである。

③所有権は、経済的独立、したがって個人の自由を守るための、譲渡できない人権と考えられていた。それは、弱い者を、強い者の没収や極端な搾取という放埒な行為から守ることを意図していた。しかし、土地であれ、企業の場合であれ、所有権は、その使用について、また量的に制限されていた。結局、人間は伝統的には、ある程度まで享受でき、ある程度まで支配できたが、それ以上はできなかった。しかし、会計制度が完成し、会社制度が形成されるとともに、所有権は抽象的なものとなり、その拡大になんらの制限を課せられなくなった。所有者の儲けを最大にするための営利活動が生まれるとともに、何か抽象的な、以前の目に見える経済活動が求めた正常な要求とは直接には結びつかないものが入ってきた。われわれが後でみるように、日本では、この制度自体が要求する類似した現象は生まれたが、この方向への発展は起こらなかった。結局、二つのものが、何か抽象的なものに還元された。すなわち、社会と所有権であるが、この二つの交渉は、第三の機械的な手段、すなわち自律的な市場によって規制されることになった。こうして実際には、所有者や経営者は、社会の直接的な要求のためにも、利潤の健全な維持や増加のためにも、雇い人や労働者のためにも働かなくなった。これの意味するものは、もし、よい品物よりもまやかし品をつくったほ

うが有利ならばそうする。また、株式の取引、供給を減らすこと、買い占め、その他の手段が堅実な生産の拡大よりも有利であるならば、そうやる。マルクスは、このような制度は爆発せざるを得ないと予見したが、これは正しかった。しかし、爆発するまで個人の貪欲を社会が容認するであろうと考えた点では誤っていた。

いくつかの証拠によれば、個人が短期的な利潤の極大を求めるという原理は、経済理論が想定するほど一般的ではない。ドイツの企業家は、利潤の極大よりも、技術の進歩、堅実な経営の確立に力を入れる傾向があった。この短期、長期の視野の違いが、一九世紀の終わりにドイツがイギリスに打ち勝った、いくつかの要因の一つであったように思う。

3　日本の工業化に影響を与えた文化様式

西洋人と日本人の行動様式のさまざまな違いは、絶えず外国人、日本人双方の関心を呼び起こした。しかし、違いを観察することと、これを分析することとは、全く別のことである。私は自分を観察者の一人に数えており、しばしば、日本の社会を窓越しに見ているにすぎないと感じている。それにもかかわらず、日本の基本的な文化様式と経済行動を関係づけようと試みるのであるが、これには多くの留保が必要であり、躊躇を感ずる。しかも最初の部分で、西洋の場合と対照させて、日本社会の二つの基本的な原理と思われるものを提示するが、この部分は、一般的に認められている二次的な資料に基づいて、これを自由に使っているにすぎない。いくつかの問題を誤解したり、誤って解釈している可能性が大きいが、これについては率直な批判を頂戴したい。

(1) 日本の基本的な価値

(a) 調和の優位

しばらく、西洋文化の基本的な原理である「理性の優位」に立ち返ってみよう。論証するとか、理論的に考えるとかは、真理をはっきりさせ、これを虚偽から区別することを意味している。矛盾の原理（すべてのものは同時にあるものであり、あるものでないことはできない）は、論理的思考の根本である。存在の次元で二元論である。真理は、虚偽になることはできない。二つが合わさることは絶対にない。善と悪は、真理と虚偽のように反対のものである。二つの間に妥協や和合はあり得ない。これはあたりまえのようなことだが、日本人の基本的な思考方法は、このレベルで、はっきりとした違いをもっている。日本人にとっては、この二つ（正邪、善悪）は、必ずしも絶対的に分離されていない。少なくとも日本人は、本能的にそのように分けることを避ける傾向がある。

ときどき、私は、仏教の核心は何なのだろうかと思う。というのは、仏教は、時代や民族によって、原型をとどめないほど変化し続けてきた。仏教は、大きな柔軟性を示し、多くの文化や時代に適応してきた。教義もほとんど正反対のものに変わったが、ある同一性は保っている。最も、これは真理ではなく、一種の生活方法であるが。特に禅宗は、日本人の魂をよく表現しているように思えるが、また逆に、禅宗が日本人に深く影響を与えているであろう。禅宗は、すべての存在物は一つであると主張し、個々の物を切り離して限定することを避ける。瞑想は、客観的な真理について考えるのでなく、物の中に飛び込み一体となるのである。理論的な答えを受け取るのでなく、物自体に打たれるのである。この限定を無視し、すべては一つであることを強調することは、次の例を一つあげるだけで明らかである。日本人の多くはさまざまな宗教に属し、全く相互に矛盾する信条を固守し、古代からの儀式を守り、しかも自分たちを近代的合理主義者とよぶ。

さらに、絶対的な神や真理の観念を欠いているために、日本人の倫理は、かなり弾力的で相対的である。感謝という日本人の基本的な感情は、宗教的な感情と同じようなものだが、神にも、自然にも、国家にも、両親にも、他人にも向けられる。他人から向けられた期待を満たすという感謝の倫理は、はっきりした根拠をもっていないので、権利についてであれ、契約についてであれ、法についてであれ、日本人は絶対という観念を欠いているようである。権利も、契約も、法も、その時々の状況に合うように曲げてよい。そして、どの状況においても、なかんずく、他人から向けられている期待を満たすという調和の原則が掲げられる。プラグマティックな、機能的な行為の規範である、いわゆる日本人の恥の倫理は、すべての新しい状況に従うことを可能にした。西洋人の場合には、このようなときに、もとのままに止まるか、あるいは、複雑な理由づけがなければ、自己の立場を変えることはできない。

次に、言語があるが、これも民族の魂の表現である。日本語は論理的な正確さよりも、むしろ直観的な理解に依存しているので、しばしば家族内の通用語と特徴づけられてきた。例えば試みに、文法的に意味を定めることができない、感情や動作を表現する多くの話し言葉を考えてみれば、これは明らかであろう（外国人は、この家族内の通用語をいつもうまく使うことができない）。また、どの程度丁寧にするかに力点がおかれるが、これも同じことを意味している。はっきりとした言明は、「しかし」とか、「私はそう思うのですが」という言葉によって和らげられ、避けられる。日本において話とは、私はしばしば感ずるのだが、反対のものとは区別される正確な真理ではなく、一般的な考えの伝達である。このことの背後には、これはこうで、ああではないと妥協なしに述べることによって、聞き手を自分から切り離し、遠ざけてしまう恐れを除こうという配慮がある。

日常生活のレベルでは、日本人は、調和の原則に従って、信じられないほどの柔軟性を示し、妥協し、物や人を共存させる。日本人は、自己を失わずに、外国の文化、芸術、宗教を吸収することができる。日本人は仏教に似ている。なぜなら、仏教は、厳格に定められた教義を欠いているために、自らを自由に曲げ適応させることができる。しかし、現実に対する実存的な感情のレベルでは、同一なままに止まる。このため、日本人は、いかなる現実的な宗教、技術を譲り受けても、自然や人間に対する態度を同一に保つ。これが少なくとも、私が窓越しに見た印象である。

(b) 集団の中に埋まっていること

日本の文化様式の中で、個人と、家族、社会的、経済的集団との関係ほど多くの注意を集めたものはない(14)。私がここでできることは、すでに明らかにされていることをまとめてみるだけに過ぎないが。それも、うまくまとめられそうもないが。

この点で多くの人は、日本人の行動を形づくったものとして、「家」の役割を強調する。災害の多い風土や、田植、刈り入れを必要とする稲作が、大きな影響力をもった(15)。稲作には一つの「家」ばかりでなく、村落全体が協力する必要があった。稲作は服従や規律のいる、典型的な集団行動である。村人たちは、災害のときには一緒に持ちこたえなければならない。台風は特に重要な役割を果たしている。村落の内部では、一つの家族が、持続的な経済単位として、すなわち「家」として存在する。もちろん、西洋のいくつかの国にも類似したものはある。すなわち、それらの国々では、農場は「家」として知られており、現実の所有者の名前が全く異なったものでも、同一の名前を保っていく。しかし、日本では農民は農地を分割することができず、家族が持続的な経済的単位であることが最も明瞭である。個人は、この「家」に労働奉仕しなければならない。「家」は、その中で働いている者、創立以来その内で生活した者を包含している。日本の伝統によれば個人は、一個の人間としてみられるのでなく、一つの機能を果たしているもの、人間関係の一環としてみられる。「人間」という言葉は、人と人との関係を意味している。このためすべての人間は、目上の者、目下の者、親子、兄弟としてみられ、これらはどれも、それが果たすべき義務、他から向けられている期待——これは、とりも直さずその期待を満たすことなのだが——を暗に意味していることは明らかである。そこで人間がなすべきことは、西洋のように、一個人が社会的役割からは独立に決めることができる何かではなく、倫理は抽象的な形で明確にされることができず、他からの期待として、特定の役割を求める倫理という形をとる。

この「家」と、人間関係の重要さに結びついている、もう一つのものは、「内」と「外」の区別である。一人の人間が、「家」、集団、機能的な組織の、きっちりと定められた人間関係の中に入っている場合には、彼は内の者である。余所者は、この集団の中になんらのステイタスをもっていない。なぜなら、倫理的な相互期待という網の目から完全に洩れているからである。一般的な原則がないために、日本人が、「余所者」を対等の条件で受け入れることは非常に困難である。そこで、日本で余所者であることとは、さりげなく裏口から出入りできるという、独特の家族的雰囲気から完全にしめ出されていることを意味している。洗練された丁寧さも、「余所者」から冷たく距離をとる一つの手段である。

「内」と「外」は、いろいろなレベルで存在するが、最後の境界は、日本の国土の境界に一致している。これまで強調されてきたところでは、忠と孝の二つの徳は異なった起源をもっており、儒教の孝という観念は、封建社会の要求に合致するように解釈された。私は、この二つの徳の区別について何もいうことはないが、ただ、この二つは同じ方向を目指しており、国民全体についてみる場合には、両者は一致している。もし、天皇が、国民にとって先祖からの血筋をあらわしているのならば、彼への忠誠は、同時にすべての日本人の祖先に対する孝心でもある。こうみると、日本は一つの国として、ある意味では、一つの「家」であり、すべての国民は内の者としてこれに属しており、その繁栄のために奉仕することが義務づけられている。ここでもまた、調和の原則の場合と同じように、西洋の個人主義とはほとんど正反対の原則が認められる。

(2) 経済行動のパターン

(a) 創造と破壊のプロセス

イギリスとは異なって、日本は、西洋がすでに達成した、工業化への道を進んだ。日本は、西洋の優越を知って驚愕し、その工業化への努力は、社会全体、経済、そしてすべてを早急に近代化し、植民地的な従属に陥る運命を避けなければならないという意識によって支配されていた。西洋の模倣をすることが、一八六八年の五箇条の御誓文が宣言したように、国家的義務となった。そこでわれわれは、近代化の高まりの中で、過去がすべて拒否されたであろうと考えるかもしれないが、そのようなことは全く起こらなかった。

西洋人は、社会は単線的に進歩すると信じているので、過去を遅れたものとして拒否する。これとは逆に、日本人は、日本（この家族国家、社会一般ではない）の進歩を信じ、過去を保存することを求める。すべての革新は、究極的には、五箇条の御誓文が記したように、「大いに皇基を振起」するためになされた。このようなことを象徴する多くの事例がある。例えば、天皇は新しいもののシンボルになった。古代の神道が息を吹き返し、優越するようになった。過去の栄光の担い手であった武士階級が、自分たちや家族国家を変革するために立ち上がった。日本の社会は、外国の脅威に対して身分制度を廃止したが、「家」制度は建て直すことに決めた。不格好な大英帝国型のビルが建てられるようになり、人々は、ズボンをはいて、短く刈った髪型で歩くようになった。また、夕食には牛肉を食べた。しかし、先祖からの祭壇や位牌を捨てるようなことはせず、最も熱狂的な西洋崇拝者でも、結局は過去と未来との調和を図るという、古来からの日本主義に立ち返った。

社会的な犠牲は、先進国とのギャップが大きかったために、また工業化のスピードが速く、その決意が強かったために大きかった。これを知るには、行政改革による大きな社会変革、武士階級の廃止と生産的な分野への編入、小作人の窮状、多くの商家の没落、最後に初期の工場労働者の惨状について考えてみれば十分である。しかし、ここでも行動のパターンという点では、イギリスの場合と注目すべき違いがある。イギリスでは、普遍的な法則という考えが個人と社会との間にクッションをおき、社会そのものは、抽象的な、法的なものとなった。日本では、個人と社会は、じかに結びついており、この現実的な生きた個人と直接結びついている社会の利益に反して、どのような創造的な破壊も行なうことはできなかった。しかし、ここで一言注意しておく必要がある。日本の価値序列によれば、緊急の場合には、社会全体の利益は、社会の内にある集団の利益より、あるいは国家の利害は小集団の利害より優先される。このことを最もよく示している例をあげれば、維新以後の武士の窮状は、進歩という一般的な観念のためにではなく、より高い国家の利益のために堪え忍ばれた（もちろん、できるかぎり支援は与えられたが）。革新もまた、直接に目に見えるはっきりした社会的利益――この社会が社会全体であれ、小集団であれ――のために遂行された。革新にともなう破壊的な影響も、この観点から堪え忍ばれることができ、事実堪え忍ばれた。一般的な社会的意識と同じように、政府も、それが好ましいものであれ好ましくないものであれ、企業者が彼らの活動の社会的な影響を軽くみることを許さなかった。少なくとも彼らは、「社会なんかどうでもいいんだ」という態度で、私利の極大を図る絶対的な権利を主張することはできなかった。

明治時代における日本の工業化は重点的であった。伝統的な経済の一部から近代化に着手するという、二重構造的な方法は、客観的な経済的理由をもっている。近代経済学の発展の理論が強調するところでは、後進国では、資本や有能な起業者が不足しているので経済発展のための拠点をつくり、他のいわゆる周辺的な部分は、当分の間、もとのままにしておく必要がある。しかし、日本の二重構造は、その昔からの文化様式――すなわち、外国の影響を、それが日本人の必要に合うならば受け入れる――にきわめてよく適合するものであった。明治の日本は、公には西洋的であり、私的には伝統的な日本のままであった。西洋の技術を受け入れたのは、西洋と競うためであり、日本人の基本的な生活様式を変えるためではなかった。昼間は近代的なオフィスで働き、夜は浴衣を着て伝統的な音楽を聞き、日本式の風呂に入った後、昔からの食べ物を食べた。日本の二重構造は、何にもまして、日本人の精神や生活の中には、さまざまな、矛盾的でさえあるものが共存しているという、日本人の基本的な姿を象徴している。日本人は、体系的な思考や行動の不寛容さ――このために、西洋は日本よりも速く過去のパターンを壊した――をもっていない。私は、たとえ同じ状況の下でも、囲い込み運動のようなことが日本でも起こったかしらと思う。日本の地主や女工の雇用者は、親方―従弟の伝統を残したまま、自分の下にいる者をうまく搾取したり支配できた。しかし、彼らは、自分の下にいる者の、経済的、人間的運命に対する責任を回避することはできなかった。彼らは、経済的法則という普遍性の中に逃げ込むことはできず、彼らの果たすべき役割から生まれる、義務と、他人からの期待の織りなす網の目の中に、止まった。

(b) 市場における競争

工業化の論理という点で、明治の日本経済は、イギリスの場合と同じように、生産要素の可動性を必要とした。また、日本の経営者は、イギリスの経営者と同じように、労働者の規律、勤勉なしにはやっていけなかった。われわれがすでにみたように、西洋では自然科学の考えを用い、人間を飢えに反応する動物と同じものとして取り扱い、昔からの有機的な社会構造から解き放った。しかし、日本人は、資本主義的な言葉を用いて話はするが、実際にはこの種の工業化への接近方法に従わなかった。彼らは、つねに「生産要素としての労働」を人間的なものとして、自然科学的な原子ではなく社会的な実体として取り扱った。競争のメカニズムや、これと結び付いた社会的移動のメカニズムは、今日に至るまで、協調主義、集団主義という、二つの基本的な原理によって形成されてきた。

日本的経営の実際面については、ほとんど数えきれないほど、多くのことが語られてきたので、ここでさらに論ずる必要はない。ただ、私は、終身雇用、年功序列のような日本的特質をどう考えたらよいのか、何か解釈を加えてみたいと思う。自由主義思想や古典派経済学は、「人間は平等に生まれており」、政治においても、競争的市場においても同じ権利をもっている、という前提から出発している。スタートラインは同じで、結果は、各人が成功するか否かによって異なってくる。これとは逆に、日本人は、階層的構造が存在すると考えており、兄弟の間でも、兄と弟をはっきり区別する。結果も、努力によって決まるのでなく、階層的な序列によって決まる。例えば、弟がいくら一生懸命働いても、兄になることはできない。このような原理は、もし西洋のものに代わるなんらかの原理が付け加わらなければ、能率の要求に反することは明らかである。事実、飢えという鞭の代わりに自分の役割や、他人から期待されていることを果たすべきだという、伝統的な倫理が残され使われた。西洋では、雇用や解雇の自由が、各人が自分自身の利益のために尽力することを保障したが、日本では各人は企業の構成員として受け入れられ、生活を保障されているので、経営者は、彼らが企業のために尽力することを期待できた。日本人の、倫理的な力としての、集団への忠誠という意識について、ライシャワーは、次のように述べている。「日本人は、西洋的な罪の意識による強制を欠いているが、義務の意識から生まれる、ほとんど西洋のものと相等しい内面的な起動力を発展させた。これに強制されて、自分の義務を履行しない恥を避けるために、また、社会から期待されている以上にではないにしても、期待されているだけは完遂する名誉を勝ち取るために、力を尽す(16)」。第一次集団の価値を、強力な行動の動機として近代経営の中に残したことは、日本の工業化における最もきわだった革新の一つであり、後期工業社会にも希望をもたせるものであるといってよい。

競争とは、ほとんど必然的に、他のすべての競争者を敵とみなすことを意味している。自由競争は、各人の各人に対する戦いであり、有機的な、第一次集団的な人間関係でさえ、この競争場裏では破壊されることが多い。日本人は、日本の社会が有機的な構造をもっていることをよく知っており、人間関係において安定を求めるために、競争のもつ破壊的な力を、西洋の場合よりずっと狭い領域に閉じ籠める体制を発展させた。日本人は、私にはそう思えるのだが、一人でテストされることを本能的に恐れ、群がって、緊密な集団をつくり浮沈をともにする。学校であれ、企業であれ、結婚においてでさえ、集団の中に受け入れられることは非常に難しいが、一度受け入れられれば、新しい組織の中に組み込まれ、能率は、主に非経済的なものによって高められる。

この忠誠という人間関係には、工員や職員が個人的に包みこまれるばかりでなく、資本そのものも、この種の関係に従わなければならない。おそらく財閥の発生をこの角度から検討することは正当であろう。日本の工業家は、少なくとも初期には、国外の競争者から関税によって保護されることができなかった。しかし、彼らは、国際競争場裏で、不倶戴天の敵の面前に放置されたわけでもなかった。ここで私は強調しておきたいが、私は先進国と後進国の格差が大きい場合、どのようなタイプの文化様式、政治制度をもつ後進国においても、幼稚産業を保護することは必要であることをよく知っている。ただ日本の場合には、保護の仕方に、きわめて日本的な特異性があった。政府はいくつかの有望な幼稚産業を抱き上げ、匙で食べ物を与えるように、補助金、特権、注文をうまく組み合わせて与え、相撲取りのような大きな赤子にした。そこでこの巨人は、自分の意のままに振る舞うことはできず、産業の先駆者として日本のために戦い、多くの下請けを家来のように世話しなければならなかった。このように、日本の独占資本は、入り乱れた長期の戦いの結果、大きなものが小さなものを併呑して肥ってきたのではなかった。このため、日本の財閥は、自らをかくあらしめた国家に対し、忠誠を忘れることを許されなかった。

中小企業と同じように、もちろん、大企業も競争を避けることはできないし、事実できなかった。ときには、それにすさまじい戦いであったことは、海運業における岩崎の勢力と、これに対抗した同盟勢力との恐ろしい戦いを思い起こせば明らかであろう。しかし、この場合にも、企業は単独で戦わずに、強力な銀行を中心に集団をつくり、同盟を結んだのであった。

(c)　目標の設定

もし、高く業績を志向する国と、低くしか志向しない国を分けるならば、日本は明らかに、西洋の工業国と同じように、高く志向するほうである。さらに、日本の業績への志向は、物質的、技術的進歩を目指しており、この意味で、しばしば引き合いに出される経済成長の前提条件を満たしている。

「一見すると」、日本人は技術や進歩を信じているとたしかにいえる。すなわち、文明開化の時代には、これらを信ずることは、奇跡を信じることに似ていた。しかし、もう少し深くみると、技術的進歩への熱狂は、世界が法則に従い、科学が人間を向上させるための道具だと考えているわけではない。日本人の技術への熱狂は、むしろプラグマティックで折衷的である。ストウが指摘したような、基礎よりも応用科学への志向をもっている。大切なことは、新しい人類をつくるためにではなく、日本を偉大にするために技術が有用であることである。日本は科学を信じたのではなく、究極には日本の将来を信じ、そのために科学を利用した。『日本人とユダヤ人』の著者が書いたように、日本の信仰は日本だからである。

しかし、このように述べても、経済行動に、少なくとも直接には触れることにはならない。そこで西洋についてやったように、もっと深く検討し、個人や企業がどう目標を設定したか、利潤極大や所有権の役割という点で、もし西洋との違いがあるとすれば何なのかを明らかにする必要がある。

所有権については、西洋との違いは全く明らかであり、これは個人や物質的な富についての考え方の違いからきている。西洋の伝統においては、個人の完成は個人の努力の究極的な目標とみなされており、この完成が所有によって果たされなければならなくなったとき、所有権は究極的に正当性をもった。仏教の伝統においては、物質的な富や財産はつねに軽視された。富の蓄積は、人間の完成と結び付けて考えられたことはなく、むしろ逆であった。物質的な富は、厳密に機能的な性格をもっており、使うためのもので、愛や性と同じように楽しまれ、人に誇示するものではなかった。日本の家は、多くの場合、外から見ると簡素であった。日本の封建社会の支配階級は、簡素な生活様式、スパルタ的な慎みさえ誇りにした。

人権としての所有権は、日本の伝統には無縁のものである。「家」は、先祖から子孫への連続に属しているのであって、一時的な家長に属しているのではない。当主自身も、自分を家産の所有者ではなく管理人と考えている。このようなことを示す多くの証拠や事例をあげることができる。例えば、養子制度、家産分割の禁止、不適格な長子の廃嫡など。ヨーロッパにおいては、封建社会の支配階級は、ほとんど土地の所有者であった。ヨーロッパの封建社会では、君主が、日本のように一つの領地から他の領地へ移転することは考えられない。このようないくつかの例をあげただけでも、日本の工業化過程において、所有権、したがって利潤極大の原理が、イギリスとは異なった役割を果たしていたと考えられる。

イギリスと日本の近代的企業が、異なった目標を設定するのは、もう一つの非文化的要因にもよる。イギリスの会社は、個人所有やパートナーシップから大企業に成長する、十分な時間をもっていたのであり、ずっと後になって、所有と経営の分離した、近代的な株式会社形態となった。日本は初めから会社形態——これは渋沢栄一によって宣伝され、広められた——で出発した。三井や住友のように家族企業として存続した「家」でさえ、徹底した所有と経営の分離という伝統をもっていた。多くの歴史的事例に証明しているように、所有者型の企業者は、会社を自分がつくったものと考え、通常の意味での利潤極大ではなく、まず技術的進歩、一般的に成長を志向する傾向がある。株主がもっぱら利潤に関心をもつようになるのは、株主が経営から離れ、しかも株式の保有が分散されたときだけである。しかしながら、イギリスの、絶対的な所有権という伝統の下では、利潤が成功の唯一の尺度とならざるを得なかった。

日本においては、明治の初めからこうではなかったことは周知である。初めから株主が経営に干渉したり、株主の利益のために経営することは、二次的なことがらであった。まず、成長、技術的成功、当該会社の将来のために働くことが先に立った。私の考えでは、これはごく初期の工業化の試験期ばかりでなく、例えば中上川彦次郎の三井に始まる、冷徹な合理的経営の時代になってもそうであった。最も、初期については確信があるが、後の時代については、まだ相当な研究の余地が残されている。しかし、終身雇用、会社、労働者の双方が忠誠を誓い合うこと、伝統的な所有と経営の分離、私的所有権があまり強く機能しないこと、これらすべてを勘案して直観的な結論を下せば、日本の工業化は、株主のために利潤を極大にするためではなく、企業のために成長を最大にするという目標をもって進行し、この目標は、この会社で働く全従業員の共鳴を勝ち得ていた。

このように目標を設定すれば、その結果はきわめて明らかである。利潤の極大を求める場合に通常必要とされるより、より長期的な視野が要求されたはずであるし、事実そうであったと思う。その理由は、持続的な集団は私的な個人より将来を重視するからである。家族は、私的な個人よりもずっと将来を志向するし、将来のために現在の犠牲を忍ぶ傾向がある。長期的な視野とは、実際には需要を見越して投資したり、たとえ利潤率が下がりそうな場合でも経営規模を拡大したり、危険を避けたりする傾向を意味している。これらのことは、ガルブレイスによって、『新しい産業国家』に、テクノストラクチャーの特色として箇条書されている。しかし、日本の近代化は、すでに明治時代からテクノストラクチャーという組み立てで、今日西洋に現れた特徴の多く、特に一貫した成長への志向をもって出発していた。

4　結　び

シュンペーターは、資本主義に包括的な洞察を加え、その没落を予言した。というのは、資本主義の英雄である企業者が、チームワークによって置き換えられ、新しいタイプの経営は、新しいタイプの社会意識をつくり出すからである。われわれはマルクス主義者にならずとも、近代の技術や組織が、われわれの文明や文化に与えた巨大な衝撃を認めることができる。われわれが進歩すればするほど、行動のパターン、生活の様式、あるいは倫理規範についてでさえ、われわれの自由は減り、画一化が進むようである。工業化の過程で、進歩を形成する者が、ますます形成されるものになった。西洋の資本主義というものは、もはや存在しない。すべての人が同意する、適当な言葉がほかにないので、この言葉を使っているだけである。日本の経営者は、ほとんど狂気のように、アメリカの最近の経営方法を導入しようとしているが、逆にアメリカの経営者は、自己認識や目的について、とまどいや危機に陥ってきた。逆説的にも、アメリカでは集団主義に向かう傾向があり、日本では個人主義、合理主義に向かう傾向がある。このような結果、ここで取り扱っている問題については、違いはますます限界的なものになり、その大きな違いを興味をもってみられるというのではなく、地味な研究の対象にだけ残される。

能率の査定が将来果たす役割、所有権の役割について、日本の伝統的な価値と結びつけて考察することは無益ではないであろう。

能率の査定は、いくぶん用心深く、多くの企業に導入されているが、実際に給料に違いがつけられることは少ない。しかし、この傾向は現在存在し、将来確実に強められていくであろう。これは、どのような結果を生むであろうか。文化様式についていえば、ひとたび能率の原理が支配的な要素として導入されれば、これは必然的に、生活のために企業に帰属するという、最も基本的な価値意識を破壊する。さらに、能率の原理は、全く合理的なものなので、企業、従業員の双方が受け入れる必要がある。あるいは受け入れざるを得なくなる。もし、会社が、私を会社という家族の一員としてみることをやめるならば、私のほうも、会社をそのような目で眺め、厳しい金銭的関係でみる。また自分自身の経済的極大原理に合うように、自分が望むような会社へ移っていく。労働力が不足している時代には、現在西ドイツで起こっているように、これが賃金や給料をつり上げることはもちろんである。また、労使の間にストレスのある時代には、会社は、もはや従業員の献身的な努力を期待することはできなくなる。

最後に所有権についていえば、まずドイツは、憲法において所有権についての考えを変え、「他人の権利を侵害しないかぎり絶対的な権利である」という考えから、「所有権は社会的な義務をもっている」という考えに変えたが、これは、日本の伝統の方向への、大きな意義をもった変化である。現在、公害について騒がれたり、消費者が大企業の価格政策に不満をもっているが、大企業の目的について、慎重に考え直してみるときが近づいているのかもしれない。ここでもまた、労働者の経営参加という、ドイツのモデルが一つの解決策を示している。もう一つの方法は、ガルブレイスによって示唆されたが、彼は、株主に配当される利潤と地主に支払われる地代を比較し、株主にも普通利潤といわれる、企業の全余剰を配当すべきではないことを示した。もし西洋の資本主義が、この方向に向かって動いているとすれば、日本の伝統的な価値や考えは、単に歴史的に重要だというばかりでなく、それ以上の意味をもち続けていくであろう。

注

（1）Arthur H. Cole. *The Business System and Economic Advance*. Cambridge, MA: privately printed, 1964.

（2）Richard M. Farmer and Barry M. Richman. *Comparative Management and Economic Progress*. Homewood, IL: R.D. Irwin, 1965. これは、この接近方法のための、かなりすぐれた例の一つである。

（3）Clark Kerr, Thomas J. Dunlop, Frederick H. Harbison and Charles A. Myers. *Industrialism and Industrial Man: the Problems of Labor and Management in Economic Growth*. Cambridge, MA: Harvard University Press, 1960, 97. この本の著者たちは、伝統的な文化様式は、工業化に根本的に敵対するものとみている。

（4）Harvey Cox. *The Secular City*. New York: Macmillan, 1965.

（5） Overton H. Taylor. *The Classical Liberalism, Marxism, and the Twentieth Century*. Cambridge, MA: Harvard University Press, 1960), 17-28.

（6） Gunnar Myrdal. *Beyond the Welfare State*. New Haven: Yale University Press, 1960, 7.

（7） Sidney Pollard. *The Genesis of Modern Management: a study of the industrial revolution in great britain*. Harmondsworth: Penguin, 1968, 51-63. ポラードは、近代的大規模工場経営への過程、また、その経営の発展を方向づけた問題について論じている。

（8） Reinhard Bendix. *Herrschaft und Industriearbeit*. Frankfurt: Europäische Verlagsanstalt, 1960, 54-58.

（9） Karl Polanyi. *The Great Transformation*. Boston: Beacon, 1957. 自律的な市場がもつ破壊的な力についてのポランニーの古典は、この節全体に関係をもっている。

（10） Pollard. *The Genesis of Modern Management*, 213-225.

（11） Polanyi. *The Great Transformation*, 113.

（12） Mirian Beard. *A History of Business vol. 2: From the Monopolists to the Organization Man*. Ann Arbor: University of Michigan Press, 1963, 150.

（13） Friedrich Zunkei. *Der Rheinisch-Westfäelische Unternehmer 1834-1879*. Köln: Westdeutscher Verlag, 1962, 50.

（14） 著名なものとして、中根千枝『タテ社会の人間関係——単一社会の理論』講談社、一九六七年、および、Ruth Benedict. *The Chrysanthemum and the Sword: Patterns of Japanese Culture*. Boston: Houghton Mifflin , 1946がある。簡潔には、武山泰雄『日本の経営——その風土と展望』鹿島研究所出版会、一九六五年、一二一～六一頁を参照。このほかにも多くの著書、論文があるが、ここで詳細に触れることはできない。

（15） 和辻哲郎『風土——人間学的考察』（改版）岩波書店、一九六三年、一三四～一五四頁。

（16） Edwin O. Reischauer and John K. Fairbank. *East Asia: The Great Tradition*. Taipei: Rainbow-Bridge Book, 1958, 618.

Ⅳ　後期（一九七五～一九八四）

近代企業経営と企業家精神

経営イデオロギーの比較史
——西洋と日本——

1 序論

企業の経営者は、少なくとも理論の上では、利潤を最大化する生産要素の組み合わせを計算する機械のように振舞うものと想定されている。しかし、当然のことながら、彼らは独自の価値観や望みや選好をもって生きている人間であり、それらは理論上の想定とは大きく異なることもある。あらゆる社会は、自らを構成するさまざまな機能集団に一定の役割を期待しているし、また、遵守されるべき倫理規範を備えており、それらは人が社会的に受容されるかどうかの基準となっている。そして結局のところ、ビジネスマンや経営者にとって、貨幣収入の最大化が第一の目標でないことは明らかである。彼らが目指すものは多様であり、その中でも、社会的承認という目標は、多くの場合、最上位に置かれる。タルコット・パーソンズは、西欧において、ビジネスマンと医師に期待される役割が明確に異なることを指摘している。彼によれば、前者は競争的に振舞い、公然と貨幣収入の最大化という目標を掲げるであろうが、後者は、そうしたことはしないであろうし、実際、公然とビジネスライクに高収入を求めない場合にのみ、それを得ることができるのである(1)。

社会的承認は、このように重要な意味を持つため、ビジネスマンは、経済的な成功と並んで、名誉ある社会的地位の獲得を目指すし、もし既存の社会的価値規範システムの下ではそうした可能性が見込めない場合には、自らの要求に応えるようシステムを再編する、と考えられる。既存の倫理規範や役割期待を、成功した経営者層の要求に合致するよう体系的に再構成することを、「イデオロギーの合理化（rationalization）」とよぶことができるであろう。この合理化の過程は、一方向的なものではなく、さまざまな要因の相互作用となる。その際、経営活動は、価値規範や役割期待といった文化的要因によって条件付けられる。一方、そうした文化的遺産は、現実的な必要のため次第に変形していくが、それでも、その本質が完全に変わってしまうことはない。

本論では、ビジネスマンや経営者層の経済的要求と文化的遺産の形態との間のこの相互関係が、西洋と日本の経営イデオロギーの比較を通じて考察される。経済発展と技術的条件が全体的によく似たレベルにあれば、「イデオロギーの合理化」の違いは、主に文化的な差異に帰することができる。こうした差異を明確に浮かび上がらせるために、筆者は、第二の、工業化の段階についての考察では、イギリスからアメリカへと分析の焦点を移した。アメリカのケースは、より純粋な形で、「西洋」の文化形態を表しているからである。「イデオロギー」という用語は、大体においてレインハルト・ベンディックスによる次の定義に基づきながら、かなり広い意味で用いられる。すなわち、イデオロギーとは、「産業における権威の行使を正当化するために——主に企業家を社会全体に対して正当化するために——用いられるさまざまな考え(2)」のことである。「経営者」と「ビジネスマン」という用語は、「商人」という用語とともに、あまり区別することなく用いられる。なぜなら、これらの言葉の意味は、時期によっても幾分か異なるものであるし、また、それらの意味の区別は、イデオロギーの合理化の問題そのものにはほとんど影響しないからである。最後に、歴史的な詳細にはあえて立ち入らなかったことを釈明しておかねばならない。本論で取り上げた諸事例は極めてよく知られているものであるため、個別的な実証史料を提示する必要はほとんどない。もしそうするならば、本論のような小論ではなく、大部の書が必要となるであろう。ここでの筆者の主たる目的は、細部に拘泥することではなく、経営イデオロギーの形成過程がいかなるものであるのか、そして、その過程がいかに伝統的な文化に基づくものであるのかを、一種のモデル化を試みながら、できるだけ対照的に示すことにある。

本論は、本来、経営イデオロギーが、資本主義システムの発展段階に対応して、攻撃的、支配的、防衛的という三段階をたどって進展していくことを、叙述、分析する三つの部分から構成されるべきものである。しかし、これらのうちの最後の部分、すなわち、防衛的段階における経営イデオロギーに関する部分は、示唆的なものに止まらざるを得ない。それは、紙幅と時間の制限のためでもあるし、また、日本においては、この過程はまだ緒に就いてさえおらず、そのためこの部分の叙述が一方に偏ってしまわざるを得ないためでもある。

2　商人のイデオロギー——封建社会への挑戦

(1)「合理化」の必要

封建制下のヨーロッパでは、封建制下の日本と同様、各個人の社会内での位置づけは明確に規定されていた。「社会は、経済的な自己利益を表すものではなく、さまざまな相互義務——それらは変化していくものであったとしても——の体系によって結束されたものとみなされていた」[(3)]。商人たちは必要悪として容認されていた。社会に対する彼らの貢献は、正当に評価されていなかったのである。何も生産することなく金を儲け、日ごとに裕福になっていくことは、既存の倫理体系にとっては深刻な問題であり、学者たちにとっては謎であった。彼らは交易と金融の機能に何らかの論理をみいだそうとし、「公正な価格」について詳細に論じたが、道徳的な議論を越えて論理展開することはできず、商人の位置づけは、聖書の収税吏よりはわずかに上といった程度であった。しかし、商人階級の興隆は、スコラ哲学による議論や非難によっても、儒教による同様の試みによっても、抑えることはできなかった。というのも、カール・マルクスが正しくも洞察したように、いったん貨幣が貨幣を生み出すようになると、論理的には、この過程に終わりはないからである。それゆえ、商人の隆盛には限りがなく、ついには人を地位によって評価することから貨幣収入によって評価することへと価値体系を変更することをともないながら、封建社会を資本主義社会へと改変するに至ったのである。

商人たちは、東洋でも西洋でも、封建制度を真正面から攻撃することによっては、社会的承認という自らの目的を達することはできなかった。彼ら自身、封建的な倫理価値秩序の中に生きていたのであり、それゆえ、その妥当性を否定するのではなく、それを前提に取り掛かり、徐々に、自らの必要に適合するようそれを変形し、説明し直し、合理化していった。社会的承認を得るために、西洋の商人たちはキリスト教の、日本の商人たちは儒教の倫理規範を利用した。最初は、もちろん既存の規範に迎合する形であったが、しかし、合理化は不断に進行し、ついには——こうなったのは西洋においてのみであるが——商人たちの望み通りのものとなった。

(2) 西欧における商人イデオロギー

封建制度の脅威となったのは、ギルドの規制に束縛され、職人層と危うい均衡を保っていた都市の小商店主層ではなかった。封建制度に対する挑戦は、イタリアの金融家や、略奪品や奴隷を求めて外洋へと乗り出したオランダやイギリスの貿易商から起こった。彼らは封建的な支配を嘲弄し、彼らの財力に頼っていた大小の君主たちを操ることができた。

しかし、封建支配層が貨幣を必要としていたのと同様、勃興しつつあった商人階級は、尊敬さるべき市民としての、また善良なキリスト教徒としての社会的承認——単に事実上認められるだけでなく、法的にも承認されること——を求めていた。社会的承認は、主に次の三つのレベルで達成されなければならなかった。①いわゆる「ビジネス」、および伝統的に非難されてきた諸々の慣行が、単に大目に見られるだけでなく、倫理的に正当化されねばならなかった。②この過程において、商人階級自体、すなわち市民であり、かつキリスト教徒である――両者は切り離せない関係にあった――商人たちが、名誉ある地位に位置付けられねばならなかった。③ビジネスの成功が、他者、とりわけ勤労貧民層にとって、どのような悲惨な事態をもたらしたにせよ、それは、(商人側に都合よく) 不可避的なこととして受け入れられねばならなかった。

(a)　商慣行の合理化

最も頻繁に非難され、最も悪名の高かった商慣行は、もちろん高利貸であった。しかし、封建秩序に貨幣が浸透し、封建領主達が収入を超えた生活を送ることが常態化し始めると、ローマ法王を含めた封建領主たちは、借入を申し入れ、利子を支払うほかなくなった。利子の受取りを合理化する仕方をみいだしたのは、イタリア、とりわけフィレンツェの学者たちであった。ヨーゼフ・シュンペーターは、消費的借入と投資的借入という区別を設け、投資的借入を促進するよう道徳規範を書き換えたことも、これらの学者たちの功績に帰している(4)。もちろん、彼らは、北イタリアの場合でもそうであったように、商家の子弟であり、商人が求めているものをよく理解していた。

商人の活動を社会的に名誉あるべきものにする試みは、利子の受取りを合理化することだけに止まらなかった。「公正な価格」に関する議論は、需要と供給という要因を考慮に入れるようになった。ここで重要なのは、伝統的な規範倫理が、現実的な配慮から、譲歩をし始めた点である。筆者は、需給による調整過程に関する議論の正当性を否定する積りはない。逆に、利子の受取りは経済的な現象であり、そうしたものとして扱われるべきであると考えている。しかし、ここに明確に見て取れるのは、「かくあるべし」とする厳格で静的な原則論に替って、有用性と実用性の原則が入り込んできたことである。そして、その後、商業活動が完全に西洋社会に受け入れられることになったとすれば、それは実用主義と有用性という根拠においてのみ可能となったのである。商人は、もし有用でなければ、何の意味も持たない存在であったのである。

(b)　市民かつキリスト教徒としての商人

ヨーロッパのあらゆる国々において、商人たちは、工業化の到来に至るまで、敬虔で秩序を重んじる人間として見られることを重視していた。会計帳簿の始めか終わりには、通常、神の名か宗教的な成句が記されていた。さらに、カトリックのフィレンツェであれ、ピューリタンのイングランドやアメリカであれ、仏教の日本であれ、商人たちによって称揚され、実践された種々の美徳の間には、顕著な類似性がみられた。それらは、(封建支配層の「放蕩」とは良い意味で対照的な)「倹約」、(長い目で見れば得になる)「誠実」、(金銭、時間、功徳と罪など、あらゆることがらに関わる)計算における「正確さ」といった一連の典型的な美徳であった。もし、フィレンツェのレオン・アルベルティ(5)が、これらの聖なる美徳をさらに強調し続けるならば、ベンジャミン・フランクリンや日本の石田梅岩と見分けがつかなくなるであろう。そして、おそらくこの三人は皆、自らの商業上の必要が、自らの道徳的外観に反映されていることに気づいていなかった。

誠実な市民としての振舞いや、規則的な教会礼拝を、単に外見を取り繕っただけのものだと軽視すべきではない。西洋においては、そして後の日本においても、商業人は、単に見かけだけでなく、実際に善良である必要を強く感じていたし、善良であることは、明らかに、宗教的な基盤を持っていた。しかし、宗教の教義を遵守することは、そうと意識されることなく、ビジネスの様相を帯びるものとなった。そのことは、徳と罪の商量のされ方の内に、最も明瞭に認めることができる。商取引に関わる美徳に最上の役割が与えられたことや、罪と功徳が勘定されるようになったことで、神自身が一種の会計士のような存在と化していった。それは、聖書に描かれている放蕩息子の慈悲深い父親とは、もはやかけ離れた姿であった。

こうして、商人たちが求めていた社会的尊敬は遂に獲得された。しかし、この成功は完璧なものではなかった、ということもまた事実である。一九世紀後半になるまで、多くの商人たちは貴族の称号の魅力に抗することができなかった。彼らは、経済的成功を収めると、貴族の地位を買収し、地主となって広大な地所に引退するか、議会での席を求めて争った。こうした事実から、伝統的な価値規範がいかに根強いものであり得るかということ、そして、イデオロギーの合理化はただ漸進的にのみ十分な成功を収めることができる、ということが強調されなくてはならない。

ここまで、筆者は、意図的に、ピューリタンの倫理の影響に言及するのを避けてきた。もちろん、それは否定されるものではない。しかし、この問題は、商人階級による社会的承認に向けた試みと、自らの必要に合わせて社会的価値体系を再編成しようとした彼らの活動に関する、全体的な文脈の中で捉えられるべきである。ピューリタンの影響力が最も強かった時には、イギリス国教会もまた商業利益に応えるものとなっており、「牧師たちからして取引と金儲けの話しかしていなかった」ことが知られている。ピューリタンにとって好都合だったのは、周知のように、彼らが、公然と、社会的ならびに宗教的既存勢力に反抗していたため、自らに固有の商業道徳を確立することがより容易であった点である。とりわけ、社会的にあまり成功しなかった人々に、「あなたたちには、恵みを期待することはできないのです」と告げる必要があったが、この点に関して、ピューリタニズムは実に便利にできていた。

(c)　商人と労働者（貧困層）

伝統的な社会は、相互義務を基盤としており、貧困層にもどこかに頼れる場所があった。功利主義の社会は、人を経済的な成功によって評価する。しかし、ピューリタンの神は、本質的に、成功した者を祝福する功利主義者であった。そして、神が下す選びか断罪かという審判に、抗議することはできなかった。もし、神自身が成功しなかった者を拒絶するのなら、そうした不運な者には、不平を言うことも、神に選ばれた側にいるピューリタンたちから、神がしてくれた以上の厚遇を期待することも、ほとんど不可能であった。こうして、世俗的禁欲主義というピューリタンのまがまがしい道徳は、経済的成功を得るために、信者に、節制と勤勉という重荷を課したが、しかし、同じ論理によって、ピューリタンの商人は、使用人に対しては、良心の呵責なく、「厳しい主人」となることができた。この新しい信仰のために、ピューリタンの商人たちは、現実の社会から神へと「垂直的に」逃れ出ることによって、やすやすと、旧秩序から遺されたさまざまな社会的制約を振りほどくことができた。神に選ばれた者たちにとっては、社会の残りの人々は、結局のところ神によって断罪された者たちなのであり、ビジネスにとっての有用性という基準で十分測ることができる存在であった。

(3) 日本における商人イデオロギー

徳川幕府の鎖国政策は、日本における商人階級の発展に、厳しい制約を課した。狭い封建的身分制の枠組みを逃れることのできた遠隔貿易商はいなかった。株仲間制は、商人の自由な活動を妨げていた。国が多数の藩へと分割され、各々が独自の経済政策を追求していたことも、商人の活動の自由をさらに制限する要因となっていた。しかし、それらの点を補う特徴もあった。参勤交代という独特な制度は、大名やその家臣に多大な出費を強いるものであり、彼らは商人からの借入に依存した。さらに、都市の、とりわけ大坂の両替商は、高度な信用制度を発達させ、次第に強い経済力を発揮するようになった。経済面では、遠隔地貿易への「水平的脱出」が欠如していた点は認めざるを得ないにしても、その他の点では、商人の力の増大にともなって醸成された諸条件は、実際に、価値体系の全面的な再構成と、商人階級の社会的承認を促すものとなっていた。日本の商人階級は、中世ヨーロッパの場合と同様、寄生的で、倫理的に最も卑しい社会集団とみなされていたのである。

日本の商人は、既存の倫理価値規範を自らに有利となるよう合理化し、自身の有用性を証明してみせることによってのみ、目的の達成を期待することができたが、この点においても、ヨーロッパのケースと同様であった。そして、このことは、主に儒教倫理の見地からなされた。儒教倫理は、武士の倫理であったため、あらゆる社会階層から手本にされ、熱心に見習われた。日本の儒教について、ここで詳細に説明する必要はない。ここでの議論のためには、以下の指摘で十分である。身分は厳密に規定されていた。社会は有機的な全体として捉えられており、武士階級は、社会という身体の頭部に相当し、最高善たる調和と平和に責任を持つと考えられていた。

①徳川社会は、その終焉に至るまで、商業をその他の職業よりも道徳的に劣るものとみなし続けたが、そうした公的な見方を変革しようとする動きが、二つの方向から起こっていた。一つは、もちろん商人自身からのものであり、もう一つは、奇妙なことに、正統的な儒教の守護者である徳川幕府からのものであった。

井原西鶴と石田梅岩の二人は、商業の評価見直しに向けての最も重要なスポークスマンであった。しかし、彼らの著作の趣旨は、イデオロギーというよりも哲学の流れに沿うものであった。彼らが主に目指したのは、儒教倫理に含意されている価値判断を改変するために商人の活動を合理化することよりも、むしろ、商人に自尊心を与えることであった。これらの著述家は、典型的な商家の美徳の重要性を強調しているが、富そのものを福音として称揚することはなく、神道の神々や仏陀の教えに帰依したり、儒教の徳である「孝」や「忠」を実践したりすることに反対はしていない。(6) 石田梅岩は、武士も商人もともに、社会を支える存在であり、社会の平和と調和ならびに繁栄に不可欠だとして、商人の社会的機能を武士のそれと同列に置くところまで論を進めた。しかし、彼の著作のどこにも、商人は武士よりも倫理的に優れているとか、経済的により有用である――この点が明白であったことは間違いないが――などと、ほのめかしている箇所はない。商人は、西洋でのように、自らの「倹約」を封建的な「放蕩」に対照させることはできなかった。なぜなら、武士のほとんどは、多くの商人よりも貧しい生活を余儀なくされていたからである。結局、商業を名誉ある職業として社会的に承認してもらおうとする試みは、部分的にしか成功しなかった。ロバート・ベラーの言を借りれば、「石田梅岩は、商人階級の熱烈な擁護者であったが、彼の提唱は、彼が生きていた社会で支配的だった諸価値を力強く肯定することに全面的に基づいていたのであり、それらを拒絶したわけでも、ましてや批判したわけでもなかった(7)」のである。

徳川幕府の官吏たちは、経済的必要性に強いられ、不本意ながら、商人に対してある程度の譲歩をなした。儒教正統派は、一方で、商人たちの非生産性を蔑み、彼らは税を収めるにも足らない存在だと明言しながらも、千代田城の空の千両箱を補充するため、結局は、正統的な教義を曲げ、納税や、借入――返済はしばしば滞った――や、株仲間としての特権を公認するための冥加金の上納を求めざるを得なくなった。しかし、これは厄介な問題であり、農本主義的な哲学と儒教的な教えにこのような妥協がなされた際には、ほとんど必ず反対派から「不道徳」であるとの厳しい批判が沸き起こり、結局は、正統的な農本主義と一層厳格な商人統制政策へと逆戻りするのがつねであった(8)。徳川時代の末期に向けて、多くの藩では、独自の交易会社が設立された。こうして、役人であった武士の多くが、事実上の商人となっていった。

社会的承認に向けた商人自身による試みと、徳川幕府の役人の側の政策的妥協は、どちらも重要な意味を持っていた。しかし、道徳的に劣った立場から、名誉ある者として社会的承認を受ける立場への移行は、日本の商人の場合には、西洋の商人の場合と同じようには進まなかった。

②商人は、二つのレベル――すなわち、商人同士のビジネスコミュニティのレベルと社会全体のレベル――において、社会的重要性を獲得することができた。

ビジネスコミュニティのレベルでは、商人たちは、おたがいを尊敬し合いつつ、商業人としての誠実さと協調を培い、洗練していった。石田梅岩の教えに基づく心学は、封建的な美徳をモデルにし、それを商人の必要に合わせることによって、商人が自尊心を獲得する助けになった。「孝」という美徳は、「家」としての店舗の繁栄を増進することで、家業を起こした先祖に感謝の気持ちを表すことよって実践された。「忠」は、社会の中での自らの機能を果たすことによって実践された。そのことは、社会の他の人々からは低い評価しか受けなかったが、商人たち自身は、それがいかに重要であるかを理解していた。彼らは、自らの天命、すなわち武士道ならぬ「商人道」に従ったのである。

社会的地位を最も高くまで押し上げる手段は、武士の身分（に近いもの）を獲得することであった。それは、大名や幕府への忠勤や貢ぎ物によって可能になった。彼らは、商人に、（武士の特権であった）名字や帯刀の権利を認めることがあった。さらには、養子縁組や直接に身分を買収することによって、武士の地位に就く方法もあった。しかし、このように、封建支配層が身に纏っているものを利用して社会的な立場を得ることは、ヨーロッパでもあったにしても、商人階級と彼らのイデオロギー上の目標にとって、決して成功とよべる成果ではなかった。このことは、逆に、徳川時代の終焉に至るまで、商人階級が置かれていた困難な立場を浮かび上らせるものとなっている。

③職業上の規律に関してもまた、日本には、ピューリタンのような、社会的現実から神への「垂直的な」脱出はなく、商人たちは相互義務から解放されることはなかった。「相互性」という概念は、日本では、店の主と使用人の双方を規定したのであり、両者はともに、究極的には、「家」に仕える身であったのである。実際、個人主義はほとんど根付かなかったため、経営権を家族の頭越しに、適切な判断の下せる使用人に移譲したり、もし商家の実の息子が、「家」を繁栄させるという最も重要な義務を果たす見込みをほとんど持たない場合には、有能な者を外部から養子に迎えたりすることは、一般的な慣習となっていた。西洋においてもまた、多くの商家が、従業員を家族のように遇し、ファミリービジネスの発展に共同で携わっていたという事実は否定できない。しかし、個人主義とピューリタニズムの精神は、基本的には、利己心と相互の権利の尊重に基づく後の発展へと道を拓くものであった。しかし、日本では、

そうした発展はみられなかった。というのも、「有機的な社会」という儒教の概念が強い影響力を持ち続けたし、また、それを変革しようとする商人の側からの試みも生じなかったからである。

3　工業化段階の経営イデオロギー

(1)　合理化の必要

工業化とは、定義からして、新たな事業体が新たな生産方法を導入することであり、大抵の場合、この過程は、新たな人々によって担われる。この創造的なプロセスは、破壊的なプロセスをともなっている。個人や古い産業が影響を受けるだけでなく、長い伝統に基づく社会全体の秩序が、新たな計算的合理性の暴虐によって崩壊するのである。しかし、もし、ウォルト・ロストウのいう「テイク・オフ（離陸）」が起こることになれば、新しい秩序は、社会全体によって受け入れられねばならない。この点においてこそ、新たな産業イデオロギー、あるいは経営イデオロギーは、決定的に重要な役割を果たすことになるのである。

トマス・コクランがアメリカの産業家について述べた以下の言葉は、一般的な妥当性を持っている。「あらゆる支配階級の例に漏れず、アメリカの産業家は、権力を掌握した時、哲学の、すなわち、確固とした原理の必要を感じた。それによって、その時には、対価がかさみ、不道徳に見えたさまざまな活動を、長期的に正当化しようとした。彼らの本性からして当然のことながら、彼らは、以前のものより劣るものをより偉大な善であるかのように、私的な利益を国家の利益であるかのように見せようとしたのであった[9]」。

新たな哲学、あるいはイデオロギーは、新たなエリート層の要求を反映するものとなるであろう。その骨子は、第

2節で考察されたものと類似したものとなり、以下の三点にまとめられる。①新たな経済秩序は、それ以前のものより優れたものであることが宣伝されねばならない。②産業家は、エリートとして、また社会に恩恵を与える者として、称賛を勝ち取らねばならない。③労働者やその他の産業家ほどの幸運に恵まれなかった者たちは、自らの地位を受け入れ、社会システムと協調しなくてはならない。

工業化とそこで求められる新たなイデオロギーのこうした論理の枠内で、経営イデオロギーが取る形態には、違いが生じる余地がある。近年の研究は、近代的な事業における類似した技術的条件の下でさえ、人間関係と組織構造と動機付けの組み合わせは、異なったものが選択的に用いられ得るし、また用いられるべきであることを明らかにしてきた。この第3節の目的は、アメリカと日本において、工業化への推進力が最も高まっていた時、文化的伝統と倫理規範の違いが原因で、経営イデオロギーの形態が異なるものとなった点を示すことにある。

(2) アメリカの「勝ち組」資本主義イデオロギー

ジョン・ロックフェラー、アンドリュー・カーネギー、コーネリアス・ヴァンダービルト、ジェイ・グールドのような産業の指揮官たちの急速な台頭は、彼らによって情け容赦なく粉砕されたり、干渉されたり、買収されたり、さもなければ合併を強いられたりした、より小規模なライバルたちの犠牲の上に進んだことであった。これらの者たちが行なっていたことには、もはや弁明の余地はなかった。ただ成功だけが、彼らの行為を、それ自体において、また公衆の目に対して正当化していた。もう「倹約」や「実直」といった外観を纏うこともなかった。これらの者たちは、競い合って豪邸を建築した。大邸宅こそが、輝かしい工業化の時代の新たな王者の印となったのである。勤勉と質素な生活を説いたベンジャミン・フランクリンの教えに何らかの意味が残されていたとしても、それは労働者の規律を維持するために利用されるだけのことであった。国全体が市場と化していた。市場は、誰もが参加自由な競技場を意味し、そこでは、勝つこと以外に意味はなかった。

①工業化を遂げつつあったアメリカにおいて、この新たなシステムが正当化された最大の理由は、それが「幸福の追求」という栄光の道となることを約束した点にあった。この文脈でいえば、ピューリタンの倫理は、アメリカ社会に、経済的な成功と富の蓄積に対するほとんど宗教的な敬意を生じさせていたのである。「財産」は人から奪うことのできない権利に属するというジョン・ロックの宣言は、財産が、アメリカという工業化社会の価値体系の中で、中心的な位置に据えられることを保証した。勝ち誇るこの功利主義的文化の中にあって、人間自身の価値は、その人の経済的有用性とほぼ等価なものとされ、その有用性は、逆に、ドルという通貨単位によって、可視化され、計測されるものとなった。経済的な成功を達成しそこなうと、道徳的な堕落を犯したのも同然のこととみなされるようになっていった。

キリスト教の伝統では、道徳は、つねに究極的には神と関連したものであったし、個々の人間の良心が、直接に善悪を判断した。しかし、啓蒙思想の影響下、神は自然法則に自らの地位を譲った。新たなイデオロギーの見地からすると、自然法則には、大きな利点があった。つまりそれは、慈悲を知らず、盲目であり、不可避の過程からなるものであったのである。工業化の過程にあったアメリカは、進化についてのダーウィン主義的な考え方を心底から受け入れた。しかし、選ばれたのは、進歩の行き詰まりを予言したデヴィッド・リカードやトマス・マルサスの悲観的な見解ではなく、ハーバート・スペンサーによって広められた、より楽観的な見地に立つ進化論であった。広大な空間と「無限の可能性」を備えたアメリカは、経済的な諸力に自由な活動が認められてさえいれば、無限の進歩を続けていくと信じることを好んだ。しかし、政府は、経済活動に介入すべきではなかった。なぜなら、それは、市場の「見えざる手」によってもたらされる調和を壊すことにしかならないからであった。

こうして、幸福の追求は、各個人の責任とされた。人は、自らの経済的利得を、旺盛な意欲をもって最大化することができるし、また、そうすべきであった。ダーウィン主義者たちのジャングルは、誰もが参加自由な競技場であり、最も適した者が勝利を収めることになっていたのである。

②ビジネスに関する新たな信条は、独自の聖人たちを列に加えていった。彼らの偉大な業績は、物質的な価値尺度によって評価されたものであり、要するに、聖人たちとは、偉大な市場征服者たちのことであった。ダーウィンのジャングルに住むゴリラのように、自分より弱いライバルたちを「殴りつけ」、服従させるような人物に栄誉を与えることに、公衆は、時には困難を感じることもあった。崇高なイメージにつくそのような傷を覆うためにも、聖人を公的に宣言する儀式が、より一層必要とされたのであった。

彼らは、大きなレースの勝者として振る舞った。そして、儀式が主張するところによれば、このレースでは、全員が同じ地点からスタートしたのであった。「新聞売りから億万長者へ」が伝説となった。もし、勝つこと以外が無意味なら、勝者は、勝つために用いた手段を簡単に許されることになる。彼の個人的な才能や、勤勉や、幸運が、要するに、新たなビジネスの信条に基づく列聖と矛盾することのないあらゆる要素が宣伝に使われた。もちろん、実際には多くの場合、人種や宗教と並んで、父親の収入や教育水準が、成功にとって決定的な役割を果たしていたことは、周知の通りである(10)。

アメリカ資本主義の新たな聖人たちは、自らの新たな社会的地位にふさわしい聖堂を建設した。そうした建築物には、工場や銀行ばかりでなく、以前のピューリタンの簡素さとはかけ離れた私的な大豪邸も含まれていた。さらに、彼らは、社会福祉や教育や芸術の推進者として見られることを求め、巨額の寄付を行なったり、財団を設立したりした。寛大な慈善活動を行なったり、公的な委員会の議長職を務めたりすることによって、こうした産業の指揮官たちは、貴族のような雰囲気を身につけ、自らの富が実際に社会にとっての恵みであることを見せつけるようになった。彼らはこうしたイメージ戦略にうまく成功したため、キリスト教会自体までもが称賛の輪に加わり、富者の富はコミユニティにとっての恵みである、と述べるようになった。

しかし、もちろん慈善活動や直接の社会的寄付行為は取るに足らないものであった。現実的な人間のほとんどは、ロックフェラーの次の言葉のように感じていた。「私の判断によれば、最善の慈善活動は、労力や時間やお金を、手元にある資源を拡大し発展させるために投資し、以前には存在していなかったところに、進歩と健康な労働力のための機会を提供することである。単にお金を施すことは、持続的な恩恵効果という点で、そのことには比べようもない」(11)。そして、アメリカ的なビジネス信条の、最も率直な伝道者であったチャールズ・パーキンスは、社会にとっての新秩序を、次のように宣言した。「偉大な商人、偉大な製造業者、そして偉大な発明家は、説教師や慈善家よりも、世界にとってより多くのことをなしてきたのではないのか？……真の福音とは、人が、自分自身の努力によって、人生を送る上での快適さや便利さを獲得できるようにすることであり、そしてその後に、人は、賢明に、また善良になっていくのである」(12)。

③ほとんど不可避的なことではあるが、工業化という未来へ向けての光輝に満ちた行軍には、馬に跨る将軍もいれば、虐げられ、利用され、辛い道のりを疲労で足を引きずりながら進む膨大な数の兵士の一群もあった。行進曲は、契約の自由、自助、機会均等といった言葉を、絶えず新たな変奏の中に織り込みながら、彼らを鼓舞しようとした。契約の自由という考えは、法の前における平等を広めようとするものであったが、一方は資本と犯すことのできない財産権によって守られているにもかかわらず、他方はそうではなかったし、また、機会は決して均等ではなかった。しかし、自由市場という法は、別の解決策を認めなかった。新たな人権（right to life）は神聖なものとして擁護されたが、しかし、古い相互義務に基づく生存権（right to live）は、資本主義的進歩という祭壇で犠牲に供された。カール・ポランニーは、イギリスにおいて、スピーナムランド（救貧）制度の下、「生存権」という、より古い伝統に基づいて、妥協的な解決が企てられたが、結局は失敗に終わることとなった経緯を描いている。「労働市場抜きの資本

主義秩序を創造しようとした試みは、悲惨な失敗に終わった。資本主義的な秩序を支配している法は、自らを押し付け、温情主義の原理に激しい敵意を示したのであった[13]」。

機会という面での明らかな不平等は、ピューリタン的な勤勉の説諭によって一蹴された。「いま以上に働くこと以外に、いま以上の賃金を得る近道はありませんよ」というわけである。この見解は、賃金の生産性理論によって強化された。「簡単なことです。もし、より安い物価と、より安定した仕事と、より高い賃金を望むのなら、より効率的な生産に取り組むことです。それ以外に方法はありません[14]」と。さらに、自由と自助という考えは、労働者を酷使するのに役立った。労働とは道徳的な義務であり、より多く働くことによってのみ、より多く稼ぐことが可能となる。そして、「他人ではなく、自分自身を頼りにすること」が、肝要なのである。なぜなら、安心というものは、自分自身で備えることによって得られるもので、他人に頼ることによって得られるものではないからである。

「勝ち組」資本主義というアメリカの経営イデオロギーは、全体的にみて、経済と、指導的エリート層と、労働者階級のイメージを完全に変革することに成功した。アメリカの経営イデオロギーは、西洋の商人イデオロギーに基づきながら、その実用主義的、功利主義的個人主義という傾向を極限にまで推し進めた。そして、その際、自らの目的に最も役立つ新たな信条の支配を確かなものとするために、自然法と人権の思想を利用したのである。

次に、日本の分析に移り、イデオロギーの合理化の同じ三つの局面に、日本のビジネスエリートが、どのように取り組んだのかを考察する。

(3)　明治の経営イデオロギー

反応

明治時代の工業化の試みは、反応、新しさ、連続性、という三つの言葉によって特徴づけられた。

明治維新それ自体と、それに続く経済発展計画は、とりわけ、西洋諸国の帝国主義的野心によって脅かされるという衝撃的な経験から生まれたものであった。この観点からすると、日本を、帝国主義、あるいは植民地主義の挑戦に対する反応として工業化に取り掛かった、最初の国として見ることができる。

新しさ

維新運動は、革新的な若者たちによって遂行された。そして、天皇自身も若かった。近代日本の教条である五箇条の御誓文において、日本は、国として、因習を捨て、全世界に啓発を求めることが宣せられた。新しい西洋の文物に対するかぎりない熱狂のうちに、近代技術が輸入され、模倣された。それは、それ以前の試みと連続したものではなく、根本的に新しいスタートであった。

連続性

西洋化は目的ではなく、日本を強靭化し、この国の最も古くからの美点――すなわち、天皇と彼の家族とみなされた国家の神聖な起源への信仰や、日本独自の倫理や芸術――を保持するための手段であった。維新運動の推進者たちは、過去のうちに栄光を抱く武士階級に属していたのであり、天皇を新たな日本の現実の統治者へと持ち上げたこと自体が、この国に連綿と続く諸価値を保持し、また強化さえしようとする意図の表れであった。

①国民全体による新たなシステムの受容に関しては、明治の産業革命が、マルクス主義的な意味でのプロレタリア革命でもブルジョア革命でもなかった点を理解しておくことが重要である。それは、過去の鋳型に収まるものではなく、新たなタイプのものの先駆けであった。明治経済は、愛国主義的な感情に訴える「政治経済（political economy）」であり、また、「忠」と「孝」という伝統的な動機付けに依存していた。新政府は、西洋からの挑戦に応えるのに、とりわけ経済の近代化という領域を選んだ。日本という国は、天皇と彼の政府の下に一致団結するものだと想定されたし、また現実にそうしたのであった。

実際、政府は、模範工場を設立し、外国人の技師や教師を招聘し、近代的な行政制度を確立し、条例を発布し、近代産業を鼓舞奨励し、よび掛けに応じた者には、惜しみなく便宜をはかった。政府が、実際面とイデオロギー面の双方において先導的な役割を果たした点は、アメリカのやり方と、鋭い対照をなしていた。新たな秩序に対する信仰は、日本では、スペンサー的な多幸症というよりも、国家として成功することへの決意から生じた。そのため、新システムの受容は、個人的な有用性やその他の目先の判断の問題ではなかった。したがって、単純な「幸福の追求」や「利潤の最大化」とは異なり、負担が強いられ、協力が求められることもあり得た。

問題であったのは、新システムの社会一般による受容というよりも、最も当てにされていた人々、すなわち、経験豊富な商人階級の協力であった。政府は、当初、近代的な形態を持つ企業を導入するために、商人たちの協力と主導性を引き出す取り組みを真剣に行なった。しかし、結局は、彼らの鈍重さと臆病さにひどく失望させられることになった(15)。

新時代へと実際に舵を切った者たちはうまくやっていったが、商人たちの大部分は、少なくとも初期段階には、目立った活躍をしなかった。そして、暫くして、成功が疑いのないものとなって、初めて列に加わった。皮肉なことに、資本主義的な心性として見れば「冷静な合理主義」とでもいえるもののために、商人たちは、まだ初期の形態にあった会社事業や技術の採用へと乗り出さなかったのである。それらのものは、不確実性に満ち、海外との激しい競争に晒されていたので、従来の経験からすれば、あまり関わりになるべきものではなかったのである。こうして、商人たちは、全体として、あまり目立たない存在へと追いやられ、伝統的な「家業」を続けることになった。彼らは、夜遅くまで勤勉に働き、小規模な伝統的部門に課せられた重荷を担った。近代的な事業が脚光を浴びる一方で、こうした伝統的部門は、言わば制度の奴隷と化していった(16)。しかし、日本の政治経済の進行の中での商人たちの運命は、かつてシュンペーターによって指摘された点を強調するものとなっている。ブルジョアジーは、政治的な動機に強くは反応しないものなのである。

②近代の経営者や企業家が、エリートとしての社会的承認を得るためには、自らのイメージを、明治維新のイデオロギーに合わせてつくり上げる必要があった。このイメージ形成も、また、反応、新しさ、連続性という、同じ三つの言葉に沿ってまとめることができる。(17)

反応

ビジネスリーダーは、日本を偉大な国にするために必要な工場を建設したことによって、社会的な承認を獲得した。アメリカのビジネスリーダーとの違いは、国家と社会の違いにあった。社会は漠然とした無定形の実体とみなされたが、国家は目に見える政府と明確に規定された諸権益を備えていた。明治時代の日本の企業家たちは、まず、政府のよび掛けに反応し、その動機と野心を共有することから行動を起こした。それゆえ、彼らは、保護や、便宜や、独占権を要求することができた。そして、彼らによる私的な帝国の建設は、日本経済のためにしていることだとして、国民全般からは容認されることが見込まれていたのである。

政治的な責任と動機は、武士のイメージ、品格に最も適合していた。近代の日本経済を築いた中心は武士であった、と通常いわれている。人口比率だけを見れば、この主張は支持されないかもしれない。しかし、イデオロギーやエートスに関しては、この主張はたしかに正しい。そうしたものは、明らかに、武士のイメージに合うように形成されたのである。

政治的動機が本心からのものであったことは、最も有能で偉大であった企業家の幾人かに関しては証明することができるが、それ以外の者たちについては疑わしい。しかし、愛国的な儀礼を利用しなければならなかった必要性こそが、イデオロギーの重要な役割を示すものとなっている。イデオロギーは、受容に向けて公衆を説得しなければならなかったし、そのためには、必ずしも現実と一致している必要はなかった。さらに、明治時代の中頃までには、新たなタイプの経営者たちが、愛国主義的な動機に基づく儀礼を放棄し、明確なビジネス合理性を追求することができるようになっていた[18]。あえていえば、このことは、以前にはあれほど利殖を軽蔑していた日本社会によって、いかに短時間に、また徹底的に、新しいイメージが受容されていったのかということを示している。いまや人々は、単に新たなシステムが定着したことだけでなく、そのシステムが、つねにあらゆる個人を利する、というわけではないにせよ、目に見える国民国家を利するものであることをも理解していた。こうして、ビジネスエリートは、指導的な地位を獲得したのである。

新しさ

企業家たちは、ただ単に技術上の革新を行なっただけではなかった。彼らは、新たな階級であり、「古い」商人とは異なる存在であった。新たな時代との同一化は、社会的承認の要であった。そのため、彼らは、「売込み」のような、商人階級のものを思わせるあらゆる種類の活動を避けることを旨とした。さらに、新たな時代は西洋からやってきたため、企業家たるものは、世界について、また最新技術について何がしかの知識を有しているべきであったし、またおそらく、実態を知るため海外へ渡航すべきであった。従来身につけていたような技術はほとんど役に立たず、理論的な学習のほうが、より有用だった。加えて、武士は教養ある階級ではなかったか？　こうして、新しさというイメージは、近代の産業家たちに、革新をもたらさねばならないこと、そして、武士の正当な相続人として映るためには、可能ならば、大学卒の学歴を備えておくべきことを、求めたのである。

連続性

「士魂商才」や「和魂洋才」といったスローガンは、国家の伝統への誇りを保持するためにつくり出されたものであった。もし、日本が、技術的にはまだ劣っているのなら、倫理的には優れていることを示し、そう信じることが必要であった。新たな経営者のイメージの主要な設計者であった渋沢栄一は、新世代の経営者達に、西洋の形式を日本の精神と結合させることを教育するのに尽力した。もちろん、ただ単なる西洋化一辺倒では、間違いなく、国家的な反応の目的と意味自体を挫く結果に終わっていたであろう。ケネス・パイルは、日本の若い知識人の文化的ジレンマに関する優れた研究の中で、次のように述べている。「共通の過去への誇りは、国民国家の形成にとって、欠くことのできないものであった。……しかし……国民国家を形成する行為自体が、過去を手放し、異文化の技術や制度を採用することを伴っていたのである[19]」。実際、このジレンマは極めて強く感じられていた。そのため、五箇条の御誓文によって推進された、初期の急激な西洋化のバランスを取るため、天皇は、一八九〇年に、最初のものと同じく重要で謹厳な勅令、すなわち、教育勅語を発布した。この勅語は、「忠」と「孝」という古来の徳と、「天壌無窮」の皇位を通して一つの家族として団結している日本の文化的遺産に対して敬意を払うことを求めた。

③職業上の規律と、労働への動機付けに関しても、西洋的なやり方より、伝統的、日本的なやり方のほうが標準的であった。

愛国心自体が、動機として重要な役割を果たした形跡はない。女工たちは、最初、「お国のために尽す」よう求められて、繊維工場へ働きに出たことは記録に残っている。しかし、低い賃金と過大な仕事量、また自由の制限もあいまった状況下では、愛国心などという弱い動機で、厳しい仕事を続けていくことはできなかった。

仕事の生産性と規律を強化するために、日本の経営者は、契約の自由や利己心といった考えよりもむしろ、「孝」や「忠」といった徳に頼り続けた[20]。問題は、もちろん、忠誠心は安定した雇用関係を前提とするが、安定した雇用関係は自由な市場や競争という考えと相容れないことである。日本の経営者は、いかにしてスピーナムランド制度の陥穽を回避したのであろうか？　その答えは、日本的な倫理の文脈の中にのみいだすことができる。労働の動機は、日本では、義務と忠誠心に由来しているのである。擬似家族的な実体である会社との（労働者の）一体化のために、経営側は、必要な場合には、残業を頼んだり、賃金を低く抑えたままにしておいたりすることができた。このように、経営者は、解雇の自由を手にしたわけではないにしても、経済的な柔軟性を獲得することができたのであった。また、この家父長的な雇用関係は、労働組合化へ向かう動きを弱めることにも役立った。雇用主自身が従業員に忠誠を負い、できることは何でもしなければならないという義務を課されていたために、労働組合は、日本的な倫理にはそぐわないものとされ、必要とされなかったのである。[21]

利潤極大化のためではなく、構成員全員の利益とそれ自体の長期的成長のために存在する「会社」という概念が、徳川期の商人の「家」という考えに直結したものであることは、容易に看取することができる。経営者が、安定した雇用と長期的な成長を第一に考えていたのなら、そのような経営者が、株主のために利益を最大化するとはほとんど期待できないことであった。

会社内部におけるグループの団結と忠誠関係は、最終的に、おたがいが激しく競争しようとする強い傾向をもたらすようである。この点は、外部に対して内部の団結を強めることをグループ個人主義とよんだ森川英正によって指摘されている。[22] しかし、企業内部で競争しようとする意志、およびそうする必要性が、労働規律を強化するために経営者が利用することのできる追加的な要素となったことは疑いを得ない。

4　結　び

われわれは、ポスト工業化社会へと急速に向かいつつある。（あるいは、もうたどり着いているのかもしれない）。その特徴がどのようなものになるのかは誰にもわからないが、経営者に新たなイデオロギーが必要となることは明らかであろう。アメリカに関するかぎり、古いイデオロギーは、今や、ただすり切れてしまっただけではなく、信用されてもいない。この世界で最も進んだ国において、「経営者のモラル・クライシス」[23]は、新たな解答の模索の中よりも、古い信条のスローガンの空しい繰り返しの中にこそ、より強く表れている。しかし、経営者のアイデンティティーの危機は、新たな価値の方向性に関するいくつかの兆しを生み出してきた。それらは、暫定的に、以下の三つの項目にまとめることができるであろう。

①産業システム自体への信仰が、ほとんど崩壊してしまった。この崩壊は、一度に起こったわけではなく、古い信仰は、徐々に防御的な立場へと追い込まれていったのである。最初に大恐慌が訪れた。そして、アダム・スミスの見えざる手は、大きな政府の目に見える手に取って代わられた。そして、現在は軍需産業や差別や環境汚染に対する警告と不満が沸き起こっている。人々は、産業がそれ自体を目的とし、人間を生産物の消費のための操作可能な道具として利用している現状を正すことを望んでいる。それゆえ、生産のための生産、あるいは少数の人間のための生産ではなく、真の必要に適った新たな生産の方向性をみいだすことが、是非とも必要になる。若い経済学者の中には、経済学の用語である「財（goods）」を抗議の意味を込めて「害（bads）」とよび始めた者たちがいるとのことである。

②経営者のイメージが、利潤極大化を図る者というものから、従業員と、消費者と、地域コミュニティと、株主からのさまざまな要求の調停者というものへと変化しつつある。こうして、アメリカの経営も、日本の伝統的なやり方へとかなり近づきつつある。しかし、いかなる権利に基づいて、経営者が調停者の役割を担うのか、という問いには、まだ説得力のある解答は示されていない。というのも、周知の通り、経営者は、自ら引き下がることのないエリートだからである。どのグループが、どれだけを取るべきかを決める際の、基準は何なのか？　調停が必要となった時、なぜ、われわれは、調停者を選挙で選ばず、企業内の不透明な政治力学に従って、エリートたちが互選によって決めるのに任せているのであろうか？　この問いに対する経営者の回答は、自分は経営者としての自らの地位を歴とした経済的業績によって獲得したのであり、頂点への道には敗者の亡骸が散らばっているものなのだ、というダーウィン流のものとなるのであろうか？

③労働規律に関しても、ここしばらくの間に、変革が進行しつつある。いまやいわゆる「ヒューマン・リレーションズ（人間関係論）」が重要な役割を演じ、以前の、より「非人間的な関係」に取って代わりつつある。しかし、これは回心ではない。ヒューマン・リレーションズが、企業を人のために役立てる、というよりも、人を利潤追求のために利用するための、洗練された、より効率的な方法にすぎないことは、極めて明白である。経営者が持つ雇用と解雇の自由はいまだ本質的には手つかずで残されているため、ジョン・ガルブレイスがしきりに強調する「テクノストラクチャー」化も、せいぜい中間段階といったところである。

以上にあげた点だけでも、われわれが、実際に、功利主義的な時代を継ぐ、西洋文化の新たな時代の始まりを目撃することができるかもしれないことを示唆するのに十分であろう。

他方、過去に達成されたことをもとに戻すことはできないし、また、戻されることもない。物質的な価値志向以外にも、経営者は、近代社会に対して、さまざまな方法や、道具や、組織上の専門知識を与えてきたのであって、それらは、利潤極大化という目的とは全く独立して利用することが可能であり、また、実際にそうされていくであろう。経営者が、効率性と労働規律を高めて行く中で、費用対効果の計算法を導入したことは確かである。それは、最適な政府や文化や学習の考案を目的として用いられることもあれば、あるいは、いまアメリカでなされているように、最も低いコストで人を殺すのに最適な戦略の考案を目的として用いられることもあるであろう。しかし、そうしたことには関わりなく、それは、功利主義の次にくる文化によって、有益に利用され得るものなのである。

日本の経営イデオロギーの未来については、何がいえるだろうか？　二つの理由によって、この問題は、アメリカの場合よりも推測することが難しい。一つには、日本は、依然として、ＧＮＰの最大化に余念がなく、人生にとっての真の幸福については、時折疑念を感じるだけのことだからである。日本人は、初めに他のすべての人々を抜き去ってから、このレースがその賞金に値するものなのかどうかを考え直す積りでいるのである。こうした道筋をたどっていくことには、反省の兆しも現れており、現今の環境汚染に対する非難の声の盛り上がりは、この問題を浮かび上らせるものになっている。しかし、ペースを落とすことを求める賢人は少なく、また、一部の過激な者たちを真剣に受け取ることはできない。日本の経営イデオロギーの未来が推測し難い第二の理由は、正にその性格にある。日本の集団中心主義は、今の西洋が、とげとげしい個人主義から離れていく過程で、徐々に取り込んでいこうとした特徴を、最初から備えていた。しかし、集団中心主義は、専制的にもなり得るものである。また、今の日本の若者たちは、自分たちの人生を、会社の付属品としてではなく、自分たちのために送りたいと思っている。迫りつつある労働力不足によって、従来のやり方は改変されることになるのであろうか？　そして、もしそうなら、何が取って代わるのであろうか？

歴史は、すでに八〇年の間に二度も、日本という国が、もし必要なら、国内的な緊張や混乱の度合いをさほど高めることなく、突如として一八〇度の方向転換を遂げることができるという不気味な能力を持つことを示してきた。実用主義的な国である日本は、国家のための必要性が明白となるならば、新たな経営イデオロギーを難なく採択するであろう。逆に、そうしたことが起こらないかぎり、おそらく、日本は、このまま既定のコースを一直線に走り続け、世界の他の国々を生産面で追い抜いていくのであろう。

本論を通じて、筆者は、経営者にとって必要なものを合理化する際の、西洋と日本のやり方の違いを強調してきた。西洋も日本もともに、自らが引き継いだ文化的形態と倫理規範を、イデオロギーの要求に適うように利用し、変形していかねばならなかった。結論として一つ述べておくべきことがあるとすれば、それは以下のことである。工業化の取り組みが成功するためには、資本主義的な個人主義も、日本的な武士道も必要ない。どの国も、自国の文化価値を用いて、必要な経営イデオロギーや経営哲学の基礎とすることができるはずである。ロストウが指摘したように、ニュートン以前の考え方は、ニュートン以後の考え方へと道を譲らねばならなかった。しかし、このことは、必ずしも、文化革命という意味で過去を完全に否定してしまうことを意味するのではない。というのも、先に指摘したように、近代化の過程で最も重要な要素の一つは、文化的アイデンティティーの保持であるからである。経営イデオロギーは、そうしたアイデンティティーを強化すべきなのであって、弱めるべきではないのである。

注

(1) Talcott Parsons. "The Motivation of Economic Activities" in *Readings on Economic Sociology*. edited by Neil J. Smelser. Englewood Cliffs, NJ: Prentice Hall, 1965, 62-63.
(2) Reinhard Bendix. *Work and Authority in Industry*. New York: Harper & Row, 1963, 6.
(3) R. H. Tawney. *Religion and the Rise of Capitalism*, New York: New American Library, 1947, 25.
(4) Josef A. Schumpeter. *History of Economic Analysis*. New York: Oxford University Press, 1954, 78-101.
(5) Werner Sombart. *Der Bourgeois*. München: Duncker & Humblot, 1913, 135-148.
(6) 土屋喬雄『日本経営理念史――日本経営哲学確立のために』第一巻、日本経済新聞社、一九六四年、一五〇〜一五一頁。
(7) Robert N. Bellah. *Tokugawa Religion*, Second printing. New York: Free Press, 1969, 159.
(8) Conrad Totman. *Politics in the Tokugawa Bakufu 1600-1843*. Cambridge: Harvard University Press, 1967, 83-88.
(9) Thomas C. Cochran and William Miller. *The Age of Enterprise*, Rev. edit. New York: Harper, 1961, 123.
(10) 一八七〇年代に成功した典型的なビジネスマンは、決してカーネギーのような人物ではなく、成功したビジネスマンを父親に持ち、イギリス系のプロテスタントで、平均以上の教育を受けた者たちであったことが、実証されている。Frances W. Gregory and Irene D. Neu. "Industrial Elite in the 1870's." in *Men in Business*, Torchbook. edited by William Miller. 1962, 193-211.
(11) Edward Chase Kirkland. *Dream and Thought in the Business Community 1860-1900*. Chicago: Quadrangle Books, 1964, 154.
(12) Kirkland. *Dream and Thought*, 164-165.

(13) Karl Polanyi. *The Great Transformation*. Boston: Beacon, 1957, 80.

(14) Francis X. Sutton, Seymour E. Harris, Carl Kaysen and James Tobin, *The American Business Creed*. New York: Schocken Books, 1962, 126.

(15) 菅野和太郎『日本会社企業発生史の研究』岩波書店、一九三一年を参照。菅野によれば、当初政府は、近代的な銀行業と貿易のために、有力な商家の経験と資本を動員しようと繰り返し試みたが、ごく少数の例外を除いて、そうした商家は極めて慎重で、非協力的であり続けた。

(16) 土屋喬雄『日本の経営者精神』経済往来社、一九五九年、六四～六七頁。

(17) 新たなステイタスシンボルの創造とその主な特徴については、以下を参照のこと。Johannes Hirschmeier. *The Origins of Entrepreneurship in Meiji Japan*. Cambridge, MA: Harvard University Press, 1964, 162-175; Hirschmeier. "Shibusawa Eiichi: Industrial Pioneer." in *The State and Economic Enterprise in Japan*. edited by William W. Lockwood. Princeton, NJ: Princeton University Press, 1965, 209-247.

(18) 中川敬一郎・由井常彦編『経営哲学・経営理念』明治大正編、ダイヤモンド社、一九六九年、三一頁。

(19) Kenneth B. Pyle. *The New Generation in Meiji Japan: Problems of Cultural Identity 1885-1895*. Stanford, CA: Stanford University Press, 1969, 97-98. パイルは、明治中期の知識人が、全面的な西洋化と、日本主義の間のジレンマに悩まされていたこと、また、最終的には、天皇が、教育勅語と日清戦争の勝利をもって、過去の美徳への文化的自己同一化に重点を置く決定を下したことを示している。

(20) 武山泰雄『日本の経営――その風土と展望』鹿島研究所出版会、一九六五年、一二～五九頁。武山は、簡潔にしかも包括的に、伝統的な日本の労使関係の様々な側面と歴史的な背景を描いている。

(21) Iwao F. Ayusawa. *A History of Labor in Modern Japan*. Honolulu: East-West Center Press, 1966, 53-54. 鮎沢巌は、伝統的な家族関係が、賃金水準を低レベルに抑制しておくことに利用された問題を取り上げている。

(22) 森川英正「企業者活動の日本的エートス」隅谷三喜男編『日本人の経済行動』下、東洋経済新報社、一九六九年、八三頁。

(23) Thomas A. Petit. *The Moral Crisis in Management*. New York: McGraw-Hil, 1967. この著作は、様々な角度から簡潔にこの問題を扱っている。

企業家と社会秩序
――アメリカ、ドイツおよび日本（一八七〇～一九〇〇）――

1　序　論

本章の主題は、企業家と社会秩序との間に、ある因果関係が存在することを指摘することである。企業家は、規範、信仰、慣習、階級関係、および期待等の特定の環境下で成長する。企業家の活動それ自体は、産業化の過程において、われわれが「社会秩序」に包摂する社会的諸変数に変化を与える。企業家は、経済近代化の主たる推進者として、経済的因習のみならず、社会的因習の破壊者でもある。その理由は、より広範囲にわたる社会環境から経済環境のみを切り離すことができないからである。産業化の進展速度が速ければ速いほど、企業家活動の推進あるいは制約要因として機能する社会秩序の重要性が増加するということは妥当であろう。

企業家は、金銭で測定される革新的な成功のみを意識的に追求するが、同時に彼らは自己の社会、さらに緊密には準拠集団の価値や信念を共有している人間である。経済的課業に対する彼らのアプローチは、彼らの起源や社会的背景を反映する。彼らは労働者や従業員のみならず、自己の仲間や競争相手にも関係がある。さらに、彼らは新しい強力な集団として、自己の権力や富、および自らの活動をも説明し、正当化する必要を感じている。そして、この正当化――企業家的イデオロギー――は、それを対象とした人々に受け入れられなければならない。この正当化が受け入れられるのはわれわれが価値体系とよんでいる一般的信念および習慣にそのイデオロギーが根差しているか、またどの程度確固として定着しているかによるであろう。

本章は、同時代を通じて三カ国を比較する。これら三カ国は企業家活動に強く依存する資本主義的自由市場体制の中で工業化した。しかしながら、工業化を推進したエリートは異なっている。アメリカおよびドイツにおける産業化エリートは、主に「ブルジョア」階級で構成されていたが、日本においては、イニシアティブは「革命的知識者層」と「国家主義指導者」の結合ともいえるものから発生した(1)。このため、断固とした革命政府によって強力に推進された日本の産業化は、アメリカの企業家がレッセ＝フェール時代に直面したものとは全く異なる問題を企業家に提起した。ドイツは、後述のごとく多くの面において、アメリカと日本の中間に位置する。

これら三カ国においては、一九世紀最後の二五年間に経済ならびに社会条件に大きな相違があるが、一方かなりの類似性もみられる。三カ国はいずれも、この時期を通じて、急激な工業化を実現した。戦争や革命がそれに拍車をかけた。例えば、アメリカの市民戦争、ドイツの普仏戦争、日本の明治維新、および勝利に終わった後の日清戦争がそうである。このような戦争によって、各国は、それぞれ方法は異なってはいるが、企業家活動に有利な社会、政治的環境の大きな変遷を経験した。

こうして、一見相違して見える諸条件の比較における概念上の問題であるにもかかわらず、共通した基盤が十分あるように思われる。他方、社会的、文化的相違が、企業家活動に及ぼす影響とその種類を解明しようとする場合には、これらの差が重要になることはいうまでもない。

一つの明確な集団としての企業家と社会秩序の間の相互関係は、三つの観点の下に究明される。①社会的エリートとしての企業家の認識、②工場労働者に対する権威の確立、③企業家と国家との関係である。

このような問題領域から容易に想像することができるように、限られたスペースにおいて、どのような単一の観点、あるいは国をも公平に取り扱うことは不可能なことである。したがって、三つの観点から三カ国を比較するとすれば、いずれにも満足な分析がとうていできないのは当然である。実際、本章は、将来実りある研究がなされ得る領域を指摘する試み以外のなにものでもない。しかしながら、このような標準的、二次的資料のみを使用した簡単な分析さえも、社会秩序が企業家のアプローチに測り知れない影響を及ぼしていることを示している。ここで、取り上げた複雑な問題に対する筆者の理解が、表面的でときに不十分であることを御容赦願いたいと思う。

2　社会的エリートとしての企業家

企業家を、ここでは二つの側面の下に考察する。すなわち、確立された社会階級の起源とリーダーシップ集団としての新しい地位の側面である。社会的起源は、一方において、種々の集団に対する移動可能性と経済的な機会の程度を示すが、他方では、それは事業遂行の既存の評価をも示す。社会的起源は、企業家自身の価値体系、行動パターンおよび目標の形成にとって重要なものであり、準拠集団による役割受容の基礎を構成する。(2)

社会的エリートとしての企業家の確立は、出身の由来よりもはるかに重要と思われる。準拠集団は社会全体であり、したがって提起されたイデオロギーやイメージは、広く受容された基準を用いる。われわれのここでの関心は、このイメージの「垂直性」の程度である。どの程度ヒエラルキー的、非唯物論者的な価値フレームが用いられているか。階級の垂直性が小さく、地位の「平等」が大きければ大きいほど、個人の物質的、金銭的業績が重視され得る。ここにアメリカと日本との間の差が後述するように顕著に現れるのである。

(1) アメリカ

(a) 階級の起源

アメリカは、特に南北戦争後、誰でも努力しさえすれば「こじきから百万長者」になれる無限の機会の国、開かれたフロンティアの国として広く宣伝された。しかし、客観的な調査によれば、この時代の企業家は、この宣伝を証明していない。この時代の産業界のリーダーは、移民ではなくて、アメリカ生まれであり、彼らの父は労働者ではなくて、裕福な事業家であり、田舎の開拓者出身ではなくて、東海岸の都市出身者であった者が圧倒的に多かった。紡績、鉄道および鉄鋼部門のリーダーは、こういった特徴を示している。すなわち、その五一%が事業家の息子、一三%が知的職業人の息子、二五%が農夫の息子であった。七〇%は小学校以上の教育を受け、八七%が東海岸地域主にニューイングランドに生まれていた。いうまでもなく、彼ら全員がプロテスタントであった。[3]

出身階級および所属宗教の二つの事実が重要である。アメリカには貴族階級がなかった。少なくとも北部ではそうであった。事実、裕福なニューイングランドの事業家らは、ボストンの知識階級（Boston Brahmius）、上流ヤンキー家族を頂点として、彼ら自身準貴族階級であった。ある種の事業──銀行業や卸売業──は、社会的エリートの地位を与えた。知的職業はアメリカではドイツと異なり、特別の尊称を得ていなかった。彼らの知的背景から、ビジネスに従事することを卑しむこともなかった。最後に農業は、広い国土を持つ開かれたフロンティアのアメリカにおいては、当初からビジネスと考えられてきた。アメリカの農夫は、少なくともこの時期においては、典型的な農民的保守気質と粘り強さを欠いていた。こうして、農業は全体として精神的習性および機会の両面から考えて、事業経営と大して隔っていなかった。

したがって、すべての者に対する自由な機会という主張は、社会の全集団に事業経営の機会があるという点に関しては正しかった。事業経営に対する階級的タブーは全く存在しなかった。事業経営の機会の実現が、当初の資本、経験、および教育によることは当然であり、このことは上記にも明らかにされている。

宗教上の宗派についていえば、企業家全員がプロテスタントであった。言い換えれば、カトリック教徒およびユダヤ教徒の企業家は存在しなかった。当時、カトリック教徒もユダヤ教徒も多数存在せず、カトリック教徒は移民に属し、経済的な機会に恵まれなかった。したがって、識別要因としての宗教はほとんど有意差があるとはいえない。むしろ、幼時期の教育におけるプロテスタントの信念や価値観の影響力のほうが重要である。勤労、事業の遂行およびその道徳的基盤についてのプロテスタントの思考方法は、宗派間において重要な相違はないが、ピューリタンの伝統を強く示すものである。宗教は世俗化されて、牧師は事業の成功は神の意志であり、勤労は道徳的義務であると主張し続けた。実際、家庭におけるしつけ、学校教育、宗教の説教は一体となって世俗的な事業の達成の価値の教化に力を合わせていた。とりわけ、ニューイングランドは、コクランが述べるように、ビジネスについての宗教的および知的な賞賛がアメリカの他の部分に拡散していく中心地となった。

西部をニューイングランドの一部に編成しようとする運動は全体的なものであった。経済的、宗教的、知的、そして社会的に……。

事業家、教育者、牧師などのあらゆるタイプからなる（ニューイングランドからの）宣伝者がカルビニストの信仰の「健全な」事業信条を広めたのであった。[(4)]

(b)　社会的エリート

このように道徳的規範によって高く評価され支持されたのは、伝統的な商業であった。それはウォール街よりもむしろビーコンヒルであった。いわゆる〝金ピカ時代〟は、異なる種類の事業家を生み出した。例えば、いわゆる盗賊貴族、無節操な蓄財家、株および鉄道家の相場師。慣例も規則も知らず、立身出世以外に何も考えぬ人間。〝金ピカ時代〟は、広く自由な事業の機会を与えた時代であるのみならず、露骨な唯物主義の時代であった。それは貧困と富裕、失敗と成功の極端な差の時代であった。

伝統的に継承された道徳および宗教上の指針は、企業家という新しいタイプの人々を正当化することができなかった。彼らの活動を正当化し、社会的エリートとして受容可能なイメージを広めるためには新しいイデオロギーが必要とされ、それは社会進化論によって与えられたのであった。

スペンサーによって与えられた社会進化の楽観的な見解は、企業家階級の要求に役立ったが、それはまた無限の進歩を約束した広大なフロンティアと相まって、急速な工業化の気運にマッチしていた。「社会進化の一般法則」が宗教に裏打ちされた道徳的指針に取って代わった。道徳上の訓戒よりもむしろ物質的成功が重要であった。物質的発展自体が、よりよい社会を形成すると考えられるからである。アメリカがいかに進歩したかということ、そしてこれは主としてトップの企業家によって達成されたということを示すことだけが大切であった。カーネギーの「富の福音」および「勝利の民主主義」は、富および権力の著しい不平等が社会進歩に必要であることを正当化しようとした試みであった。そして、そこでの最適者はピューリタン系の選ばれた人々であるとされた不平等は、進化の不変法則としてサムナーのような人々の間で賛美された(5)。自由で制約のない競争は、本来富の集中に帰結するが、これは害悪であるよりはむしろ望ましいものであるとされた。不幸な敗北者や被征服者にとって、自分たちがより適者であったならば成功したであろうと思う以外に慰めもなかった。チャンスは誰にでも存在したのである。

社会進化論者のこの正当化とイデオロギー的自画自賛にもかかわらず、〝金ピカ時代〟の企業家たちは、新しく得た自らのエリートの地位を貴族階級の装飾品によって象徴したい欲求にかられた。すなわち、ヨーロッパ貴族階級との結婚とか、これ見よがしの大邸宅、美術収集、上流社会の振舞い等がこれである。さらに、良心の苛責からか、あるいは一途なピューリタンの伝統からか、多くの人が公共目的、大学、図書館、病院あるいは美術館等のために多額の金を寄付する慈善家になった。きわめて粗野な唯物主義の時代に示されたこの「超越的余裕」は、〝金ピカ時代〟の成金趣味の埋め合わせであるのみならず、金銭以上のものを知るセンスを持つ社会的エリートとして受け入れられたいという欲求から出ているると解釈されねばならない。かくして、適者生存の野蛮な競争を経過して、排他的なグループである Social Register および The Four Hundred の会員からなる新しい上流階級が出現した。それはある意味では、ヨーロッパの貴族階級（貴族紳士録）を模倣している。[6]

アメリカにおいて、唯物主義至上を公然と宣言し、金銭収入を社会に容認させ、またそれを成功尺度とした急進的企業家集団が、社会的エリートのトップの地位へ進出し、社会的価値観、宗教、階級構造、および経済条件を促進させたということは重要である。

(2) ドイツ

(a) 階級の起源

ドイツは、明確に規定された社会階層と強い伝統をもった国であり、そこでは人の身分は神の意志と考えられていた。このため、社会的移動性は、アメリカより一層制約されていた。このことは、産業界の企業家の起源においてきわめて明白である。統計データはベルリンに関して、それも初期のものが手に入るのみであるが、しかし、これらデータは一般的傾向と合致している。一八三五〜一八七〇年の間にベルリンで活動していた実業家のうち、八〇％ほどが事業家（商人、工場主および銀行家）の息子、一二％が種々の商売人（手職人、旅館主、小売業者等）の息子、そして八％が「知的職業人」の息子であった。[7] 二つの社会的グループ、すなわち農民と貴族が全くみあたらないのである。全社会文化的背景のみならず経済的条件は、農民が企業家として成功することをほとんど不可能にした。貴族に関しては、実際、企業家になった者が何人かいる。特に上部シレジアの鉱業ではそうであった。しかしながら、概して貴族は他の出発点の経営条件と十分な資本を所有してはいたが、意識的に事業経営からは超然としていた。その社会的理由は、後に明白になるであろう。

この調査には、さらに重要な他の要因が含まれている。調査時のベルリンの全企業家の約五〇％がユダヤ人であった。他方、全人口に占めるユダヤ人の割合は、わずか二〜三％であった(8)。これは少数民族問題を提起する。カトリック教のラインラント――コロン地域――では、プロテスタントは、商業ギルド（商人と銀行家）への入会が許されなかったことは知られている。したがって、彼らはより自由で新しい地域やルール地方で活動することを選択した。彼らは、そこで主にマニュファクチュアや工場主、かくして革新者になったのである(9)。重要なことは、ドイツの固定的な社会状態では、宗教加盟が一つの役割を果たしたということである。事業家の地位は、社会的に限定されており、それはフロンティアの国アメリカほど開かれてはいなかった。工業企業家は、他方では何か新しいものであり、既存の商人と異なる彼ら自身の地位を確立しなければならなかった。当初、"Fabrikant"（工業企業家）という名称は社会的に不定であって、しばしば商人の下に位置することもあり、主として商人や職人（西部では、明らかにベルリン以上に）に開かれていた。また、その他の少数者グループのメンバーの参入も容易であったのである。

宗教は、職人のみならず、ドイツ商業階層の価値観の形成に一つの重要な役割を果たした。両者は保守主義への強い傾向を示した。すなわち、身分およびそれに付帯する特定の責務、正直さと倹約および「よい名前」の維持が強調され、借金は道徳上の恥と考えられた。これらの態度は、宗教上の規則に支持された。カトリックの事業家同様、プロテスタントの事業家は、しばしば教会の長老になり、彼らは神に与えられた地位に奉仕する彼らの国のみならず神に対しても忠誠心を示したのである。

多くの特徴が〝金ピカ時代〟前期の、アメリカのそれに類似してはいるが、独立自尊や努力の主張はみられず、その代わりに確立された秩序に対する服従の主張がみられる。事業とは、至高の社会的天職とはみなされず、その代わりに他の身分および天職の優越性を否定しないかぎりにおいて、「それ自体の威厳」を有するものとして受け入れられる。そこでは、物質的追求はアメリカほど高く順位づけられていない。もちろん、プロテスタントはマックス・ヴェーバーが示したように、カトリック教徒よりも事業に好意的態度を示しているということは明らかである。しかしながら、ルール地方では、プロテスタントの企業家とほとんど違わない卓越したカトリック教徒の工業企業家が多くみられるのである。ドイツ・プロテスタントの心性は、われわれの時代においては、地位、神に与えられた秩序の固執の点において、アメリカのそれより保守的であった。

(b)　社会的エリートの地位

この時代における工業企業家の社会的地位の問題を理解するためには、簡単にそれ以前の条件をみる必要がある。ナポレオン戦争後、ドイツは自由主義運動になめ尽された。ドイツの事業家は、特にラインラントにおいては自己の地位と業績を誇り、称号に無意味に固執している無力な貴族を軽蔑さえしていた。民主主義運動は、法の前には何ら地位の差は存在せず、したがって、身分としての貴族は廃止されると宣言したフランクフルト議会において頂点に達した。しかし、その反動は一八四八年に勝利を納め、貴族は力強くカンバックした。

第二の問題は、一八五〇～一八七〇年の間に、工業化の急速な進展につれて身分意識のみならず、中産階級の美徳であった旧秩序までが、破壊されたということであった。アメリカの一八七〇年および一八八〇年代に比肩し得る創立および投機熱が物質的利益以外の何物も追求しないかのような混乱状況を引き起こした。社会進化論の風潮の下で、競争、株式投機、急速な産業膨張が支配的になり、工業企業家を特徴づけている伝統的連帯、品性および信頼が低下した。外面的成功とともに新しい事業階層（生産業者および銀行家）に対する大衆のイメージ低下が現れた。

ドイツの実業家は、一八七〇年後、エリートの地位を得るために、二つの異なるアプローチを取った。一つのグループ、これは少数派であったと思われるが、尊敬すべきブルジョアのイメージを開拓しようとした。他のグループは貴族を模倣した。

アルフレート・クルップは、「商人」でありブルジョアであることを強く主張した第一のグループの代表者であることでよく知られている。これらの人々は、労働者に対して温情主義的態度を示し、「堅実な市民」であり、政治的関わり合いを避け、漸進主義的発展に全力を奉げ、投機を避けるのをつねとした。いくつかの財界の道徳的堕落に対する彼らの反発は昔の美徳への回帰であり、彼らは、尊敬すべきだが支配的ではない社会集団にとどまることを明らかに欲していた。彼らは自らの社会的エリートの地位を貴族および国家官僚に譲った。これらの人々の最上の代表的な例として、貴族の肩書を受容することを辞退した人々が実際にいたのである。[10]

しかしながら、他のグループは、貴族の模倣を目的とした。彼らはよく、国家称号（Commerzienrath など）、そして最終的には貴族の地位を公然と求めて争った。彼らは、美術収集品のある荘大な邸宅を建築したのみならず、土地を買い、乗馬の訓練に励んだものであった。彼らは、馬上で貴族の身分を表す予備役将校の制服を着ている自己の肖像画を好んで描かせた。このような貴族の模倣は、企業家の考え方を保守的にかつ官僚的にしがちである。今や個人の業績に代えて家系の永続、身分と家柄が重視された。[11] もちろん、ドイツ企業家のこの再封建化（ときにこうよばれる）は、地域によっては必ずしも一般的ではなかった。その傾向はプロシアで最も著しかったが、そこにおいてさえラインラントのブルジョアは、ドイツの他地方よりも大きな自己尊重を維持する傾向があった。ハンザ都市（ハンブルク、ブレーメン、リューベック）もまた自己のブルジョア的プライドを保持し、貴族のまねごとをよく冷笑したのであった。

アメリカに比べてドイツは、個人の物質的業績にのみ基づく社会的エリートとしての企業家の主導性を好まなかった。ドイツの階級社会は、何らかの非物質的な正当化を要求し、これが貴族のイメージによって容易に与えられたのであった。工業化は、ドイツの誇りではあるが、唯一の支配的関心事ではなかった。農業は、ユンカー貴族によって強く代表され、反ビジネス的であった。ビジネスは、貴族が道徳的に疑問視する「唯物主義的」なものであったのである。

(3) 日　本

(a) 階級の起源

階級の起源による企業家の構成は、日本では一つの論争点である。経済近代化の主たる推進力が政府や平民レベルに基づき、武士階級によって担われたと主張する者と、平民セクターにおける商人階級が優勢であったと主張する者とがある。この問題は、主として意味論的問題の中に消滅してしまう。仮に、事業すべてを包括的に考察すると、商人は、全く近代的な、特に工業セクターでは支配的にみえるが、イニシアティブは、主に前者の武士から生起したのである。(12)

他の近代的企業形態とともに、工業も日本に急速なペースで到来した。工業は、外国の土壌から生まれてきたため、日本の伝統的事業形態や慣習の中に育てられ伝統を重んじた商人には理解することは困難であった。当然のことながら、合理的な企業意識、成功を証明するまでは新しいことを試みないように、これらの人たちに警告した。とにかく、開拓することは、徳川時代の商人層の著しい特徴ではなかった。実際初期において工業企業家になるためには、人は普通の事業以上のものを理解し、経済および上から革命的な方法で方向づけられた社会についての新しい全体的趨勢を把握しなければならなかった。ある意味において、政府に対する政治的縁故関係が、明治期日本において企業家として成功するための前提条件の一つであった。

産業界の指導者のなかには、多くの商人がみられるが、彼らは皆、三井、住友、またはアウトサイダーによって近代的事業分野に導入された他の人たちのように商人階級の典型である。そして、政府は企業家的仕事に加わるように商人たちに相当の圧力を加えた。概して、その商人たちは企業家にならず、後から資本出資により加わることを好んだ。

農民の息子は、ドイツやおそらくはアメリカよりも一層多く指導的な事業家や企業家のなかにみいだせる。富裕な農民の多くは、また維新前にすでに工場主であり商人でもあった。彼らは、この実際の経験の上に自由な考え方の全般的な進歩の態度、柔軟性の点で都市商人に勝っていた。

武士は、企業家集団として、アメリカあるいはドイツにもその対等者を持っていない。彼らは、もちろん貴族ではなかったが、経済的基盤から切離された無力な落ちぶれた封建階層であった。初期条件に関して、他の社会的集団に勝る彼らの長所は、比較的高い教育水準を持ち、近代化の必要性のみならず、その意義を全体的に理解していたことであった。日本においては、強力な政府指導と助成金を得て、工業化が前の封建階級によって「上から」開始されたのである。もし、商人階級が疎外されたら、全体的な変革の過程において受けなければならなかった多くの打撃のために、前の封建階級は、この階級が始めた革命の一部として工業化の挑戦を受け入れたであろう。

日本の産業革命は、武士とりわけ下級武士を中心に行なわれた。彼らは上級武士を否定し、従来からの官尊民卑の因襲を否定し、積極的に経済活動に従事した。しかしながら、彼らもまだやはり武士であり、町人階級にみられるように単に私利を追求することなく、あくまでも武士の精神に立ち、公利を目的として事業活動を行なった。

かくして、アメリカやドイツにおいて、中産階級（広義の商人）が、例えばアメリカの場合の農民の息子のように他集団の参加があったにもかかわらず、この時代を通じての企業家の主たる担い手であったごとく、日本においては、武士階級が商人や農民の多数参加があったにもかかわらず代表者となったのである。武士は、彼ら自身の理想やイメージを全集団に課する「理想型」の企業家になることができたのである。

(b)　社会的エリートとしての地位

新しい社会的エリートとしての企業家の確立は、日本の場合特殊な問題を提起した。それは、従来の「商人」のイメージを否定して、当時支配的な儒教に基づく価値観から受容可能なイメージを形成しなければならなかったからである。

「商人」は、徳川期の日本においては、低い地位であった。しかも、そこでは、儒教に基づいた武士の倫理が社会全体に浸透しており、利潤の追求は、道徳的価値のあるものではなかったが、それは、先祖から子孫に伝えられた家のためならば正当化された。武士階級は、物質的利益よりもむしろ忠誠心や奉仕を追求して「民衆」に貢献したため、高い地位にあった。

商人のイメージが主流とならなかったのには、もう一つの理由があった。商人は、家訓や先祖の戒め、仲間の規則や習慣といった、確固とした伝統に縛られていた。しかし、これに対して、新たに登場した企業家は、真の新しさを特に強調する必要があった。「文明開化」や「西洋風」への熱意のなかで、時代の先頭にいることを証明することによってのみ信望を獲得することができた。イデオロギー的には商人は後ろ向きであったが、これに対して新しい企業家集団は、改革者、経済セクターにおける新時代の先駆者であった。

「商人」のイメージが否定されるとともに、新しい積極的な地位のイデオロギーの構築が進行しはじめた。新しくつくられた社会的エリートとなる近代的企業家の特徴は、次の三つをあげることができる。

新しい企業家集団の指導グループは、自分たちが政府にできない仕事を行なう、近代化推進者であることを顕示するのに努力した。彼らがこのことを強調しなければならなかったのは、社会学的であるばかりでなく実際的理由があった。実際、武士は、老練な商人が確立していた領域で成功する機会がほとんどなかったが、何かをしなければならず、政府の進める近代的企業への助成金の獲得や教育の点では勝っていた。また、社会学的理由も作用した。武士は、商売があまりうまくできず、やろうとすれば、失敗するのがつねであったから、彼らは、止むを得ずマーケティングや販売を無視して、近代的分野（銀行業、輸出、工業）に固執したからである。この結果、生産が近代化する一方で、商業は、外国貿易を除いて、伝統的なままで商人階級の手に残るという二重構造をもたらしたのである。

もう一つの重要な側面は、福沢諭吉(13)によって特に力説された商業のための教育であった。それまでの長い間、教育は、非常に理論的且つ非実際的なものであって、武士階級の領分（寺子屋の読み、書き、算盤を除いて）であった。今や指導的企業家は、高等教育が工業および近代のすべての分野で成功を収めるために必要であると主張した。ビジネスのための高等教育は、社会的資格を得るためだけではなく、実務的な意味でも必要であった。国家が近代的教育を切望していた時代に、これによって社会のエリートの地位を獲得した企業家は、前の時代の教育上のエリート、すなわち武士階級の後継者としてのイメージを形成することができた。

結局、渋沢栄一(14)らは、支配的な価値体系に調和する新しい事業行動基準を確立し、企業家を社会的エリートに高めようと努力した。彼らは、武士の倫理を新しい要求に適応させた。誠実、共働および公共の奉仕は、古い事業家とは明確な一線を画する新しい事業家を特徴づけるものであった。日本の実業家が西洋の技術を模倣しなければならないなかで、彼らは、行動の基準を西洋の資本家の精神ではなく日本的精神で行なうことを強調した。したがって、利潤極大化は第一の目的ではなく、むしろ国民全体のための工業の発展を第一の目的としたのである。利潤は必要ではあるが、それは私的に浪費されるべきではなく、むしろ再投資されるべきであった。

日本の企業家は、社会的エリートとして、功利主義者や物質主義者的利潤追求を、事業の根本原理とすることを拒否したのである。この拒否は、支配的、伝統的な心性に基づいているし、私的利益の上に公共的利益を置く国家の要求によっても強化された。多額の私的利益の獲得は、公共利益優先のタテマエを無意味にするばかりでなく、後に緊張状態を生み出し、大企業反対などの反応を引き起こす結果に終わるのである。

3　労働者に対する企業家の権威

どこで企業が創立されても、少数の人が命令し、多数の人が従う。しかしながら、命令を下す少数は、理念への興味をあまり持っていないとしても、何らかの形で自分の命令権を正当化せずにはいられなかった。また、従う多数のほうも、その従順さを正当化する理由を必要としていた(15)。

工場労働者に対する経営者の権威の問題の研究は、国別にも、工業化の種々の段階に関しても、十分に研究されてきた。規律の強化やイデオロギー的正当化を実施するために用いられた方法は、技術状態、企業規模、労働者の所得水準、そして、特に文化と価値の相違によってかなり多様である。

テーマが非常に広いため、経営者—労働者関係の一つの重要な局面に焦点をしぼることが適当なように思われる。すなわち、ここでは経営者の権威の問題を主として、集団意識の強さの利点から取り扱われる。極端な個人主義から家族主義に至るまで、広い範囲の可能性が存在している。この広い可能性の線上にある両者を何ではかるかの基準は、経営者と労働者の間の相互関係の深さと永続性の度合によるとする。この方法では、後にわかるように、アメリカの企業家は一つの極に立ち、日本人がもう一方の極に立ち、ドイツの企業家はほとんどその中間に立っている。そして、各状態が違うように、その状態を与えるイデオロギーも、それぞれ違う。

(1) アメリカ

(a) 労働者の管理

労働市場は、戦後、労働者が衛生的な工場地区に住み、比較的よく整備された、初期のニューイングランドの織物工場の比較的安定した状況から、〝金ピカ時代〟の暗い側面を形成した一八七〇年代と一八八〇年代の悲惨で束縛され、貧困と不安の状況へと引き戻されていった。この変化は、大規模な移民と大都市の成長によって発生した。大都市には固定的な共同社会は全く存在しなかった。誰も自らの隣人を知らないし、また気にもかけなかった。各人は自分自身で戦わねばならなかった。移民は、急速に増大したが、彼らは提供された条件を甘受せねばならなかった。彼らは、生きていかねばならなかったし、多く質問することはできなかった。しばしば彼らは、言葉を知らなかったし、彼ら唯一の身元保証人は多くの場合、船賃を先払いして彼らを役務契約の労働者の地位に落とした当の雇用者であった。長期間住みついて、技能を身につけた人々は、暮らし向きはよく、好めば西部へ移住することができた。フロンティアの理想が、その惨めさを堪える希望を彼らに与えた。大都市の不安定な状況および移民の波が、労働者に対する経営者の態度にどれほど影響を及ぼしたかということは、大都市と、より小さな安定した共同社会を比べたときに明瞭になる。小さい町では、企業家は、通常労働者を大事に扱わざるを得なかった。明らかに不正なことが起こったり、労働組合弾圧があったりしたときには、地方民間当局のみならず、地域共同社会、世論が往々労働者側に味方したからである。大都市においては事情は全く逆であった。小社会においては労働者は、自分たちの選挙権を十分行使して政治的勢力を結成したが、大都市においては彼らは、団結することができなかった。(16)

かかる状況に対する経営者および労働者の反応はよく知られていて詳述の要はないので、二、三の点を指摘するに止めたい。企業家は、種々の経営方法を試みた。例えば、鉱業におけるような下請負、世論にあまり訴えなかったが利益分配、そして、広く普及した生産性に基づく奨励賃金制度。しかし、こういった経営方法の差とは別に、企業家は共通して、労働者を生産要素あるいはほとんど商品とみなした。労働者は、人間としての福利に対する責任は全く考慮されずに、会社に対する貢献に対してのみ賃金が支払われた。不況の時代には、労働者は解雇され、勝手にしろということであった。景気がよくなれば、賃金は上昇した。事実、平均賃金水準は、同時期の英国にほとんど匹敵した。しかし、ここではそれが全く明確な計算上の問題であるという事実が重要である。労働市場は、ちょうど商品市場のようなものであった。労働者が会社にどれだけ価値があったか、これは疑問であった。労働者は生産担当者として冷たく計算された。忠誠心、温情主義、あるいはそのような非金銭的な感情は何一つ問題とされなかった。労働契約は、二人の自由な個人、企業家と労働者との間のものであって、両者とも自分自身の利益によって契約をし、それ以上の何物でもなかった。労働者がそれを嫌うならば、彼はやめることができたし、企業家がその労働者を必要としなかったら彼を解雇することができた。まさにこのような思想と一致したからこそ、かの「科学的管理法」があれほど普及したのであり、それは労使双方にドルやセントで測られた最適なものを約束したのである。

もちろん、労働者の唯一の効果的な武器は、労働組合を結成することであった。しかし、企業家の目からは、労働組合は労働契約のまさにその根本原理を犯すものであった。それは、もはや自由な契約ではなかった。企業家の対応は、最も悪名の高い方法の一つとして黄犬契約（雇用の条件として、労働組合に入らないという文書による約束）により、オープン－ショップ制を維持することであった。労働組合の闘争の歴史は知られている。しかし、ここではまれな例外はあるが、アメリカの労働者は、体制変革を試みなかったということを指摘することが重要である。彼らは、ドイツの労働者が行なったように、経営者と権力を分ちあう企てではなく、また、日本の場合のように経営者と労働者の利害対立を否定することもなかった。労働組合は、資本主義を攻撃せず、企業家と同じ基礎の上にしっかり立っていた。すなわち、労使双方がそれぞれ金銭的に自己の利益を最大化すべきであるというのであった。

労働者が組織化された対抗勢力として認識されるには、長い闘いを必要とした。世論は、長い間企業家のイデオロギーの側にあった。力の不均衡を是正するのに非常に長い時間がかかったということは、大部分、数百万もの移民からなる労働市場の特殊条件によるものであった。労働者は、対抗イデオロギーを明確に形成できなかったが、それができた場合でも、それはやはり企業家が効果的に自己の目的のために利用したものと同じ根本原理を基礎にしていた。

(b) 価値とイデオロギー

アメリカの企業家は、時代の社会的および宗教的価値観を背景とした精神とともに生きた。利潤の追求と所有権は、根本的な信条として受け入れられた。企業家は、所有権の名において労働者を支配した。財産は自由の基盤であった。広大で開かれた国であるアメリカにおいては、財産は人が勤勉に働けば、誰でも容易に獲得することができるものと考えられた。その結果として、所有権の合法的な行使を妨げる者にはほとんど同情がなかった。所有企業家は、私的所有権の名において労働組合主義に徹底的に反対したのである。

勤労の道徳的義務は、イデオロギーのもう一つの重要な側面であった。努力をせずに何かを得ようと試みることは反道徳的と考えられた。企業家は、いかにして自らの努力を通じてのみトップの地位に到着し得えたかを天下に公言し続けた。プロテスタントの牧師から新聞の論説委員にいたるまで世間は、より少ない働きでより多くを欲することに対して労働組合を批難した。かくして、企業家がストライキを残酷な警察の介入によって抑圧したときでさえ、世間は労働者に同情的ではなかった。

自己依存は、フロンティアのアメリカにおいて賞賛されたすぐれた美徳であった。誰にも頼らず、自己の安全と未来を築くことは男らしいことであった。人は自らの安全と将来を維持するためには、集団あるいは国家に依存することはできなかった。アメリカの企業家は、ドイツと日本の双方に導入されたような福利厚生計画を——全く違った方法で行なわれているが――与えなかったし、労働者も求めなかったということは典型的なことである。アメリカが各人に与えたものは機会であって、最善を尽すことは健全な各人の道徳的な義務であり、こうして、各人自ら将来を獲得するのである。国家は、この公平な機会が与えられたもとで、個人が自分で獲得したものを維持することをのみ求めたのである。(17)

最後に契約の自由の考えは、企業家的イデオロギーの要素として重要な役割を果たした。契約の自由も自由競争も、アメリカ社会の価値体系の根本的なものである。市場における平等な機会は、法の前の平等に匹敵している。契約は各人が同じ権利と義務を有する契約上対等な相手であることを仮定する。そして、契約は、各人の私的利益追求のためになさるべきであると考えられている。この契約概念は、もちろん啓蒙期哲学の社会契約の理論に含まれているような、社会や国家への全体的アプローチの根底をなしている。契約関係を超越する有機的統一の概念は、一般に社会にとって全く欠けているのである。(18)

こうして、この時代のアメリカにおけるかかるイデオロギーの優位は企業家側にあり、労働者側にはなかった。機会均等はほとんど存在せず、また労働契約上のパートナーの不平等性がきわめて明白であったにもかかわらず、裁判所は企業家の主張を支持していた。一九〇八年に、議会が黄犬契約を違法とする法律を可決したとき、最高裁判所はようやく契約自由の根本原理を犯すという理由により、この法律の違憲を宣告したのであった。アメリカの価値体系が労働者のための公正な取り扱いを許したのはかなり後になってからであった。

(2)　ドイツ

(a)　労働者の管理

ドイツの工業労働者は、主として三つの源泉から募集された。すなわち、職人、工場生産の出現で新しい職を求めねばならなくなった問屋制度下の家内労働者、最後に、ポーランドやドイツ東部の大ユンカーの領地から西部へ移動してきた移民からである。職人から移ってきた人々は、多くの場合、彼ら自身の伝統、特に技能の強調、および見習い、職人、親方というヒエラルキー的格付けを工場内に導入することができた。他の二集団は、重労働に使用されたが、新しい状況を容易に自分のものとすることができずに新しい規律の下にいらだっていた。しかしながら、ユンカーの所有地から来た人々は、彼らの貴族が経済的のみならず、政治的および法的権利さえも握っていた温情主義的状況の下で生きていくのに慣れていたのである。

労働市場のこのような状況や労働組合主義の脅威の増大、また他方、ドイツの身分志向性という堅固な伝統を所与とすれば、温情主義的接近が工場制労働の初期の段階で支配的であるということは自然なことであった。企業家は、「彼ら」に対し全面的に責任を持ち、労働者を企業という家族の一員とみなすと主張した。クルップやシュトゥムのような人は、「彼ら自身の家の主人」としての絶対的な権利の保持について無情であったが、学校のみならず比較的世話の行き届いた工場住民、保険基金のような福利厚生を制度化しようとした。クルップは、「私の工場は、大きな非常に大きな共同体になるであろう。そして、このような共同体にはまた教会や学校もなければならない」と主張した。[19]こういった企業家は、彼らの労働者を未熟なものとみなし、かくして労働時間外の監督も含めて、彼らのために意思決定をしてやらねばならないと考えた。ザール地方の鉱業王シュトゥムは、もし工場外でも労働者の行動を監督することがもはや許されないのであれば、神や民衆の前で自己の道徳上の義務を果たし得ないので、会社の支配者にとどまることを拒むであろうといった。[20]

このような人々にとって、労働組合主義は、否が応でも闘わねばならぬ嫌悪すべき悪であることは明らかなことであった。彼らは、一インチたりとて譲らぬ態度を取って、しばらくはスト参加者と交渉することを固く拒んだ。一八八〇年代末に、社会の圧力によってのみ、やっと彼らは、一層懐柔的態度を取るように変わるのであった。

マルクス主義者の労働組合主義の脅威に対する対策として、よりリベラルな企業家集団は、自己の業務のうちある程度の共同決定を労働者に委譲し始めた。一八八〇年末に、労働者委員会が多くの工場において確立された。労働者は、生産、販売、財務以外の賃金、労働条件および福利厚生について経営者と協議する権利と義務が与えられた。彼らは、彼自身の福利基金を管理し、企業家と労働者との間の相互信頼、および協力の風土を創造しようと企画した。最後まで抵抗する温情主義は、「企業家の権利と義務の放棄」として、労働者委員会に反対したが、マルクス主義者の労働組合は、一様に彼らを「資本主義の偽善」(21)と罵った。

しかしながら、大企業家は、共同決定のこの原型を採用しなかった。石炭、鉄鋼、化学および電気の諸産業における巨大コンツェルンは、一層、官僚制化の方向に移行した。そこにおいては、規律は、詳細な規則と安定した秩序を形成する階級をともなう官僚制モデルのみならず軍隊にもならって作成された。こうして、従業員は、国家の官僚制度の威信の一部が与えられる「私的官僚」にされた。個人の業績より、地位、身分および忠誠心が強調されたのである。(22)労働者にとっても、企業に対する忠誠心は、福利厚生給付と並んで長期間の勤務に対する特別賞与の導入によって助成された。しかし、社会保障の義務は、国家によってビスマルクの有名な保護立法に引き継がれたのであった。官僚制化、国家が与える保護および大企業に対する忠誠心態度が、初期の温情主義に取って代わったのである。労働者は、まだ「第四階級」であり、未熟なものと考えられた。彼らは、世話されるべきであって、闘争的な労働組合主義を通じて改善を強要すべきではなかった。町や諸都市は、協力して学校教育、レクリエーション施設、コミュニティ・プログラムによって「労働者のために何かを」しようとしたのである。

(b)　価値とイデオロギー

ドイツの企業家は、その行動によって国民の大多数の考えを反映した。ドイツにおいては、アメリカにおいてみられるような独立独歩、機会の開かれたフロンティア、また、契約の自由などはあまり重んじられなかった。むしろ、各人が義務や報恩の気持の意味で天職を引き受け、この地位の範囲内で自己の最善を尽さねばならない伝統的な身分理念によって、社会は支配されていた。人間関係は、自然秩序によって与えられ、単なる契約から生じたものではなかった。労使間の関係は、各人が自己の金銭的利益を最大にしようと試みたであろう双務協定以上のものであった。就業の自由は、ごく最近成立したにすぎなかったが、小企業家ならびに多くの労働者や職人は、各人が自己の安定した地位を得ていた組合やギルドの時代を郷愁をもって眺めた。こうして、永続的地位および保障を与えられることが労働者の第一の関心事であった。また、労働者の提供する安定して忠実な労務と引替えに、官僚的で温情主義的企業家たちは、国家ともども、労働者たちに安定保障を与えようとしたのである。

プロテスタント教会もカトリック教会も、いわゆる社会問題には幾分違った態度を取っていた。プロテスタント教会は、かなり保守的であった。そして、国家や君主と密接に手を結んで現行の社会秩序を強く支持した。プロテスタント教会は、労働者に神の意思に従って自己の義務を果すように諭した。しかも、一方では労働組合主義の問題と他方では経営的搾取の問題が差し迫って、何らかのキリスト教の指導を必要としたときでさえ、多くの牧師は単に彼らの魂を救済し、福音を説くために努力した。建設的解答を求めたすぐれたプロテスタントも若干名いたが、彼らは例外であった。

他方、カトリック教会は、ビスマルク政府の圧迫（文化闘争）のなかで、いくつかの積極的な指導を提示することができた。ケテラー司教のような人は、労働組合の創立の権利も含めて労働者の権利を擁護した。しかし、彼らもまた、共同社会の信念に沿って、同一企業内の経営者、労働者双方の調和のとれた協力を強く主張した。さらに、一八九一年の「レールム・ノヴァルム」の回勅は、経営者―労働者関係の共同的協力的理想に向かう指針を示した。政治的にはカトリック系の中央党は専制的な企業者のやり方にも、マルクス主義者の革命運動にも、批判的な機能を果たした。[23]

もちろん、カトリック教会は、一方では温情主義と他方では闘争的労働組合主義との間の中間的モデルを促進する唯一の勢力ではなかった。いわゆる講座派（Socialists of the Chair）が経営者と労働者の共同利益という類似の考えを広め、労働者委員会の創立を強く歓迎した。しかし、社会政策同盟のシュモラー、ヴァーグナー、ブレンターノらは、国家による主導権を強く要求した。――それは、ビスマルクの社会保障計画で実現しつつあった。

社会主義は、ほとんどその全期間を通じて排斥され続けた。社会主義から指示が与えられた労働組合に参加した労働者は、多くの場合忠実なキリスト教徒であり、当時ドイツにあった革命的あるいは無神論的社会主義の教義には同意しなかった。プロテスタントの労働者は、自分たちの教会に裏切られたと感じたために、カトリック労働者以上に、かかる労働組合に参加したが、全体としては、皇帝と現行の社会体制を尊重する忠実な市民であることを望んだ。

共同体的理念は、産業化されたドイツにも残った。それゆえ、特に革命的なマルクス主義は別として、イデオロギーとアプローチの相違を通じて、われわれは経営者と労働者間の継続的な相互関係化に著しい重要性をみいだすのである。これは、世間一般の慣例、国家、教会および企業家にも支持され、労働者は、全体としてこのモデルを喜んで受け入れたのであった。

(3)　日　本

(a)　労働者の管理

日本の工業化の初期ならびに後期を通じて、労働者管理の実際の状況は、多くの徹底的研究の対象であった。その詳細は周知の事実と思われるので、ここではその主たる特徴を指摘することにしたい。[24] 日本については、一八七〇年をもって始めたのは意味があるが、ここではその時期を約一五年後にずらそう。工場生産が管理問題をもたらすほどに大規模化したのは、やっと一八八五年以降であった。さらに、この問題から一九〇〇年以降に発生した家族主義的労働管理という新しいアプローチを取り上げる必要がある。

産業労働力は、主に二つの源から募集された。伝統的飯場制度（laborgang approaches）を続けた都市労働者から、この飯場制度で親方は、鉱山あるいは造船所と仕事の下請負を決める慣わしであった。こういう請負作業は、経営者とは直接なんの関係も持たず、もちろんその会社に何の拘束もなかった。

別の源泉は、男女の農村労働者であった。女子労働者は、特に紡績では男子労働者数を圧倒的に凌駕していた。女子は、村から募集され、私生活の厳しい監督の下で結婚するまで働かされた。男子労働者もまた、季節労働者か、さもなくば、村に結びつけられたまま居残っていた者だった。彼らは臨時の工場労働者であった。工場労働者に対する需要が増大し、しかも飯場労働者が高度の専門的な技能の要求を満たすことができなかったので、経営者は、労働者の供給不足を感じた。問題は数だけではなく安定性についても存在した。近代的な工場で必要とされたような技能に対する市場は存在しなかったので、労働者の訓練の必要性とともに、管理者は彼ら自身で訓練計画に乗り出さねばならなかった。このため、彼らは、熟練者の確保に強く動機づけられた。熟練労働者を得るための競争的入札や抜けがけは、最初、種々の協定によって対処されたが、その問題の解決にはならなかった。

そこで、産業に永続的に勤務し、村との絆を断ち切る工場労働者の絶対的供給量を増やす必要があった。しかしながら、工場労働条件の評判は悪く、悲惨な生活状態、苛酷な長時間労働および管理者との非人間的関係といった話が村に広がったため、都市に永続的に移住しようとする人を動機づけるのに役立たなかった。政府は産業労働者の窮状を救うために動きだし、労働者保護の法律が経営者の権威に対する脅威と思われた。さらに、労働組合が創立され、こうして経営者は、いろいろな側から従来ほとんど注意が払われなかった問題に対する解決策を求める圧力を感じた。もちろん労働者は、同時代の西欧に見られる種類のものとは全く異なっていた。初期の労働組合は、最小限の自助に基づき、共同の利益および労使間の協調さえ強調していた。しかし、政府の立法、社会の批判および労働組合の挑戦につれて、規律や仕事への動機づけを強化する必要性が経営者にとっても到来した。ひとたび飯場労働者群が取り換えられ、仕事が機械的作業以上のものを要求してくると、動機づけの問題が主要なものになった。そして、もちろん、経営者は、労働者自身の精神や価値観を満足させる体系を開発しなければならなかったのである。

二〇世紀初めの二〇年間に、近代的かつ大規模工場は企業を準家族につくり直す終身雇用の新制度を導入した。賃金支払い尺度は、確固として年功序列に基づき、特別給与、保健体系から、労働者子弟のための学校建設のみならず、レクリエーション施設、住宅におよぶ広範囲かつ複雑な福利厚生計画が導入された。訓練計画のなかに精神形成の尺度が組み込まれ、各人が会社およびその目標に専心する相互忠誠心が特に重視され、他方、会社は実際に好不況期を問わず各人へのほぼ全面的な責任を引き受けた。

日本の管理者が、ドイツならびにアメリカの管理者と本質的に異なっているのは明らかである。この新しいアプローチは一つの革新であって、単に封建時代の遺物ではなかったということは、それを一層興味あるものにしているのである。

（b）　価値とイデオロギー

日本の企業家の日本的管理スタイルへの転換は、確かな合理的論拠に基づいており、したがって、人件費を抑え、高い能率および工場規律を達成するという目標に最適と考えられるに違いない。生涯にわたる相互関係という家族主義的スタイルへの転換は、企業家の個人的体験、労働者の動機づけの構造、および社会一般の傾向という三つの論拠に基づいている。

同時代の企業家は、ほとんど大学出で、西欧に影響された人々であった。(25) 彼らが封建的であったわけではないが、なお引き続き、社会的エリート階級で、以前の武士階級の後継者であると自認していた。武士が商売に関心を示さなかったと同様、初期企業家も労働問題に関心を持たず、この問題を親方や紡績工場の舎監に任せた。労使の間には身分上の断絶が横たわり、企業家は、技術問題にのみ関心を持ったのである。しかし、後を継いだ若い年代の企業者は、普通、大会社、往々財閥系の会社に入り、商家の伝統に従って終身雇用の地位を得た。ホワイトカラー族は、依然として永続的な家庭的機構としての会社に生涯にわたる献身を捧げ、成果を上げたのである。飯場制度は、もはや作用せず、その代わりに企業家自身が経験した商人モデルが作用した。

労働者側での問題は、反応の問題であった。飯場では、親方が集団の仕事ならびに私生活に完全な権威をもっていた。彼らは、たがいに忠誠心、しばしば死に至るまでの忠誠心を誓った。親方は、自分の配下の者を搾取するかもしれないが、低賃金と苛酷な労働の代価に値するものとして、完全な委託、一体化、および保障が労働者に与えられた。そのうえ、日本における村の生活は、共同体の両面によって全面的に形成された。人々は、機能的依存関係と相互責任の下に育った。自然、社会構造、経済的従属関係、宗教行事などは、人々を一つの共同体に溶け込ませ、人々はそこでは共同体の期待にそうように行動せねばならず、そうすることによってその共同体に受け入れられたのである。村から工場へ移ったとき、安定性および家族主義者的和合と引替えに、忠誠と努力を要求するこの種の永続的相互関係に、彼らは当然最もよく反応を示したのである。やった仕事の労働量に対してではなく、仕事をする能力に対して賃金が支払われた。したがって、実際の努力への刺激は、共同体の役割期待のメカニズムによって引き出されたのである。

最後に、社会は以前の西欧化熱から「日本主義」へ急速に転換することによってこの発展に寄与した。一八八〇年代末に、帝国憲法発布および教育勅語の公布をハイライトに、人々は、外国の物質主義者や資本主義者的精神をかなぐり捨て、忠義や孝行という崇高な日本人の美徳に帰るように諭された。日本民族は、父の象徴としての天皇を持つ一つの大きな家族にみなされるに至った。したがって、民衆が資本家の労働者搾取について批判し始めたとき、資本家のイデオロギー的反応は、自分たちが労働市場の指示に従い、雇用、解雇する商品としての労働力しかみない西欧型の利潤極大者では決してないということを示すことであった。彼らは、部下に対しての温情主義的責任と全人的世話をうたった。そして、もし賃金がどうしてもより高い水準に引き上げられないとしても、労働者は少なくとも緊急の折には十分面倒をみてもらえると、宣伝した。

これに関連して、この時代の日本の労働運動が、個人的権利と人間の尊厳という考えによって鼓舞されたキリスト教徒のリーダーによって主として行なわれたということを知ることは、興味深いことである。日本的価値観に関連して個人的権利はほとんど要求されず、それに代えて、個人は義務を、集団は権利を有したのである。したがって、キリスト教の教示にもかかわらず、日本では労働運動もまた個人の権利とともに、調和と集団忠誠心という日本的美徳を強調したのである。

4　企業家と国家

前二節において、われわれは、アメリカ、ドイツおよび日本の三カ国の企業家が社会的エリートの地位を獲得し、工場労働者に対する権威を確固たるものにすることに用いた方法とイデオロギーについて述べた。採用方法およびイデオロギー的正当化は、社会—経済的条件のほかに、当時広く行きわたっていた社会的規範や価値観にしっかりと基づいていた。こうして、アメリカの企業家は、社会的業績の金銭的な評価および勤労規律の強化に依存するところが大きかったが、日本の企業家は、このような方法やイメージを意識して避けたのである。

企業家の正当化が有効かどうかは、企業家や労働者の行動に対する、その時代の社会の役割期待に依存している。

役割期待は、もし明確な制裁がなければ重要性に乏しいであろう。同一職業あるいは地域社会の小規模準拠集団におけるかかる制裁は、非公式な種類のものであるかもしれない。しかしながら、全体としての社会にとって、制裁はしばしば法律の形態を取る。法律が社会的に望ましい行動を強制することに意味をもっているからである。したがって、国家および国家行政機関は、企業家の役割行動に非常に重要な基準である。したがって、ここで期待された行動を施行する手段としての社会や国家の一般的概念において、明確な相違は何であったかを問うことは有意義なことである。ここでは、それは各政府がいかなる種類の経済政策を設定したかという問題ではない。具体的な政策は、それ自体すでに国家、政府および個人の対峙している社会秩序の役割についての基本的思考の部分的結果である。われわれの質問は、権利と義務に関する個人と国家間のつながりに関係している。すなわち、国家は、特定の経済行動に対しいかなる種類の道徳的権威を要求しなければならないのか。それを特に強調していえば、その質問はそれぞれの社会の思考において、個人が先か、国家が先かということである。このような根本思想から企業家行動は、その方向と限界を課せられたのである。

(1) アメリカ――市民の自由の保護者としての国家

アメリカの企業家に強く作用した二つの価値原理は、物質的成功の主張と個人主義であった。アメリカの社会、特に〝金ピカ時代〟の社会では、物質的利益の形での各個人の幸福の追求は、道徳的に価値あることであるのみならず、道徳上の義務であるとも考えられた。事業の成功は、人間の社会的地位の尺度となり、生まれや他のいかなるものも尺度にならなかった。したがって、各人は、自己の努力に依頼せざるを得なかった。自己利益を示さないいかなる献身も、企業家に求められ、あるいは与えられることはなかった。

この二つの特徴を別な言葉でいうと、アメリカの価値観は、階層的構造と有機的社会の凝集性の欠如を示していたといえる。タテの価値観によると、身分、地位の順位と同時に、社会、国家、あるいは他の公共目的への貢献度によって社会的順位が決る。この観念は、物質的成功観における「すべての者に対する機会均等」の原則に鋭く対立する考え方である。さらに、アメリカ人が、集団、身分、あるいは企業に対する永続的な献身より一時的な契約へ固執する点は、ドイツ人やさらに日本人の社会関係についての考えと著しい対照をなしている。

独立宣言は、すべての人間が政府によって保護されるべき「不可譲の人権」をもち、平等につくられたものであるという社会契約の考えを忠実に反映している。統治者たる政府の権力は、自己の私利を追求する被統治者に由来している。政府それ自体は、単に機関にすぎず、自らのうちに何ら道徳的権威も有さず、多数派の承認に依存している。事実、アメリカにおいてはヨーロッパと違い、政府の倫理的規準は、営利会社のもつ基準の程度にすぎないとまでいった著者もあるくらいである。

したがって、もし政府が幸福への自由な追求を各人に対して保証することができ、世にいわれるように〝アメリカの使命はビジネス〟であるとすれば、選挙の票を動かすことのできる人たちによって、政府が操られるのはたやすいことだった。

アメリカ政府の固有の伝統は、政府が単にある限られた調整機能を有する奉仕機関とみなされることを容易にした。……ここにおいては、西欧世界のどこにも見られないように政府がビジネスによって支配されていた。……ビジネスマンが自らを商業の王、アメリカの権力の真の中心であるとみなすことは容易であった。(26)

政党政治の事情は、ビジネスマンの対政府操作をたやすくした。政党は、財政的援助を必要とし、票は売買される商品同様とみなされた。猟官制度は、院外陳情に適合した。地方自治体の重視とともに権力の分散は、ビジネスの政府への直接的影響を一層容易にした。事実上、匿名による影響力および個人の無責任性に門戸を開いた委員会制度は、院外陳情を強め政府の道徳的権威をしだいに低下させた。

教会と国家との分離は、アメリカ社会の基礎であり、それはまたアメリカ社会をドイツおよび日本の社会と全く異なったものにしている。その分離は、しかし、両者の敵対関係を意味するものではなく、単にそれぞれ別の機能を主張したにすぎない。それによって、宗教は、人間的、個人的、かつ私的領域にかぎられた。これは、各個人が自己の独力の努力と信念のみを頼りにして厳格な神に向かうことを強く主張したピューリタンの気質に適合した。一定の教会に属し熱心な教会信者であるとしても、ピューリタンは、本質的には契約の観念で物事を考える。そして、この契約の理念では、各人の不安定を根本的に克服することはできないのであった。この宗教的背景が、永続的で「有機的」な集団形成を避けようとするアメリカ社会の気質に強い影響を及ぼした。各人は、多くのクラブ、協会および団体に加入するが、それでもなおきわめて独立的なのである。

言うまでもなく、人間集団形成の基礎としてこのような限定契約の考えの多くは、フロンティアの状況、移民の波、「人種の坩堝」的社会、および〝タテ〟〝ヨコ〟の急速な社会的移動性によって影響されていた。このような一般的思考の下では、（会社に対する労働者の）永い間の献身、個人利益の極大化の追求よりもむしろ協力、そして自分自身よりは公共のために働くというイデオロギーは定着することができなかった。

政府が市民の自由を守り、各人に「平等な機会」を与えて、「幸福」（利潤）の自由な追求を保障する義務をもっていれば、社会進化論はこの考え方によく適合し、その気質において「保守的」であった。機会均等は、自由な競争市場で保障されねばならなかった。自由競争が危険にさらされると思われたとき、社会、すなわち政府は、シャーマン法で強く反抗した。「秩序」あるいは「調和」を維持するためにカルテルを保護することは、アメリカ人の考え方とは全く相容れぬものであった。弱者には、直接的などんな保護も与えられなかった。なぜならば、このことは社会進化論がよく主張したように、富者に対する差別！を意味したからである。サムナーは、富裕者および強者に対抗して、弱者を保護する手段を講ずることを政府に要求したドイツの著者を批判した。政府の役人といえども、他の一般人より大きい義務あるいは深い知恵をもっているわけではない、と彼は主張した[27]。

アメリカにおける大企業の発生は、マーケティングにおける革命的な方法に多く帰されるべきである。チャンドラーが示したように、現代のアメリカの企業構造への道をひらいたのは、ウォール街の銀行家よりもむしろマコーミック、スイフツ、プレストンズであった。

この革新的、積極的なセールスマンシップは、疑いもなく各人が自己の物質的利益を自由に追求するという、一般に支持された自由競争市場の考えに確固とした基礎をおいていた。高い業績を達成した人にエリートの地位を社会は与えるであろうし、労働者は、大成功者を真似て勤勉に働らき、「弱者の保護」を期待してはならないと考えられた。

(2)　ドイツ――精神的権威としての「政治国家」

ドイツの企業家は、社会的エリートの地位を求める際に、ヒエラルキー的思考に強く依存した。彼らは貴族を真似て、社会秩序の身分的枠組を受け入れ、国家の精神的権威に服従した。したがって、事業遂行は、社会の身分順位を得るための唯一無上の基準としては受容されなかった。労働者を支配する権威を得るためのアプローチにおいて、ドイツの企業家は、委託の相互責任と永続性を有する有機的な企業概念に強く固執した。温情主義と労働者委員会の双方とも、アメリカの契約概念とは顕著な相違を示している。

この背景には、アメリカ人（およびイギリス人）の自然権および社会契約の考えと明確な対照をなしている、国家および社会の概念がある。初期の伝統は別として、カントおよびヘーゲルの影響が重要となった。カントは個人にではなく、国家に「不可譲の人権」を帰した。その権利を被支配者の大多数の誰も撤廃することができなかった。この二人の哲学者は、国家、共同社会に奉仕するという社会的地位を離れて、個人のいかなる有意義な存在も目的もないとした。主権は、国民ではなく国家に帰するべきであるということはもちろん、英米人的考えとは正反対である。

しかし、ヘーゲルにとって、法律、そして国家自体は、歴史的過程の客体化、絶対的精神の具現である。こうして国家は、現成員の考えの総和ではなく、より上位の独立した存在である。ヘーゲルにとって、社会は通常自然的な身分より成立しているものであった。すなわち農民、ブルジョアジーおよび国家官僚からなっている。この国家官僚は、実際には、ドイツの国家官僚のような機能を果たしていた徳川時代の武士を思い出させる。しかし、その場合、事業の成功あるいは選挙の危険とは無関係な、生まれながらの支配者である貴族が存在していた。貴族は、自から「義」の精神を反映していた(28)。

その世紀の最後の数十年間、社会と国家に関するこのような考えに基づいた法的実証哲学がドイツにおいて支配的であり、日本の憲法思想に影響を及ぼした。しかし、このような考えが優勢であったのは、哲学や法律の段階だけではなかった。ドイツ社会全体としては、国家、王制および貴族の精神的権威を受け入れた。社会をそれぞれのヒエラルキーにおける順位をもって身分で構成されたものであると考えた。ブルジョアジーは、社会的に尊重されたが指導的階級ではなかったのである。

キリスト教会は、自由主義化の力とはならなかった。カトリック教会は、依然としてヒエラルキー的思考にはまっていて、教会という共同体の中で、個人が指導救済、そして生きがいを受け入れるカトリック教会自体の姿の反映したものとして、社会秩序を有機的なものとみなしていた。ルター派もピューリタンの個人主義とは異なっていた。それは、身分概念を容認し、王権を神が与えた権威として認め、世俗的な成功の倫理の振興よりも魂の救済に関心を持った。しかしながら、それは、日本の状況と対照して述べられねばならない。ドイツにおける宗教は、伝統的な構造を擁護してはきたが、国家や政府から独立している重要な精神的力であった。カトリック教会が労働者の権利の促進に関して積極的、精神的力となったことは、すでに指摘した。

貴族とともに、ドイツでは、国家官僚——Beamten——は、現実の権威のみならず精神的権威をもっていた。彼らは、政治的多数あるいは単一グループの利益の代表者ではなく、国家の見地からの、社会的に必要な公平な調停者であった。彼らは、概して能率的であり、信頼された。企業家は、彼らの指導や意思決定を受け入れた。これは、工業化の進展につれて、産業界の指導者が一層、行政指導に依存するように思われる理由である。政府は、しばしば外国投資に主導権を取り、ときにはいくつかの産業に対して、公式の産業スパイ行為を行なっていた。

議会民主主義はこれらの条件を反映した。選挙は階級の代表者によって行なわれ、労働者は、実際には何ら投票権を持っていなかった。政府は、政党政府ではなかった。事業家がドイツでは比較的多く選出されたが、その数は世紀の変わり目には顕著に減少した——一八九〇年の二七％から一九〇五年の一七％まで。(29) 政治は国家的利益のために行なわれた。もちろんビジネスはかなり重視されていたが最高位ではなかった。政府は、ビジネスのために適切な政策をとったが、しかし、労働者に対する場合と同様に、温情主義の立場で接して、ビジネスの自律を重んじなかった。キンドルトのような政治的野心を持った事業家は、欲求不満を起こし、ドイツの実業家のように、政治力のない無能な社会階級はないと嘆いたほどである。(30)

ビスマルクの社会保護立法（労働者のために何でもするが労働者によっては何もさせない）は、このような社会秩序、身分、階級制度を強調する「国家の道徳的権威」の背景において理解されなければならない。同様の考えから、一般大衆のみならず、事業家も国家の指導を種々の形で受け入れた。商業会議所は、国家の公的機関となった。国家は、自由競争ではなく、経済秩序を維持するためにカルテルを促進した。価格シンジケートや大手銀行のリーダーシップは、結局、ドイツ産業界をカルテル、シンジケート、そしてアメリカの状況とは著しく対照的な国家指導型社会秩序に変換した。政府は、中小企業や職人のために一定の入会資格の定められた同業組合の再導入を認め、品質維持と秩序を監督させた。個人の成功に代わって、資格、順位、所属、そして、やがて官僚主義化が商業全般の状況を特徴づけた。(31) 会社内では、労働者は、昔の職人の伝統に従って順位づけられた。従業員は官僚を、企業家は貴族を模倣した。しかしながら、ドイツ産業界は、地位志向および国家指導のかかる条件の下で急速な進歩を遂げた。なぜならば、このような特殊なアプローチは、究極的に現実のドイツ社会の動機づけの構造および役割期待を反映していたからである。

(3) 日本——国体（body politic）の機能としての個人

日本の企業家は、彼らのエリートの身分要求を、かつての武士階級の見地から正当化した。彼らは、利潤極大化よりも、むしろ国家への奉仕に動機づけられていることを強調した。会社レベルでは、彼らは、仕事および忠誠への動機づけとして、家族主義精神および集団同一性を組み込んだ。社会、国家および個人について、一般に普及している考えをかかるアプローチがいかに反映しているか、個人の役割がどの程度集団と国家の一つの機能としてみなされているかを知ることは重要なことである。

徳川時代の農民賢者である二宮尊徳は、かつて次のように言っている。

私は久しく考えて、神道は何を道とし、何が長所で何が短所であるか、儒教は何を教えとし、何が長所で何が短所であるか、仏教は何を本とし、何が長所で何が短所であるかを考えたが、みな相互に長短がある。……神道は開国の道であり、儒学は治国の道であり、仏教は治心の道である。(32)

二宮は、日本的社会思想が出現した独特の脈絡を簡単に述べている。神道は、実際に社会と国家の日本的観念の「基礎」と、同一民族の家族的国家の現存の長としての天皇の役割を説明するのに成功している。中世および近世の日本の歴史を通じて、天皇は、国民の一体性ならびに政治権力の究極的な源泉であった。ただ、中世のローマ教皇に比べると、天皇は全く無力で、将軍によって操作されていたかもしれないが、危機の時代に国民が頼ったのは天皇であった。明治維新の新方向は五箇条の御誓文で宣言された。「知識ヲ世界ニ求メ、大ニ皇基ヲ振起スベシ」と。しかし、近代的学校教育を通じて、平等と民主主義の西洋思想が普及されるようになると、これまでの日本の国体観念の土台が脅かされる恐れがあるという人々が現れ、反対を始めた。大日本帝国憲法発布（一八八九年）および教育勅語の発布（一八九〇年）は、伝統的価値および家族国家と国体の意識による、国民的自己同一性の強化への方向転換への道標となった。ここで賛美された国体観念は、勝利に輝く日清戦争から始まり、一九三〇年代においても、引き続き隆盛をきわめた。教育勅語の中では、忠誠とか孝行などの日本的美徳の実践が奨励された。そして、「斯ノ道ハ実ニ我カ皇祖皇宗ノ遺訓ニシテ子孫臣民ノ倶ニ遵守スヘキ所之ヲ古今ニ通シテ謬ラス之ヲ中外ニ施シテ悖ラス」として、国家と天皇に奉仕するように教えられた。

国家は、単一家族をモデルとみなす大家族であった。天皇に尽すことは、同時に忠義でもあり孝行でもあるというように、個人としての徳や存在意義ともなった。各人は、祖先から受継がれてきた恩恵に報い、たゆまなき努力によってそれを増やし、子孫に伝えていくために生きたのである。

日本憲法のモデルは、ドイツの憲法であったことはよく知られている。それは日本の政治家が心に留めていたものに最も近いが、一つの点で顕著な相違が生じた。ドイツでは、皇帝は、「神の恩寵によって」統治していたし、国家は全く世俗的な観点における倫理的な権威をもっていたに過ぎないが、日本では宗教上の権威と現世的権威とは全く一つであった。天皇は、実際の政治権力の中心であるのみならず、作られた最高の価値（この意味では宗教的な）の根源であり、権威（いかなる時代にも絶対的に不可謬な！）であった。個人に対して、天皇や国家の役割は、きわめて強力であり、専制的にもなり得た。

二宮尊徳によって言及された第二の源泉、儒教も非常に重要である。なぜならば、それが社会構造、身分意識および役割励行の制度を形成したからである。徳川時代の社会では、武士が私的欲求よりもむしろ「公共」に奉仕すべき役割を持っていたために最高の地位を与えられていた。身分思考およびこのような関係による役割——期待は、維新後も残った。しばらくの間、社会は職業自由の宣言、武士の身分の廃止などによって身分観念を忘れているように思われたにもかかわらず、すぐ階級秩序は、すべての近代的な会社内部に再び導入された。ともかく、伝統のある領域にそれは残っていた。己れの利益のためではなく、社会的善、国体のために働く者に対して、最高の地位がとっておかれたということはきわめて注意すべきことである。最高の地位を国家に対する直接のしもべに与え、ただ自分自身のためにのみ働く者に最低の地位を与える「垂直的な価値思考」に基づく階級制度は、言うまでもなく強く国体中心のイデオロギーを反映している。この意味において、日本の工業化は、ナショナリズムによって強く推進されたといえるのである。

日本人の価値観を形成した第三の力、仏教は、二宮尊徳によって、「人の心を治める」という役割が与えられたが、倫理の「世俗的」局面や歴史自体には無関係のままであった。異議を申し立てたり、社会的規律への服従を強いる圧力に対抗したりする個人の良心に、仏教は、何の力も与えなかった。こうして、仏教は、集団、家族、および国家の権力を制約することに失敗し、この点では、いかなる有機的な集団帰属からも個人を完全に解放したピューリタニズムと正反対であった。日本において、個人は、容赦なく、その所属する社会集団およびその役割期待という単なる一機能としての存在のみを与えられて放置された(33)。

以上、個人と国家ならびに小家族集団間の関係における日本的概念の極めて簡潔なスケッチをした後で、企業家行動に関する二、三の推論を指摘することができる。

右に概説された価値体系がいくらかでも真実に近いものならば、企業家が自己流に自分の役割を正当化したことは、驚くに当たらない。しかし、また、純粋な愛国心によって心から動機づけられていた者も多かったことも認めるべきである。明治の企業家を単なるタテマエだけの愛国心で、実は利潤極大追求者とだけみなすことは不当である。維新前後において、日本人が生命をかけて国事のために愛国心から闘争したのであってみれば、同時代人でありながら企業家だけが愛国者でないといえるだろうか。

ドイツと同様に、日本の企業家は、政府の指導に著しく依存した。しかし、ドイツとは違って日本政府は（一九三〇年代までは）、工業と農業双方の利益の公平な調停人たろうとはしなかった。日本は、満足させるべき強力なユンカーを持っていなかった。こうして工業は、財政的にも精神的にも徹底した援助を受けたが、農業は、今までのごとく矢面に立たねばならなかった。

ドイツと同様、日本の企業家と政府は、市場が秩序づけられるべきであるということに同意した。カルテルは、公認されたばかりでなく奨励された。消費者は、輸出と成長をもたらす近代産業セクターに比べて軽視された。いうまでもなく、国家中心ならびに輸出中心型工業優先政策は、一九三〇年代には大企業反対の感情および軍国主義に通じる問題を生ぜしめるにいたった。しかし、その工業優先が続くかぎり、それは工業発展を促進するための強力な方策であった。

財閥形成自体も、政府の採った著しく国家中心的、輸出中心的な（すなわち伝統的な消費者市場に対してではない）近代産業振興政策の結果であるとともに、また広く浸透した家族主義者と集団凝集性の精神の結果でもある。アメリカ型の反トラストの思想、すべての者に対する平等な機会、国家によって維持されねばならない競争市場、金銭的見地からの私利に基づいた個人契約等は、当時の日本およびその企業家は全く相容れぬものであった。

5　結　び

企業家は、彼らのおかれた社会そのものの部分である。彼らは、物質的成功に魅了されているかもしれないが、彼らの方向づけや限界は、その時々の支配的社会的規範や構造によって強く影響づけられる。

物質的利益そのものが、社会の賞讃を受ける程度と個人主義の程度との間にはある関係が存するように思われる。換言すれば、個人が社会（集団、階級、国家）の機能とみなされればされるほど、非物質的な目的が重視されるようである。有機的存在としての社会の概念は、役割期待の強い圧力、相互の長期間の委託、非利潤動機の強調および非実業集団に対するエリートの地位の付与（日本の企業家はこの意味において「ビジネスマン」ではなかった）、とともに進んでいくように思われる。

このような線に沿って、いくつかの試論を引き出すことができるのであろう。しかし、決定的かつ有意義な提言がなされる前に、一層多くの調査研究が必要とされ、因果関係がより徹底的に研究される必要があるのである。

注

（1）Clark Kerr, Thomas J. Dunlop, Frederick H. Harbison and Charles A. Myers. *Industrialism and Industrial Man: the Problems of Labor and Management in Economic Growth*. Cambridge, MA: Harvard University Press, 1960, 48-52. これらの著者は、本章と非常に類似した問題を究明しているが、彼らは最近の工業化を非常に重視している。日本の工業化のエリートは、彼らの範疇のいかなるものにも適合しないし、両者――革命的知識人と国家主義者の結合されたものとみなさねばならない。というのは、武士は実際に両者の性質を帯び、彼らが工業化の先頭に立ったからである。

（2）役割期待と準拠集団については、次を参照。Thomas C. Cochran. *Social Change in Industrial Society: Twentieth Century America*. London: Allen & Unwin, 1972, 11-29.

（3）Frances W. Gregory and Irene D. Neu. "The American Industrial Elite in the 1870's: Their Social Origins." in *Men in Business: Essays on the Historical Roe of the Entrepreneur: with Two Additional Essays on American Business Leaders, Not Included in the Original Edition*. edited by William Miller. New York: Harper & Row, 1962, 193-211.

（4）Thomas C. Cochran. *Business in American Life: a History*. New York: McGraw-Hill, 1972, 110. 家族の問題、教育的かつ

宗教的背景は、八八～一一〇頁で取り扱われている。

（5）　黄金時代や悪徳資本家に関する文献は、豊富に存在する。社会進化論のイデオロギー形成の主な代表者であるウィリアム・グラハム・サスナー、ステファン・J・フィールドおよびアンドリュー・カーネギーの思想の簡潔な分析は、次に含まれている。Robert G. McCloskey. *American Conservatism in the Age of Enterprise, 1865-1910: a Study of William Graham Sumner, Stephen J. Field and Andrew Carnegie*. Cambridge, MA: Harvard University Press, 1951.

（6）　新しい上流階級として、自らを確立しようとする産業界のエリートの要求、およびそのために用いられた方法に関しては、次を参照。Edward C. Kirkland. *Dream and Thought in the Business Community 1860-1900*. Chicago: Quadrangle, 1964, 29-49, 145-167.

（7）　Hartmut Kaelble. *Berliner Unternehmer während der frühen Industrialisierung: Herkunft, sozialer Status und politischer Einfluß*. Berlin: Walter de Gruyter, 1972, 33.

（8）　Kaelble. *Berliner Unternehmer während*, 79.

（9）　Ludwig Puppke. *Sozialpolitik und soziale Anschauungen frühindustrieller Untemehmer in Rheinland-Westfalen*. Köln: Rheinisch-Westfa¨lisches Wirtschaftsarchiv, 1966, 232-233.

（10）　Friedrich Zunkel. *Der rheinisch-westfälische Unternehmer 1834-1879*. Köln-Opladen: Westdeutscher Verlag, 1962, 123-127.

（11）　Wolfgang Zorn. "Das deutsche Unternehmerportät in sozialgeschichtlicher Betrachtung." *Tradition* 7 (1962): 79-92 and "Unternehmer und Aristokratie in Deutschland." *Tradition* 8 (1963): 241-254.

（12）　万成博『ビジネス・エリート——日本における経営者の条件』中央公論社、一九六五年、六一頁。万成は、一八八〇年代の実業界の指導者一八五人の実例のうち、商人階層の出身者が一〇一人にのぼったことを指摘している。しかし、彼はある一定規模の事業すべてを取り上げている。次のような別の調査もある。Johannes Hirschmeier. *The Origins of Entrepreneurship in Meiji Japan*. Cambridge, MA: Harvard University Press, 1964, 248-249. これは武士階層の出身者がきわめて強く選出されていたことを示している。

（13）　福沢諭吉に関する多くの資料は、日本語と英語で利用できる。簡潔なものとして、森川英正『日本型経営の源流——経営ナショナリズムの企業理念』東洋経済新報社、一九七三年、七〇～七四頁。

（14）渋沢は株式会社の理念を広めるとともに、当時の経営者の中で影響力が最も強い人物であった。この傑出した産業界の指導者の簡潔な説明は、次を参照。土屋喬雄『続日本経営理念史——明治・大正・昭和の経営理念』日本経済新聞社、一九六七年、四八～七一頁。簡潔な英語論文は、次を参照。Johannes Hirschmeier. "Shibusawa Eiichi: Industrial Pioneer." in *The State and Economic Enterprise in Japan*. edited by William W. Lockwood. Princeton, NJ: Princeton University Press, 1965, 209–247.

（15）Reinhard Bendix. *Work and Authority in Industry: Ideologies of Management in the Course of Industrialization*. New York: Harper & Row, 1963, 1. ベンディクスによる問題設定は、本節にいくぶん類似している。もちろん、対象とする国が異なっており、自由思想の資本家の対立者や共産主義国を取る代わりに、ここでは資本主義国間の相違に焦点をあてている。

（16）次を参照。Herbert G. Gutman. "The Worker's Search for Power; Labor in the Gilded Age" in *The Gilded Age: a Reappraisal*. edited by H. Wayne Morgan. Syracuse: Syracus University Press, 1963, 46–56.

（17）Bendix. *Work and Authority in Industry*, 259–264.

（18）アメリカの企業者におけるイデオロギーの一般的な宗教的および文化的背景に関しては、次を参照。Francis X. Sutton, Seymour E. Harris, Carl Kaysen and James Tobin, *The American Business Creed*. New York: Schocken Books, 1962, 274–286.

（19）Puppke. *Sozialpolitik*, 267.

（20）Hans J. Teuteberg. *Geschichte der industriellen Mitbestimmung in Deutschland*. Tübingen: J. C. B. Mohr, 1961, 300.

（21）労働者委員会に関しては、次を参照。Teuteberg. *Geschichte*, 208–306. また詳細とアプローチの相違に関しては、Max Sering. "Arbeiterausschüsse in der deutschen Industrie." *Schriften des Vereins für Sozialpolitik* 46（1890）. 四〇の異なる労働委員会が分析され、その全体的な方向性は同じであるが、共同利益と連帯責任とが強調されている。

（22）Jürgen Kocka. *Unternehmensverwaltung und Angestelltenschaft am Beispiel Siemens 1847–1914: zum Verhältnis von Kapitalismus und Bürokratie in der deutschen Industrialisierung*. Stuttgart: E. Klett, 1969, 86–93.

（23）キリスト教会の異なった態度に関しては、次を参照。Franz F. Wurm. *Wirtschaft und Gesellschaft in Deutschland 1848–*

1948. Opladen: C. W. Leske Verlag, 1969, 156–164.

（24）日本の労働者管理の発展に関するすぐれた資料は、間宏『日本労務管理史研究――経営家族主義の形成と展開』ダイヤモンド社、一九六四年。簡潔でバランスのとれた資料は、Youtarou M. Yoshino. *Japan's Managerial System: Tradition and Innovation*. Cambridge, MA: MIT-Press, 1968, 65–84; Johannes Hirschmeier and Tsunehiko Yui. *The Development of Japanese Business 1600–1973*. London: Allen & Unwin, 1975.

（25）高等教育を受けた新しい世代の企業者の心性の分析に関しては、次を参照。Koji Taira. "Factory Legislation and Management Modernization during Japan's Industrialization 1886–1916." *Business History Review* 44, no. 1 (1970): 97–108.

（27）Vincent P. De Santis, Joseph Huthmacher and Benjamin W. Labaree eds. *America Past and Present: An Interpretation with Readings, vol. 2, since 1865*. Boston: Allyn and Bacon, 1968, 69.

（28）ドイツの政治思想、特にカントやヘーゲルの影響を受けた思想に関しては、次を参照。John H. Hallowell. *Main Currents in Modern Political Thought*. New York: H. Holt: Rinehart & Winston, 1950, 246–277.

（29）Hans Jäger. "Unternehmer und Politik im wilhelminischen Deutschland." *Tradition* 13 (1968): 1–2.

（30）*Ibid*., 11.

（31）指導、精神的共感、および産業体制の基準としての国家の複雑な役割は、次で取り扱われている。Wolfram Fischer. *Unternehmerschaft, Selbstverwaltung und Staat*. Berlin: Duncker & Humblot, 1964. より簡単な説明は、次に含まれている。Wolfram Fischer. "Das Verhältnis von Staat und Wirtschaft in Deutschland am Beginn der Industrialisierung." in *Industrielle Revolution: Wirtschaftliche Aspekte*. edited by Braun Fischer, et al. Köln: Kiepenheuer & Witsch, 1972, 287–301.

（32）福住正兄「二宮翁夜話」児玉幸多編『二宮尊徳』（日本の名著二六）中央公論社、一九七〇年、三四八～三九四頁。

（33）日本人の価値体系とそれが企業者活動におよぼした衝撃は、次に詳細に取り扱われている。Hirschmeier and Yui. *The Development of Japanese Business*.

（34）この点は、森川『日本型経営の源流』でなされている。企業者の動機づけとしてのナショナリズムの役割も、大きく次に取り扱われている。Byron K. Marshall. *Capitalism and Nationalism in Prewar Japan: The Ideology of the Business Elite, 1868–1941*. Stanford, CA: Stanford University Press, 1967.

江戸時代の価値体系とビジネス
——明治期の工業化との関連において——

1　序　論

「文化構造」(cultural structure) あるいは「社会的態度」(social attitude) について、中川敬一郎教授や J. E. Sawyer 教授は、social ranking, value system, goal and objectives および pattern of conduct などの諸要因を取り上げ、特に国際比較において、企業家精神やビジネスのあり方の相違の重要性を指摘された(1)。これらの諸要素のなかでも価値 (value) は、社会学の理論によれば、それによって行為と行為の目的が評価されるところの、社会が有する望ましい社会行為に関する最も一般的な概念で、規範とともに、政治と経済の体系とは一応区別される社会的ないし文化的体系とされ、社会行動や社会変動における有力な要因の一つとして重視されている。特に近年では、非西欧諸国における工業化にさいする伝統的な価値体系の役割が注目されるにいたっている。そこで本論では、こうした問題関心に立脚して、日本の伝統社会である江戸時代の価値体系と規範とを試論的に考察し、明治以後の工業化の過程における企業者活動やビジネスの特質を考えてみることにしたい。

なお本論は、包括的な問題を非常に単純化して取り扱うので、地域的・時間的な差異はすべて捨象し、簡単な図式的仮説を提示するにとどめる。またこの報告は、J・ヒルシュマイヤーと由井常彦との共同研究の一部であり(2)、本テーマを由井が発表し（本論2～6）、サブ・テーマとして日本とヨーロッパのブルジョア精神《メンタリティ》の比較（本論7）を、ヒルシュマイヤーが論及するものとする。

2　統合化された社会

江戸時代は、外見的な政治と経済の機構——特に土地の領有を媒介とした大名・武士の政治的支配と農民の隷属および生産物の貢租の関係——において、西欧の封建社会と類似していた（この点でマルクスが、徳川時代の日本を、生産物地代に基づく純粋封建社会の一つのモデルと考えたことは、不思議でないといえる）。しかし、幕藩体制とよばれる江戸時代の日本を西欧の封建社会と比較した場合、大きな相違があった。日本は、鎖国という全くヨーロッパと違った条件のもとで、均質（homogeneous）な社会をなし、外的な平和と内的な調和の維持が最高の社会目標とされ、かつ高度に統合化された社会（integrated or unified society）をなしていた、といえるからである。

ヨーロッパの封建社会においては、封建諸侯（fendal lords）が土地の絶対的な所有権を基礎に独立し、教会もまた独立した社会的威信と政治的役割の持主であったのに対し、徳川幕府は、他の封建諸侯を完全に隷属・臣従せしめ、領地を移封・廃絶せしめることのできる一種の集権的な権力の保持者であった。そして、幕府は、諸階級と社会秩序を一七世紀の原型のままに固定し、諸階級間に決定的な対立をもたらさず現状を維持しようとしたが、そうした意図は、幕末の一時期を除いて高い程度まで達成された。

江戸時代の日本は、このように政治的に静態的な秩序が維持されたばかりでなく、文化的にみても、高度に統合化された社会であった。従来二世紀半にわたるいわゆる幕藩封建体制の維持は、日本の歴史家や経済史家によって、概して政治的な権力の強さの側面ばかりが強調されてきたきらいがある。だがそれでは、社会構造における文化の側面ないし体系を軽視したものとして正しいといえないばかりでなく、政治的権力の強さそのものの説明を、トータルな社会構造あるいは社会体系において位置づけられない点で、不十分といわねばならない。

さて、ここで〝統合化〟されたという意味は、社会内部に差別や緊張がなかったということではない。むしろ日本では、士農工商の身分差別は厳しかったし、百姓一揆の頻発や武士の窮乏のような社会的緊張が存在した。しかし、それにもかかわらず、価値という点からみれば、あらゆる階級、例えば武士、農民、商人のもつ価値の相違は限界的なものにすぎず、階級や集団の機能の差異を越えて、統合化された価値と規範とが、個人や集団の意識に内面化されていたということである。

本論では、江戸時代における日本人の価値を、三次元（垂直的・水平的・時間的）の人間存在の三つの側面から考察した上で、機能的な「役割期待」の倫理ともいうべき、日本人を支配した倫理規範を説明し、統合化への原理の力そのものを明らかにしようと思う。

このような価値体系の分析は、江戸時代のビジネス階級（特に都市商人）が大きな資本蓄積を実現し、経営技能を発達させたにもかかわらず、欧米のブルジョア商人と違って、個人主義的で進取的な資本主義の精神を生み出せなかった理由を明らかにするとともに、明治時代以降の産業社会の価値体系とビジネスのあり方の重要な側面を説明することになろう。

3　垂直的な序列の価値

日本の江戸時代においてまず特徴的なことは、物事や人間関係について垂直的な、上下の価値体系が高度に発達し、定着したことである。徳川幕府のために最初に朱子学的儒教哲学を説いた林羅山が、「物皆上下あるの理」とし、外国のキリスト教社会がこれを知らないことを憐れむ、[3]としたことは興味深い。

江戸時代の社会は、幕府の朱子学的儒教の教化に基づき、上下の価値によって徹底的に形式化され、士農工商の厳格な階級の区別が制度化された。そのさい永続的な平和の維持が社会目標とされ、軍事力はむしろ無用なものとなったので、武士の階級的支配と特権は、朱子学派の儒教的な社会観の適用によって、道徳、倫理の観点から正当化された。武士の職能は何よりも指導者のそれであり、胸痛の徳である義の模範とならねばならず、自分のためでなく「公（おおやけ）」のために生きる存在とされた。同時に、「公」のための「義」と私的な「利」とは相反するという形式的な観念から、個人の利益のために生活する商人ビジネスマンは、最低の階級とされた。商人がビジネスを営なむのは、祖先への報恩あるいは家への忠孝の途としてのみ、社会的に正当化された。

周知のように、心学、特に石田梅岩は、商業のもつ社会的な機能を強調し、商人の低い社会的地位の向上をはかったが、彼自身にしてもこうした上下の恒久的な社会組織自体を少しも疑っておらず、政治的支配は、武士の義務と責任である、[4]としている。

士農工商の社会組織が人倫の組織であるというように、上下の階級を道徳によって基礎づけた日本と、ヨーロッパの中世の価値とを比較すれば、その相違は明白である。スコラ哲学は、世界を同じように身分的な言葉を用いて表現したし、商業を賤しむ思想をもっていたが、すべての人間は平等であるという、根本的には上下関係を否定していた思想に立脚していた。人間の社会的身分や地位は、社会に有用であり、神の意志を実現するか否かによって定められるべきものであった。だから、スコラ哲学の世界においては、栄誉や威信を独占する階級は存在しなかったし、現実の階級の区分についても、いつの時代、どの社会においても、商人と上流階級（gentility）とは判然と区別されていなかった。

ともかく、江戸時代の垂直的な価値観は、日本人の間に「公」(public)な物事の価値が、「私」(private)な物事の価値に優先するという、重要な価値体系を定着させたように思われる。しかも、日本の場合のおおやけが、ヨーロッパのpublicと違って、垂直的な序列をなしていることにも注意しなければならない。すなわち、西欧に発達したpublicの観念は、個人を中心とした社会の地域的広がりをもつ性格のものであった。しかし、江戸時代の日本の価値体系は、天下→幕府・藩(お上《かみ》)→一族一門(あるいは商人の場合株仲間)→家→個人というように、個人を末端に位置づける垂直的な序列であった。

したがって、商人ビジネスマンは、極大利潤や功利主義思想とは必ずしも関係なく、家への奉仕が差し当たり最大の価値となり、所属する仲間への義務は、自家の存続と同様に高い価値をもち、「お上」「御公儀」の命には異議なく服従したのである。

「公」と「私」との垂直的な価値体系は、明治維新以後の日本の産業社会の発展を推進する動的な要因の一つとなったとも考えられる。先進国からの挑戦を受けた日本において、従来漠然としていた天下は、実体をもつ国家として意識され、維新以後、政府(お上)は国家と一体化して、工業化の組織者としての威信を容易に手中にすることができた。また、近代ビジネスの社会においても、国家→企業→所属する支店やセクション→個人というような垂直的な価値体系が生成した。ビジネスマンにとって、私的な生活よりもビジネスにおける公的な生活のほうが高い価値をもち、それはまた経営ナショナリズムを生成させる基盤をなし、企業家やビジネスマンに強力な経営理念を与える根拠となった(5)。

また、江戸時代には人間相互間に五倫(君臣、親子、夫婦、兄弟、朋友)や長幼の序にみられるような垂直的な価値の序列が存在し、さらに権力や権限も厳格に上下に階層化され、組織のヒエラルキーが発達した。幕府と諸藩がきわめて綿密な上下の階層からなる官僚組織をつくったことは周知のとおりであり、商家の経営にもヒエラルキー的秩序が普及し、支配人以下に一番番頭、二番番頭、以下手代、丁稚にいたるまで上下の階層組織が形成された。

こうした垂直的な価値に基づく組織の秩序は、明治維新以後の近代企業にも継承された。明治期の会社企業は、いずれも支配人以下に一等書記、二等書記、三等書記など、あるいは一等手代、二等手代、手代見習というような縦の身分制的ヒエラルキーを採用したのである。こうした組織は、海外から導入された会社知識に基づくものではない。

4　水平的な集団的組織の価値

日本人の社会行動が集団志向的で、調和を保つことに高い価値をおいていることは、しばしば論ぜられているとおりである。この特性も、垂直的な価値と同様、江戸時代に高度に発達した。改めて説明するまでもなく、徳川幕府は、農民のなかに発達していた集団活動のシステムに対し五人組の制度を設けて、これに貢租米の上納はじめ布告や義務をたがいに守るよう連帯責任を課することによって、高度に組織化した。商人や職人階級も一定の義務をもち、連帯責任を負う仲間集団に組織化された。商人ビジネスマンも、その社会的地位を株仲間の成員たることにみいだしており、仲間の組織において行動の規則が与えられた。

江戸時代は、平和のなかで静態的な秩序の維持をはかることに社会目標がおかれたから、集団内部の調和の維持は、各人が自己犠牲に値いするまでの徳となった。集団的規律への服従は高く評価され、個人の義務は集団の規律に服従するとともに、集団に栄誉をもたらすことであった。したがって、五人組や株仲間から藩のような単位まで、リーダーシップは、主として人間的な「和」の維持をはかることにおかれたといえる。集団内部の意志決定においては、各人は自制が望まれ、多数意見よりも共同一致が尊重された。

商人道にしても、非競争的な行動や排他的な連帯性の維持が徳であって、大坂商人のように「お町人さん」として、ある程度市民として尊敬される場合も、各人が調和の維持のために没我的に勤労し、集団的行事に参加し、集団的価値に従うことが必要であった。このように商人道も水平的な、集団指向的な規範であって、B・フランクリンの「富に至る途」のように、個人的な努力と精進によって地位の上昇に導かれるような性格を、全くもっていなかった。

近代における西洋のキリスト教文化圏の人間観では、あくまで個人がまず存在し、個人の人格的完成や実現、あるいは信徒としての至福にこそ、最後的な人生の意義が求められてきた。最近のように個人の所有や活動に公的な連帯や規制が唱えられるときでさえ、集団の価値は二次的であるようにみえる。しかし、儒教思想に基づく価値観においては、人間は基本的には、「関係」として把握されている。したがって、人間の価値とその実現は、自己の周囲の他者、差し当たり、自己の所属する集団に強く依存しているといえよう。

江戸時代の商人ビジネスマンは、公的な規則に従って集団内部で行動することに慣れきっていたので、そうした制度が廃止されたとき（天保の改革や維新後の株仲間の解散など）には、彼らは全く混乱してしまったようにみえる。それに反し、欧米の商人ブルジョアは、既成の教会に代表されるような集団的な支配をたちきり、リスクを負担しながら、功利的で進歩の担い手としての自信を獲得していった。

幕府の権力による集団への束縛は、明治維新以後は解体し、能力や野心や aspiration をもつ人々が立身出世できるような、社会的流動性をもつ産業社会の時代が到来しても、水平的な人間関係そのものは、相変わらず集団志向的な価値体系の担い手であり続けた。在来のビジネスマンたちは、同業組合を結成して再び集団的秩序を求めたし、労働者も親方によって組織された。また、自分の個人的な能力や努力で成功した企業家たちも、従業員に〝和衷協同〟や〝一致団結〟を求め、しばしば経営家族主義を理念としたのであった。

5　時間の連続性の価値

江戸時代の価値は、第三の側面として時間――時の連続性――の観点からも考察されなければならない。時の連続性の価値は、もちろん祖先から子孫に連続する家のもつ価値に代表される。家については安岡重明教授の報告が予定されているので立入らないが、祖先の崇拝は二つの形態をとったように考えられる。一つは、家系であって、開祖、商家の場合には、創業者は初代として、神に準じた地位を占めて子孫から尊敬された。一族一門の先祖は神社に祭られ、ここでは神道と仏教の信仰が混交した。

もう一つは、経営活動体としての家であって、ここでは血筋よりも機能的な実体としての「家」が重視された。血縁の純粋性よりも、機能の重要性のほうが伝統をもつ諸家の場合重視された。商家の当主は、彼が祖先からの継承者であるがゆえに、家産の維持・増大のため厳しい服従と努力が要求された。一方で家を継ぐ資格のない次男・三男は、他の商家に奉公し、丁稚、手代、番頭を経て将来独立し、自分が初代として家を起こすことに大きな aspiration をもち、厳しい禁欲的生活にも耐えたのであった。ここに外見的には西欧のピューリタン的な世俗内禁欲主義（puritan secular ascetism）を連想させるような態度をみいだすことができる。

しかし、もちろん江戸時代の商人の禁欲主義と欧米のピューリタニズムとは本質的に違っている。ピューリタンにとっては、自分自身の救済が根底をなしているのに対し、日本のビジネスマンの禁欲主義は、祖先から子孫への連続性にコミットしたものであるからである。

6　機能的役割期待の倫理

以上のように、江戸時代の価値体系をみると、垂直的・水平的そして時間的に、人間同士が緊密な関係で結ばれているといえる。すなわち、人間は、垂直的な序列、水平的な集団的関係、そして祖先から子孫への連続性のなかの人間であり、いわば「ヒューマン・ネクサス（human nexus）」ともいうべき関係のなかの存在である。それは、大まかにいえば、個人がまず存在し、個人が平等な立場で、神と直接に相対する近代のキリスト教文化圏の個人主義的な価値と規範とは、根本的に異なるものであるということができる。したがって、日本人の倫理規範は、欧米のそれと違って厳密には宗教的観念に直接その起源をもっているとはいえない。日本においても、宗教は社会に一定の機能を果たしたが、それは決して明確なものではなかった。

仏教は、多くの宗派を生み出したが、信仰として最も普遍的な性格をもつものは阿弥陀仏（あるいは観音）の信仰であったといえよう。しかし、阿弥陀は、善男善女にとって、いずれも救いや赦しを期待できる母親的存在にほかならず、特定の倫理規範をもたなかった。神道は、ヨーロッパの神と違って、個人の良心の問題というよりも、外面的な浄化に関係しているようにみえる。さらに無我の悟りを説く禅宗を含めて、日本の仏教についていえることは、確定された教義や道徳的過失に対するsanctionをもたず、強い戒律を強制しないことである。仏教と神道とはしばしば混交し、民衆は折衷というよりも、現実には両者を支持したことも、この事実を証明する。

こうした日本の宗教の性格からみれば、儒教がその機能において社会的な倫理の体系、つまり人間のおきてであっても、宗教そのものとはいえないことを示している。儒教の理念と倫理規範の背後には、神や仏のような絶対者が存在するのではなく、天下国家の強大な権威や身分の階層あるいは家のような、要するに社会秩序が存在したのであった。

西欧の個人主義的な道徳と対比される日本人の徳は、恩の観念に示される。江戸時代の日本人の観念においては、まず天地ないし社会全体が存在し、個人は生まれながらにして自分に関係する他者に奉仕する存在であった。したがって、個人は、なによりも先に両親や教師、長上あるいは社会そして自然一般から受けた恩恵を知らねばならず、報恩は権利をともなわぬ義務として、道徳的行動の基盤をなした。

もしも、倫理規範が普遍妥当の一般原理よりも、human nexus や報恩から生ずるとしたならば、個人の規範は、自分の心の内部よりも、外部からの評価に大きく依存することは明らかである。実際に、江戸時代の社会では、個人の意図や動機は問題とされず、もっぱらその役割と外部からみた結果のみが注目され、評価された。幕府の役人から商家の丁稚にいたるまで役割が定められ、役割に対する義務は、社会との関連で厳格であった。

こうした面からみて、商家の努力の動機の一つもより明らかとなる。養子の制度は、個人の権利を優越する役割の理念がいかに強かったかを示している。前述したように商家の当主は、血縁上の後継者たることを必要とせず、厳格な役割を果すに適した養子や番頭が選ばれて、その地位を継いだのであった。

日本人の三次元の human nexus に基づく倫理は、「恥の倫理」とも称され得るが、むしろ「役割期待の倫理」とよぶほうがふさわしいように思われる。しかも役割期待は、神の言葉のような絶対的な基準がなく、外部的ないし機能的なあり方で変化し、社会的な要因や政治的な要因にさえ依存するものである。したがって、それは、いわば機能的な役割期待の倫理であって、それこそ日本人の伝統的な倫理規範をなしているといえる。

しかし、human nexus の網の目のなかで、無限の義務や報恩の関連を必要とする価値は、日本人の倫理に決定的に形式主義的な傾向を与えざるを得なかった。つまり、倫理の重点は、あくまで建前《たてまえ》すなわち物事の公的な側面におかれ、役割も評価も形式的な側面が重視された。こうした形式主義は、幕府や諸藩の官僚制はもちろん、株仲間の意志決定にも複雑な手続きの重視として現れた。そして、維新以降の近代的な会社企業のなかで発達した、意志決定の承認のプロセスにおいて、オフィシャルな形式的手続きを必要とする稟議制度も、こうした形式主義の所産としてみることができる。

ところで、このような役割期待の規範は、江戸時代の日本を支配したばかりでなく、それが、機能的であるがために、富国強兵とか工業化というような政治や社会のあり方にもよく適応し、日本の社会のあり方を支配する主要な要因として働いたように思われる。報告者は、江戸時代の日本が統合化された社会であることを最初に述べたが、それは、各人の思考と行動を一般に期待されたパターンに従わしめる役割期待の倫理が、階級や職業や地位を越えて支配していたからである。

こうした役割期待の倫理規範は、江戸時代のように変化のない静態的な社会の維持が目標とされた時代には、個性の抑圧をもたらし、進歩や変化に対する大きな阻止要因となった。しかし、役割期待の規範は、ほんらい業績achievementを強く指向する性格をもち、明治維新以後のように富国強兵や工業化が国家目標となれば、どの階級の出身者たるを問わず、前衛的な有能な人々をして、先駆者的努力や旺盛な企業者活動に駆りたてる有力な要因に転化し得たことも指摘しておきたい。すなわち、ひとたび公的な路線が与えられ、大衆がこれに追随すると、役割期待の圧力は、どのようなタイプの企業家でも、彼らを国家的目標に追従せしめたのであった。例えば、安田善次郎や大倉喜八郎のような、ほんらいは金儲け一途の人々をも一流のナショナリスティックな実業家としての企業者活動にコミットさせたのは、統合化された社会におけるこうした役割期待の作用であったということができる。

〔補注〕　上述のような三次元の価値体系は、差し当たり日本の江戸時代について論じたわけであるが、これを普遍的なダイメンショナル・モデルとして、いろいろな社会について適用してみることも可能であろう。

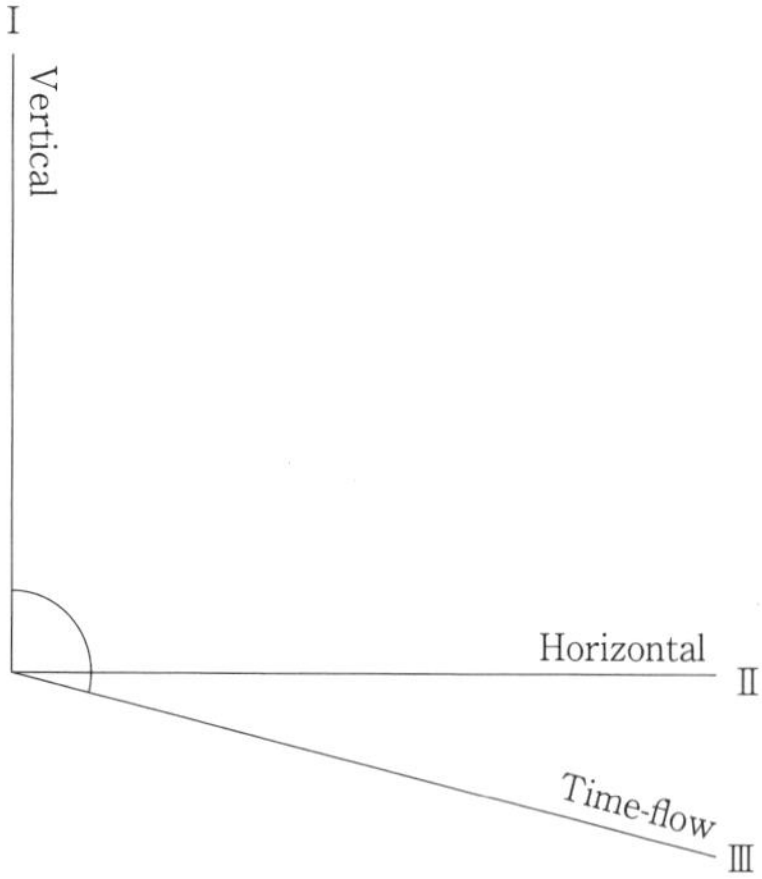

例えば、図のＩの垂直の軸は上下の価値を示し、概して平行的であるが（日本の江戸時代はそれに該当する）、二つの異なる側面をもつ。第一は階層的な序列の価値である。尺度が低ければ低いほど、価値は個人的な業績（achievement）に基づく平等主義的となり、尺度が高ければ高いほど階層的となり、社会的地位は身分（ascription）に依存する。第二は物質的価値で、尺度が低ければ低いほど物質的業績が評価され、高ければ高いほど非物質的な、政治や宗教（あるいは忠誠のような道徳）が評価される。

Ⅱの水平的な軸は、集団的秩序へのコミットメントの水準を示す。尺度が原点に近ければ近いほど個人主義的であり、原点から離れれば離れるほど、集団への長期的なコミットメントと集団的秩序への依存が強化される。

Ⅲの時間の軸は、時間の連続性（流れ）の価値を示す。尺度が原点に近いほど、普遍妥当的な倫理への信仰や、ピューリタンの信仰に例証されるような無媒介の神への信仰といった、時間を超越した永遠なものの価値が高い。原点から尺度が遠ざかるほど、祖先の役割のような伝統との結びつきの程度が高く、絶対的（時間を超えた）価値よりも伝統の連続性が高く評価される。

最も、仮に「伝統との結びつき」を厳密に公式化すると、進歩は困難となる。しかし、日本の場合は、「伝統」は非ドグマティックであり、しかも高度に弾力的であったから、進歩に対するハンディキャップとはならず、むしろ日本にとって統合化への力として役立ったと思われる。こうした価値体系のダイメンナショナル・モデルにおいて、役割期待の規範は、原点からの尺度が遠ざかるほど強化される。したがって、江戸時代の日本と最も対照的な価値体系は、一九世紀末期のアメリカの社会進化論の世界であり、ここでは三つの側面は、それぞれ三つの軸の原点に近接していた、というように考えることができる。

7　挫折した資本主義の精神——日本とヨーロッパのブルジョア商人の精神《メンタリティ》の比較——

最後に独特の日本の価値体系が、どうして日本の商人のなかに、欧米と同様に進歩的で功利的な精神を生起させなかったかを考察してみることにしよう。

マックス・ヴェーバーは、近代資本主義の精神の発展の要因として、プロテスタント（ピューリタン）の倫理を重視した。しかし、ピューリタンの倫理にとって本質的なことは、既成の教会に代表されるような伝統との断絶が、人々を解放し動機づける主要な要因であったという以上、われわれは別の比較を求めなければならない。われわれの意図からみて、北イタリア商人のブルジョア的精神《メンタリティ》が、比較にとって十分役立つであろう。

実際に、イタリアのルネサンスは、新しい商人の文化を著しく反映するもので、彼らの独立心と物質的成功、科学と芸術に対する関心が、資本家的功利主義と自由主義への舞台を準備したのであった。日本の商人も、短い期間ではあったが、元禄時代には、一見イタリアと類似した傾向を示した。それではなぜこの傾向が、自由で進歩的な商人の精神に成熟しなかったのであろうか。この問題に対する解答を、この方面における日本の商人の書物を通じて簡単に考察し、いかに彼らの試みが、上述した価値体系を通じて挫折されたかを要約してみよう。

日本の元禄商人の文化を説明する代表的な作家の一人は、井原西鶴である。彼の官能主義は、武士の厳格な道徳律からは異端であるが、商人が平民であるがゆえに、卑俗な娯楽を享受する権利をもっていることを主張しようとしたのである。彼は、徳川幕府の官僚制度の形式主義に反発したばかりでなく、商人も人間であり、利益を得て生活を楽しみ、私的個人として家族のために生きる権利を主張したのであった。この点で彼は多分に皮肉って、武士を高級で、品行方正の礎石にすえたようにみえる。しかし、西鶴は、彼の描く人物を、平凡で色好みを身につけた、およそ理想とはほど遠い人物として書き上げたのであり、まさにそのために武士道や形式主義に効果的に挑戦することができなかった。西鶴のなかに、われわれは、イタリア・ルネサンスの理想化された個人崇拝に比較すべきものをみいだすことができないのである。

石田梅岩は、西鶴とは全く違った性格の持主であった。梅岩は、商家での奉公を辞して、神道の精神的啓蒙を達成すべく尽力した。自分の途をみつけたのち、彼は商人の生活にたち戻り、心学運動の創立者となった。彼の願望は、多忙な仕事と精神的向上との間の調和を、仲間の商人たちに教化するとともに、率先して自らも実践することにあった。ベラーは、彼の心学運動を高く評価し、西洋の現世的神秘主義（this world mysticism）に近いものをみいだしている。[6] 梅岩によれば、商人は、天照大神と天地に心を体して商人としての職業に忠実であることができ、かつそうすべきであった。

商人に最高の精神的能力を達成すべき途を示すことは、もちろん商人の仕事が高貴で、かつ他の社会集団のそれに劣らないことを宣言することが必要であった。梅岩は、武士の誇りに恐れずに挑戦した。

米を売るは商売なり。大国の大名より皆商売中の人なり。……売買をせねば一日も暮されず金銀を賤む世にあらず、商売を笑ふときにあらず、物を売は恥辱なることはなきなり。金を町家より借て返さぬが大恥辱なり。[7]

しかし、もしわれわれが、右の文章から、彼が封建的価値体系そのものに挑戦したと結論づけるならば、誤りである。事実彼は、「恩」への服従と感謝の徳を賞揚しており、支配的な上下の価値体系に相反する個人の権利の要求からはほど遠かったのである。

彼の死後、心学運動は、商人階級に最も影響力をもつ教育制度に成長し、無数の講習会場が設立され、梅岩の思想が説教された。商人はここでは一種の存在意義と自尊心をみいだした。梅岩の教えに従って商人は、彼らの仕事が実際に社会の期待に応じていることを確信するようになった。彼の死後、正統派は、彼の後継者、手島堵庵のもとでさらに普及し、商家への忠誠、服従、そして無制限の奉仕が大いに強調された。服従は、利潤の追求よりも重視された。幕府は、心学運動が株仲間の組織を使ったので、商人に秩序ある行動を教え込み、彼らに身分の意識を忘れさせぬよう心学運動を利用した。心学運動の純粋な結果は、宗教改革以前に既存の秩序のなかで世俗的に生きる途を説いたディヴォツィオ・モデルネ（Devotio Moderna）を思い起こさせるが、それは堵庵の次の言葉に要約され得る。「父母には孝行し、主人ある人は忠義に奉公し、夫婦兄弟なかよく、人のまじはりに不実なきこと」(8)。

この言葉は、多くの家訓がいずれも勤勉、忍耐、服従、そして究極的には人間社会と身分という限界への全面的服従を要求したものと、少しも異なるところがない。

われわれの結論は、次のとおりである。少なくとも多少とも恵まれた経済的諸条件にかかわらず、徳川時代の商人階級は自由で進歩的で、自立心をもつ精神を生成させることに成功しなかった。こうした成り行きに向かう独特の価値体系を考究するために、ヨーロッパの商人との簡単な比較が必要であろう。

ここでは二つの重要な相違点が一目で瞭然としている。第一に、われわれが日本において、宗教家、司教と修道士に比較し得る役割を探しても無用であることである。ヨーロッパの場合、宗教的制度は、道徳的な力とともに政治的勢力をも保持し、個人が封建的価値と階層体制に完全に吸収されることを防いだ。その上、封建階級は、土地所有に立脚していた。少なくとも多くの場合そうであって、このためブルジョアの自由は、彼ら自身の価値を発達させた。しかし、日本では商人階級は、封建階級と共存し、その庇護に依存した。

中世とその後のヨーロッパには、人間関係の水平的な組織から逸脱しようとする強い要求が存在した。法律が制定され、法律に訴えることができ、教会は人間の権利と人間自身の良心の裁判官となった。しかも、教会でさえも絶対的なものでなく、もしも罪人が懺悔すれば、祝福と赦しを与えなければならなかった。日本ではあらゆる側面で、人々は、human nexus の厳格さと個性抑圧的な要求のなかに後戻りせしめられた。

ここで北イタリア諸都市の商人が、当時の、徳と罪とを量的な基準ではかる決擬法（casuistry）に示されているように、彼らの倫理規約をつくり、道徳的簿記（moral book keeping）が出現し、そして告解自体が、免罪を通じて、損失を僧侶が帳消しするような損益の計算書になったということに、触れておこう。日本の社会にはこうした便宜がなく、それゆえ個々人はどこまでも他者に負債をもち、報恩は尽きることがなかったのである。

西洋の倫理規範は、宗教的信仰に基づくばかりでなく、明らかにギリシアの影響を受けており、合理的根拠の上に論じられ得たし、理性に基づいた自然法の生成をもたらす傾向をもっていた。これこそ human nexus の限界を免れた、もう一つの途であった。利子の問題も、普遍的な原則の適用を通じて論じられた。

都市商人の必要に適応し得る道徳的体系の擁護者であったフィレンツェのアントニナス（Antoninus）は、彼の「至高道徳論」（Summa Moralis）において普遍妥当の合理的論議を展開している。そして、いったん利子やその他の商業活動を正当化する途がみいだされると、誰にもどの階級にも頭を下げる必要はなく、商人が誰かに追従する必要がないという大胆な主張への途が大きく開かれた。フィレンツェのアルベルティ（Alberti）は、その元帳の冒頭に〝神と利潤のために〟と大胆に書き記すことができた。ひとたび利潤が不正でないと承認されると、ルネサンスのイタリア商人にひらけた自信は、ここからヨーロッパの全土に拡がったのであった。

この点は、西洋の倫理規範と徳川期日本のそれとの間のもう一つの相違を示してくれる。日本においては、時間の継続的な流れとはてしない集団の存在が、個々人の価値の多くを吸収し尽した。これに対しクリスチャンの信仰は、個々人に、そして彼にのみ永遠の価値を与えた。人間は社会に奉仕し、その規則に従うべきであり、慈善を施すべきであった。この点は、中世においては、特にそうであった。

しかし、これらの善行が行なわれたとき、教会でさえ、個人の良心を、行動の最後的な裁判者として尊敬した。人間は本質的に同一の義務をもち、救済を約束された平等な存在であった。

西洋の個人主義の生成は、資本家的精神の生成と密接に関連している。最初は、個人主義は教会を通じて限界を画されていた。しかし、カトリックのイタリアと南ドイツにおいてさえ、われわれは、商人の間に強い誇りの生成と個性の尊重さえもみいだせる。彼らは自身の業績を知り、彼らの事業で社会に挑戦し、リスクをもつ事業に取り組み、国際的な舞台で競争し、王や皇帝たちの債権者となった。徳川時代の商人も、支配階級に金を貸したが、しかし彼らは支配階級にどこまでも頭を下げ通した。西洋においては、商人たちは彼らの地位を誇りとした。ヤコブ・フッガー（Jakob Fugger）は、彼の生前に、その時代の最も偉大な人物の一人として自分を賞讃する墓碑を作らせた。

もしも、ヴェーバーのいうような近代資本主義の精神が経済近代化の前提条件であるならば、日本は今日でもおそらく後進的国家であるということになってしまう。日本の経済的近代化運動を推進した動的な要因は、西洋のそれとは違ったものであった。日本では初期にハンディキャップであったものが、のちには資産に転化し得たといえる。すなわち、機能的な役割期待の倫理は、つねに業績（achievement）を強く指向しており、徳川時代は、その潜在的な業績への動因（achievement dynamics）に、現実的な目標を与えられなかったにすぎないのである。

注

（1）中川敬一郎「経済発展と企業者活動」上・下『思想』四四六・四四七号、一九六一年。John E. Sawyer. "The Entrepreneur and the Social Order." in *Men in Business*. edited by William Miller. New York; Evanston: Harper & Row, 1952.

（2）より詳細は、Johannes Hirschmeier and Tsunehiko Yui. *The Development of Japanese Business*. London: George Allen & Unwin, 1975の第一章のⅣを参照。

（3）和辻哲郎『日本倫理思想史』下巻、岩波書店、一九五二年、三八七頁。

（4）R・N・ベラー『日本近代化と宗教倫理――日本近世宗教論』堀一郎・池田昭訳、未来社、一九六二年、二一〇頁。原著は、Robert N. Bella. *Tokugawa Religion*. Glencoe: Falcon's Wing Press, 1957.

（5）日本の経営ナショナリズムについては、森川英正『日本型経営の源流——経営ナショナリズムの企業理念』東洋経済新報社、一九七三年を参照。
（6）ベラー『日本近代化と宗教倫理』。
（7）本庄栄治郎『徳川時代後半における経済思想』、二頁。
（8）和辻『日本倫理思想史』下巻、六一八頁。

日本型企業社会、その特質と課題

1　序　論

戦後、多くの日本企業は、技術のみならず経営方法をも、アメリカから導入しようと試みた。また、生産性本部や経団連の主催で、多くの視察団がアメリカの労務管理を勉強するために渡米したが、結局、日本の労務管理は、アメリカ化されず、日本的なものにしかならなかった。生産技術とか事務処理のためにコンピュータを入れるとかいったことよりも、実際に人間を取り扱う労務管理方法を、そのままアメリカから移入することは難しかったのである。

一九四五年以降、アメリカ占領軍が、労働組合の結成を奨励したので、一年間に四〇〇万人もの労働者が組合に組織化されたが、その組合は、欧米では一般的である職能別とか産業別組合といったものにはならず、企業別に結成され、企業の従業員全員が組合員となってしまった。戦後の生活難は、組合をして企業に生活給を要求させ、アメリカ軍統治時代の下、民主主義の精神に基づく平等という考え方が雇用制度に持ち込まれた結果、組合は、それまで職員にのみ適用されていた終身雇用制を全従業員に適用することを要求するに至り、企業は、それを保証するようになった。この生活給と終身雇用制とが、現代の終身雇用に基づく年功序列給与制度に発展してきたのである。組合は、民主主義とか平等主義のタテマエのもとに、企業に対して闘争を続けてきたのだが、その結果、生まれてきたものは、終身雇用と年功序列給与制を通じての、組合と企業との密接な一体関係であった。

長年、日本の学者は、このような日本的経営の特質を封建社会の遺産として考え、日本は後進国だから依然として日本的経営が残存している。将来、技術が進歩し、所得水準が上れば、自然にこのような特質はなくなり、日本は欧米のようになると主張してきたが、マルクス主義社会理論に基づくこのような考え方は、現在ではもう聞かれない。むしろ逆に、多くの欧米の学者が、日本的経営に興味を持ち、日本企業における人的調和や仕事に対する動機づけを評価し、この日本的経営の特質を欧米の企業に持ち込むことを考えている。

2 日本人の行動様式

日本的経営のいくつかの局面について述べる前に、一般的な日本人の行動様式について考えてみたい。どの国についてもいえることだが、その国民の行動様式というものは、長い歴史の中で形成されたものであり、日本人についても、それはあてはまる。たしかに時代の発展とともに、それは多少変化してきているが、基本的なパターンは、なかなか変化せず、継続性をもっている。

(1) ヒエラルキー社会

日本人の行動様式の第一の局面は、何といってもヒエラルキー意識であると思われる。わざとヒエラルキーという言葉を使うが、それはタテ構造ともいわれている。しかし、ヒエラルキー社会とタテ社会は必ずしも同じものではなく、ヒエラルキー社会の中にタテ社会の要素が含まれていると思われる。

外国人は、日本に来てすぐに、このタテ構造にぶつかるようである。言葉を覚えると、兄弟にも兄と弟という区別があることを知るし、一つの動詞に、例えば「行く」とか「行かれる」とかいったように、大変区別しにくい敬語があることを知る。日本の社会では、各々の人間に各々の相対的ランクが与えられており、その相対的ランクは、タテの関係において与えられる。江戸時代は身分社会であったといわれるが、その身分とはタテのランクにほかならない。明治維新後には、生まれつきタテのランクが決められている身分制度は廃止されたが、それに代わって学歴というものが入ってきた。現代でも、それは重要な意味をもっており、人が企業に入ると、その人の学歴によってスタート・ラインが決まり、後はエレベーター式に年功序列により昇進していく。戦後、ブルーカラーとホワイトカラーとのいろいろな差別はなくなったけれども、タテの関係で形式的な差が残っている。

日本人のこのようなタテの関係での相対的位置づけ、例えば「年齢」、「学歴」、「集団内での先輩、後輩関係」といったものは、欧米では全くない。むしろ欧米では、人間は皆平等なのであって、同じ権利をもって出発するのであるが、その後出てくる地位の差は、その人の功績の差であると考えられている。だから、欧米では、個人が自分の努力によって自分の地位を獲得することができるが、日本では、特に集団においては、このような個人努力は仲間の反発をよび、なかなか素直には評価されにくい。そのため多くの場合、企業における昇進や昇給は年功で行なわれている。

ヒエラルキーと関係していることだが、「公」と「私」との関係を、日本人は、次のように考えているらしい。すなわち「私は公に尽すべきである」と。平和なときには、小さな集団は、自分自身の目的に向かって進むが、挑戦を受けたときや危機のときには団結し、自分自身の利益をより高い地位にある集団の利益に従わせねばならない。例えば、本家に対する分家、親会社に対する下請け会社、そして中央政府に対する地方自治体などのようにである。このことは、悪くすれば中央集権主義や弱者の強者による支配などを生み出す。しかし、それは、日本経済の素晴しい成功の秘密の一つでもある。

よく知られているように、欧米においては、個人と集団との関係は逆になっている。特にアメリカにおいては、個人というものは、最も尊重されなければならず、集団とか国家といったものは、合衆国憲法に規定してあるように「個人の生命、自由および幸福の追求」を護るためのものと考えられている。

最後に、ヒエラルキー社会における倫理意識であるが、戦前の日本では表向き「忠」は「孝」よりも大切なことであった。このような考えは、実際の経営上において温情主義が長く続くことを許していた。従業員は、主人に従順にそして忠誠心を持って仕え働くものとされ、自分の権利を主張せず、主人からの温情的な保護と世話に感謝すべきだとされた。今日でも、高い賃金のために働くとか、この種の仕事をするのだから報酬が多くても当然だと考えることは、エゴイスティックだと思われている。人は、お金のためにではなく、義務とか忠誠心から、あるいは仕事自体が面白いので働くといった振りをするものだ、と考えられている。日本人の考えでは、幸福の追求ということは、義務の遂行、忠誠心、あるいは和にあるのであって、権利の主張や物質的欲望の充足にあるのではない。

(2) 排他的集団形成

私の考えでは、日本人の行動様式の第二の局面は、集団形成にあると思う。いうまでもなく、社会を形成するのに集団というものは、極めて重要な役割を果たしており、人間が社会的存在であるかぎり、決して個人だけで生きていくことはできない。個人は、集団に参加することによって、初めて社会的な安定を集団の中でみいだし、社会的行動の刺激を受ける。特に現代社会は、都市化社会もしくは核化社会となっており、自然発生的にできた隣人との集りとか大家族の集りとかいったものは破壊されてきている。このような社会では、人工的に形成された集団がますます重要なものとなってくるであろう。

そのような観点からみると、日本の集団は、その重要な目的あるいは使命を、欧米のそれに比べてより十分に果たしているようである。日本では、集団は、各々のメンバーである個人を、その中に全人的に同化・吸収する傾向を持っている。日本の集団主義がなぜ発生したかについては、多くの議論がある。例えば、稲作文化との関連性から、あるいは村の組織に起因するとか、さまざまな要因があげられているが、一番重要だと思われるのは、徳川幕府の政策である。すなわち、幕府は、個人を何らかの形で、例えば、五人組とか、村あるいは町という、幕府が直接支配できる集団に組み入れたのである。それゆえ、ラフカディオ・ハーンが、明治の初期の日本を観察して、集団は個人に対して強い力を持っていると書き残していることは、当然のことであろう。そして、そのことは、現代についてもあてはまる。

日本では、学校のクラブから企業に至るまで、社会は数多くの排他的集団によって構成されている。ここで「排他的」という意味は、欧米の場合、個人はいろいろなグループ・集団に同時に参加しているのに対し、日本人は、ある集団に加入すると、それを脱退することは難しく、全人的にその集団に属し、その集団の目的を自分の目的として活動するようになる。集団の目的を離れた個人の目的を追求することは、批難の的となりがちである。日本では、個人の市民意識は薄く、個人は、自分の属する集団を通じて社会を見、その集団を通じて社会から評価される。それゆえ、何の集団にも属さない人々は、社会から受け入れられず、惨めな状態になる。いうまでもなく、集団の個人に対する圧力は、企業においてはメンバーへの動機づけとなり、日本の急速な経済成長をもたらした基本的な理由の一つとなっている。

(3)　形式と実用――タテマエとホンネ――

本節の最後に、日本人の行動様式に関連する倫理的規準と具体的な行動のあり方について考えてみたい。第一は、形式を重んずることである。前述したように、個人は、ヒエラルキーと集団の中に位置づけられており、その位置づけに従って役割を果さなければならない。すなわち、位置づけ自体、相対的なものであるから、その役割も当然相対的なものとなっている。このような考え方は、儒教哲学から来ていると思われる。すなわち、儒教哲学では、人間は、それぞれの役割が決められており、ある地位の者は、その地位にふさわしく定められた役割を果さなければならないと教えている。このような考えのもとでは、個人の行動基準は、自分以外の外から与えられるものとなり、自分の行動の善・悪は、多くの場合相対的なものとなる。個人の行動は、自分の良心において絶対的な、自己の倫理基準によるという欧米の考え方は、日本人には案外と欠けている。例えば、企業の社長は、企業内の誰かが、企業の名において、社長の知らないところで社会に対して悪いことをしていた場合でも、社長の地位に、すなわち彼の役割に付随した責任を形式的にではあるが取らなければならない。そして、実際に過失を犯した当人は、その行為が彼の企業における職務あるいは地位の次元で起こっているため罪にはならないし、個人的にも彼の地位・役割に付随した義務を実行した結果がそうなっただけなので、罪悪感を感じない。もし、彼が責任を感じるのなら、それは、彼の上司が形式的にしろ自分のことで責任を取らされたことに対する、個人的なものにすぎないであろう。

このような儒教の影響による、自分の役割だけを考えて行動するという考え方は、集団行動の考え方にもなっており、すなわち集団の役割（目的）だけを考えて行動すればよいという考え方に発展していると思われる。そして、この考え方が、日本の集団を、極めて排他的なものとし、集団エゴイズムも、この考え方から出発しているように思われる。

もう一つ、実用主義の考え方が日本人にはあり、その影響は行動様式にも表れている。実用主義と形式主義は、逆のものであるともいえるが、日本人にあっては両立しているようだ。日本人は、問題が生じてくると、その原因を考えずに実際的な処理方法を考える。欧米では、その場合、原則から出発して結論を出す。では一体、日本人は、原則を持っていないのであろうか。いや、日本人も、やはり原則を持っている。その原則とは、どんな問題に対しても適用されるものである。すなわち、「何ごとも集団の利益のため」という大原則である。この原則は、日本人にとっての大前提であり、いちいち言い出さなくてもよいことである。これを念頭に置けば、どんな問題にも対処できる。

この理由から、あるいはこの原則があることから、日本には、何についても突然の変化があり得るのである。日本の企業のみならず日本の社会全体も、新しい問題にぶつかると非常な弾力性を見せ、一致した行動様式を示すのである。その典型的な例が、明治維新後および第二次世界大戦後の変化である。この変化は、企業レベルでは日常茶飯事のことだと思われる。そして、この変化に対する弾力性も、日本の経済発展の一つの理由であろう。

以上が、日本人の行動様式の理論であり、また、歴史を通じてみられた傾向でもあったが、第二次世界大戦後には、これらの行動様式にもいろいろの変化がみられた。特に、義務意識は薄くなり、権利意識が強くなった。しかし、人間の行動様式というものは、徐々には変わるであろうが、突然変わるというものでもない。今述べてきた諸点は、依然として日本的経営の背景にある大きな要因として考慮すべきであろう。

3　日本的経営

(1)　意思決定とトップ・マネジメント

最近欧米では、日本的経営に対する関心が高まってきているが、その中でも特に稟議制度が注目を集めている。P・F・ドラッカー教授が指摘しているように、稟議制度は、意思決定にかなりの時間を必要とするが、そのプロセスの中でさまざまな具体的問題が処理されているので、決定実施の段階では極めてスムーズにことが運び、組織内の調和が保たれる。このような制度は、組織のメンバー全員の参加によって意志決定が行なわれるので、欧米の企業においても好ましいものと考えられているが、実際のところ文化と意識の差が存在するので、この制度をそのまま欧米に導入することはできないであろう。

稟議制度が欧米の企業に導入できない重大な理由の一つは、おそらく日本と欧米の企業のトップ・マネジメントの構成の違いである。欧米では、トップ・マネジメントは、株主を代表する取締役会によって任命され、同時にその取締役会によって評価・監督されているので、その意思決定にしても、株主の権限によって、株主のために上からなされる傾向を持つ。

経営者の主な機能は、意思決定にあると考えられているので、欧米では、上から決定を下すことこそ、トップ・マネジメントの存在理由であると思われている。しかし、日本では、事情が相当異なっている。日本の企業では、社長や他の重役たちは、すべて順々に終身雇用と年功序列制に依り企業のトップに到達した人々であり、トップ・マネジメントは、株主を代表するという意識よりも、企業を構成する従業員の代表をするという意識のほうが強い。たしかに、トップ・マネジメントである取締役会を監督する監査役というものがタテマエとして存在するが、実際のところそのような権限を行使しない。また、株主総会にしても、その事実上のプログラムは取締役会でお膳立てしたものであり、企業の経営に対して何の力も持っていない。それに、取締役会を構成しているのは、年功序列というラインから見て、社長と社長の下位にある重役たちであり、そのような人々は、あまり率直に社長の経営方針を批判するようなことはしない。

日本企業の社長の名刺を見ると、つねに代表取締役と書いてある。それは、法的には企業を代表する、つまり外部に対して企業を代表する権限を持っているという意味であるが、同時に別の意味もあるようである。つまり、社長というものは、企業というピラミッドのトップに立ってすべてをまとめ、代表する役目があるという意味もあるようである。もしそうだとすれば、欧米の社長は、株主の目で上から意思決定を下すのに対し、日本の社長は、企業自体の目で下からの意思をまとめて決定を下すことになる。だから、このすべてをまとめる、あるいはすべての調和を保つという機能が、稟議制度のうちにあると思われる。

日本人は、問題にぶつかると、これを現実的に処理しようとするが、欧米では、まず原則から出発して原則的な解決をみいだし、次にそれを具体化する。このところに欧米と日本の基本的違いがあると思われる。日本の稟議制度によれば、現場の係が、それぞれ問題に焦点を合わせ具体的、現実的な解決策を提案し、それを書いた稟議書が廻される段階において、すべての関係者が自分の意見を付け加え、この具体化には問題がないか、あるいは自分の利害関係には問題がないかと確かめた上で、段々と稟議書はトップまで達するわけである。しかし、その場合、問題は会社全体の具体的な利害関係を調整した上で処理されることになり、決定後には、その実施はスムーズに行なわれる。欧米の企業の重役は、自分が決定を下したことがらに下から反発があっても、とにかく自分の権限を主張して実施を強制しなければならないと、よく愚痴をこぼす。もしも、日本で決定が上から一方的に下され、そして、それに対して下から反発が起これば、大変な感情問題に発展するだろう。日本の企業は、企業内の家族的一致を非常に大切にするので、企業内部に疎外される野党的立場のグループがいることを、企業内の調和の精神が弱められることから嫌う。たとえ反対者がごく少数であっても、時間をかけて根回しをして、彼らとの一致を得てから決定の実施に取りかかる。

ここで、この稟議制度の問題点を二つ指摘してみたい。第一の問題点は、責任所在の不明確さということである。日本の稟議書を見るとたくさんの判が押してあり、誰が責任者なのかはっきりせず、形式的には、盲判にせよ最後に判を押した人が最高責任者となる。このような制度においては、責任を取ることが初めから意識的に避けられていて、その稟議書の起案者の責任は、その上司によってカバーされ、そのカバーした者の責任は、そのまた上位の上司によってカバーされるといったように、各々の責任の重みは、段々と水増しされてうすめられ、結局は企業全体の責任ということになってしまう。その結果、集団意識とか集団思考というのが、企業内には生まれやすくなっている。なぜならば、共同意思決定の場合には、全員の一番共通しているところで、つまり集団利害のレベルで、全員で一致しているのだから、集団エゴイズムというものが生まれてくるのである。

もう一つの問題点は、やはり「形式的な責任を取る」という責任の取り方にあると思われる。稟議制度では、責任は水増しされ、盲判にしろ判を押して責任の水増しをした者が、その判に形式的な責任を取ることになっている。しかし、この形式的な責任を取るというやり方は、倫理観の形成には、あまりよくない制度だと思う。幸い、最近多くの会社で、起案者に責任の所在があると強調されているが、このような傾向は喜ばしいことである。組織が巨大化していくにつれ、責任の所在はますます不明確になるが、形式的に社長が外部に対して責任を取るのみで、起案者の個人的倫理責任が生じないということは本来あり得ないことであって、起案者は、自分の起案した事項について、社会人として個人的倫理責任を持たなければならない。このような個人的責任や個人の良心を重視する考え方は、今後、企業の社会的責任という課題がクローズアップされてくるにつれ、いっそう重要になってくるであろう。

(2) 終身雇用と売上高極大化

企業における雇用関係についての、アメリカでの典型的な考え方は、経営者は雇用と解雇の権限を持ち、従業員は労働に対して最大な賃金を要求するというもので、従業員は、企業に対して忠誠心を持つとか、あるいは企業の目標に関心を持つとかいうことを期待されず、労働組合にしても、企業が支払能力をもっているかどうかを問題にせず、賃金闘争を行なってきた。ところが、最近になって、労働者は、自分の属する企業に対し共鳴をもち始め、自分の職能や技術を通じて仕事に関心を示し、自分の働いている企業と長期的な関連をもちたいと考えるようになってきているし、また、事務系職員の中にもインフォーマル・グループが生じ、仕事の中に生きがいをみつけようとする傾向が見受けられる。

このような状況の中で、P・F・ドラッカー教授は、日本の終身雇用制度を理想的な問題解決策の一つであると考えているようである。もう八年ほど前になるが、Ｊ・Ｋ・ガルブレイス教授は『新しい産業国家』という本を著し、その中で、これからの法人大企業についての彼の考えを述べている。

すなわち、成熟した法人企業は、自己中心的な利害傾向を持ち、企業の外にいる株主の利害を必ずしも企業の第一目的としない。そして、企業はその中に三つのグループを含むのである。そのうち、企業に対し共鳴する度合の最も少ないグループが、労働者である。労働者は企業よりもむしろ組合に共鳴しており、また、単純な仕事自体にも興味を持てないので企業に対して忠誠心とか共鳴心をみいだせないのである。労働者よりも企業に対して共鳴している二番目のグループは、事務系および技術系の職員である。彼らは、仕事に張合いを持ち、組合にはそれほど関心を持っていない。成熟した企業構造すなわちテクノストラクチャーの中心に存在する第三番目のグループは、重役たちである。彼らは、専門経営者として企業を自分の考えに適合させ、企業の成長を自分の成功として考え、社会からもそのように評価されている。

しかし、三つのグループのいずれも、ともに自分たちの生活の安定や社会的評価が、企業の安定した成長を通じてのみ得られることを知っている。それゆえに、成長そのものが第一の目的とされている。ところが、イデオロギー的には依然として経営者が企業の利潤極大化をねらうと主張せざるを得ない。なぜかというと、経営者の権限は、所有者のために「上から」くるからである。

このガルブレイス理論は、日本において妥当性をもっている。日本とアメリカの企業を比較すれば、このことははっきりとしてくる。日本の企業の利潤率は、アメリカより低く、その代わり成長率は高くなっている。このような日本企業の素晴しい成長率は、日本企業がつねに売上高極大化を目指してきたことによって実現されたのだが、純粋経済的なものが、その大きな理由の一つとなっている。第二次世界大戦後、日本政府は、積極的な経済成長政策を取り、その結果、金融は緩められ、企業は安い金利の資金を利用して積極的な設備投資を行ない、急成長していった。大企業でも回転資本の八割まで借入金で賄うことができたとすれば、企業のトップが、株主のヒモ付きの金ともいえる、そして調達困難な資本金による（増資による）よりも、容易に調達できる借入金によって資金調達を行ない、積極経営を押し進め、自分自身にも関係のある成長率に関心を示したのは当然のことであろう。なぜなら、利潤率は、株主のためのものであるが、成長率は、企業に属する全員のためのものだからである。

この売上高極大化には、もう一つ重要な理由が、人間のレベルで存在した。それは、終身雇用制度に起因している。終身雇用制度においては、従業員が一致団結して、チャレンジに応えるということは重大なファクターになっている。モーレツ社員は、自分の会社に非常に強い共鳴感を持ち、競争相手の大企業に対して大変激しい競争心を持っているが、そのような競争相手からのチャレンジは、企業の集団意識を強め、企業内を家族的団結でまとめた。考えてみると、多くの日本の企業の営業活動は、経済団体というよりもスポーツ団体といった感じがする。国民はプロ野球のファンになって、それぞれのひいきチームを応援するようなムードで、日本の大企業の成果をみてきた。その中には、企業におけるスター・プレイヤーの人気コンテストさえあり、例えば、財界のベスト・ワンは松下幸之助であり、ベスト・ツーが土光敏夫というように、スター番付が関心の的となっているようである。多くの大手会社の社長は、単なるチームの監督とかコーチということで、あまり名が知られていなくても、チームとしての会社は有名であり、スポーツ・チームのようにがんばった。各社にモーレツ社員がおり、彼らは応援団のように社歌を歌い、市場の制覇を目指した。そのような状況のもとでは、「貴社の利潤率は何％か」という質問は無視された。売上高極大化のみ、すなわちマーケット拡大のみが問題であった。社内でも、各部あるいは各課間で営業成績の競争が行なわれ、一番には賞を与えるというような方法で、仕事への強い動機づけを行なった。

しかし、このような競争的、スポーツ的アプローチにより生じた極めて強い集団の団結性は、いくつかの問題を引き起こしたと考えられる。その一つは、エコノミック・アニマルというニックネームと関連した事柄であろう。私は、このニックネーム自体好きではない。エコノミック・アニマルというニックネームは、外国人によってつけられたものであるが、これを大きく取り上げたのは、そうよばれた日本人自身であった。こうよばれた理由は、日本人が外国人より物質欲が強いとか利己的であるとかいったものではなく、別の意味からだと思う。私の考えでは、それは、一人ひとりの個人が完全に経済集団たる企業に吸収・同化されて、その中で一日中行動することからきていると思う。

欧米では、仕事場あるいは職場を離れると、それぞれ別の集団に、例えば友人のグループ、スポーツ・クラブ、教会、あるいは親類の集りに参加し、その中での話題も仕事についてではなく、政治、文化、あるいは趣味についてである。ところが、日本の場合、一人ひとりが全人的に経済集団に入ると、他の集団に参加するチャンスが失われる。会社側としては、できるだけ人間的なニーズを供給する努力を払う。従業員は、このように経済集団の一員になるとすぐ、その経済集団の目標を自分の目標にするべく、あらゆる研修会を通じて教育される。なお、学校制度自体が、ある意味で経済集団のための偉大な人材供給のベルトコンベヤー・システムとして評価される恐れさえある。このベルトコンベヤーにいるあいだには、学生が非経済的な目標を持つことができるが、会社へ入ると、早速完全に「転向」させられる。経済集団の影響は、構成メンバーの余暇活動までに及ぶのである。その中での話題も、同じ企業に勤めている者同士であるため、仕事上のことについてであり、企業の経済的目標から離れることは非常に困難となっている。おまけに、日本人は社交的ではなく、知らない人と話すことにためらいを覚えるので、仕事関係以外のところで人と交際することがますます難しくなっている。

ボウリング・ブームが去っても、依然としてパチンコは根強い人気を集めているが、その理由の一つは、都会で帰宅途中に三〇分でもパチンコをやれば、パチンコの玉だけを見ることによって、社会とは完全に孤立した自分だけの世界がつくれることではないかと思われる。パチンコの世界では、会社のことも忘れてよいし、隣に立っている他人とも話す必要はないから、日本人にとっては、極めてリラックスできるのかもしれない。

もう一つ、この関係で考えられるのは、日本人のサラリーマンは、すべてユニフォームをもっているような感じがあることである。日本人のサラリーマンは、ほとんどといってよいくらいグレー系のダーク・スーツを着ており、その結果、ダーク・スーツを着ると誰でもサラリーマンのように見えてしまう。日本人の圧倒的多数は、経済団体に所属しているので、日本におけるメンズ・スーツが大変保守的になっている。このために、外国において、日本人がとても目立つ。日本国内において、スーツに少しでも個性を生かすとすぐ目立ってしまう。これは、やはり従業員社会の一つの局面とも思われる。外国では、各個人はメンズ・ファッションに自分の個性を生かすことができる。スーツを選ぶ際に、自分の所属している経済団体のことまで気にする必要はない。

このパチンコとファッションの例は、少々皮肉に過ぎるかもしれないが、日本人が企業の外にいても、その企業から離れられない現実をよく示唆していると思われる。

(3) 年功序列制とゼネラリストの採用

年功序列制度は、終身雇用制度とともに、日本的経営の代表的特徴であるといわれているが、欧米の企業でも、その職務が複雑化するにつれて、組織は官僚化し、定期的昇給は制度化し始めている。戦後、アメリカの経営方法の導入が試みられたとき、能率給制度も日本に紹介され、多くの企業が導入しようとしたが、制度的不備および労働者の団結を崩すものだとする労働組合の反対により、あまり定着化しなかった。それとは逆に、労働組合は、戦前は職員のみに適用されていた年功序列制を含む終身雇用制度を、民主主義の平等のタテマエから労働者一般にも適用するよう要求した。

欧米で能率給制度が成立している理由は、戦後日本で使われる平等という概念が、「結果の平等」を意味しているのに対し、欧米の平等という言葉が、「機会の平等」を意味しているからだと思われる。すなわち、個人は、出発点においてそれぞれ平等な機会を与えられており、その結果が不平等になっても、それはそれぞれの能力差あるいは努力の差なのであるから仕方がないと考えられている。このような考え方が、能力給制度の背景には存在しているのである。一方、日本の給与制度は、生活給の形を取っている。これは、生活に必要な給与だけを支払い、職務は個人の能力に従って決める制度で、その結果、生活費がたくさん必要になる高年齢者は、その能率が悪くなるにもかかわらず高い給与をもらうことになる。このような制度は、能率だけで物事を決める社会では成立せず、全人的雇用関係が存在できる家族主義的社会にあって初めて成立する。すなわち、どの時点でも一生懸命働く代わりに、必要なときには必要な分だけのものを支払ってもらうという考え方が、この制度の根底にある。おもしろいことだが、この考え方は、全く発想の次元が違うマルクスも表明している。すなわち「人は自分の能力に従って働き、自分の必要によって分配される」と。

しかし、給与が直接職務と関係していないと、職務すなわち仕事に対する動機づけは報酬によって行なうことはできず、前述したように、集団からの期待、圧力あるいは企業に対する共鳴心に依らなければならない。このように、年功序列型給与体系も、日本の集団主義的考え方の背景があって初めて成立しているのである。

日本の企業にも、職能によって採用されたスペシャリストたちがいるが、ほとんどの人々は、ゼネラリストとして採用される。採用後、何かのスペシャリストになっても、その技術とか職能は、企業によって与えられたものであり、自分のものというよりはむしろ企業のものと考えられている。自己紹介するときに、欧米では、「私は経理のスペシャリストである」とか「私は技術者である」とかいい、たまたま自分が働いているのは何々会社だという。しかし、日本では、第一に自分の所属している企業の名前をいい、次に課長とか係長という職務名をいうが、自分の職能について触れないことが多い。

なぜ日本の企業は、ゼネラリストを採用するのかという問題については、さまざまな見解がある。例えば、経営者はすべてを知るゼネラリストであらねばならないから、ゼネラリストを採用するとか、日本には全人的ということをよいことだとする伝統があるので、ゼネラリストを採用するとかいった理由がいわれているが、実際のところ、各企業は各々の技術や経営制度を持っているので、その独自なシステムに柔軟に適応できるゼネラリストを採用するのであろう。そのために、日本の企業は、さまざまな研修制度を持っていて、ゼネラリストをスペシャリストに変えているし、また、ある仕事のスペシャリストを他の仕事のスペシャリストに再教育したりする。すなわち、日本の企業では、個人は一つの決まった職務を持たず、教育研修制度を通じて、さまざまな職務に就く。このようなシステムは、各個人に、多方面から見る視野を与え、問題に対して柔軟な対応を取らせ、企業自体をフレキシブルなものとしているし、また企業内で合理化が行なわれる場合も、各個人がそれまでの仕事に執着せず、それに対する反対が起きないようにしている。ある意味で、このゼネラリストの採用は、スペシャリストで構成されている集団が、各々の職務の縄張りだけを考えて全体のことを考えず、バラバラになる恐れを持っているのに対し、各々が決まった職務を持っていないために、企業内が一致団結する傾向を促し、企業集団主義の傾向を促している。

話は飛ぶが、日本の学者は、専門家とよぶよりはむしろ専攻家とよんだほうが適当だと思われる。日本の大学院教育を例にとると、そこでは研究分野が非常に細分化されている。経済学についていえば、修士課程においても、金融論とか国際貿易論という各論だけを専攻し、経済学全体についていては大学生の一般常識程度しか知らないので、経済全体に新しい問題が浮び上ってきた際にも総合的なコメントができず、「私の専門でないから」といって逃げることになる。一方、アメリカの修士課程や博士課程では、非常に幅広い研究アプローチを取っている。私自身、ハーバード大学の博士課程で博士号を取得したが、そこでは経済全般について研究をしなければならなかった。日本に来たとき、よく「何が専攻か」と聞かれ、「経済学です」と答えると、「経済学のうちの何だ」と再び聞かれた。しかし、たまたま博士論文を「日本の企業家精神」というテーマで書いたため、現在、私は日本では「経営史」専攻となっている。

このように、アメリカの学者は、幅広い研究アプローチから幅広い視野とフレキシブルな考えをもっているので、新しい問題に対処でき、新しい理論をよく生み出すのである。それに対して、日本の学者は、創造的な理論を導き出すのが苦手のようだ。すなわち、日本の企業とアメリカの学界は、ゼネラリストというアプローチをとり、それに対して、アメリカの企業と日本の学界は、スペシャリストというアプローチをとっているといえよう。

(4)　階級社会か、集団社会か

欧米の先進諸国では、充実した義務教育制度が目覚しい所得向上を導き、今では、階級というものを人々が意識しなくなっている。つまり、ほとんど無料に近い義務教育は、人々に、社会的向上の道を開いているので、人々は自分が努力さえすれば、どんな階級にでも属することができると思っている。そして、所得の向上は、国民全体を中産階級にしてしまった。労働者も、言葉では自分はプロレタリアートだといっていても、意識では中産階級に属している。しかし、ヨーロッパには、企業内において「階級」が存在している。つまり、ヨーロッパの大学制度では、日本の学士というものがなく、学生は、日本の大学院の修士課程程度の課程を卒業するので、大学卒業生は、日本の場合のように極めて一般的な仕事から始めるのではなく、すぐに管理職となり、将来はトップ・マネジメントになることが期待されている。一方、大学を卒業していない人々は、精々がんばってもミドル・マネジメント止りとなる。この歴然とした格差が、企業内に階級をつくり出しているといっても過言ではないだろう。そして、この二つの階級間には、「上からの決定」をする者と、される者の対立も生まれてくる。

日本では、大学卒業生は、一応、同じレベルの職や地位に就く、つまり「役なし」の平社員として出発することになり、一応、トップ・マネジメントまで出世できる道が開かれている。このため、現在トップ・マネジメントの地位にある人々も、このような過程を通ってきているので、下に働く者の気持ちが分り、社員の纏め役となることができる。

このように日本企業の中においては、階層はあっても階級はなく、階層間には対立がない。春闘のときには、平社員たちは、強い姿勢で管理職と対決するが、それは家族の内輪喧嘩に似ている。家族の内輪喧嘩は、感情的に激しい言葉を交わすが、すぐ終わり根を後に残さない。日本企業における春闘時の労資対立もそれと同じだといえる。労資は、どちらも同じ釜のメシを食っている、企業一家の一員なのである。

日本において、階級が存在している集団は、唯一国の機関だけのようである。国の機関は、競争相手がいないため集団内団結がなく、親方日の丸という言葉で象徴されているように集団内で対立して喧嘩になっても、企業のように収益がなくなってその集団自体が潰れてしまい集団全員が路頭に迷うことがないので、その喧嘩は長びいてしまう。また、集団内に対立が生ずるのは、国家公務員は、高等試験によって初めから、トップ（支配する者）と平《ヒラ》（支配される者）に分けられていて、しかも、そのトップすなわち高級官僚は、中央から派遣されるので、現場に働く一般公務員の気持を汲んでやることができないからである。そして、対立する場合にも、一般公務員にとって相手は、その集団の持主である政府となる。すなわち、政府を相手に対立するのだから、当然のこととして、その態度は野党的となり、結果的には、「何でも反対」の態度を取る。例えば、最近の国鉄労働者の一連の動きがそうである。

4　企業と社会

(1)　大企業と国家——古い結婚——

最近、大企業と政府との癒着がしばしば批判の的となっているが、日本におけるそれは、日本経済の特徴の一つであるばかりでなく、その急成長の理由の一つにもなっている。アメリカでは、もともと大企業（ビッグ・ビジネス）と政府は対立関係にあったわけだが、戦後は次第に協力関係を樹立していき、現在では癒着関係にまで発展している。アメリカにおけるこの関係は、まず冷戦を背景としたペンタゴンと軍需産業から始まった。アイゼンハワー元米大統領は、その職を去るとき、国民に「産軍複合体」の行き過ぎに対して注意するように述べている。また、ソ連が一九五七年一〇月四日に一個の金属塊を宇宙に打ち上げて以来、アメリカ政府は、健全財政を犠牲にしてまで、宇宙開発計画を押し進め、それ以後、ビッグ・ビジネスと政府との関係はますます密接したものとなってきた。

このようなアメリカにおける政府と企業との関係は、日本におけるそれと比べると、新婚時代とよぶべきかもしれない。なぜなら、日本においては、明治の初めに、政府は政商とよばれる民間企業（者）と結婚関係を樹立しているからである。後に財閥を形成したものが多かったが、三井や三菱などの政商が、なぜ政府から援助を得たかというと、彼らは、タテマエとして国家のために企業活動を行なったからである。このようなタテマエは、終戦まで続き、その政府と企業との関係もそれまで続いた。戦後、国民の第一の義務は、戦争で破壊された経済を復興させることであるとされ、結果的にその担い手は大企業ということになり、政府は、国民経済の復興を援助するという関係から、政府と大企業の結婚関係は、終戦後も続いたのである。

経済復興が終了した段階で、経済成長ということ自体が、敗戦で失った国民の自信を経済成長の中で取り戻そうとする願いから、国家の目標となってしまった。例えば、本田宗一郎氏は、経済成長や輸出をもって全世界に日本人がいかに健全な国民であるかを示すべきだというようなことを発言している。このようにビッグ・ビジネスの経営者は、経済成長を支える企業成長を通じて、国家の目標に従い、国民に奉仕してきた。あるいは、それによって経営者としての社会的責任を果たしたと自己認識してきた。この段階で、すでに企業は、株主のための利潤極大化を目標とせず、成長極大化を目標とし、経済同友会の言う「公の機関」と化していた。企業に働く者は、企業成長を通して経済成長を押し進め、国家に奉仕するという倫理意識をもつようになった。すなわち、国家目標である経済成長・GNP追求は、国家と大企業の結婚関係を継続させたし、その関係こそが、日本の素晴しい経済成長を可能にしたのである。

日本には、極めてユニークな存在である「財界」という経営者グループがあるが、その中には、戦前の政界の元老に似た「財界のトップ」とよばれるリーダー・グループがある。彼らは、政府と協力し、政府の主催するさまざまな会議を通じて政府の経済政策に影響を及ぼし、また、経済界での纏め役になっている。口の悪い人によれば、財界のトップたちこそ、日本経済を動かす第二の日本政府であるそうである。

また、日本の大企業と政府の癒着を示す代表例ともいえる現象が、「官僚天下り」である。歴史的には明治の初期からあり、人材不足に悩んでいた当時の大企業にとっては、政府から優秀な人材を手に入れることは有利なことであり、それは日本近代化にも一役買っているので評価できたが、現在のそれは、天下りした官僚の後輩たちが残っている役所から、何かしらのメリットを受けることができることを前提としてなされているので、政府と企業の癒着関係以外の何ものでもないであろう。

しかし、現在のように経済が低成長時代に入ってくると、国民の目標は経済成長以外のところに、つまり社会福祉の充実に移ってくるので、これまでのように国家の目標を、政府と大企業との結婚関係を通じて、達成することが可能かどうか疑問になってくる。いままでどおりの関係では、「癒着」以外の何ものでもなくなるであろう。この「癒着」関係を正す大事業は、ひとえに国民の双肩にかかっているると思われる。

(2) 中央集権主義

明治維新後、近代化を始める前に政府は、政治の中心を東京に移し、それにつれて経済の中心も大阪から東京に移った。日本の近代化は、政府の主導のもとに行なわれたので、政治、経済、教育、文化すべて東京がその中心となり、日本のビッグ・ビジネスにしても、政府との密接な関係を必要としたので、その中枢である本社は、政府の本拠がある東京に所在せねばならなかった。こうして、何についても東京中心の中央集権主義が生まれ、何をするにも東京の意向を聞かなければならなくなった。あるいは、何かするためには、東京へ行かなければならなくなった。それは、ある意味でいまだに江戸時代の参勤交代の行列が続いているようなものである。例えば、名古屋は二〇〇万人以上の人口がある大都市であるが、さまざまな面で東京にあるものがなく、仕方なく東京へ行く人が多い。幸いに、現代の参勤交代には、新幹線という乗物があり、便利にはなっているが、このように便利になったことが、ますます東京中心の風潮を強めている。このようなことが、東京を超過密都市にさせた理由の一つであろう。

企業におけるこの中央集権主義制度は、何でも本社中心に動くという弊害をもたらした。大企業は、地方にどれほど大きな工場や支店を持っていても、その工場長や支店長にはそれほど大きな権限は任されてはいないので、少し大きな問題となると本社決裁ということになる。そして、その問題が、地元のことに関してであっても同じことである。彼らは、多くの場合、妻子を置いて赴任してきているし、そうでない場合でも、赴任地に長期間にわたって住んではいないし、これからも長期にわたって住まないと思っているから、地元の問題を長期的な目で見ず、その解決に関心を示さない。それに対して地元企業は、その問題に関して積極的な姿勢をみせる。このような中央集権制を持つ大企業の性格、すなわち工場や支店のある地域を重視しない性格が、公害等の問題を引き起こしたのである。

日本における中央集権主義の隆盛には、政治的、歴史的理由のほかに、もう一つの理由があると思われる。それは、東京大学を頂点とする教育ピラミッドに起因する。東京大学は、政治と大企業にエリートを供給する機関となっているが、そのエリートである東大の卒業生たちは、どうしても中央から社会を見る傾向があり、その傾向が政府および企業に反映され、中央集権主義が強められている。また、このエリートたちは、一般に政府および企業の中枢部で働くが、その能力は高く、その中枢部で問題を処理することが最も効率的である。そのため、中央（＝中枢）集権主義にいっそう拍車をかける結果になっている。

(3) 企業批判――一九三〇年代と現代――

オイル・ショック以来、大企業は世論の批判の的になっている。このような状況は一九三〇年代初めにも展開された。いずれも、企業のエゴイスティックな行動が公の利益を侵したという理由によっている。しかしながら、これらの年代の異なった企業批判は、それぞれ違った背景から出てきているので、それについて論じてみよう。

一九二〇年代の不況を通じて、財閥は、数多くの企業を吸収していき、その力は絶大なものとなっていった。また、大正デモクラシーにより出現した政党政治は、次第に不活発になっていき、自らの利益と結びつく政治的利権を獲得するために財閥は、三井が政友会を、三菱が民政党をというように、それぞれ政党を牛耳っていた。元来、三井にしても三菱にしても、政商というものは、タテマエとして「国家のために」企業活動をしたはずであるが、大正時代に入り国家の確たる目的がなくなると、彼らは「自らのために」企業活動をするようになってしまった。すなわち、小さいピラミッドが、大きなピラミッドを忘れてしまったのである。

しかしながら、世論は国家を忘れていなかったのである。例えば、三井銀行の池田成彬には次のようなエピソードがある。あるとき、彼が「貴方にとって日本と三井とどちらが大切ですか」と聞かれて「三井」であると答え、世論からゴウゴウたる批難を浴びたことがあった。すなわち、国民にとっては、国家こそ第一に考えるべきものだという考え方は、当時いまだ動かしがたいものであったのである。そして、大々的に財閥が批難され、三井の大番頭である団琢磨が暗殺された原因となったのは、三井銀行のドル買い事件であった。一九三一年に、民政党内閣は解散し、政友会の組織した内閣は金本位制停止を行ない、円を大幅に切り下げ、通貨管理および輸出振興政策に踏み切ったが、政友会に近い三井は、金本位停止直前に円売り・ドル買いを行ない、膨大な利益を得た。住友と三菱も、規模こそ小さかったが三井と同様なドル買いを行なった。このように政治と密着したことにより暴利を得た財閥の行為は、特にそれが円売りという売国的行為であるという理由からも、世論の批判の嵐を巻き起こしたのである。

このように、一九三〇年代の財閥や大企業に対する世論の批判は、集団エゴイズムや利己的な利潤追求についてであった。それに対し現代の、オイル・ショック以来の大企業、特に大手商社に対する批難は、三〇年代のそれと類似した面も持っているが、異なっていた。その基本的な相違は、三〇年代には国家中心主義に対する大企業・財閥の背信行為があったのに対し、戦後の大企業は、国家目標であるGNP追求を自らの目標として成長し、その際、弱者である消費者および地域住民の利益を犠牲にしたことである。換言すれば、現代の大企業に対する反発は、同時に中央集権主義プラス国家ぐるみのGNP追求に対する反発である。三〇年代の企業批判は、ミクロ・ピラミッドである大企業が、マクロ・ピラミッドである国家に奉仕しなかったことに原因があったが、現代のそれは、大企業という閉鎖的ミクロ・ピラミッドが、弱者を各ミクロ・ピラミッドの外に取り残したことが原因となっている。三〇年代がタテの義務を尊重したのに対し、現代は弱者の権利意識の目覚めの時代である。

一九三〇年代の財閥転向に相当する現代の大企業の転向は、本社を中心とする中央集権システムから、企業を取り巻く消費者や地域住民と融和するシステムに変わることであろう。しかし、巨大コンピュータの導入による経営のセントラル・システムが主流を占める現代のような時代では、このような転向は難しいことであろうと思われる。

5 今後の課題

(1) 日本企業の多国籍企業化

日本企業は、今後、否応なしに海外進出の度合を強め、生産拠点、販売拠点を国外につくっていかなければならないであろう。私は、日本企業の海外、特に東南アジアへの進出は、南北問題の解決の糸口として重大な貢献となり得ると思う。先進国から発展途上国への経済援助は、政府間のレベルだけではとうてい間に合わない。民間企業の直接投資をともなう技術や経営能力等は、重大な発展の要因として必要である。ところが、日本企業の海外、特に東南アジアへの進出のスピードは恐ろしくなるくらいである。その進出のインパクトを慎重に考えなければならない。まず、いえることは、日本的経営はアメリカの経営方式に比べれば東南アジアの人々に適合的で、移植可能性は高いのではないかということである。フィリピンやインドネシアには、ゴッド・ファーザー・システムや、ファミリズムが強く存在していて、西欧的な個人主義が根づきにくいことはすでに明らかである。労務管理のモデルとしては、日本の集団主義のほうがよいモデルになり得るのではないであろうか。現在の日本では集団は血縁ではなく、むしろ機能的な所属意識によっているから、東南アジアと全くイコールではないが、やはり終身雇用的な考え方が少なくともアメリカのシステムより適合的で、東南アジアの人々が働きやすく、また東南アジア独自の経営システムをつくる上でも、よい参考になると思う。

しかし、これまで日本人は、アジアの一員でありながら、つねに脱亜指向で欧米にのみ顔を向け、欧米諸国のみをモデルとし、アジア諸国をあまり高く評価してこなかった。今後もアジア諸国を遅れた国として軽蔑する危険性はあるであろう。かつて明治の頃の日本は、こうしたことに敏感で、しきりに「和魂洋才」といい、技術は外国のほうがよいが、精神は日本のほうがよいのだと考えた。これはどこの国でも基本的には同じで、こういう考え方をもたないと自尊心を失ってしまうことになる。事実、フィリピン、インドネシア、インド等々、どの国も立派な文化的遺産をもっているわけで、それを日本が評価せず、頭から軽蔑してはならない。そのような文化的、民族的遺産こそナショナリズムの源泉で、それを無視することは危険なことであると思う。その点では、まだアメリカの多国籍企業のほうが経験を積んでいるかもしれない。

さらに、前に触れた、国内での中央集権的企業構造が、そのまま海外にもち出され、皆本社を向いたまま、現地で仕事をしているという傾向が多くの報告で指摘されている。そういう点で、名古屋支社とマニラ支社とは同じ問題を抱えている。こうした欠陥は、中央集権システムでは解決できない問題であろう。現地の人々の登用、経営参加という問題も、この中央集権システムとの関連で考えられねばならない。たとえ将来、現在ある日本人と現地人労働者との格差が取り払われ、さらに現地の人が支社長、また現地企業のトップになる日がきたとしても、今の中央集権システム下では、彼は無力であろう。本社には彼の主張を理解する人的つながりがないわけであるから。したがって、現地の人の経営参加という問題は、非常に困難な問題である。現地の人を、東京本社の重役にすえることが日本企業にできたときはじめて、その企業は現地に根を下したといえるのではないであろうか。

多国籍企業化に関連して、もう一つの問題がクローズアップされる。これは、日本の教育制度が十分に国際交流に役立っていない点である。たしかに日本政府は、国連大学を日本に設立させるために努力を惜しまなかった。しかし、この国連大学は、実質的な教育の国際交流にほとんど影響をもたないであろう。日本のほとんどの大学が（上智大学、その他の少数の大学を除いて）、外国人を正規学生として迎えることができない。これは言葉の問題と大学の閉鎖性のためだと思われる。政府の方針としては、できるだけ東南アジアの人々に日本への留学を奨励するが、国立大学には留学生向きの英語でのプログラムは非常に少ない。しかし、留学生が国立大学に入った場合には、寮にいたるまでの一応の面倒がみてもらえる。私立大学では、留学生向きの良いプログラムを計画しても、学費、寮施設などさまざまな困難な問題があり、そのための国からの援助はほとんどみられない。ところが、これらの問題は、外国人留学生だけではない。日本企業の進出国から戻る社員の子弟も、また同じ問題に直面する。企業側からみて、日本人の経営者は、できるだけ長期間外国に滞在すべきである。本来ならば、あるいは永住が望ましいかもしれない。日本人がこのように長期間、外国に滞在すれば、その子弟は多くの場合、外国の学校に通わざるを得ない。それ自体は教育的にプラスとして評価すべきだが、日本に戻ったときに、日本の学校に非常に入りにくくなる。入学試験が難しいということが唯一の理由ではない。教育の内容まで問題が広がっている。いずれにしても、日本企業がハイスピードで多国籍化されることにともなって、教育の問題が深刻化することは必至である。このような問題に対処するためにも、企業側の積極的な姿勢が望まれる。

(2) 安定成長時代に向かって

私は、これからゼロ成長時代が始まるとは信じない。発展途上国のニーズがますます大きくなるにつれて、やはり先進国も資本材の輸出のみならず、相互的な関連性からともに成長しなければならないであろう。

しかし終戦後以来の高度成長時代には終止符が打たれた。このこと自体は、ネガティブな結果を持つだけではなく、ポジティブな結果もみられるようになった。多くの人々は、単なるケチケチ運動で応ずるだけでなく、精神文化の回復をよびかけている。たしかにGNP追求に夢中になった日本社会は、それに比例するようにマテリアリスティックになっていった。古い伝統の美徳である義務感や忠誠心が薄れてきて、若者は、彼らに与えられている豊かな生活に対する感謝を忘れ、ますます多くの要求をするようになった。消費水準が上るとともに、売上高極大化の努力の結果として、広告が氾濫するようになった。時々、テレビのつまらないコマーシャルを見ると、本当に不愉快になる。消費や欲望を奨励するあまりにも程度の低いコマーシャルは、有害な精神的影響を国民に与えると思う。特に街角で病院・医院の大きな広告を見ると、私は遺憾に思う。これは私が外国人であるから感じるのかもしれないが、欧米諸国で医者の広告を見かけたことがない。医者というのは、自分から宣伝する職業ではない。世話をした患者の評判に頼るべきである。医者、宗教人、弁護士等、困っている人々を世話する職業は、真正面から資本家的利潤追求の態度をみせるべきではない、というのが欧米の考え方である。街の産婦人科医や他の医院の大きな広告を見るたびに、苦しむ病人を、あまりにも露骨に金儲けの対象として扱っているように感じられてならない。社会全体から考えた場合、精神文化が高められたのであれば、安定成長への切替えは歓迎すべきものであろう。

これからの安定成長時代において、企業はいくつかの新しい問題に直面すると思われる。まず第一に、庶民からの企業に対する批判的姿勢がしばらく続くであろうし、また企業の内部からの若いサラリーマンの不満や、不安が経営者の頭痛の種にもなる。今までの脱サラリーマンという現象はわずかの人に限られていた。また、長髪やジーパンで表現された既存の体制に対する批判は、経済集団社会日本にほとんど影響を与えなかった。しかし、最近の公害問題から発生した新しい国民意識や、強い福祉増大への要望が、企業自体に微妙な影響を与えるであろう。

これからはたして、今までの売上高極大化、「追いつき、追い越せ」の閉鎖的経済集団の行動様式が続け得るであろうか。一方、終身雇用や年功序列が残るかぎり、国民一般の賞賛を受け得る、社員を団結させる新しい目標が必要となる。では、企業にとって売上高極大化のほかにどのような目標が与えられるか。考えてみると、企業は地元の人の労働力を利用するのみならず、ローカルな外部経済、道路、水道、また学校や公園まで利用する。地元の外部経済に対する還元は、当然、地方税で具現されるが、しかし、これからの多元的な福祉や環境改善から生まれるニーズやチャレンジに、企業、特に大企業がさらに直接的に貢献できる可能性がある。今後の「福祉時代」において「人間のための経済」となるために、福祉政策をすべて国家や官僚制度に任せてはならないと思う。なぜなら、福祉国家では、人々の要求が国家に集中し、ますます中央集権社会になり、個人のイニシアティブが弱くなる。真の福祉社会はできるだけローカルなイニシアティブを利用すべきである。このような福祉へのイニシアティブには、企業が参加すべきである。この課題のために、企業は資本力のみならず組織や経営能力を貴重な要因としてもっている。アメリカでは、企業の社会的責任の範囲について真剣に議論されている。企業の地元のコミュニティとの関連性、またそのコミュニティへの直接援助が、日本よりはるかに積極的である。アメリカの一流大学や病院はほとんど私立で、その財政的バックの大部分は一般市民と企業の直接援助による。日本の私立学校制度は、国有化あるいは官僚化を逃れるため、どうしても、市民や企業のより積極的な姿勢を必要としている。

最後に、私は一言を付け加えたいと思う。この小論文のなかで私は、日本人の行動様式や日本的経営について相当批判的な言葉を書き、また日本の特徴をしばしば誇張してきた。このような書き方は、問題をクローズ・アップするため場合によっては止むを得ないが、事実はもっと複雑である。日本人の行動様式や企業の経営の実情は、ここに書いたとおりではないと承知している。だが、全体を通じて前述したようなパターンが認められる。そのパターンから生じた弊害を誇張し批判しすぎたとすれば読者のお許しを乞う。私のこのような批判は、外国人として一八年以上の日本滞在から得た、日本社会への深い関心と尊敬から生ずるものと理解していただきたい。究極的には、日本の社会や企業は、新しいチャレンジを迎える素質をもつのみならず、外国へも多面的に貢献をする使命を持っていると、私は信じている。

「会社資本主義」社会における所有意識と勤労意識

1 序論――資本主義の発展と「協働」――

一八世紀中頃のイギリス産業革命に始まる資本主義社会の成立は、一つの社会を、それまでの農業や商業を中心とした社会から、工業を主軸に据えた社会に変容させてしまった。

このため、工場や企業は、一つの社会の政治・社会問題や日常の生活様式を規定する経済機構の一つとなり、経済生活のみならず社会生活においてもその中心的な存在となった。

他方、資本主義社会の発展は、その資本蓄積過程を通じて、生産手段を所有する資本家階級と、それを所有しないために労働力を商品化せざるを得ない労働者階級という、二つの階級への分化を促進するとともに、両者の対立を激化させていった。

この結果、労働者階級の窮乏化という現実に直面して、政治的・経済的な解放を求める自由主義運動が進められるようになった。

ことに、民主主義や社会正義および個人の権利といった新しい思想が、時代の風潮として批判的な精神を醸成していった。なかでも、この時期、批判的な精神の倫理的な基盤として、キリスト教の人間観に立脚した「人間の尊厳」

(human dignity) の確認が提示されたことは注目される。

「人間の尊厳」という教えは、「人間は創造主である神の想像力でつくり上げられたものであり、ただ単に創造主を想像し得る被造物に止まるものではない」という信念を究極的な根拠としているため、人間を「人権」の客体としてではなく主体としてみるべきこと、そして、人間を外的な目的を果すための手段とみなす考え方を拒否すべきこと、という二つの立場の堅持が要請される。

また、この教えは、個人の利害と社会の利害との間に生じる緊張関係を、共通の信念に基づく倫理観に支えられた補完的な関係に(さらには、新たな総合にまで)創造的に発展させることを要請する。

さらに、この教えは、「人権」を「人間の尊厳」を尊重せねばならないという人間に課せられた義務とみなすため、個人の権利の不可侵性を積極的に擁護する一方で、その絶対的な許容については厳しく戒めている。

したがって、「人間の尊厳」の確認では、個人の権利の意義のみならず、それに付随する義務の意義をも確認すべきことが強調されている。この結果、和・善・愛・正義といった、自然的な人間の観点を越える、超自然的な神の観点に立脚した倫理観の確認が要請された。

加えて、「人間と対面する他者」といった現実に対しては、以上のような倫理観に基づく「人間共同体」の再構築が求められた。

しかし、現実には、「人間の尊厳」の確認を求める批判的な潮流も、漸進的な改革の過程を開かせる契機の一つにはなりこそすれ、それが本来目指していた権利と義務との均衡に基づく「人間共同体」の再構築には至らなかった。否、むしろ欧米諸国でみられた資本主義社会のその後の発展過程をみると、個人の権利の問題が、義務の問題から切り離されて、社会勢力の干渉から個人の領域を守る問題として理解されるようになったため、「人間の尊厳」への関心は、人格の尊厳という美名のもとに、権利と義務との不均衡をもたらすエゴ中心の利己主義を助長する結果を生んでしまった。

この結果、工場や企業は、ますます経済・社会生活の中心的な存在になっていったが、逆に、そのなかに資本と労働の対立という拭いきれない困難を抱えることになった。

労働は、もはや人間を人間的たらしめる「仕事」ではなくなり、単に生活手段をえる「苦役」に過ぎなくなってしまった。このため、労働そのものからえる人間的な喜びは極めて限られたものになり、労働者が人間的たらんと欲すれば、彼らはそれを労働の外に求めざるを得なくなった。

本来、労働は、他人との「協働」に深く関わる「仕事」であった。しかし、市場機構の倫理的な依拠原理である利己主義の増長によって、「人間の尊厳」の確認を求める批判的な潮流が後景に退いてしまった結果、「人々が一緒に働く」という共同体の考え方は、労働の外で営まれる生活のなかに引き継がれることになった。

ところが、個人の権利の内容が、エゴ中心の利己主義を基盤にしたものから平等な成果を求めるものに変化したため、事態はより一層複雑なものになっていった。

第二次世界大戦後の資本主義社会の発展過程では、福祉社会の建設を目指して、国家による福祉政策の拡充が行なわれてきた。ところが、この過程で、権利の内容に大きな変化が生じてしまった。

福祉とは、本来、弱者やハンディ・キャップをもった人々にこそ、より厚く振り向けられるべきものであるにも拘らず、要求社会と化した社会では、個人の努力とは切り離された形で、国家が個人に（可能なかぎり）平等な成果を保障するようになった。

この結果、欧米諸国では、福祉政策の肥大化による資本主義のダイナミズムの喪失が顕在化していった。これは、かつてシュンペーターが、その著『資本主義・社会主義・民主主義』のなかで危惧を表明していたものである。すなわち、これを擬人化して表現するならば、資本主義社会の「動脈硬化」といえる現象である。
また、国家による最終的な保障がすみずみまで行き届くようになるにつれて、個人が労働の外にある共同体から、さえ離れていくという現象を生んだ。ここに至って、「人間共同体」の意義は全く軽視されるようになった。

翻って考えてみれば、欧米諸国では、資本主義社会の発展は、たしかに生活水準の向上や技術一般の進歩という肯定すべき成果をもたらしてはきたが、反面、これは、人間が経済・社会生活を営む上で重要と思われる「協働」という考え方を、ほぼ完全に後景に追いやってしまった。別言すれば、欧米諸国における資本主義社会の発展は、「人権」に関する極端な考え方が、いかに彼らの文化や生活の破壊につながっているかを示しているといえよう。

ところで、日本では、以上のものとはかなり異なった状況が生まれてきている。ことに経済を支配する大企業では、資本と労働に関する考え方が、欧米諸国のそれに比べてより広いものになっている。もちろん、両者の間にも共通した点が多々みられるが、大企業の経営管理にみられる資本と労働との「協働」という点では、日本はいわば先進国といえるのではなかろうか。

資本と労働との「協働」の先進性には、日本の大企業の多くにみられる「仕事を通じた、仕事による人間の共同体の形成」という側面が強く反映している。そして、これは、資本主義社会の基本的な特徴の一つに数え上げられている「所有に基づく資本による労働の支配」とは異質なものであり、いわば「資本と労働との新しい総合」とでもいうべきものである。

ここでは、われわれは、このような社会を「会社資本主義」社会とよぶ。昨今みられる欧米諸国の「文化」の危機を顧みるとき、日本のシステムは、欧米諸国にとっても、理解を示すだけでなく、実行に移す価値のあるシステムではないかと考えられる。もちろん、日本の社会にも多くの困難な問題点が存在するが、少なくとも資本と労働との対立の克服という点では、日本の大企業社会は、これまでのところ問題の解決に比較的成功しているように思われる。

近年、資本と労働に関して、全く異なる二つの側面から、新たな理論体系が経済学の分野に付け加えられた。一つは、内部組織論の分野に含まれる「内部労働市場論」と「内部資本市場論」である。これらの理論体系は、ヒト・モノ・カネの資源配分が、企業という枠内で外部の市場との交流を少なくした上で、企業内部でも「市場原理」を援用した形で行なわれている、という現実に着目したものである。このため、これらの理論体系では、資源配分メカニズムの機能を規定する原理として、「市場原理」と「組織原理」の両者が採用されているだけでなく、この両者の相互浸透性という視点が採用されている。

もう一つは、ベッカーによって体系化された「人的資本論」である。これまでの経済学では、資本を貨幣資本や実物資本という形でしか把えることがなかったが、資本主義社会の発展にともない、技能や熟練の形成という長期的な訓練が、ますます企業内部にとり込まれてくるようになった。このため、「人的資本」の形成や投資という枠組みが必要になってきた。この結果、「人的資本論」では、内部労働市場の発達と関連づけて、企業内部でどのように技能や熟練が形成され、それが経営層や労働者の行動をどのように規定するか、といった問題が検討されている。

以上のことから明らかなように、二つの理論体系は、「経営者支配」や「所有と経営の分離」という現代企業の問題と、いわゆる日本的経営あるいは日本企業の適応力という問題とを、同じ枠組みで分析する場合には、大きな有効性を発揮すると考えられる。

そこで、以下では、日本の内部組織と市場の現状を、アメリカのそれとの比較によって明らかにした上で、日本の大企業の経営層や労働者が、どのような所有意識と勤労意識とをもっているかを検討したい。

2 日本の内部組織と市場(1)

ここでは、日本の経営が実際に行なわれる企業と市場という「場」に注目し、「組織」と「市場」という二つの資源配分の原理が、そこでどのように絡み合っているかを検討する。合わせて、両者の相互浸透性という視点から日米の比較を行なうことにする。

これらの分析によって、日本の大企業経営にみられる基本的な特徴が明らかになるだけでなく、日本の大企業経営や産業組織の効率性が、どのような前提のもとに成り立っているかが明らかになる。

(1) 市場原理と組織原理

一般に、資源配分の形態には、「市場」による配分と「組織」による配分との二つがあるが、この場合、「市場」や「組織」という言葉には、二重の意味が含まれている。

一つは、資源配分（に至る取引）が行なわれる「場」という意味であり、もう一つは、そのような「場」で行なわれる取引の「原理」ないし「機構」という意味である。「市場」による資源配分や「組織」による資源配分を問題にする場合、われわれは、それがどちらの意味で使われているのかを明確に区別しなければならない。

しかし、現実には、市場という「場」で行なわれる資源配分には、「市場原理」だけでなく「組織原理」も機能を果たしている。ただ、「市場原理」と「組織原理」とが、市場や組織（企業）という「場」でどの程度まで相互に浸透し合っているかについては、いまだ仮説の段階にとどまっている。

したがって、以下では、「市場原理」と「組織原理」の相互浸透性という仮説に基づいた上で、日米の相互浸透のパターンを比較できるモデルを用いて、分析を進めていきたい。

まず初めに、資源配分における「市場原理」と「組織原理」とは、いかなる内容をもつものかを説明しておこう。一般に、市場取引や組織内取引の特徴は、①取引参加主体の行動決定原理と、②取引参加集団のメンバーシップや取引参加主体間の相互関係という、二つの要素によって規定される。

市場取引の最も純粋な場合を想定すれば、取引参加主体の行動決定原理（M_1）は、

M_1＝価格（あるいは、それに準じた情報）を媒体とする各主体の個人的な利益（効用）の最大化を実現する自由な交換

であり、メンバーシップと相互関係（M_2）は、

M_2＝自由な意志をもった主体による自由な参入と退出

である。

他方、組織内取引の最も純粋な場合を想定すれば、行動決定原理（O_1）は、

O_1＝権限による命令

であり、メンバーシップと相互関係（O_2）は、

O_2＝組織内のメンバーのみによる固定的・継続的な関係

である。

以上から、純粋な市場取引と組織内取引の特徴は、以下のような横ベクトルで表される。

市場取引の特徴……（M_1、M_2）

組織内取引の特徴……（O_1、O_2）

ところで、ハーシュマンの「退出と発言」(Exit and Voice) の枠組みを援用すれば、第二成分 (M_2とO_2) は、取引参加主体ないしは潜在的な取引参加主体の好みや不満を表すものと理解される。M_2の場合には、参入と退出の自由がある以上、参入は取引対象(財)や取引条件に対する賛意や共感を意味するが、退出はそれらに対する不満を意味することになる。他方、O_2の場合には、固定的・継続的な関係がある以上、取引対象や取引条件に対する不満は、ハーシュマンのいう「発言」という形をとることになる。

不満は、市場取引では退出につながり、組織内取引では「発言」(=内部改革の努力)につながる。

以上では、市場取引と組織内取引の純粋な場合をみてきたが、現実には、それらの中間的な色彩を帯びた取引が一般的であろう。

したがって、資源配分の原理としては九個の組み合わせ——(M_1、M_1+O_1、O_1)×(M_2、M_2+O_2、O_2)——が存在し得ることになる。ここでは、中間的な色彩を帯びた取引原理をそれぞれ「市場的原理」と「組織的原理」とよぶことにすれば、上記の九個の組み合わせのうち、前者は(M_1、M_2+O_2)と(M_1+O_1、M_2)の二つになり、後者は(O_2、M_2+O_2)と(M_1+O_1、O_2)の二つになる。

なお、(M_1+O_1、M_2+O_2)の組み合わせについては、資源配分原理として「市場」が優勢の場合には「市場の原理」とよび、「組織」が優勢の場合には「組織の原理」とよぶことにする。

原理の混在こそ現実の姿であるゆえ、この混在のパターンに注目する必要があろう。

(2) 資源配分メカニズムの日米比較

ここでは、上記のモデルを用いて、日本とアメリカの市場(=企業間)と企業内での資源配分メカニズムの特徴を比較・検討する。その際、資源配分の対象としては、ヒト・モノ・カネの三つを取り上げる。

(a)　ヒトの配分

日本における企業内でのヒトの配分については、①内部労働市場が比較的広くかつ深く形成されていることと、②雇用量の変化の柔軟さ（特に、減少の柔軟さ）が小さいこと、という二つの事実が指摘されている。

内部労働市場の発達とは、ヒトの配分が企業内でも「市場的原理」によって行なわれる比重が大きい、ということである。ことに労働者の職種間移動の柔軟さやそれにともなう技能や熟練の形成は、企業という枠をつくって外部労働市場との交流を少なくした上で企業内の配分を「市場的に」行なって生まれるメリットである。すなわち、日本の企業は、雇用の安定（雇用量の変化の柔軟さの放棄）を保証する代償として、企業内部でのヒトの配分を「市場的に」行なう権利を獲得している、と考えられる。この場合、「市場的に」配分を行なうとは、企業内部での職種間の参入・退出の自由（M_2）の確保を意味する。

これに対して、アメリカの企業は、雇用量の変化の柔軟さとそれにともなうヒトの企業間の移動を確保する代償として、企業内部でのヒトの配分については、労働組合との間にリジッドなルール――先任制――を結ぶことになり、かえって内部労働市場の発達を（日本に比べて）遅らせる結果となっている。

また、「強い」労働組合の存在は、ヒトの企業間移動に関しても、「市場的原理」の作用に対する一種のスクリーニングを引き起こした。例えば、レイオフ後の再雇用の順番制やクローズド・ショップ制にみられる雇用規制などがそれにあたる。

したがって、ヒトの企業間配分については、日本では、量的なモビリティこそ小さいものの、規制が少ないため柔軟性自体は大きい。他方、アメリカでは、量的なモビリティこそ大きいものの、規制が多いため柔軟性には欠ける。

反面、日本の内部労働市場の発達や子会社・下請けを使っての雇用安定の確保を考慮に入れるならば、ヒトの配分に関しては、日本のほうが、アメリカに比べて、企業間移動に「市場的原理」の作用する度合いが大きいように思われる。

以上をまとめると、日本では、ヒトの配分の「場」としては「組織」（企業）の比重が大きいが、その「原理」としては「市場」（「市場的原理」）の比重が大きい、ということができよう。

(b) モノの配分

日本でのモノの企業間配分は、例えば系列化にみられるように、「組織の原理」によって行なわれる比重が大きい、と言われている。前述したモデルによれば、このケースは、企業間での利害の主張を弱めた上で、親企業の権限によって配分を調整するという行動決定原理（M_1＋O_1）と、固定的・継続的な色彩を強くもつメンバーシップや相互関係（M_2＋O_2）とを組み合わせたものである。そして、この組み合わせは、日本でのモノの企業間配分が、同じく「組織」という「場」であっても、内部組織ではなくて市場とそれとの中間に位置する「中間組織」で行なわれる比重が大きい、ということを示している。この「中間組織」を具体的にいえば、これは、企業間の協調・連合・業務提携・系列化および集団化などの緩やかな結合によって成立するものであり、いわゆる企業グループとよばれるものである。

以上のような「中間組織」では、内部組織の場合のようにメンバー企業の自律性を無理矢理抑えてコンフリクトを調整するということはできず、むしろそのようなコンフリクトを所与のものとして全体の調整を進めていかざるを得ない。

他方、アメリカでは、独占禁止法の厳格な適用にみられるように、モノの企業間配分はでき得るかぎり「市場的原理」で行なわれるように努力が払われている。

反面、諸々の政府規制による企業行動への制約が、むしろ日本に比べて多いといわれているため、行動決定原理は、M_1+O_1という型になっている、と考えられる。

一方、モノの企業内配分に関しては、内部振替価格制度や事業部別利益管理の活用や強化の点で、アメリカの企業のほうがより「市場的に」運営されているため、企業内での取引の決定原理は、O_1ではなくM_1+O_1という型になっている、と考えられる。

(c)　カネの配分

日本でのカネの企業間配分の特徴は、銀行の関与の大きさと深さである。

日本の企業金融の図式は、これを簡単に言えば、一般の預金者から集められたカネが銀行の判断で割り当てられるというものであるが、銀行と一般企業との間に、企業集団をはじめとする密接かつ継続的な関係のあることを想起すれば、日本でのカネの企業間配分は、いわば擬似組織内取引とでもいうべき色彩を有していると考えられる。

これに対して、アメリカでのカネの企業間配分は、（日本に比べて）「市場的原理」によって行なわれる比重が大きい。

一方、カネの企業内配分に関しては、内部資本市場は、アメリカのほうがより広くかつ深く形成されている。これは、アメリカ企業の内部金融比率の高さとコングロマリット企業の多さに示されている。しかし、アメリカでは、カネの企業内配分についても投資収益率が重視されることからもうかがえるように、カネの企業内配分が「市場的原理」によって行なわれる比重は大きい、と考えられる。

アメリカでは、カネの配分の「場」としては「組織」（企業）の比重が大きいが、その「原理」としては「市場」（「市場的原理」）の比重が大きい、と考えられる。

反面、日本では、カネの配分の「場」としても、その「原理」としても、「組織」の比重が大きい、と考えられる。したがって、カネの配分は、日本とアメリカとの間では、ヒトの配分の場合とは全く逆の状況になっている。

(d) まとめ

以上から、ごく大雑把にいうならば、次のようにまとめることができよう。すなわち、資源配分の過程をみると、「場」としての「組織」の比重が大きくなると、そこでの配分の「原理」は「市場」の色彩を強くもつようになる。また、逆に、「場」としての「市場」の比重が大きくなると、そこでの配分の「原理」は「組織」の色彩を強くもつようになる。

例えば、日本でのヒトの配分では、「場」としての「組織」の比重が大きくなるとともに、「原理」としての「市場」が入り込み、そこに内部労働市場が発達した。

また、アメリカでのカネの配分では、「場」としての「組織」の比重が大きくなるとともに、「原理」としての「市場」が入り込み、そこに内部資本市場が発達した。

「組織」と「市場」との間に、「場」や「原理」という意味で相互浸透の関係が存在している。

日本とアメリカの両国で、ヒトやカネの配分にこうした対照的な関係が生まれてきたことには、両国の経済構造や経済精神の特質に加えて、歴史的・文化的な経緯がおそらく関係している、と思われる。これに関しては、後に意識の面から分析の一端が示されるであろうが、ここでは、差し当たり次の点を指摘するに止めたい。

企業という「場」での資源配分過程が「組織的原理」を中心に行なわれることには、日本ともに変わりはないが、企業内部に「市場的原理」を取り入れようとする場合、日本の企業は、ヒトの配分過程にそれを取り入れたのに対して、アメリカの企業は、カネの配分過程にそれを取り入れた。この事実は、企業のもつ資源配分機能の大きさを考え合わせるとき、国民経済や市場などの変化に対する適応力という点で、重要なインプリケーションを有している、と考えられる。

一般的にいえば、経済の変動（成長）に対する適応自体は、ヒトの配分がいかに合理的に行なわれているかという点に依存している。

ヒトにしか生み出すことのできない、あるいは、ヒトにしか体化させることのできない技能や知識が、その蓄積や活用の過程で経済の変動に適応できなければ、そこには良好な経済的パフォーマンスを期待することはできない。ヒトという資源にはかぎりない変化や発展の可能性が秘められているが、カネという資源にはそのようなポテンシャルはない。

翻って考えてみれば、ヒトの配分を資源配分の主軸に据えつつ、それを「市場的原理」によって行なってきた日本の企業の配分方式は、それがどの程度まで意識的に選択されてきたかは別にして、少なくとも結果的には、日本の企業に相当な適応力を与えてきた、一つの大きな要因であった。

これに対して、アメリカの企業は、カネの配分を資源配分の主軸に据えつつ、それを「市場的原理」によって行なっている。例えば、これは、経営層が株式市場での自企業の評価（株価）に極めて大きな関心を払っていることや、企業内部で財務関係のステイタスが人事関係のそれよりも優位であるということなどに現れている。

カネという資源を主軸にすえた配分方式では、ヒトの配分の中心である技能や知識の蓄積や活用の面の適応力には問題が生じるのではないか、と思われる。

もちろん、外部労働市場が完全競争のように柔軟に機能し、かつ「市場」に「人的資本」の形成・蓄積メカニズムが完全に組み込まれているならば、問題は生じないであろうが、これとても、現代の大企業社会では、「人的資本」の形成や蓄積が企業のなかで行なわれ、いわゆる「企業特殊熟練」（enterprise specific skill）という性格をもつようになっているため、ヒトの配分メカニズムを企業内にもつことの意義は、極めて大きいと思われる。

つまり、日本の企業ひいては日本の経済がこれまでにみせた適応力の大きさは、①ヒトの配分を主軸にすえた資源配分方式と、②ヒトの配分を中心とした「組織」と「市場」との相互浸透性という、二つの要因にかなり依存していた、と考えられる。

(3) 企業組織のダイナミズム——日本型とアメリカ型

ここでは、これまで比較的抽象的な形で議論されてきた「市場」と「組織」(企業)について、特に両者間の相互浸透が具体的な「場」(企業組織)で、どのような形をとって現れているかを検討する。

上述の説明から明らかなように、日本の企業では、ヒト(労働)を中心に内部組織が形成されているのに対し、アメリカの企業では、カネ(資本)を中心に内部組織が形成されている。これは極めて単純化された説明であるが、以下では、この事実が企業行動のどのような特徴となって現れているかをみていくことにする。その際、われわれは、日米企業の効率性の良し悪しという論点だけでなく、日米企業の多角化戦略の相違という論点にも論及してみたい。

(a) 日本型

内部労働市場の形成・発達による最も重要な効果は、その企業に特有な技能や熟練が形成されることである。しかも、日本ではそれが職種間移動をともなって行なわれるため、労働者の技能や熟練が、特定の職種(仕事)に固定された形ではなくて、幅広い形で形成されている。この傾向は、大企業ほど強くなるが、そのなかでは小集団・課・部といった組織がたがいに資源配分の効率性を激しく競い合っている。

日本の企業の多くの場合、設備投資計画や生産計画および多角化計画などの素案は、経営層との情報の交換(フォーマル・インフォーマルを問わず）をともないつつ、下部の組織から提出される。これは、一般に「ボトム・アップ・システム」といわれるものであるが、計画素案の査定や調整については、「市場的原理」によって行なわれている。そこでは、限界収益率や資本コストなどをにらみつつ、不確実性に対する判断や将来性の展望といったダイナミックな要素が加味されていく。

他方、以上のような意思決定システムのもとでは、企業の多角化戦略は、必然的に「本業」と密接な関連のある分野で進められていくことになる。あるいは、すでに「本業」に関連した多角化の柱ができ上がっている場合には、その柱の事業と関連する分野で多角化が進められることになる。

たとえ、新たな事業が需要の増加を予測し得るものであっても、当該企業内にその事業に関連した技能や知識の蓄積がなければ、そのような事業は、仮に提案されたとしても、採用されることはない。

また、アメリカの企業ではしばしばみられることであるが、当該企業の事業とはほとんど関連性のないものを企画・採用する場合であっても、外部のコンサルタントに企画の検討を依頼したり、外部の人間をそのために新たに雇用したりすることは滅多にない。むしろ、日本では、企画や人材の育成・転用などがほぼすべて企業内部で行なわれている。

さらに、日本企業の多角化戦略では、過去から蓄積されてきた技能や知識の活用が行なわれるとともに、企業間の関係といういわば「関連財」もまた利用されている。

(b)　アメリカ型

アメリカの企業では、内部資本市場が比較的発達しているため、カネが経営層の選択に委ねられているという意味で「企業に特有なカネ」が形成される。しかし、ヒトの場合とは決定的に異なって、カネには流動性や潜在購買力こそあるものの、技能や熟練の体化や蓄積はあり得ない。

したがって、アメリカの企業の場合、発展方向は必然的に「外延的な」方向をとらざるを得ない。これに関する代表的なものには、多国籍企業やコングロマリット企業などがある。この二つのタイプは、いずれも独占禁止法の規制を回避するものとして登場してきたが、そこに現れる戦略の論理には、一つの共通性がみられる。

アメリカ企業では、ブルーカラーからホワイトカラーの上層部に至るまで、それぞれの「人的資本」は、各層・各分野に特化して蓄積されているため、内部労働市場を活用して既存の「人的資本」を有機的に転用することよりも、それを外部の市場に求めようとする傾向が強い。この傾向は、内部資本市場の発達の必然的な帰結であるが、このような外延的な試みが成功するか否かは、経営層の立案する戦略の妥当性に依拠することになる。経営戦略が妥当なものであれば、企業は、豊富な内部資金を背景に、新たな血を導入して「人的資本」を質的に変化させることができる。逆に、いったん戦略が妥当性を欠くものになれば、ヒトの配分による内部調整が困難であるため、大量の解雇や倒産という大きな損失を招くことになる。

(c) まとめ

日本企業の多角化戦略は、「人的資本」の活用をともなう「本業」周辺的・関連的な方向をとるが、これは内部労働市場によるヒトの配分を基盤としている。この結果、内部調整が容易になるため、外部の市場の変化に微妙にかつ適切に対応していくことができるようになる。

近年、いわゆる「日本的経営」に対する批判のなかに、日本の企業戦略が外からみるとまことに曖昧模糊としており、あたかも戦略が存在しないかのごとくみえるというものがあるが、以上の説明から明らかなように、日本の企業には、内部労働市場でのヒトの配分を主軸とした戦略が存在することがわかろう。

このような日本の企業組織のダイナミズムは、アメリカの企業組織が有する外延的なそれとは異質なものである。ただ、経済の変動に対する適応力という点では、日本のダイナミズムは、パフォーマンスの改善を容易ならしめるものである。

しかし、そのためには、大別して二つの条件が成立しなければならない。

一つは、需要の変化が微調整的なもので、既存の活動の周辺で対応できるものであることであり、もう一つは、経済がある程度まで成長を続け、企業が需要の増加を予測できることである。

日本の企業では、ヒトの職種間移動こそかなり広く行なわれるが、解雇や再雇用に「紛れもない」ルールが存在しないため解雇することがなかなか難しい。否、むしろ解雇にともなう「人的資本」の喪失が企業にとっても（もちろん、労働者本人にとっても）大きいため、パフォーマンスの悪化した場合であっても、企業はでき得るかぎり限界的な損失に止めようとする。

一方、経済が不況に陥りパフォーマンスが悪化した場合には、経営層は、解雇に関する「紛れもない」ルールが内部に確立されていないため、外部（市場）に向かって「発言」するようになる。この結果、政府指導による市場の組織化（例えば、不況カルテル）などが行なわれるようになる。疾患に例えれば、治療に当たってウミを出す完全治癒を目指すのではなくて、ウミを散らしてその場を凌ぐというものである。

「会社資本主義」社会では、市場の組織化によって企業の倒産を防ぎ、相互に少しずつコストを負担してその場を切り抜けようとする場合があるが、これは、解雇のコストと減産のコストとを比較して、企業が後者を選択したことを意味する。また、労働者にとっても、自己の職業的生涯にわたる長期の熟練形成を考慮すれば、解雇による中途挫折は極めて大きな損失を意味することになる。

この結果、一方では、労働者自身が自企業のパフォーマンスにますます関心を抱くようになり、いわゆる「企業内派」が形成（拡大）されるようになるとともに、他方では、長期の熟練形成が職種間移動をともなって広くかつ深く行なわれるようになるために、熟練形成という客観的な基準のもとに、いわゆる「キャリア」（昇進のコース）が自然発生的につくり上げられるようになる。逆説的にいえば、労働者は、企業内で「市場的原理」によって配分される仕事を一生懸命にこなしておれば、自己の熟練形成と昇進という二つのメリットを享受することができるようになる。加えて、熟練の形成は、一面では、仕事に対する理解力や応用力を養い高めると同時に、他面では、仕事の仕組みを企画、構築する能力を高めていくことになる。これは、長い間人間が忘れていた「仕事をすることによる喜び」をもう一度再認識させてくれるものになろう。

日本の企業組織が有するダイナミズムの基盤には、こうした「人的資本」の開発とそれに起因する企業内のまとまりとが大きく寄与しているように思われる。これこそが、高度に発達した社会での「仕事を通じた仕事による人間共同体」の一つの発現形態であり、日本の企業経営の仕組みが注目されるゆえんではなかろうか。

3　現代日本の所有意識と勤労意識[2]——資本と労働との新たな総合——

ここでは、所有や労働に対する経営層と労働者の「意識」の面に議論を移してみたい。

その際、われわれは、これまで使われてきた資本や労働の概念が、「人的資本」の形成や投資といった新しい考え方によって内容の修正を迫られていることに注目しなければならない。

(1)　所有概念の変化と所有意識

企業の支配構造に関する従来の研究の多くは、所有概念を基本タームとしながらも、その内容の検討についてはほとんど行なっていなかった。とりわけ、所有と支配、所有と経営については、明確に定義されないままにそれぞれの語句が使用されたために、概念内容に関する混乱がしばしば発生した。

そこで、まず初めに、所有概念の変化を明確にした上で、所有主体が実際にどのような意識をもっているかを明らかにしたい。

(a)　所有概念の変化

「会社資本主義」社会の基本的な要素は、①経営層（管理労働者）による実質的な支配の成立と、②（ホワイトカラーの上層部からブルーカラーに至る）労働者による「人的資本」の所有、という二つの事実である。

言い換えれば、この社会では、貨幣資本や実物資本および証券資本という意味での資本に関しては、資本所有の実質的な内容が以前よりも「狭く」考えられるようになったのに対し、長期の熟練形成やキャリアの形成という意味での資本に関しては、資本所有の実質的な内容が逆に「広く」考えられるようになった。

貨幣資本や実物資本および証券資本という意味での資本の所有から企業の支配構造を分析するためには、われわれは、まず資本の最高の発展形態と言われる証券資本（特に株式）の所有に注目しなければならない。

この場合、われわれは、所有に関して「形式的（法的）な意味」での所有と「実質的（経済的）な意味」での所有とを区別して考えなければならない。また、所有は、支配あるいは支配の基礎を意味する以上、われわれは、二つの意味の所有が、支配とどのように関連しているかを明らかにしなければならない。

「形式的な意味」での所有は、支配を内容とする権利であるため、それが行使されない状態が続けば、形骸化し観念化してしまう。このため、この意味の所有には、支配とはかけ離れたものになる可能性がある。

他方、「実質的な意味」での所有は、支配を内容とする勢力であるため、支配とかけ離れる可能性はない。端的にいえば、この意味の所有こそ、支配の基礎である。但し、後述するように、より正確にいえば、支配の基礎の一つである。

株式と所有

株式と所有との関係を考える場合、前述の二つの意味の所有が重要な指針を与える。

第一に、「形式的な意味」では、株主は、株式こそ所有することができるものの、法人（会社）を所有することはできない。会社という法人は、法的には、自然人ないしは法人の株主と同格の主体であるため、たとえ発行済株式のすべてを特定の株主が所有していても、当該株主は会社を所有することはできない。法的には、株主は単に会社に対する債権（利益配当請求権）を有するにすぎない。

第二に、「実質的な意味」では、株主は、株式の所有によって当該会社を所有することができる。これは、株式が「実質的な意味」では、支配を内容とするパワーを含むものであるからである。

第三に、しかし、株式は、必ずしも所有を意味するものではない。上述したように、株式が「実質的な意味」で所有を意味するのは、株式が支配を内容とするパワーを含んでいる場合に限られる。つまり、株式を所有する株主であっても、「実質的な意味」でパワーを有していなければ、そのような株主（いわゆる無機能資本家）は、所有主体であるとはいえない。無機能資本家は、単なる債権者にすぎないのである。

「会社資本主義」社会では、「実質的な意味」でも、株主は、無機能化しているのが一般的な状況である。

所有と占有

占有とは、あるモノに対する事実上の支配を内容とする「所持」であるため、これは必ずしも所有とは一致しない。否、むしろ占有は支配を内容とする概念ゆえ、所有と並んで支配の基礎の一つである。したがって、所有と占有とは同一対象に対して並立することができる。

以上のシェーマを経営者（層）の機能にあてはめると、以下のようになる。

第一に、所有と経営とが一致している場合、経営者は、所有主体でもあり、占有主体でもある。

第二に、所有と経営とが分離している場合、経営者は、所有主体ではなくて、単なる代理占有の主体にすぎない。

第三に、経営者が「実質的な意味」でのパワーを有する経営者支配の場合には、経営者は、所有主体ではなくて、パワーを基礎とした占有主体である。このことは、株主の場合とは異なって、経営者の場合は、会社を支配する基礎が占有であることを意味している。

所有と経営

所有と経営が分離している場合、経営者が「実質的な意味」でパワーを有しているならば、それは経営者支配を意味している。また、経営者の地位が長期にわたるキャリアの形成を経て獲得されるものであれば、そこには、いわば「擬似専制」（quasi-autocracy）という権威が発生することになる。というのも、キャリアの形成が、長期にわたる多数の人々による評価（この意味で客観的である）を経て行なわれるためである。

以上から明らかなように、「会社資本主義」社会では、資本所有と企業支配とが一義的に結びつかなくなり、その結果、地位に基づく経営者による占有が支配の有力な基礎となっている。

また、多くの研究が示しているように、株主が法人であっても、機関株主が所有に基づく支配パワーを行使することはほとんどなく、したがって、経営者の地位を脅すものにはなりにくい。ただ、経営者支配が確立すれば、経営者の地位や行動を制約するものがなくなるため、経営者支配は、一面では大きな危険性をはらんでいる。

人的資本の所有

次に、「人的資本」の所有に議論を移したい。意味合いこそ異なるものの、「人的資本」の形成という問題は経営層にとっても労働者にとっても一定のリスクをともなう投資の問題である。

労働者が長く一つの企業に所属すればするほど、彼に体化する技能はますます当該企業に特有のものになる。このため、労働者にとっては、企業の倒産や企業間の移動がますます不利益を招くものになる。と同時に、経営層にとっても、技能を体化した者がやめると後任を見つけて新たに訓練をやり直さなければならないため、できるだけ熟練を身につけた労働者を企業内に留めておくことが投資の果実を回収する近道となる。このことは、「人的資本」という無限の可能性を有する能力が労働者に体化していることから生じている。この意味で、「人的資本」の所有主体は労働者である。他方、経営層の人々と言えどもキャリアを形成してきた管理労働者であるため、彼らもまた「人的資本」の所有主体である。

ただ、「人的資本」の場合、経営層にとっても労働者にとっても、あくまでもその果実は長期的に回収されるものである以上、労働者は所有主体であっても、一定期間低い評価に甘んじなければならない。

(b)　所有意識

勤労意識や労働者意識に関する社会調査に比べて、所有意識を正面から取り扱う調査は皆無に等しい。また、従来の意識調査は、その対象を経営層と労働者とに峻別していたため、「人的資本」というような両者にまたがる概念を取り扱うことができなかった。さらに、経営管理や経営活力を対象とした意識調査でも、これまではもっぱら、経営戦略の観点から経営の実態が調査対象にされていたにすぎない。

したがって、ここでは、これまでに行なわれたもののなかから、所有に関連があると思われる項目を抽出して、推論を行なわざるを得ない。ただ、前述した所有概念の変化が厳然たる事実として存在している以上、その背後に隠されている意識を想像することには、さほど困難はないと思われる。

以下では、特に断らないかぎり、日本学術振興会経営問題第一〇八委員会がまとめた『八〇年代わが国企業の経営活力――アンケート調査集計報告書』[3]（一九八一年一一月）から関連資料を抽出する。この報告書は、機械金属工業部門（五五社）、化学工業部門（三二社）、軽工業部門（二七社）およびサービス部門（五七社）の合計一七一社に対するアンケートの調査結果をまとめたものである。[4]

まず、株式の所有に関する意識を検討したい。

前述したように、現代の日本経済では、株主が機関であろうと個人であろうと、株主が経営者に対して支配パワーを行使することは滅多にない。もちろん、企業の業績が悪化したり、経営者が社会的に批判を浴びるような失態を演じたりする場合には、このかぎりではなかろうが、このような場合であっても、経営者の経営上の失敗や失態が客観的に明らかである以上、経営者の退陣を株主のパワーの行使にのみ帰着させることは妥当ではない。

株式所有に対する株主の意識を直接的に知る資料はないため、ここでは、逆説的な方法ではあるが、「経営層が株主の所有意識をどのように想像しているか」という面から株主の所有意識を探ってみたい。

そこで、株主の意識を主に成果の分配の点からみることにする。

表、1は、経営成果の分配先の優先順位を、経営者がどのように考えているかを示している。

そのなかで、経営成果の分配基準の項目2（「分配はある種の考え方なり順序に従ってなされるべきである」）に回答した一四七社（八六・〇％）に注目したい。

項目2に回答した一四七社のうち、分配先の第一位に株主をあげた企業は五二社（三〇・四％）であり、従業員をあげた企業は七三社[5]（四二・七％）である。経営層にとって、従業員とは会社内の経済関係をとり結ぶ一方の当事者であるため、このような数字になっているのであろう。この数字に会社外の経済関係（顧客と取引先）のそれを加えると、第一位に内外の関係先をあげた企業は過半数（九〇社、五二・七％）に達する。

また、分配先の上位（第一位と第二位）に株主をあげた企業は延べ一〇八社であるのに対し、内外の関係先をあげ

表1　経営成果の分配

経営成果の分配は、どのような基準でなされるべきだとお考えですか。いずれかの番号を○で囲んで下さい。

1	分配はその時その時の貢献グループの力関係によって左右される	1	1	2	4		1	3		1	2	1		1			1		18	10.5
2	分配はある種の考え方なり順序に従ってなされるべきである	10	11	18	4	3	6	15	6	13	8	1	11	15	7	3	10	6	147	86.0
3	NA	1						1			1							3	6	3.5

2に○をされた方は、次の中から3位まで優先順位を回答欄に番号でお示し下さい。

第1位	1	株　主	1	4	9	1		2	6	1	6	5		2	7	3		5		52	30.4
	2	取引先								1										1	0.6
	3	従業員	9	7	7	2	2	3	8	2	6	3		8	6	1	3	3	3	73	42.7
	4	政　府			1															1	0.6
	5	顧　客			1	1	1	1	1	1	1		1		1	2		2	3	16	9.4
	6	地域社会																		0	
	7	その他								1										1	0.6
	8	NA												1	1	1				3	1.8
第2位	1	株　主	4	5	6	1	2	2	6	2	6	3		5	7		2	3	2	56	32.7
	2	取引先	2	2	1	1		2	3							1			1	13	7.6
	3	従業員	1	3	10	2	1	2	5	2	6	5	1	2	6	3		7	2	58	33.9
	4	政　府																		0	
	5	顧　客	3	1	1				1	1	1			3	1	2	1			15	8.8
	6	地域社会																	1	1	0.6
	7	その他			1					1										2	1.2
	8	NA												1	1	1				3	1.8
第3位	1	株　主	5	1	2	2	1	2	1	3	1		1	2		3		2	4	30	17.5
	2	取引先	2	4	1			1	4	1	1	4		4	5			1		28	16.4
	3	従業員		1	1			1	2	2	1				2	2				13	7.6
	4	政　府		1	2									1	1					5	2.9
	5	顧　客		4	11	2	2	1	6		10	4		1	5	1	2	7	1	60	35.1
	6	地域社会			1			1						2			1			5	0.9
	7	その他													1					1	0.6
	8	NA							2					1	1	1				5	2.9

注：(1) 第2について、2項目を指定したものが1社（電機）ある。
(2)「その他」の記載内容。第1位として「外部留保」（□業）、第2位として「会社内部留保」（電機）、「企業体」（□業）、第3位として「社会一般」（商業）。

表2　配当性向の変化

配当性向	70年代	第1位	1	高くする	2	1	1	2		2	2	1	1				2		1		1	16	9.4
			2	低くする	1	2	7	1	1	1	4		1	2		5		1	1	2	1	30	17.5
			3	同レベルの維持	6	6	11	3		3	8	3	7	7	2	5	7	2	1	9	5	85	49.7
			4	独自の判断	2	3	1	2	2		4	2	4	2		1	4				2	29	17.0
			5	NA	1					1	1		1				3	4				11	6.4
		第2位	1	高くする	2			1			1	1	1	1			3	1				11	6.4
			2	低くする	1	1	2			1	1		4	1	1	1	1	1		1		16	9.4
			3	同レベル維持	2	3	3	2	1	2	9	1	1	3		2	2	1	1	1	2	36	21.1
			4	独自の判断				1		1	1	2	2	2		1	1			1		12	7.0
			5	NA	7	8	15	4	2	3	7	2	6	4	1	7	9	4	2	8	7	96	56.1
		第3位	1	高くする			1				1	1	1	3		1		1		1		10	5.8
			2	低くする		1		1			2	1	1				1					7	4.1
			3	同レベル維持		0		1			1	1	1									4	2.3
			4	独自の判断	3	3	4	2	1	3	5	1	4	3	1	2	3	2	1	2	2	42	24.6
			5	NA	9	8	15	4	2	4	10	2	7	5	1	8	12	4	2	9	7	108	63.2
	80年代	第1位	1	高くする	2	3	5			1	1	1					3	1		2		19	11.1
			2	低くする	1	3	3	3			2		3	2		5	3	1		2	2	30	17.5
			3	同レベル維持	6	2	10	2	1	5	8	4	4	6	2	5	5	1	3	6	5	75	43.9
			4	独自の判断	2	4	2	3	2		7	1	6	3		1	3			1	2	37	21.6
			5	NA	1					1	1		1				2	4				10	5.8
		第2位	1	高くする	3			1		1	3		2	1			1			1		13	7.6
			2	低くする			1		1	1			2	2	1	2		1				11	6.4
			3	同レベル維持	1	3	4	3			5		2	1		2	3	1		1	2	28	16.4
			4	独自の判断	1	1	1	1		2	4	4	2	3		1	4	1	1	2	1	29	17.0
			5	NA	7	8	14	3	2	3	7	2	6	4	1	6	8	4	2	7	6	90	52.6
		第2位	1	高くする				1			3	2	2	2		1		1	1	1	1	15	8.8
			2	低くする	1	1	2	2		1	4	1										12	7.0
			3	同レベル維持	2	1			1			1	2	2			2	1		1		13	7.6
			4	独自の判断		2	3	2		2	2		3	2	1	2	2	1		1	1	24	14.0
			5	NA	9	8	15	3	2	4	10	2	7	5	1	8	12	4	2	8	7	107	62.6

表3　一般投資家の意識または行動の変化

一般投資家の意識または行動	インパクトはこれまでと比べて	非常に強まる						1								1				2	1.2
		やや強まる	1	3	8	2	1		5	2	3			3	5	4	1	3	1	42	24.6
		あまり変わらない	11	9	11	6	1	6	14	4	10	10	2	8	10		2	8	8	120	70.2
		やや弱まる			1		1				1	1								4	2.3
		非常に弱まる																		0	
		NA													1	2				3	1.8

た企業は延べ一七六社にのぼっている。

以上、二つのデータは、経営層の多くが、株主に対する配慮に比べて、内外の関係先という実質的な貢献グループに対する配慮の必要性を重視しているという事実を示している。

それでは、株主の支配パワーの動向について、経営層はどのように考えているのだろうか。

表2は、配当性向の変化に対する経営層の考え方を示している。これによると、一九七〇年代と一九八〇年代のいずれの年代においても、第一位で「高くする」と回答した企業（七〇年代一六社、八〇年代一九社）を、第一位で「低くする」ないしは「同レベル維持」と回答した企業（七〇年代一一五社、八〇年代一〇五社）が大幅に上回っている。

また、一般投資家（個人株主）の意識や行動の変化に対する経営層の考え方を示す表3をみると、「非常に強まる」や「やや強まる」というインパクトの強まりを予想する企業（四四社、二五・八％）に比べて、「あまり変わらない」と予想する企業（一二〇社、七〇・二％）が圧倒的に多いことがわかる。

これら二つのデータは、少なくともここしばらくの間には、株主の支配パワーに大きな変化はないと経営層が考えていることを示している。

しかも、この報告書に掲げられている企業のうち、実に九五・九％（一六四社）が資本金一〇億円以上の大企業であるため、これらの企業の株主には機関株主が多いと思われる。このことを表2に重ねて考え合わせるならば、そこには、経営者の多くが、株式所有の意味を「形式的な意味」でこそ認めているものの、「実質的な意味」では支配パワーの強化をともなうものではないと考えている姿が読みとれる。

逆にいえば、このことは、利益配当の確保を第一目標にし、そのため複雑・多様な経営に直接携わらない株主の意識を、経営層自体が本能的に感じとっていることを示している。

つまり、「会社資本主義」社会の現代日本では、株主でさえも「実質的な意味」での株式所有の意識が薄らぎつつあることがわかる。このことは、先に述べた所有概念の変化とみごとに符合している。

次に、「人的資本」の所有に対する、労働者の意識の検討に移りたい。

経営層にとっても労働者にとっても、長期雇用を利とする仕組みができ上がっているが、これは次のような二つの要因に基づいている。すなわち、一つは、「人的資本」の形成のコースが企業内にビルト・インされていることであり、もう一つは、熟練の体化ゆえに長勤続者の解雇や退職に非常に大きなコストがかかるということである。したがって、この仕組みに対しては、経営層はもちろんのこと労働者でさえも肯定的な意識をもっていることは、容易に想像される。ただ、これを労働者の意識として正面から把えようとすれば、キャリア志向と仕事の意味づけの両面から検討しなければならない。

図1と図2のフェイス・シートをみると、年齢・職種・学歴などによって多少の差はあるが、労働者が次のような意識をもっていることがわかる。すなわち、一つは、自己に体化する技能や熟練を自己の利益になるように活用したいという意識であり、もう一つは、それが「自分以外のもの」（会社・家庭・社会）にも役立っているという実感をもちたいという意識である。

前者の意識は、「人的資本」の形成が自己に有利に作用するケースを経て、ますます強固に形成されていくだろうが、そこには、意識的にしろ無意識的にしろ、労働者の多くが、長期的に形成されていく「人的資本」は、結局自己に帰するものであることをよく知っている姿が読みとれる。例えば、図1の下の説明をみると、会社に勤務してなんらかのキャリアを形成しようと考える人が、総計で六五・三％（イ〜ニ）いることがわかる。

後者の意識は、労働者が仕事の意味づけに関する確認をえようとしている姿を示している。ことに、「会社に役立っている」と考える割合が、年齢が高くなるにつれて増えてきている事実は、自己の「人的資本」の形成が、果実を生み出しているという自信の現れではないだろうか。二〇歳台から三〇歳台へ、三〇歳台から四〇歳台へ移るにつれ

図1　キャリア志向

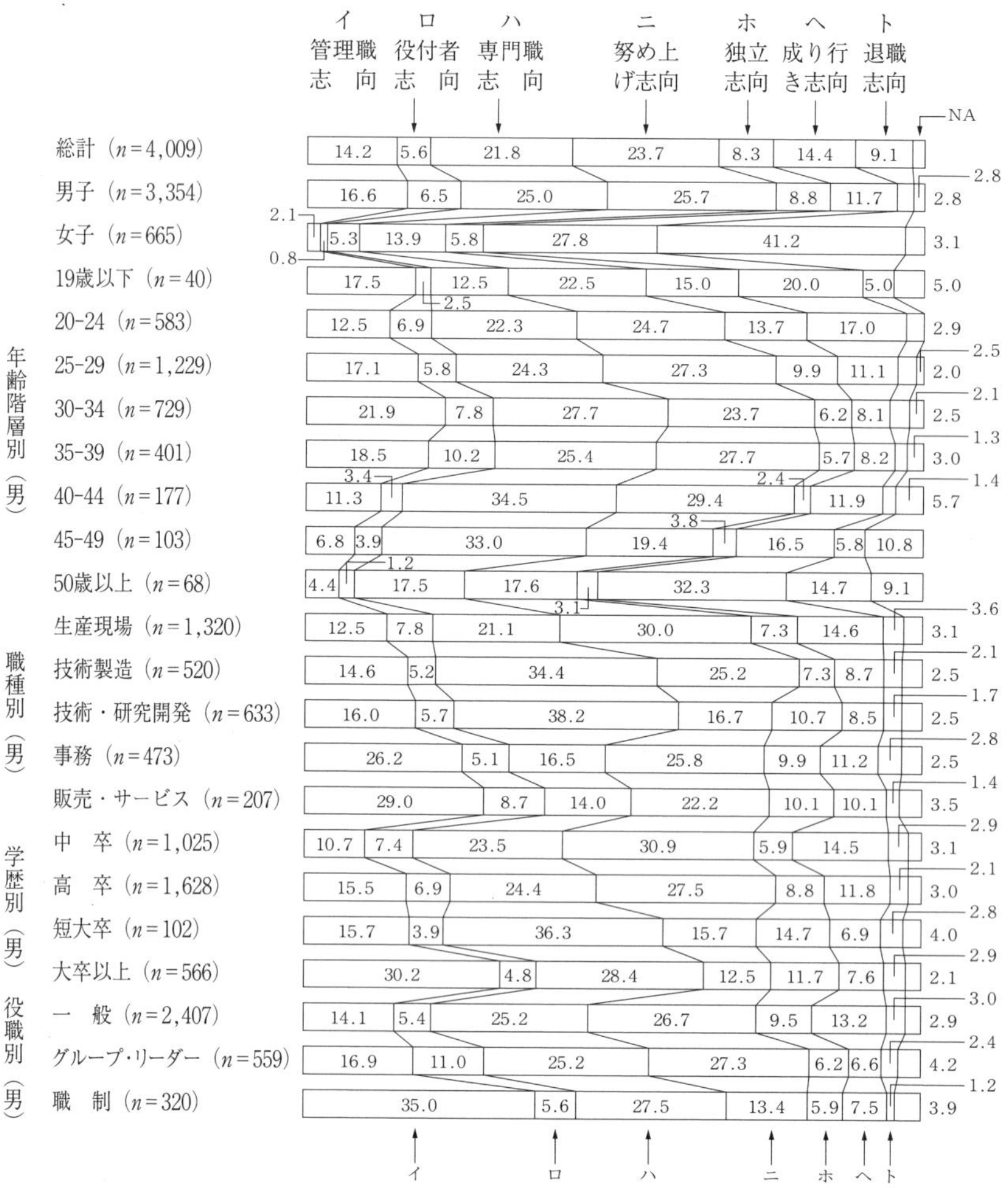

注：(イ) いろいろな業務を経験して、この会社の管理者として腕を振いたい（以下、管理職志向とよぶ。総計14.2%）。
(ロ) 特にこれといった希望はないが、できれば役付者にだけはなりたい（役付者志向、5.6%）。
(ハ) 自分の専門性や特殊技能を生かして、この会社でそのまま専門職として腕を振いたい（専門職志向、21.8%）。
(ニ) 役付者や専門職とまではいかずとも、将来困らないものだけは身について勤め上げたい（勤め上げ志向、23.7%）
(ホ) 自分の専門性や特殊技能を生かして、そのうち独立したい（独立志向、8.3%）。
(ヘ) 特に希望はなく、成り行きに任せる（成り行き志向、14.4%）。
(ト) 適当な時期に退職して家庭に入るなどして気楽に暮したい（退職志向、9.1%）。
資料出所：稲上毅『労使関係の社会学』東京大学出版会、1981年。

図２　仕事の意味づけ

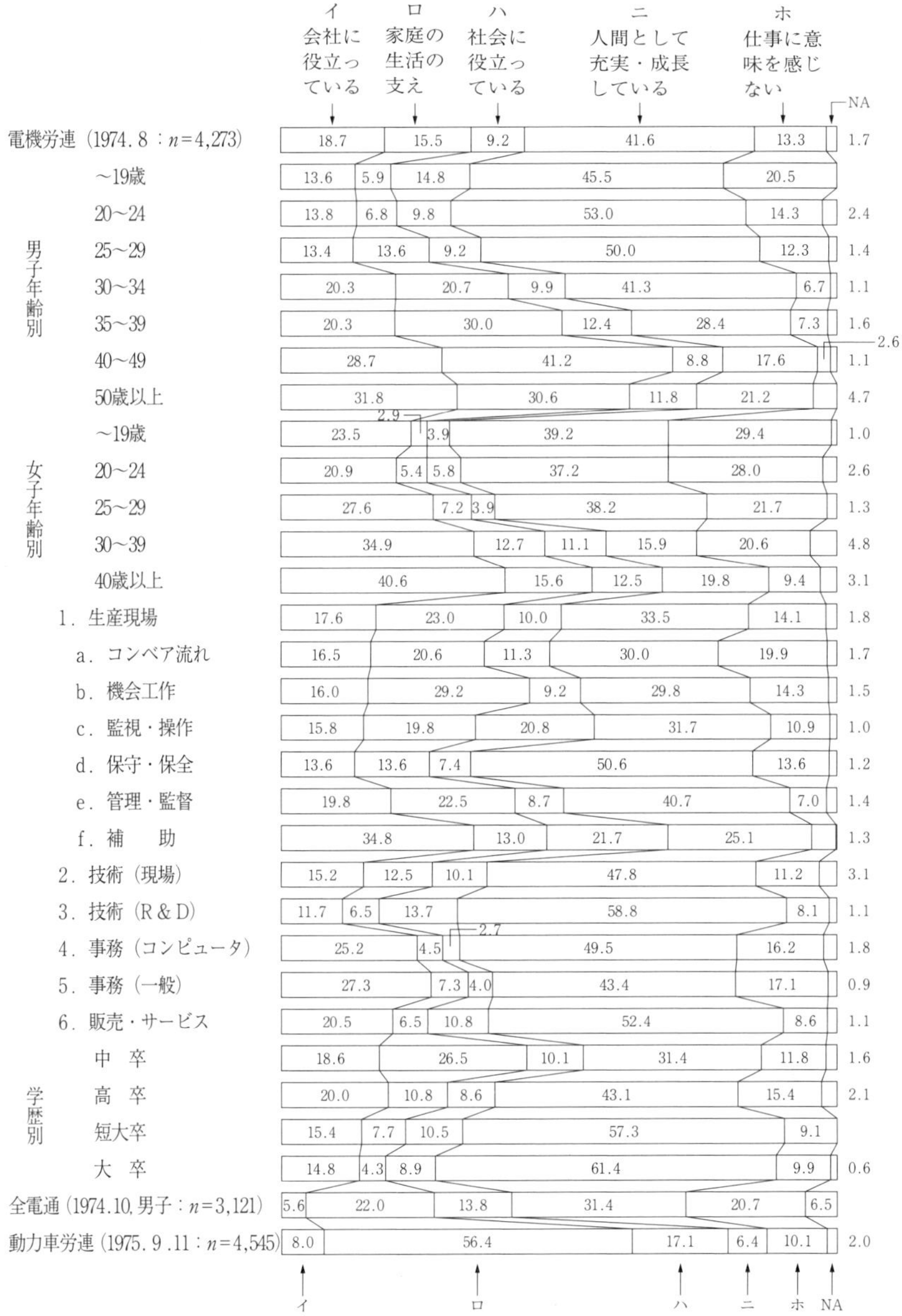
イ 会社に役立っている
ロ 家庭の生活の支え
ハ 社会に役立っている
ニ 人間として充実・成長している
ホ 仕事に意味を感じない
NA
電機労連（1974.8：n=4,273） 18.7 15.5 9.2 41.6 13.3 1.7
男子年齢別
～19歳 13.6 5.9 14.8 45.5 20.5
20～24 13.8 6.8 9.8 53.0 14.3 2.4
25～29 13.4 13.6 9.2 50.0 12.3 1.4
30～34 20.3 20.7 9.9 41.3 6.7 1.1
35～39 20.3 30.0 12.4 28.4 7.3 1.6
40～49 28.7 41.2 8.8 17.6 2.6 1.1
50歳以上 31.8 30.6 11.8 21.2 4.7
女子年齢別
～19歳 23.5 2.9 3.9 39.2 29.4 1.0
20～24 20.9 5.4 5.8 37.2 28.0 2.6
25～29 27.6 7.2 3.9 38.2 21.7 1.3
30～39 34.9 12.7 11.1 15.9 20.6 4.8
40歳以上 40.6 15.6 12.5 19.8 9.4 3.1
1．生産現場 17.6 23.0 10.0 33.5 14.1 1.8
a．コンベア流れ 16.5 20.6 11.3 30.0 19.9 1.7
b．機会工作 16.0 29.2 9.2 29.8 14.3 1.5
c．監視・操作 15.8 19.8 20.8 31.7 10.9 1.0
d．保守・保全 13.6 13.6 7.4 50.6 13.6 1.2
e．管理・監督 19.8 22.5 8.7 40.7 7.0 1.4
f．補　　助 34.8 13.0 21.7 25.1 1.3
2．技術（現場） 15.2 12.5 10.1 47.8 11.2 3.1
3．技術（R&D） 11.7 6.5 13.7 58.8 8.1 1.1
4．事務（コンピュータ） 25.2 4.5 2.7 49.5 16.2 1.8
5．事務（一般） 27.3 7.3 4.0 43.4 17.1 0.9
6．販売・サービス 20.5 6.5 10.8 52.4 8.6 1.1
学歴別
中　卒 18.6 26.5 10.1 31.4 11.8 1.6
高　卒 20.0 10.8 8.6 43.1 15.4 2.1
短大卒 15.4 7.7 10.5 57.3 9.1
大　卒 14.8 4.3 8.9 61.4 9.9 0.6
全電通（1974.10.男子：n=3,121） 5.6 22.0 13.8 31.4 20.7 6.5
動力車労連（1975.9.11：n=4,545） 8.0 56.4 17.1 6.4 10.1 2.0
イ ロ ハ ニ ホ NA

資料出所：図１に同じ。

て、その傾向が強まっていることは、見方を変えれば、「人的資本」がより一層自分のものになりつつある姿を示していると考えられないであろうか。

以上のように、「人的資本」の所有に関して、労働者は、勤続年数の長期化につれてますますはっきりと自覚するようになっている。「人的資本」は、人間にしか体化されないゆえ、無意識的にはあるいは不完全な形では入社間もない労働者も所有主体に加えられようが、それが果実を生むほど充実した形になるには、前述の仕組みが必要になるのである。したがって、「人的資本」の所有に対する労働者の意識には、仕事の完遂やそれによる他者の評価が多く反映することになる。

いずれにしても、「会社資本主義」社会では、「人的資本」の所有を労働者自身に否応なしに意識させる仕組みができ上がっている。

(2) 労働概念の変化と勤労意識

資本主義社会の発展にともなって、労働概念の内容が「仕事」から「苦役」へと変化してきた。

ところが、一九六〇年代に入って、F・ツウァイク、J・H・ゴールドソープ、R・ダービン、D・ロックウッドらによっていわゆる「豊かな労働者」論が提唱されるようになった。

彼らが行なった調査（ゴールドソープやロックウッドによるルートン調査）では、豊かな労働者の「中心的生活関心」（central life interest）が労働の外に向かう傾向が強くなるにつれて、労働者は労働における内在的な報酬よりも労働による外在的な報酬をより強く求めるようになった、と指摘されている。彼らは、この事実を「手段主義的な」労働志向と名付けた上で、①労働者の「生活関心」の所在、②社交圏の広がり、③感情や欲求の充足の「場」、および④「生きがい」の対象、という四つに分けてその志向を検証している。

そこで、ここでは、彼らが提示した命題が、現代日本の労働者の勤労意識にどこまで妥当するかを検討することによって、勤労意識の実態を明らかにしていきたい。

なお、そのために、労働概念の変化が、先験的にはどのようなものになっているかをあらかじめ検討しておきたい。

(a)　労働概念の変化

労働には、「仕事」という側面と「苦役」という側面の二つがあるが、資本主義社会の発展過程を顧みるとき、後者の側面がより強くなってきたことは否定しがたい。しかし、この変化も国や地域でかなりの差があるように思われる。ただ、労働は、本来「協働」に深く関わる概念であるため、労働概念の変化は、必然的に「協働」に対してなんらかのインパクトを与えていることを忘れるべきではない。そして、このインパクトを正しく理解するためには、「協働」の基盤である「共同体」が、労働概念の変化に対応してどのように変容してきたかを明らかにしなければならない。

日本の大企業では、キャリアの形成を主軸として、経営層だけでなく労働者までもがパフォーマンスの改善にともに必要な努力を払っている。この姿は、資本主義社会の初期にみられた「共同体」とは異なるものの、企業内で働き、収入を得、そして職業的生涯を送るという意味で、まさしく新しい形の「共同体」である。この「共同体」は、「生活共同体」、「利益共同体」、そして「運命共同体」という三つの側面をもっている。

しかし、この「共同体」の成立は、あくまでもメンバー間の利害の一致を前提としているため、利害の対立や不一致が著しい企業には成立するはずもない。

ところで、新しい形の「共同体」は、いうまでもなく、現代的な分業システムの上に成立しているが、この分業システムについては、これまで、「協働」を破壊するもの、つまり労働を「苦役」に変えるものという評価が下されてきた。と同時に、この分業システムをより有効にするためには、各部門（職場）のインセンティブを実効あるものにする経営管理が不可欠であることも、長く論じられてきた。もちろん、インセンティブ・システムの確立も、経営管理の一環として行なわれる以上、そこには経営層のパワーが大きく作用するであろうが、究極的には、なんらかの意味で労働者に資するシステムでなければ、そのようなシステムを維持することは到底不可能である。

日本の大企業では、「ボトム・アップ・システム」だけでなく、小集団活動や労使協議制が広く行なわれているが、これらの活動は、いずれも利害の調整（ある意味では説得ともいえる）を主眼においたものである。このことは、新しい形の「共同体」が成立する条件が（それなりに）備わっていることを示している。

したがって、少なくとも日本の大企業では、労働がまだ「仕事」の色彩を強く残している。このことは、いわゆる「ブルーカラーのホワイトカラー化」という事実によっても支持される。

(b) 勤労意識

それでは、日本の労働者はどのような意識をもっているのであろうか。

「生活関心」の所在

図3と図4は、「生活関心」の所在を示す資料だが、そこには次のような三つの事実が示されている。

第一は、いずれの年齢階層においても、仕事が「生活関心」の第一位を占めていることである。図4の(iii)年齢階層別のデータや図5のデータをみると、壮年・男子ではこの傾向がよりはっきりと現れている。

第二は、加齢にともない家庭に対する関心が大きくなることであり、図5のデータでは、三〇歳台の前半と後半とで逆の傾向が示されているが、これをならせば、二〇歳台後半に比べて関心が増していることがわかる。

第三は、三〇歳台を境にしていわゆる「働きざかり」の年齢層（三〇歳台と四〇歳台）では、余暇に対する関心が

図３　「生活関心」の所在（男子のみ）

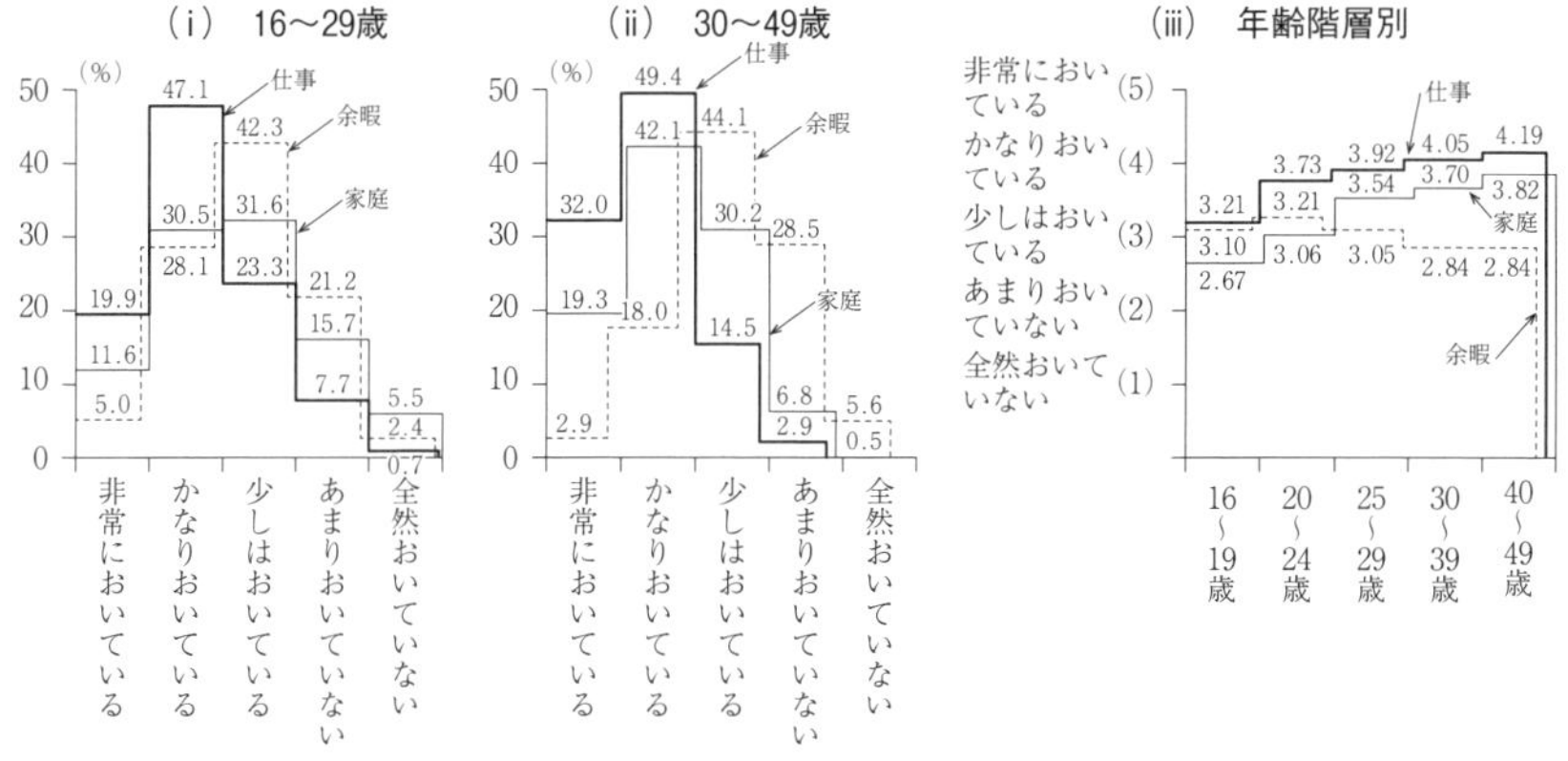

注：得点＝［「非常においている」(%)×５＋「かなりおいている」(%)×４＋「少しはおいている」(%)×３＋「あまりおいていない」(%)×２＋「全然おいていない」(%)×１］／［100－無回答（%）］
資料：内閣総理大臣官房広報室『勤労者の意識調査』（1970年12月実施）。

図４　「生活関心」の所在（男女）

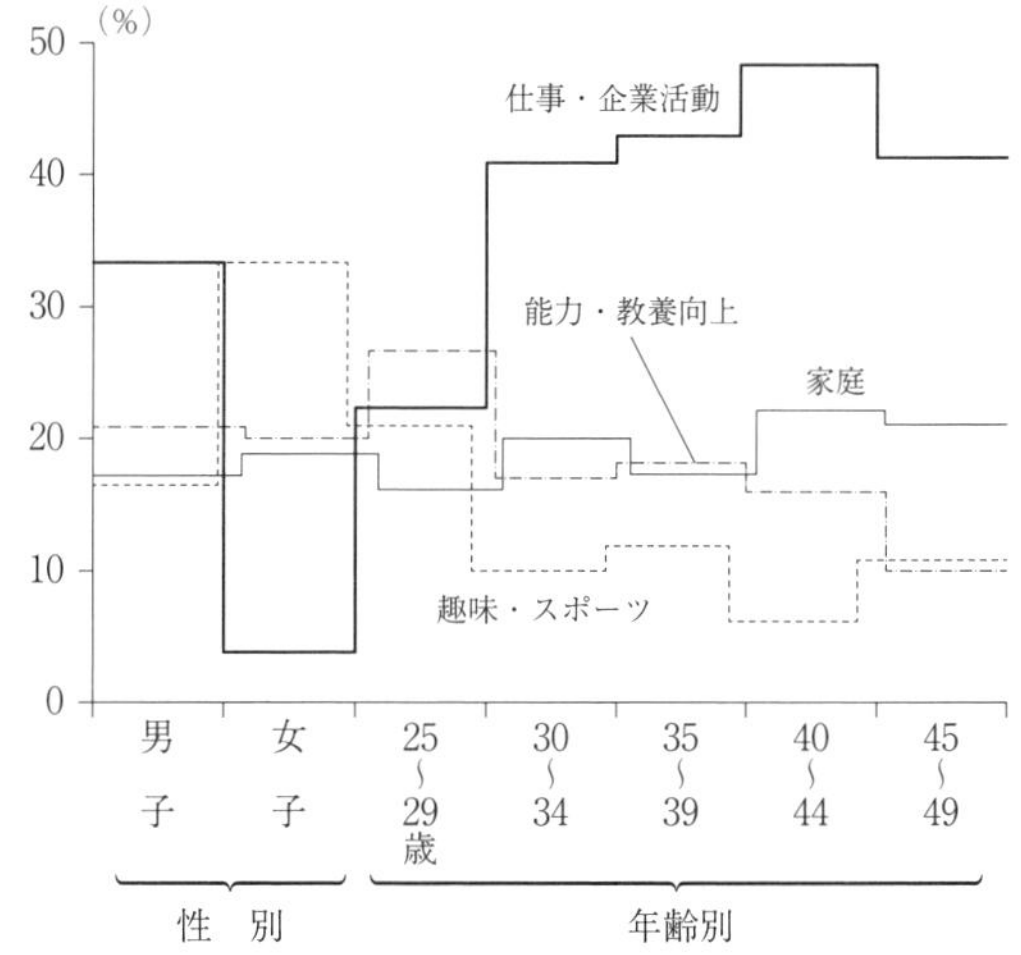

注：①年齢別は男女計。ただし24歳以下に女子が集中していると考えられるため、25歳以上は男子とおもわれる。50歳以上は少数であるため表示しなかった。
　②９項目の選択肢のなかから１つ選ばせた結果。総計上位４位内にあげられた項目を図示した。
資料：社会経済国民会議『変貌する労使関係』1977年２月。

表3　感情や欲求の充足の「場」の構造（男子）

	1　仕事・職場	2　家庭生活	3　組合活動	4　社会活動	5　自由時間	6　N. A.
a　やり遂げたという充実感	66.3	3.9	2.1	6.0	16.4	5.2
b　快い緊張感を覚える	51.8	4.8	6.1	11.6	18.2	7.5
c　いろいろ工夫がこらせる	42.6	10.8	2.2	7.0	30.1	7.3
d　新しい発見が期待できる	27.5	4.7	5.2	15.4	39.2	7.9
e　あれこれ推理できる	25.8	9.1	5.2	10.2	42.1	7.7
f　自分が投影できる	25.0	12.6	3.4	11.9	38.8	8.2

注：電機労連第6回組合員意識調査（1976年8月実施）による。
資料：佐藤博樹ほか「電機労働者の意識構造」電機労連『調査時報』第141号、1978年6月。

かなり低くなっていることである。

以上から、「生活関心」が仕事におかれていることは間違いない事実である。

社交圏の広がり

日本の労働者がつくり上げている人間ネットワーク（社交圏）は、どこまで広がっているであろうか。

まず初めに、日立総合計画研究所による『勤労者の意識調査』（一九七八年）をみると、日立グループ五〇社の男子社員六〇〇名を対象として、「あなたは仕事を離れた生活で最も大切にしている付合は、どの人々とのものですか」という設問をした結果、「会社や職場の同僚」と答えた人が（他をはなして）五六・四％に達している。

また、「あなたには相談相手になってくれる親しい人はいますか」という設問に対しては、「職場は違うが社内にいる」（三〇・七％）と「同じ職場にいる」（二五・九％）を合わせて、五六・六％もの人々が「社縁」をあげている。

次に、総理府による『社会生活基本調査』（一九七六年）をみると、「自由時間に誰と過ごすことが多いか」という設問に対しては、特に成人・男子の労働者（従業員）のなかに職間の仲間と答える人が五八・八％いた。

図５　「生きがい」の対象（男子）

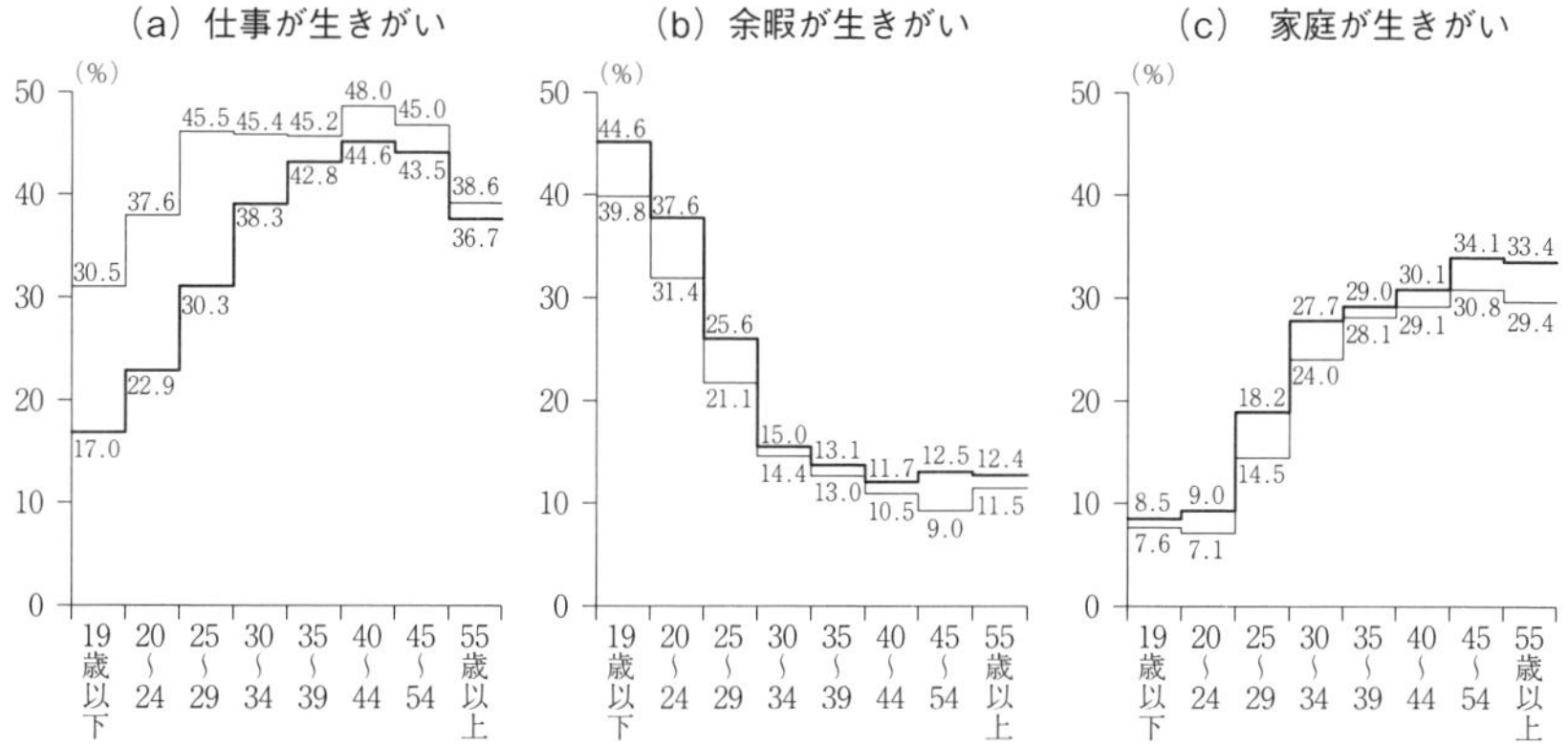

注：①太線が1977年７月調査、細線が1971年12月調査を示す。
　　②71年調査の55歳以上は55〜64歳と65歳以上、また77年調査の45〜54歳は45〜49歳と50〜54歳、55歳以上は55〜59歳と60歳以上、の単純平均である。
資料：労働大臣官房統計情報部『現代労働者の意識構造』（1971年12月調査）労働行政研究所、1972年、および同『勤労者の職業生活意識』（1977年７月実施）至誠堂、1978年。

これらのデータは、社交圏が「社縁」や「職縁」を中心に広がっていることを示している。

感情や欲求の充足の「場」

電機労連の調査結果を示す表3をみると、大別して次のような二つの事実を指摘することができる。

一つは、仕事や職場において「やり遂げたという充実感」や「快い緊張感」さらには「いろいろ工夫がこらせる」といった感情や経験を味わえた人々の割合が、仕事や職場以外の充足の「場」でのそれらの割合に比べて、かなり大きいことである。

もう一つは、自由時間以外のなんらかの活動において、「新しい発見が期待できる」、「あれこれ推理できる」および「自分が投影できる」といった感情や経験が味わえる「場」として仕事や職場をあげた人の割合が他の活動のそれに比べて大きいことである。

以上から、日本の多くの労働者では、感情や欲求を充足し得る「場」が仕事や職場になっていることがわかる。

「生きがい」の対象

図5をみると、次のような三つの事実が指摘される。

第一は、若・青年層（二九歳以下）には、余暇に生きがいを感じている人が多いことである。

第二は、逆に、三〇歳以上の年齢層には、仕事に生きがいを感じている人が多いことである。

一九七一年一二月と一九七七年七月の二回の調査を比べてみると、（上の二つの事実に関連していえば）二〇歳台後半か三〇歳台前半のいずれかが、生きがいの内容の変わる年齢層のようである。

第三は、加齢にともない仕事や家庭の割合が増えてくるなかで、仕事を生きがいにあげる人の割合のほうがより大きいことである。

これらの事実は前述の図2（仕事の意味づけ）の事実とも対応している。つまり、労働者の多くが仕事を「生きがい」の対象にしているのである。

(c)　まとめ

以上、四つの点に関する検討から、次のようなことを指摘することができるのではないか。

日本では、多くの労働者の「生活関心」は仕事に強く注がれているため、「社縁」や「職縁」を契機とする社交圏が仕事の外の生活にまで広がっている。

また、仕事は、単に経済的な利益を得るためだけのものではなくて、人間的な欲求や感情を充足し得る「場」ともなっているため、「生きがい」の対象になっている。

4　結　び

最終に、資本と労働との新たな総合という「ヒルシュマイヤー仮説」に一言触れておく。

この仮説には二つの意味がある。一つは、「人的資本」の形成によって、労働それ自体が資本の性格（投資によって果実を生むもの）をもつようになったということである。もう一つは、企業内部に「人的資本」形成の仕組みが確立すればするほど、経営者（資本を握る主体）と労働者（労働力をもつ主体）との「協働」が行なわれるようになったということである。

この二つの意味は、「会社資本主義」社会の基本的な特徴を示していると同時に、資本主義社会の進むべき一つの方向を示している。

ただ、日本経済の一部にも、欧米諸国にみられる問題が顕在化しつつあり、仮にこれらの問題の解決に失敗すれば、この社会がもつ利点はたちどころに失われるであろう。

また、大企業社会にみられる中小企業いじめの現実や官僚主義的傾向の強まりなども、この社会の欠陥として指摘されなければならない。この意味で、ここでえられた結論が日本経済全体に妥当するか否かは、今後さらに検討する必要があろう。

注

（1） 以下での議論は、その多くを次の諸研究に負っている。
浅沼万里「企業組織の経済分析」青木昌彦編『経済体制論』第一巻（経済学的基礎）、東洋経済新報社、一九七七年。
Becker, Gary S. *Human Capital* 2nd ed. New York: National Bureau of Economic Research, 1975.（邦訳は、ゲーリー・S・ベッカー『人的資本――教育を中心とした理論的・経験的分析』佐野陽子訳、東洋経済新報社、一九七六年）。
Doeringer, Peter B. and Michael J. Piore. *Internal Labor Markets and Manpower Analysis*. Lexington, MA: D. C. Heath & Company, 1971.
Foulkes, Fred K. *Personnel Policies in Large Nonunion Companies*. Englewood Cliffs, NJ: Prentice-Hall, 1980.

Hirschman, Albert O. *Exit, Voice and Loyalty*. Cambridge, MA: Harvard University Press, 1970.（邦訳は、アルバート・O・ハーシュマン『組織社会の論理構造――退出・告発・ロイヤルティ』ミネルヴァ書房、一九七五年）。

今井賢一・伊丹敬之・小池和男『内部組織の経済学』東洋経済新報社、一九八二年。

今井賢一「日本企業の成長と戦略」『ビジネスレビュー』第三〇巻第三・四号、一九八三年。

小池和男『日本の賃金交渉――産業別レベルにおける賃金決定機構』東京大学出版会、一九六二年。

小池和男『職場の労働組合と参加――労資関係の日米比較』東洋経済新報社、一九七七年。

小池和男『労働者の経営参加――西欧の経験と日本』日本評論社、一九七八年。

小池和男『日本の熟練――すぐれた人材形成システム』有斐閣、一九八一年。

小池和男「日本企業の雇用と労務――入職、訓練と配置からみた変化への対応」『ビジネスレビュー』第三〇巻第三・四号、一九八三年。

島田晴雄『労働経済学のフロンティア』総合労働研究所、一九七七年。

Williamson, Oliver E. *Markets and Hierarchies: Analysis and Antitrust Implicatioins*. New York: Free Press, 1975.（邦訳は、O・E・ウィリアムソン『市場と企業組織』浅沼万里・岩崎晃訳、日本評論社、一九八〇年）。

（2）以下での議論は、その多くを次の諸研究に負っている。

ヨハネス・ヒルシュマイヤー・由井常彦『日本の経営発展』東洋経済新報社、一九七七年。

Hirschmeier, Johannes & Yui, Tsunehiko. *The Development of Japanese Business*, 2nd ed. London: George Allen & Unwin, 1975.

稲上毅『労使関係の社会学』東京大学出版会、一九八一年。

万成博編『新しい労働者の研究――産業構造の変革と労働問題』白桃書房、一九七三年。

森五郎編『日本の労使関係システム』日本労働協会、一九八一年。

西山忠範『支配構造論――日本資本主義の崩壊』文眞堂、一九八〇年。

佐藤博樹「現代日本の労働者意識」津田真澂編『現代の労務管理と労使関係――高齢化・高学歴化への適応』有斐閣、一九八二年。

柴田悟一「日本の従業員の所属意識と参加モティベーション要因――日本的経営の基本的仮説について」『経済と貿易』第一三五号、一九八三年。

津田真澂『現代経営と共同生活体――日本的経営の理論のために』同文舘出版、一九八一年。

（3）この資料は、日本学術振興会経営問題第一〇八委員会のメンバーである細井卓教授（南山大学社会倫理研究所第二種研究員／名古屋大学経済学部）より提供を受けたものである。一〇八委員会の主査を務めている森本三男教授（横浜市立大学）の許可を得て利用している。

（4）この報告書の初めの部分には、回答企業の特性（資本金区分・従業員数区分・従業員平均年齢区分・設立年区分）とその名前が掲載されているが、ここでは、それらに関する説明は省略する。なお、特性をみても、企業名をみても、この報告書のデータに対する信頼度には、全く疑問の余地がない。

（5）この七三社の企業が四部門すべてに満遍なくまたがっている事実にも注目されたい。

V

対談と講演

外国人は日本人の経済行動をいかに見るか

日本人の三つの特性

はじめに

私たち外国人は、どうしても自分たちのやり方と日本人のやり方を比較してしまう。事実、そのような比較論が、私たちの日常会話の大きな部分を占めているといっても過言ではない。

私が非常に驚いたことは、日本人自身が自分たちの特性——特に経済活動に関連した——に対して、非常に批判的な目を向けているということである。

自分の国や国民を自分が批判することと、外国人に批判されることとでは、たとえ、それがぴったり同じ批判であったとしても、気分が非常に違うものである。そこで、私がまずおことわりしておきたいのは、私には、ここで日本に対する価値判断をするという意志は全くないということである。私は、日本を非常に尊敬し、愛しており、日本で毎日を過ごすことを非常に楽しく思っているものである。

私は、ここで、日本人の持つ三つの一般的な特性を取り上げてみたいと思う。この三つの特性こそは、近代日本の驚くべき経済発展に、少なからざる影響を及ぼしていると私にはみえるからである。

ナショナリズムについて

低開発国を開発する場合、思想がどんな役割を果たすかについての最近の研究は、一様に、ナショナリズムが国民の意欲をかき立て、挙国一致で工業化という大目的に向かって進ませるのに大きな力となっていることを強調している。思うに、日本は経済の近代化を国是とした世界最初の国である。二番目の国はソヴィエト・ロシアであるが、ソヴィエトのレーニン主義的ナショナリズムと、日本の明治ナショナリズムとの間に雲泥の差があることは言をまたない。

事実、この二つの行き方は全く正反対であるので、一方は「資本主義的」といわれ、一方は「マルクス主義的」といわれているわけである。しかし、この二つの間には、まごうことのない共通点があるのもまた事実である。その共通点とは、上層部からの強い指導によって、イデオロギーが国家を発展させるために使われたということである。

バイロン・K・マーシャルは『戦前日本における資本主義と国家主義《ナショナリズム》』（一九六七年）の中で、私とほぼ同じ考え方――すなわち、日本の政府および産業界の首脳は根本的には攘夷的精神に強く支配されていたという考え方――に立って論じている。

もう少しはっきりいうと、いわゆる「文明開化」に対する全面的な傾倒や「殖産興業」の強調は、ともに西欧からの脅威に対して積極的に対抗しようとして生まれ出たナショナリズムによって、強く裏打ちされていたのである。

では戦後はどうであろうか。社会学者であるJ・スピー博士はいう。「日本には現在、明らかなナショナリズムが存在する。しかし、それは非常に物わかりのよい、大人のナショナリズムであって、世界のためになることなら日本のためにもなるというモットーを信奉している。このように、一九六〇年代の日本のナショナリズムは、根本的には国際主義と同一である」（『ミッショナリ・ブレティン』一九六七年四月号、一五三頁）。

この新しいナショナリズムの立場は、国際連合、欧州経済協力機構、その他の国際機関に対する日本の態度にはっきり現れているし、国民感情としては平和運動となって現れている。また、経済面では貿易尊重という形で現れている。平和運動においては、日本人は、原子爆弾に反対する選ばれた平和の使徒と感じて行動しているが、貿易の分野における日本人の国際主義はまだ完全なものとはいえない。

日本の貿易依存率は非常に高いので、一般国民の貿易に対する関心は強い。ソニーのテレビやトヨタの自動車の輸出がふえることは、日本人にとっては、とりもなおさず勝利を意味するのである。工業生産や輸出を増強するためには、日本人は、騒音や、不備な道路や、貧弱な住宅や低賃金を我慢する。

大企業は、政府からも国民からも大目でみてもらえる。日本の自動車生産はすでに世界第二位に達しているが、いまだに手厚く保護されている。経済成長の数字がしばしば発表され、西欧諸国との比較が大々的になされる。全般的にいって、日本人は、いまだに「世界にその実力を問われている」という意識を捨てきれず、西欧に追いつこうと、やっきになっているという印象を受ける。

われわれ外人は、よく「日本をどう思いますか？」という質問に出会う。この質問に対して日本人が聞きたいのはもはや「キモノ」や「美しいお寺」についてではなく、経済面の業績――特に新幹線――に対する賞賛の言葉だということを、私はすでに学んだ。

日本の近代化は、その第一歩から中央政府のお声がかりでなされてきた。以来中央集権主義《セントラリズム》は日本の最も代表的な特徴となってきたのである。日本には、疑うことのできない一つの地理的中心地があるが、それが東京であり、その又中心が、昔は長い間千代田城であったし、現在は国会である。

私のような外国人が、不幸にして東京に住んでいない場合は、昔の大名のようにしばしば「参勤交代」を気取って東京へ出かけなければならない。ただ昔と違って現在は新幹線があるので、この旅も苦労ではなく、むしろ楽しみである。名古屋のような大都市でさえ、いまだに「尾張名古屋」であり、東京への依存度は非常に高い。

地方に、さらにはまた個人にイニシアティブが欠けているということは、たしかにマイナスであるが、プラスの面がないでもない。その一つは、お役所の事務であり、日本人は日本のお役所事務が世界でも、最も信頼のおけるものだということを誇ってよい。

この伝統も、中央集権主義と同様、徳川時代にまでさかのぼる。武士道と儒教の教えを身につけた武士たちは、あまり能率的ではなかったかもしれないが、少なくとも正直であり信頼することができた。徳川時代の代官がたった二九人の手下をもって、大名の領地ほどもある地域を、警察力もないのに立派に取りしきることができたということはまことに驚くべきことである。

このように、日本の官僚は信頼するに足り、また事実尊敬もされ、服従されている。ときには非常に消極的にではあるけれども。「お上《かみ》」から、はっきりした指令がくれば、すべてはうまくいくわけである。ついでに一言つけ加えておきたいことは、日本のお役人さんたちは驚くほど腰が低いということである。例えば、列車の車掌さんは、検札を行なうのに、非常に低姿勢で「おわび」をいう。しかし、聞くところによると、戦前戦中のお役人は非常にいばっており、非礼であったとのことである。ではどうして戦後にこんなにも変わったのであろう？　この変化も、われわれ外国人には理解できない、あの日本的「インスタント変化」の一つなのであろう。この点については、のちほどもう一度触れたいと思う。

教育とそのもたらした結果

日本をはじめて訪れる外国人は、一様にまっ黒な学生服を着た大学生が至るところにいることにまず驚く。日本は、世界でもまれに見る高度の教育水準を非常に短期間に達した。いうまでもなく、この高度の教育水準こそは、経済発展のために必要欠くべからざる要素の一つである。

日本人は、伝統的に教育に対して高い尊敬の念をいだいている。徳川時代の上流階級のおもな特徴は、教育された階級であるということであった。しばしばいわれることだが、高等教育が、高い社会的地位を約束するという事情は、今日まで続いている。

日本も、明治時代になると、技術の修得は大学教育や海外旅行を通じて理論的になされるようになった。丁稚奉公の後にみとめられ、番頭に出世するというような古い商家の慣習は姿を消した。財閥が間もなく大学に人材を求めはじめ、大学卒業生や教授たちは、短期間に経営の中枢に参画するようになった。

しかし、私がここで特に強調したいのは、儒教に対して西洋の学問は非常に実際的であり、また主として実際的な目的のために利用されてきたということである。日本人は、いわゆる和魂洋才を信奉したのである。日本人は、西洋の理論的分析や、哲学や、文化的背景を深く理解しようとしたわけではない。手っとり早い結果だけが主として求められた。

この伝統はある程度今日まで受け継がれているが、私の考えによれば、次の二つの大きな結果を生むことになった。

(A)　二重構造が生まれた。まず儒教と洋学の二重構造であるが、これは渋沢栄一の考え方に代表されると思う。経済的にもこの二重構造は存続されたが、これを私流に大別すれば「近代的生産」対「伝統的消費」、または「公＝洋化」対「私＝伝統」ということができよう。

しかし、その結果の一つをあげれば、「デモンストレーション効果」が主として供給の面に作用し、需要の面に作用しなかったということである。これは現在の東南アジア諸国の状態とは全く異なっている。日本人の持つ選択的態度の一部はもちろんナショナリズムの精神から直接きている。日本のナショナリズムは、「技術的には西洋がすぐれているから技術は西洋に学ぼう。しかし、倫理的には日本がすぐれているので、個人の生活や道徳はそのままにしておこう」という立場である。

(B) 知識を外から吸収することが強調され、自分で考えることがなおざりにされた。分析とか純理論は、あまり実用とは縁がないので歓迎されなかった。理論は権威者の言葉を信用して疑うこともなく取り入れられた。外国の著者の言葉を引用するほうが、その著者を理解するより大事なことになった。

勉学というものは、せまい分野に集中されればされるほど効果的であるので、「勉学の分業」はついに極端な専門化をもたらし、現在に至っている。しかし、この点については、洋学が導入された当時の特殊な環境だけを責めることはできない。

学問の面においても同様である。専門家は自分の狭い守備範囲だけをかたくなにまもり、専門以外のことには見向きもしない。このため悲しいことに、創造力は根だやしにされてしまうのである。

しかし、経済面では、この折衷主義的な極度の専門化が、短期または中期的にみれば効果を上げることができるのである。言い換えれば、ある国がリーダーでなく追随者として、二流の地位に満足し、外国のマネをし、外国の研究や創造性の結果だけを借用している間は効果があるのである。

最後にもう一つ教育について意見を述べてみたい。それは「教育低賃金論」とでもいうべきものである。今日広く認められつつあることは、先進国の経済発展の最近の大きな障害は、資本が少ないことではなく、高度に教育されたホワイトカラー労働者が少ないことである。ガルブレイスはこの点を彼の著書『ニュー・インダストリアル・ステート』の中で強調したが、これはすでに常識になった。

日本においては、産業界が大学卒業生に対して買い手市場の利益を満喫し、しかも教育に対して費用を負担しなくてもすむ。大学卒業者が多すぎて、中には靴を売ったりタクシーのドライバーをしたりしているという状態は、投資効果の立場から考えればばからしいことである。

しかし、問題は、産業界がこれらの卒業生の供給をタダで受けていることである。というのは、日本の大学生の大部分は私立大学で学ぶのだが、その学費は産業界が（税金の形で）払うのではなく、個々の家庭が払うのである。教育に対する産業界の直接的な援助は、日本では非常に低いにもかかわらず、経済的にいえば、産業界こそ大学教育の最大の受益者なのである。

日本の大学卒業者の初任給は非常に低く、とても教育に対する投資からの配当と考えられるようなものではない。であるから、日本では、消費者が事実上産業界を補助し、過去においては悪名高かった「低級輸出品」の生産から高級品の生産に転換させる力となり、世界を驚かしたといえるのである。

社会中心性《コミュニティ・センタードネス》について

日本人の特性のうちで、レーニスによって「社会中心性《コミュニティ・センタードネス》」と名づけられた特性ほど多くの論評の的になったものはない。

日本人は、すばやく独自の結論に達することが苦手らしいということである。つまらないことに対しても長い会合が開かれ、一人ひとりが、しばしば重複する意見を述べ合い、ようやく何とか結論に達するというぐあいである。

われわれ西洋人にとって、これはいかにも不経済なように思えるが、たしかに一つだけよい点がある。それは摩擦がなくてすむということである。一人ひとりが喋っているうちに意見が調整され、意見の一致がみられるようになる。決定的な意見が出されることはほとんどない。

「でしょう」とか、「と思います、けれども……」というような言葉が、調整の余地を残しておく。論理よりも、実際的な妥協が重んじられる。そしてどうやら結論が出ると、書類が作られ、一人ひとりが判を押す。しかも判を押すことは責任の所在を明らかにするどころか、かえってうやむやにしてしまう。

以上が、日本において意見の一致がいかにして達せられるかという過程をやや誇張して述べたものだが、このことは、一人ひとりがいかに自分の意見に自信がないかということを示している。個人はつねにグループの総意を気にしている。グループが自分に何を期待しているか、どう考えることを求めているかということが重大事になる。

自分の属するグループまたはグループのリーダーが自分に何を求めているかによって、個人はその意見や行動を変えてしまう。倫理的判断や罪悪感の基盤は個人にはなく、グループの中にある。

おそらくこのことが、日本のお役人の傲慢な態度を一朝にして慇懃にした理由であり、明治時代の日本の愛国者が、攘夷から一転して外国崇拝に傾いていった理由であろう。すなわちグループ――この場合は政府であり国家であるが――からの指令が変わったのである。

経済の面では、このグループへの依存が能率を上げるために大いに役立つ。ひとたびある会社に身を委ねた以上、個人はその会社の発展のために、自分の自由時間も、趣味も、健康さえも犠牲にする。そして、大きな悩みはたった一つしかない。すなわちグループが自分に寄せている期待を裏切り、グループに迷惑をかけはしないかということである。

このように、グループおよびグループの期待がつねに表面に出てくるために、ときには極端なケースが起こる。例えば、スポーツマンが自分に寄せられた期待を裏切ったために「国に対して謝罪する」というようなことが起こる。日本の伝統的な考え方によれば、自殺さえも正当化される。

しばしば論議される終身雇用制は、深く根をおろした日本人のこの特性にぴったりの制度である。われわれ外国人は、どうして会社がかくも深く個人の生活を支配し、レクリエーションまでも家族中心でなく、会社中心に行なわれるのか全く理解に苦しむ。商人の間で伝統的に大きなウェイトを占めていた「主家」の観念は、現在も会社の中に流れ続け、社員は会社と「結婚」するようなものである。

日本人のグループ中心の精神構造は、経済発展のためにいろいろな面で利用されている。すなわち、会社に安定性や順応性（苦しいときには我慢してもらい、好況のときにはボーナスをはずむ）や、能率（長時間一生懸命働く）を与える。しかし、その前提として、努力してもらうための十分な動機がなければならず、個人が自分の目的とグループの目的とを一致させることができなければならない。

結論――後進的特性

以上に述べた三つの特性の間には、有機的な、または論理的な関係があるだろうか。私にはあるように思われる。この特性は、三つとも、おそらく「後進的特性」とよんでよいと思われる。経済発展の理論としてのナショナリズムは、根本的には先進国に「追いつく」ことを目的としている。自衛のための模倣は欠くべからざるものであろう。この種の発展方法のためには、政府の強力な役割が必要であることは明らかであり、これは、ナショナリズムが発展の動機として働いたすべてのケースによって証明されている。

学問の方法も、明らかに「追随者タイプ」である。すなわち、理論は鵜呑みにされ、青写真が模倣される。専門化といっても、それは新しい知識を求めるよりも、すでに存在する知識に手を入れるといったものである。外国から借りてきた青写真は、それが技術であろうとその他のものであろうと、日本では完璧なまでに完成される。グループ中心の精神構造もまた「追随者タイプ」の精神構造である。ここではたしかにその事実はあまりはっきりと表面には現れないけれども。

グループのメンバー全部が「追随者タイプ」であれば、進行や決定が遅れがちとなり、いろいろ話し合って、各人がその間に自分の意見と他人の意見の調整をはからなければならない。しかし、メンバーの中に一人強力な人間がおれば、みんな喜んでそのような「ワンマン」の指導を受け入れる。

「追随者タイプ」の行き方も、ある程度までは、経済発展のために避けられない。ある程度までというのは、その国が他国のマネをしたり、他国に従ったりしている期間を指すのである。

日本は、まだまだ今までの行き方を変えないで済みそうだが、もし、日本と西洋の先進国との間の経済成長率が、現在のように大きな違いを示しながら進むとすれば、やがて日本も追随者ではなく、リーダーとしての態度をとり、自立し、独得の理論を打ち出し、独創的な考え方をしなければならないときがくるだろう。

しかし、そのときになれば、きっと経済の力が、さきに述べたような日本人の性質の多くを変えるだろう。事実すでに、日本がある程度のリーダーシップを手にした分野においては、このことがはっきりしてきているし、それとともに自信と独立した考え方が生まれてきている。

討　論

参加者
　J・ヒルシュマイヤー（南山大学教授）
　R・J・バロン（上智大学教授）
　井上薫（第一銀行会長）
　大来佐武郎（日本経済研究センター理事長）
司会　隅谷三喜男（東京大学教授）

経済発展のイデオロギー

隅谷　はじめに、ヒルシュマイヤー先生から、リポートについて、簡単にコメントしていただきましょう。

ヒルシュマイヤー　日本の明治のナショナリズムとソ連の経済発展に重要な役割を果たしたイデオロギーであるマルクシズムとの相違点と共通点という問題が、案外見逃されているのではないかと思います。

日本のナショナリズムと経済発展との関連は、従来も取り上げられなかったわけではありませんが、日本の経済発展を論ずる場合、イギリス・モデルを中心に考えられることが多かった。しかし、私はむしろ現代の東南アジア、あるいは一九世紀のヨーロッパで一番遅れていたロシアとの、共通点を取り上げたいと思います。

このことについては、ジョン・H・カウツキーの『ポリティカル・チェンジ・イン・アンダーデベロップド・カントリーズ』が参考になります。

ロシアのレーニズムと現代の低開発国のマルクシズムは、結局一種のナショナリスティックな経済発展イデオロギーである。そういう観点から、ソ連のレーニズムと日本のナショナリズムとを比較すると、まず共通点の一つは、両者とも革命という新しい出発点をもっています。ソ連ではツアーと貴族を敵とし、日本では倒幕運動、明治維新という革命を経ている。

次に、対外的な態度でも、マルクシズム、レーニズムは帝国主義、植民地主義に反対する運動を強調する。日本では尊皇攘夷論で、同じく外国の圧力に対抗する姿勢をとった。

つまり、社会革命であると同時に、外国からの危機に対抗する姿勢をとった点でソ連と日本は共通しています。しかも、その姿勢を支えるものとして、経済発展のためのイデオロギーが両者に共通して存在したということに注目する必要があると思うのです。

レーニンは「共産主義はソヴィエト権力プラス電化である」といって、経済発展を非常に重視しました。その指導者は誰かというとインテリゲンチャ――外国思想を吸収し、それに動かされて、自分の国を徹底的に改革し、経済発展を計画しようと決心したインテリゲンチャである。彼らは、進んだ西欧に非常に感心すると同時に、それに対する批判ももっていた。自尊心というか、ロシアはロシアであるという気持ちが強かったのです。

ロシアにはミール・オプシチナという共産的な農業共同体があるから、資本主義という回り道をせずに直接に共産主義へ行ける、という議論もした。そして、技術は外国から導入するけれども、ロシア的な経済発展をやるのだというアプローチをしたわけです。

日本でも、やはり同じような考え方がありまして、外国から技術を借りるけれども、日本的アプローチ、つまり武士道とか神道の精神、あるいは儒教的価値体系を残す。こうしたいわばダブル・ストラクチュアを論じたインテリゲンチャがいた。これが大きな共通点です。

つまり、外国を憎むと同時に感心して、外国からとり入れるべきものはとり入れるけれども、その代わり、自尊心を失わないために、なにか倫理的あるいは組織的優越性を強調することが必要であった。

ここで私は、主に渋沢栄一のことを考えているのですが、彼は論語と算盤ということを強調した。全面的に外国のアイディアを取り入れようとした福沢諭吉とは違って、渋沢は、それではいけない、われわれの伝統である武士道の精神を残さなければならないといいました。

新しいステイタス（指導階級）の点でも、ソ連ではインテリゲンチャとテクノクラートが指導者となった。日本では官吏プラス・アントルプルヌール（企業者）という渋沢の強調した新しいステイタスが必要となった。

明治日本ではもちろんマルクシズム・モデルがなかったから資本主義化したのだけれども、それをリードしたのは古いブルジョアジーではなくて、新しいブルジョアジーであった。

要するに、ソ連と日本の二つのモデル、二つのアプローチには非常に共通点があった。ただロシアの革命は明治維新より五〇年後にきたから、五〇年後の技術を利用する。遅れれば遅れるほど、規模が大きくなり、民間の資本が足りないから、中央政府が中心になり、計画経済になった。日本では資本主義的アプローチであったけれども、純資本主義的かというとやはり政府の指導力が非常に大きかったし、財閥が政府とならんで〝チャンピオン・オブ・ディベロップメント〟になった。

日本の資本主義発達史を読みますと、純粋イギリス・モデルをもとにして、日本は、イギリスとは違って、最初から独占資本主義であったと論じていますが、これは非常に間違った考え方です。むしろ、最初に資本不足のために政府プラス財閥が働いた。つまりイギリス・モデルではなく、後進国のモデルをもとにすると、わかりやすくなるのではないかと思います。

大来　いまのお話、大変おもしろくうかがいました。私も日本の経済成長について、プロダクション・オリエンテッド（生産中心）ともいうべき傾向があり、例えば住宅を低い水準に押えて、資本蓄積を生産的な投資に向けるというような点で、ソ連と形の上で似ている、ということを以前に書いたことがあります。一方は政府の計画経済の結果であり、一方はマーケット・メカニズムのもとで一般の大衆はいい家に入れずに、資本の蓄積が産業に向かうということで、政治の形は違うけれども、経済の姿は割合似ているところがある。

それから資本の蓄積率が高いということもよく似ている。イズベスチアの記者が最近書いたものでも、「ソ連と日本は似ている。国の発展のために献身的である。それから生産力の発展に非常に関心が強い」といっています。

ヒルシュマイヤー　日本の経済発展が、消費者のためではなくて生産者のためであるという感じは非常に強い。だから蓄積率が高くて、産業保護をやり、財閥がどんどん発展したのですが、戦後財閥が解体されるまで日本にはこれに対して反対する人が少なかった。つまり、全国民はある程度までこういう経済発展を自分の目的としていたような感じがします。「国が成長するなら、われわれは我慢する」。消費者は後回しです。

G・B・サンソムは、徳川は農民を尊重せずに農業を尊重した、といっていますが、明治以後の工業発展においても、工業に働く職工でなく、工業自体が尊重された。

隅谷　近年外国人の書いた、日本の経済成長関係の本をみると、日本の経済成長が比較的うまくいったという点が強調されていますが、私は同時に、その背後にいろいろ深刻な問題があったことにも注目しなければ、バランスを失うことになると思います。今のナショナリズムも消費者不在の問題も、日本の経済成長の表と裏の関係で、工業化が国民の生活を犠牲にして進行した、ということを物語っているわけです。戦前までの日本の経済的徳目が、勤勉と倹約の二つであったことも、これに対応しているわけですね。「欲しがりません。勝つまでは」というのは、戦争中だけのことでなく、明治以来の政府の国民教化の基本方針であった。徳川以来といってよいかもしれません。その長い歴史のなかで、そういう考えはある程度国民に浸透もしますが、反発も出てくるわけで、政府はこれを押えるためにもますますナショナリズムを強調することになる。そして消費者は押し潰されるわけです。

大来　数年前に物価問題がやかましくなってから、よく考えてみたら、日本の政府各省の中で消費者のことを心配するところがどこにもなかった。農林省は農林生産者、通産省は工業の生産者、運輸省は運搬サービスの生産者のことだけを考えており、消費者のことは政府のどこでやっているのかわからないという議論が出ておりました。だから高度成長になったという面もあるのかもしれません。

バロン　西欧でも、コンシューマーズ・エコノミックスが発展してきたのは、割合最近です。

さきほどのお話に関して、一つ確かめたいのは、ソ連や日本の産業化を、どの程度までナショナリズムと結びつけて考えなければならないか、ということです。

ヒルシュマイヤー　ナショナリズムは目的ではなくて手段です。経済発展を促進させるために使われている思想であるといえます。

話がそれますが、ソ連の場合は、新しい指導者であるインテリは貴族とは全然別の対立したグループであった。ところが、日本では武士階級が同時にインテリ階級であった。したがって、インテリ階級としての武士が自分で俸禄などの自分の特権を廃止したことになる。

バロン　しかし、こういう分析をするためには、言葉を大切にしなければなりません。いまいわれているナショナリズムという言葉が適当かどうか、疑問に思います。西欧ではナショナリズムとかネーションという概念は非常にはっきりした概念です。例えば、私の国（ベルギー）は、一五〇年前には全然なかった。ですから、ベルギーは、一五〇年前にはネーションとしては全然考えられない。米国の場合は二〇〇年前には、ネーションとして存在していなかった。ドイツもそうです。

しかし、日本の場合はいわば〝天照大神〟のときから、ちゃんと日本があったのですね。それなのに、同じ言葉を使うと非常に危ないでしょう。

ヒルシュマイヤー　私のいうナショナリズムは、経済発展ナショナリズムと名づけたらいいかもしれません。

武士道と資本主義

隅谷　日本でネーションというときには、〝国民〟というようには考えないで、〝国家〟を考える。日本人にとっては国民がある前から国家があるわけです。ナショナリズムというと、日本では国家主義というように考える傾向がある。インテリの一部は国民主義という言葉を使いますが、一般の国民は、国民主義というのは何であるかわからないと思います。

いまヒルシュマイヤーさんは、日本のナショナリズムは経済的ナショナリズムであるといわれましたが、同じ経済的ナショナリズムでも、日本では国を栄えさせるということであって、国民が豊かになることとは考えない。だから、アダム・スミスの『ウェルス・オブ・ネーションズ』も、最近でこそ「諸国民の富」などと訳されるようになりましたが、もともと「国富論」というように、そこに国を富ませるとか国の富とは何かとかをみようとしたわけです。そのへんの受け取り方が、同じナショナリズムといっても非常に違っている。そのことが経済発展を考える場合、日本の一つの特徴になるのではなかろうかと思うのです。バロンさんは、その点はどうお考えになりますか。

バロン　ちょっと言葉が悪いかもしれませんが〝親方日の丸〟という言葉があります。これは西欧ではあまりピンとこないです。最近でも、自由化について外国で討論されるのと、日本で討論されるのと非常に違います。外国では、イコール・オポチュニティを全世界で与えなければならない。アメリカの資本に対して、日本でイコール・オポチュニティを与えるべきだと主張される。しかし、イコールという言葉は、日本人にはわからない。日本では外国人を日本人と同じように考えてくれないのです。

あまりよい例ではないかもしれませんが、私は二一年前から日本に住んでいますが、それでも死ぬまで外人です。

すなわち外の人。お月さまでも、ベルギーでも、日本の外は外です。要するに、日本は全世界です。全体なのです。ですから日本以外は、外人とか外国とか、みんな外、外……。島国根性を批判するようになりますが、日本は天照大神のときから、根本的に一つの国でした。海で外界と遮断されていて、場所がはっきり分かれている。そして一つの文化でした。アイヌ民族なんかもいましたが、あまり大きな意味はもたなかった。一つの言葉をもっていました。だから、こういう感情は、ある程度まであたりまえです。現在の低開発諸国では、経済発展の一つの大きな障害は、ナショナル・ユニティ（国民的統一）が簡単に実現できないことですね。

ヒルシュマイヤー　経済発展が国民全体の目標になるときにはじめて近代国家の意識が生まれるのではないでしょうか。つまり、経済発展問題自体が国を結晶させるような力になると思うのです。

例えば、インドネシアではオランダ人に対して敵という取り扱いをしなければならなかったと思うのです。インドネシアはたくさんの島からできていて、共通の民族語がなく、オランダ語だけしか通じないのに、そのオランダという国を敵とすることによって、はじめて一つの国としてまとまる。

現代のナショナリズムがどうしてマルクシズムに結びつきやすいかというと、後進国を占領していたのは資本主義諸国だから、こちらはマルクシズムでなければならない、対立するものをとらなければならないからです。

日本でも、幕末の諸藩はずいぶんバラバラでした。それが外国という同じ敵をもったために、はじめてみんな自分の小さいケンカを忘れて一つの国になった。

しかし、現代の日本のナショナリズムは非常に開放的なナショナリズムでしょう。現代では全世界を日本に入れているから。言葉のうえでいぜん〝外人〟というのは仕方がないけれども……。

バロン　それは少しオプティミスティック過ぎるんじゃないですか。

ヒルシュマイヤー　いや、現代の日本のナショナリズムがインターナショナリズムでもあるということは、国連とかOECDとか、何にでもそのメンバーになって、盛んに協力することをみても、言えるでしょう。

バロン　私はそれに反対します。全世界へ日本人が出ていっていますが、日本の外の日本人は非常にかわいそうなんじゃないですか。さびしいでしょう。大来さん、どうですか……。

大来　いやあ……（笑）。

井上　明治初期の日本国民の精神がナショナリズムの方向へ動いていき、そのために国家が統一され、かなり積極的な国民意欲ができて、それが経済発展の大きな原因になったということは、たしかにヒルシュマイヤーさんのおっしゃるとおりだと思います。

隅谷　日本の経済成長において、ナショナリズムの役割を大きく評価しようとするのは、外国人の日本研究にかなり一般的に見られる傾向でしょう。例えば、ヒルシュマイヤーさんの引用されたB・K・マーシャルの『戦前の日本における資本主義と国家主義』という本もそうです。マーシャルはまだ若い学者のようですが、実業界の指導者のイデオロギーを分析して、伝統的なナショナリズムが経済発展に果たした役割を大きく評価しようとしているわけです。伝統的という点でヨーロッパの新しいナショナリズムと違う、という点を特に強調していますね。この点はさっきのバロンさんの発言と関連する。

井上　話は変わりますが、報告にも書いておられたように、武士道というものが、やはり日本の近代経済発展の大きな基礎をなしている。渋沢栄一翁もそういう考えをもっておったと思います。

だいぶ前に、中国の林語堂博士の『チャイニーズ・ルネサンス』という本を読んだのですが、その中で博士は、中国がヨーロッパ文明をとり入れたやり方と、日本が明治維新でヨーロッパ文明をとり入れたやり方の比較を書いています。

中国の場合は、いまから一二〇～一三〇年前から大衆がアメリカ、イギリス、フランスなど海外に出ていって、これらの国の制度がいい制度だ、いい文化だということを体験した。その大衆が中国に帰って、体験をもとに新しい政府、国家をつくった。日本ではそうではなくて、明治維新政府をつくったいきさつをみてもわかるように、各藩士として薩摩、長州、土佐などの藩の有力な人たち――坂本竜馬もその一人です――が、西欧文明のいいところを諭って、新政府をつくった。そういう人たちが、ヨーロッパへ行ってヨーロッパのいい文明、新しい制度を学び、とり入れて、それを大衆に教えていったのだ、と書いてある。

つまり、中国は大衆自身が目覚めて政府をつくった。日本は徳川時代から続いた有力な各藩の人たちがまず目覚めて大衆に教えていったので、ちょうど逆なのだというわけです。

もう一つ大事なことは、明治維新の中心になった各藩の有力なリーダーたち、非常に若い人たちですが、これが武士道の教育を受けた武士階級の子弟であったということ。彼らは日本の精神的な文化をそのまま温存して、彼らが吸収した西欧文明の技術と同時に、日本の精神文化の一つ、つまり武士道をも大衆に教えていった、と書いています。

私なりにこれを解釈すれば、その武士道精神というものが、近代日本の資本主義の精神的バックグラウンドになっている。

ご承知のように、ヨーロッパの近代資本主義の精神的基盤は、マックス・ヴェーバーによればプロテスタンティズム、特にカルビニズムだという。新教は旧教と違って合理主義、積極性そして戦闘性などの特色がある。それが近代資本主義の精神的基盤をなしているというのです。

仮にこれを是認するとして、日本には新教もない、キリスト教的な宗教もない。しかし、これだけの発展をなした精神的基盤は、やはり武士道だといえる。私どもの先輩の企業経営者や政府のリーダーの精神的基盤は、いいところをみるならば、たしかに武士道的な精神であったと思うのです。

明治のはじめに渋沢翁も言っていたように、士魂商才という言葉がある。魂は士《さむらい》で才は商人。これは非常にいい言葉だと思うのです。

大来　和魂洋才というのもありますね。

井上　同じような意味でしょうね。

武士道と資本主義とがどういう結びつきをしているのか。林語堂博士がどう考えたかは知りませんが、質素、清廉、そして忠誠、正直、目的貫遂など、中でも、特に基本にあるのは責任感ではないかと思う。腹切りというのは、非文明的な行為だとみられていますが、仮にこれを責任感の極致における行動だというふうに解釈すると、決して野蛮一方の行為ではない。切腹をあえてするまで責任をとるわけです。契約を守るとか、責任を取るということは、資本主義の一番大事な点ですから、それが日本の近代資本主義の重要な基盤をなしているという気がします。

ヒルシュマイヤー　井上さんのおっしゃったように、ピューリタン倫理と武士道は非常に似た点がある。武士の階級シンボルというのはコンスピキュアス・コンサンプション（人目に立つような豪華な消費）ではなくて、シンプリシティ（質朴）ということでした。ほかの東洋諸国をみますと、東南アジアの貴族階級、インドの上層のカーストは、コンスピキュアス・コンサンプションをみせる。しかし、日本ではシンプリシティがステイタス・シンボルであった。その点でピューリタンに似ているというのが第一。

第二に、仕事とか努力ということが決して恥ではないということ。正直なら貧乏でも結構である、仕事を尊重する気持ち、貧乏でも偉いという観念が、日本の経済発展に非常に大きな役割を果たしたと思うのです。「武士は食わねど高楊子」という。偉い人が貧乏であることを恥としない。質素な着物を着たり、普通の飯を食うことは決して恥ではない。現代でも、やはり偉い人が平気で中華ソバを食べているのを私は偉いと思う。外国ではそういうことはしないでしょう。日本では偉い人でも普通の大衆食堂へ行って、普通の食事をする人が大変多いです。

さきほど大来さんのおっしゃったような、消費があと回しにされて産業努力が中心になったということも、たしかに武士道に関係がある。

隅谷　武士道と日本の経済発展の関係について、最近読んだおもしろい論文は、カリフォルニア大学のベンディックス教授の書いたものです。教育と社会移動の関係を考察したものですが、「日本とプロテスタント倫理」という副題がついていて、いま井上さんが言われた、マックス・ヴェーバーの学説を手がかりにしながら、日本でプロテスタント倫理の代わりをしたものは何かという点を問題にして、武士道を取り上げているわけです。特に規律とか恥とかいう点に注目している、といってよいと思います。最も、ベンディックスの説明は直線的に二つを結びつけてはいません。彼はロンドン大学のドーアの『徳川期日本の教育』（一九六五年）――これはなかなかおもしろい本です――を種本に使ってこういう議論をしています。

徳川幕府は武力抗争を押えて二〇〇年の泰平の時代をつくり上げた。恥を重んずる武士のなかでは敗北は紛争のたねになるので、個人間の競争も禁止され、もっぱら一定の関係のなかに自己を規制する方向が強化された。そのようななかで抗争の精神を受け継いだのは浪人で、明治維新でそれが在野、特に経済における競争を支える動機となると同時に、国民の間にいき渡った規律の倫理のようなものが、もう一つの支えとなった、というわけです。

井上　私もそう思います。武士道の中のいい点は資本主義経済における精神として大事な要素になっている。その一つは、さきほどもいった責任感です。

バロン　その責任感という言葉を、もう少しはっきり教えてくださいませんか。

井上　そう難しい意味でなく、例えば約束を守るというようなことですね。契約を守るというのは、資本主義社会では一番必要な前提です。「武士に二言なし」ということで、武士道にはそういう約束を守るという責任倫理が強調されていました。

集団的忠誠と他律的倫理

バロン　ところが現代の日本の経営では、たいていオーソリティ（権限）がグループの中に非常に薄くばらまかれていて、レスポンシビリティ（責任の所在）がはっきりしない……。日本の経営では、個々の経営者は単にグループの一員としての役割しか持たないから、個々の問題をその経営者だけの責任で解決することはできないわけです。

ヒルシュマイヤー　ちょっとその点について。正直というのは資本主義の商業の基盤ですけれども、日本ではこれに二つのラインがあると思います。一つは商人から生じた、いわば正直というものについて、"honesty pays in the long run"（長い目でみれば正直が得だ）ということ。商人同士は決してたがいを騙さない。威張っているバカな武士は騙しても、商人同士は騙さない、ということ。

しかし、もう一つの線がある。これがやはり武士道からきた。つまり、武士は、アリストクラシー（貴族）でしたが、武力を失って、官吏となったわけです。ところが、官吏としてのプライドは、結局、官僚としての正直、リライアビリティ（信頼性）とサービスしかない。そのため官尊民卑、武尊民卑、切捨て御免というような気風がステイタス・シンボルとしての正直の基盤となった。

私、代官についていろいろ読んだのですけれども、案外に代官は正直であった。そうでない例も相当あったようですが、ハーバード大学のトットマンの『ポリティックス・イン・ザ・トクガワ・バクフ』（一九六七年）をみても、代官は一般には正直であったとされている。ほとんどポリス・フォースつまり武力なしで税金を集めたり、うまく行政をやっていた。東南アジアに比べますと、非常にワイロが少ないし、腐敗も少ない。日本には徳川時代すでに非常にしっかりした官僚制度があったということを感じるのです。

井上　私もその点をいいたいのです。東南アジアの国に比べて、たしかに商業道徳、経済道徳が違います。

ヒルシュマイヤー　渋沢は、当時、商人が当てにならないというイメージが強かったからよけいに強く表現したのだけれども、「われわれは近代実業家だから、責任をもって実業をやらなければならない、正直がすべての基盤である」として、武士道からとった理念をそのままに近代企業に植えつけたのです。そこが非常におもしろい。

隅谷　日本の商業の底流には、もう一つの精神がずっとある。それは、次のことわざに非常によく象徴されています――「商売とビョウブは、まっすぐでは立たない」（笑）。

ビョウブというものは曲げなければ立たない。商売というものも曲がったことをしなければ立たない、というのが日本の商人道徳でした。ですから、渋沢は、そういう商業、経営では近代的経営はやれないのだ、というので、別のプリンシプルを確立しなければならなかった。それは日本のどこにあるかというので、武士道というか、伝統的精神のなかからよいものをもってきた。それがまた、そのとき、そのときの利害は別にして、少なくとも長い目で見た場合に、近代経済を発展させる道である、こういうふうに考えたのだと思います。

ヒルシュマイヤー　そこで、当初、実業家のなかにも、生産はやるが、商売はやりたくない、商売は汚い仕事だから……という者が多かった。

隅谷　最も明治時代には産業資本家も商人という範囲に入れられ、農業以外はみんな商というなかに含まれていたわけです。そして生産者も、日清戦争のとき、軍事用のかん詰めに石を入れて儲けた、などという話が少なくないように、かなり商人的悪徳が一般化していたようです。しかし同時に、日本の場合は中国などと違って、商売だけでなく産業資本が広範に出てくる点がもう一つの問題点ですが……。

大来　住友財閥は、この戦争が終わるまで、絶対に商業に手を出さなかった。商業は一段低い仕事であるからわれわれは生産だけやる――「浮利を追わず」というのが住友家の家訓だった。敗戦ではじめて商社をつくりましたね。だから単に消費に対して生産を重視するだけではなくて、商業、流通に対しても生産のほうが大事である、という考え方が日本にはあったようですね。

バロン　武士道の伝統で、日本の実業家は責任感が強いといいますが、誰に対して責任を感じたかが問題です。西洋の資本家は、自分に対して責任があった。ですから、自分の利益になることなら、何でも正しい。けれども日本の実業家の場合には、グループの活動であり、その責任はグループの責任でした。すなわち、個人が責任を感じないで、全体の責任ということになる。そこからまた国家主義が出てくる。

日本の責任感は非常に集団的な責任感で、だからおたがいに監督するんです。だが監督から出てくる責任感は正しい責任感ではない。西洋では個人が基本ですが、日本ではグループが基本です。ですから、グループの中での監督は、ときどき憲兵隊のようになることがある。また隣組のような形で個人の行動を規制する。こうしたいろいろな集団組織による監督があったのです。

ヒルシュマイヤー　日本では金儲けをすることをなんか恥ずかしいことと思う気持ちがあるのです。

井上　ありますね。

ヒルシュマイヤー　東南アジアの国にいくと、品物の値段が決まっていないでしょう。いろいろ交渉して値をきめるのだが、うっかりしていると、二倍も三倍もの金をとられる。ところが、日本では売る側に、これは定価だから仕方がない、という態度が強い。そこに伝統の違いを感じます。日本ではエゴイズムが一番きらわれる。もちろん、ウラでは儲けてかまいませんけれども（笑）。とにかくオモテには儲けることを出したくない、ということでしょう。

大来　日本の経営者は、利益のために働いているということはあまりいわないで、国家のため、日本経済の発展のために働いているのだと演説する。しかし、実際は、自分も儲かっていきます（笑）。

井上　ヨーロッパでもそういう点がないとはいえませんけれども、根本的にかなり違うと思います。日本では他律的なものが強い。責任感でもできあがった戒律としての責任感、外から与えられた責任感といってよい。そういう意味では、グループ的な道徳、責任感といってよいと思います。

こういう他律的な倫理観、道徳観を強く教え込んだところに、明治初期の日本の大きな特色がある。それは最終的には教育勅語という大きな体系の中に集大成されて受け継がれますが、教育勅語のできる前でも、やはり渋沢とか、その他の政府のリーダーたちが、同じようなことを盛んに強調したわけです。それは、多少、儒教の精神に基づくところもあるでしょうが、根本的にはやはり武士道でしょうね。

ヒルシュマイヤー　日本では企業者が国のために働く、経済発展のために働く、という気持ちが強いということを私の書物に書いたら、やはり外人から非常に批判された。そんなばかなことはない、どうしてそんなことを信ずるのか、それはウィンドウ・ドレッシング（表看板）にすぎない、というのです。アメリカなら、すぐに、「おまえ、何で変なことを言うんだ。率直に自分の利益をねらっているのを認めたらいいじゃないか」といわれてしまう。なるほど、ウィンドウ・ドレッシングかもしれないけれども、日本ではそういうウィンドウ・ドレッシングが必要だということは、国民性の一つの象徴じゃないかと思うのです。

私の大学でも、入試の頃には、職員がときどき夜中まで働くんです。オーバータイムは二時間だけしか払いません。あとはただで働く。文句をいわずに、「仕方がないから」。外国では、オーバータイムをきちんと払わなければ、すぐにストライキをやります。「われわれは金儲けのために働いているので、大学を助けるために働いているのではありませんよ」と（笑）。

井上　一昨年でしたか、ドイツからきて、日本銀行とか日立製作所とかの日本の会社に勤めていた若い人たちが帰国する前に座談会をやったのが日独協会の月報にのっていました。その人たちの日本での勤務の印象でも、同じようなことがいわれています。「なぜ日本人はああ不合理に働くのか。ドイツだったら当然批判すべきことを、日本人は批判しないで、働いている」といっている。

ノーマン・マックレーの『リズン・サン』（邦訳『太陽は昇った』）の中でも、サラリーマンから経営者まで、日本人の経済関係の人の一つの特色は集団的忠誠心が強いことだ、と書いてある。これは、日本の企業の生産性なり能率からみたら、非常に大きなプラスだと私は思います。そのことのいい悪いは別ですが……。

大来　一つには、これも武士道からきているかもしれませんが、上のものに忠誠をつくすという態度が、やはりいまも続いているんじゃないですか。

バロン　その点についてちょっと言いたいのです。外国からみると、日本は非常にバーティカルな（タテの）社会だといわれます。上と下の関係がはっきりしている、と。けれども、この点は疑問に思います。日本では会社の社長さんは、えらい人です。上の人です。けれども、ヒルシュマイヤーさんが言われたように、社長さんも平気でおそばを食べるでしょう。そこにイクオリティ（平等性）が出てきます。それによってステイタスに傷がつくという心配は、日本ではあまりないんです。外国人の立場からみれば、上の人は偉いのだから、コンスピキュアス・コンサンプションをするはずです。しかし、日本人からみれば、その必要はないのですね。

西洋の企業・日本の企業

ヒルシュマイヤー　日本では上下関係が安定しているから、目上の人が、区別をはっきり見せなくても地位が危なくなることはないのです。私は非常に奇妙に思うんですが、日本では総理大臣が国会で批判されるときに、非常に謙遜な態度を示します。外国なら、あんなに露骨に批判されると、我慢できない、けしからん、ということになるが、日本では上の立場はわりと安定しているから、そういう批判に対しても、あまり気にしない……。

これは中央集権制に関連するんですが、日本でどうして、目上の者、あるいは中央権力があんなに強くなったたか、ということについて、私はカトリック教会と比較したいのです。

これには二つの面があると思う。一つは、日本では天皇が純宗教的な神様のように思われたが、天皇だけでなく、将軍も天皇のような姿勢をとった。これもトットマンの書物で読んだのですが、諸大名が参勤したときに、将軍を見ることができなかった。将軍はスダレのうしろに隠れている。表には老中なんかがいてこれは見えるわけです。見える人は非難し得る人です。しかし将軍は見えない。なんか神秘的な存在で、天皇のような姿勢をとったということはおもしろい。奥に隠れているから攻撃されない。だから安定している。

それから、もう一つは参勤交代です。将軍は偉い人だから、自動的に参勤しなければならないことになっている。ローマ法王も、同じように、神様のようにとり扱われた。拝謁するときには足に接吻しなければならないとか、前にひざまずいて「ユーア・ホーリネス」というとか、いろいろ儀式の手続きがあった。またやはり参勤交代があったのです。地方の司教たちは、五年間に一遍法王に参勤しなければならない。そうすると大変強い中央集権になっていくわけです。日本でも強い中央政府をつくり上げていく過程で、参勤交代が重要な役割を果したと思います。

隅谷　ローマ法王の場合は、特定の法王自身のパーソナリティが影響力をもっている。ところが幕府制度や天皇制にあっては――ときにカリスマ的権威をもつこともあるけれども――将軍や天皇が制度的な一種のシンボルに転化してしまう。この点が非常に違います。

会社についても、同じことがいえそうです。松下幸之助氏のように、個人としての経営能力がすぐれているとされる人もなかにはいますが、一般的には社長というのは制度化されたシンボル的存在であって、実際にはもっと下のほうで重要な意思決定が行なわれている場合が多い。財閥の場合も、例えば三井本家の主人は本当の支配者ではなく、団琢磨とか池田成彬とかいう番頭が取りしきっている。日本の場合は、そういう構造になっています。

ヒルシュマイヤー　日本人の宗教意識においては、隠れたもの、直接に見ることのできぬものは、偉いとされる。

天皇も将軍も、これを制度的に上手に利用したし、会社についても、似た面があるでしょう。

大来　しかし、戦後にはそういう傾向は薄れてきました。

なお、さきほど私は上の人への忠義と言いましたが、これは不正確です。むしろ、大名その人への忠義ではなく、伊達藩とかなに藩といった制度化された藩というものへの忠義が中心になっている。会社の場合も、社長個人への忠誠ではなく、自分の属している会社への忠誠、グループへの忠誠というべきでしょう。そして隅谷さんの言われるように、実際の決定権は社長よりも下にある場合がしばしばです。

例の鉄鋼の設備競争について、ある製鉄会社の社長さんの話を聞いたら、「私が設備調整をしたほうがいいと思っても、下がおさまりません」と言う。つまり、グループへの忠誠心が、昔の藩、いまの企業を通じて一貫して流れているわけです。

バロン　その忠誠心というのは、グループのために貢献しなければならないという責任感です。

それから、社長の役割が西洋と日本では違っている。西洋では社長が一番関心を持つのは利潤ですが、日本ではかならずしもそうではない。むしろ社長の第一の責任は、企業の中の和を守るように、非常に人間的にやることです。

ヒルシュマイヤー　親のような役目ですね。これは儒教思想の影響でしょう。

井上　和というか、企業の統一的な動きを確保することは、社長としての大きな仕事です。企業のなかには、むろん利潤のことを考える社長もたくさんいますが、それは社長以外のスタッフの仕事となっている場合が多いようです。

バロン　ですから、社長さんは会社の看板。新聞の広告にも社長さんの写真が大きく出ます。その人が有能かどうかは、たいして問題ではない。その看板のもとで、会社がうまく動けばいいわけです

ヒルシュマイヤー　会社というもののもつ意味が、外国と日本とでは多少違う。外国では会社は、あくまでも手段です――例えばカネを儲けるための。ところが日本では、会社は家のようなものです。終身雇用の伝統があって、会

社は大学へ安いお嫁さんを迎えにいく（笑）。だから、逆に結婚のことを女子学生が終身雇用とよんだりする（笑）。それだけに、社長にはファザー・イメージが必要です。社長があまりアグレッシブ（攻撃的）なタイプだと、会社が落ち着きません。

井上　それを封建的だとみておられるのですか。

ヒルシュマイヤー　いや、それは非常に近代的なやり方でもあります。プレ・キャピタリズム（前資本主義）であるとともにポスト・キャピタリズムだと言いたい。

なぜポスト・キャピタリズムかというと、欧米では最近は会社が利潤のための手段ではなくなって、株主を軽視しても会社の永続、繁栄をはかろうとする傾向が強まっています。これをはっきり指摘したのが、ガルブレイスの『ニュー・インダストリアル・ステート』という本でしょう。

現代の大企業では、その内容があまりに複雑ですから、社長がいちいち決定することはできない。社長は調整者――最後にハンを押す人です。株主は何も知らないから干渉できない。実際の決定はテクノストラクチャー、つまり、技師とか課長とかいった専門家グループによって行なわれます。そして彼らのねらいは、差し当たりの利潤極大化よりも自分の会社の安定と成長です。そして会社が大きくなれば、自分の収入や地位も上がっていく。

欧米の企業にみられるこうした傾向は、目先の儲けや配当にこだわる出資者と対抗して企業そのものの発展をはかった渋沢栄一のやり方を思い起こさせます。また、企業の所有と経営とが――岩崎を別として――かなりの程度切り離されていた日本の財閥を思い起こさせます。

日本では、よく終身雇用や年功序列賃金が古いものだといって非難されますが、それによって企業への忠誠が育てられ、利潤の配当よりも蓄積や再投資が重んじられたわけですから、経済の発展にとって少なからずプラスになったと思います。

隅谷　終身雇用は、日本でもそれほど古いものではないですね。明治時代にはありません。勤続を長期化させなければいけない、と企業が考えるようになったのは、明治の終わり以降です。だから、終身雇用的な関係がやや具体的に姿をみせるようになるのは、本工・臨時工制がでてくる大正の終わり頃、とみてよいのではないでしょうか。ポスト・キャピタリズムというのはどうかと思いますが、工業化が進んだ段階で伝統的な家族主義と結びついて現れたことはたしかですね。

バロン　欧米の専門家が、ポスト・キャピタリズムの企業制度をさがすのに一生懸命なことは事実です。例えば、パートナーシップということが、ずいぶんまえから研究されている。

しかし、日本の終身雇用や年功賃金は、むしろ家族主義の影響を受けたもので、これをポスト・キャピタリズムと考えるのはおかしい。終身雇用や年功賃金そのものも、いくらかくずれてきているし、労働移動も盛んになってきた。

ヒルシュマイヤー　保健やレクリエーションまで含めて会社がめんどうをみる――つまり、プライベートな生活が企業の中に吸収されていくという傾向は、欧米でも強まってきた。これは、いわば日本の経営のマネです。

バロン　その反面、日本の労働組合は福祉活動についてはノータッチ。アメリカ、そしてある程度はヨーロッパでも、組合員は福祉のことを共同的にやっています。

隅谷　日本の伝統のなかでは、病気や老齢については、家がそれをカバーしてくれた。そこで今日では企業がカバーすべきだという考えが強い。自分だけではどうにもならぬから、組合をつくって必要な場合には手当を出して助け合ってゆこうという考えは、なかなか出てこない。

ヒルシュマイヤー　企業つまり家がレクリエーションから住宅までめんどうみるのが当然で、組合がそれに手を出すのはよけいなこと、じゃまだという考えが、日本にはあります。

大来　そういう仕事は会社の厚生課などがやることになっている。日本のシステムでは、組合がやる必要はないわけです。

〝覚えさせる〟日本の教育

隅谷　ヒルシュマイヤーさんの指摘された教育の問題に入りましょうか。さきほどちょっと触れたドーアは、徳川期の教育を論じて、一方でほとんどの藩は藩校を作って家臣の教育をし、他方で各地に寺子屋が普及して、国民の四割くらいは、読み、書き、算術を習った、という点を重視しています。しかもその学校で習うことはおもしろくない。そのおもしろくないことを覚える、という過程での訓練が重んじられた、ともいっています。

ヒルシュマイヤー　日本の教育は覚えさせることが中心で、自発的に考えさせることが軽視されている。つまり、ラーニング・ノット・シンキングです。

なぜそうなったか。内田星美先生は、このシリーズのレポートで、欧米で発展した科学・技術を吸収してキャッチ・アップする必要があったことをあげておられました。それはたしかですが、ほかにもいくつかある。

その一つは入試地獄です。日本では教育が最大のステイタス・シンボルだから、親はどんな苦労をしても子どもを学校へあげる。欧米では子どものために財産を用意するのに、日本では教育を与える。このため大学の卒業者は供給過剰になり、企業はりっぱに教育された者を安く迎えることができます。

その反面、学校へ入るのは大変な競争だから、入試地獄が生まれ、勉強といえば試験勉強。試験に成功させることがイコール教育だということになって、自発的に考えて創造する――クリエーティブ・シンキングは軽視されます。

また、日本では、民芸品や盆栽、生け花、習字のように、小さなこまかなことは非常にきれいに均衡をとってやる。けれども、町の建物をみてもわかるように、全体の、大きなプロポーションが欠けている。つまり、小才を大切にし、専攻分野のディテールはよく覚えるけれども、広く見渡して新しいものをつくっていくという能力は乏しかったように思います。

大来　欧米で土台のできあがった技術を輸入し、これを日本に適合するように改良するというやり方は、経済的には効率がよかった。また、いろいろなことを広く考えずに特定の目標に努力を集中したことも効果的であったと思います。そうしたやり方が、輸出の伸長、経済の高度成長を支える有力な条件になったといえましょう。

しかし、それだけに、日本自身が先進国の一つになり、お手本とすべきものがなくなった段階――自ら創造しなければならぬという状態におかれたときに、従来のような発展のダイナミズムが維持できるだろうか。私はその点がすこし心配です。

バロン　一人ひとりは細かいことしかやらなくても、日本の場合一億人もいるから、全体としては、広いピクチャーがでてくる。また日本人は、遠い将来のことはあまり心配しないで、ともかく現在のことをうまくやっていきます。

日本人は、経済学のうえでみると、非常にアンオーソドックスなことばかりをやる。しかし、その結果、実際には成功します（笑）。日本の財界人に会うといつもペシミスティックなことばかり言います。「もうすぐおしまい」（笑）。けれども、実際には毎日毎日進歩しているのです。

ヒルシュマイヤー　理論的な解決はともかくとして、具体的問題の解決が非常にうまいというのが、日本人の特徴です。

バロン　フランス人と比べると非常に違う。フランス人は問題つくりの専門家です（笑）。例えばフランス革命のときに、リベルテ・エガリテ・フラテルニテ（自由・平等・博愛）という大きなことを言いだした。こうして問題をつくっておいて、みんな「しんどい、しんどい」と手をあげています（笑）。けれども、日本人は大きな問題をかかえません。

ヒルシュマイヤー　ドイツ人はまず哲学的に問題を立てる。ディング・アン・ジッヒ（物それ自体）――といった原則論をやる。ところが日本人は、問題にぶつかってみて、どうにかしてそれを解決していく。プラグマティックなやり方をする点ではアメリカ人とよく似ています。

けれども、大来先生の言われるように、こういうやり方は壁にぶつかるかもしれない。そこで問題になるのは、教育だと思います。つまり、いまのエグザミネーション式教育を改めて、大学だけでなく高等・中等教育にも、もっとクリエーティブ・シンキングを入れる必要があります。

これには、経済的な問題もからんでくる。安くてすむ国立大学は試験が難しいから、私立大学へたくさん入る。しかし、そこはマスプロ教育で学生の要求をみたすことはできない。日本の企業は、クリエーティブ・シンキングの教育を受けた卒業生を迎えたいけれども、そのための貢献はあまりしていない感じです。

隅谷　ヒルシュマイヤーさんは、日本人がプラグマティックで具体的な問題の解決に長じているといわれましたが、われわれ学者はいつも、「役にも立たぬ抽象的な議論ばかりやっている」と、実業界などから批判されています（笑）。

じつは日本人には、この二つの性格がそなわっている。ドイツ哲学のような抽象的・原理的な議論を好む反面で、これと離れたところで具体的な問題を器用に扱っていく。そういう二重構造があるようです。プリンシプルあるいは理念と、実際あるいは行動の二つです。前者のほうは、日本語ではタテマエといいます。実際に問題をどう解決していくかは、プリンシプルとはかならずしも関係がない。

バロン　われわれの専門（労働関係）でも、団体交渉や労働組合について、日本の学者がいろいろと書く。けれどもそれは欧米から借りてきた議論であって、日本とあまり関係ないです（笑）。

ヒルシュマイヤー　経済学でも、オーソドックスのマルクス経済学をやる人は、「資本論にはこう書いてある」ということばかりで、現実と非常に離れている。理論は理論、大学は大学、産業界は産業界という二重構造になっています。

隅谷　しかし、例えば終身雇用とか年功制、二重構造ということは、一九五五年頃に日本の学者が、現実のなかから理論化していったものです。これは役に立つ理論でした。

それにしても、日本の場合、なぜ「役にたたぬ」といわれるような理論が、捨てられないでやはり大切にされるのか。この点も一つの問題です。

バロン　インテリは理論を大事にする。けれどビジネスマンは、いっこう理論にこだわりません。経済計画の場合、この理論と実際の関係はどうなっていますか。

大来　初めは寄せ木細工のようなもので、全体の斉合性とか体系とかを欠いていた。しかし、最近五年ぐらいの間に、学者が経済計画に深く関与するようになり、また、理論的な構造をもつべきだという方向に動いています。計画に関連した学問が、輸入学問からしだいに日本自身のものになりつつあるともいえましょう。

こうした傾向は経済計画だけではありません。経済政策についても、企業計画についても、学問と実際の距離がせばまってきた。実際面と理論面で、バラバラに外国のものを吸収していたのが、しだいに統一される傾向にあるといえます。

さまざまな日本観

隅谷　明治以来の日本の社会発展、経済成長の過程で、タテマエのアプローチと、プラグマティックな問題処理とは、かけ離れたままであった。さきほど議論になったナショナリズムは、実は「タテマエ」の議論です。タテマエはそうであったし、経済活動もそれである程度世間で通ってきたわけですが、実際は経済的動機がもっと強く働いているわけです。

最後に、外国の学者やエコノミストの日本観、日本経済観のうち、これまでの議論に関連して興味のあるものを、若干紹介していただきましょう。

バロン　しばらく前に、例の『戦前日本における資本主義と国家主義』を書いたB・K・マーシャルと話しました。そのとき彼は、外国に日本の事情を説明する場合、政府と企業という二つの柱だけについて書いたのでは、ほんとうの日本、日本人のことはわからないのではないか、と言っていました。

アメリカでの日本研究は進んでいるが、欧州ことにフランスやドイツでは、日本経済について書かれた本は大変少ない。フランスでは、三年ほどまえに出た『ル・ミラクル・エコノミ・ジャポネ』(日本経済の奇跡)というのが、たぶんただ一つのものでしょう。

イギリスでは、『ロンドン・エコノミスト』や『ロンドン・タイムズ』が、何回か特集しています。

ヒルシュマイヤー　イギリスでは、R・P・ドーアとかW・G・ビースレイとかいう人が日本研究の中心になっています。しかし、やはり一番盛んなのはアメリカです。例えばバークレー大学やハーバード大学で高い水準の研究が行なわれています。

先日、バークレー大学のG・デボースから、おもしろい論文を送ってもらいました。デボースは、岡山県のある村での調査結果に基づいて、日本人の動機論を書きましたが、そのなかで次のように言っています。

日本では仕事自体が非常に大切にされる。また、親から子どもにかけられたエクスペクテーション(期待)が、重要な動機になる。また、日本人の態度はしばしばマゾヒストである、とも書いています。つまり仕事をするとき、苦しくても、いやだといってやめない。病気になるまででも働く。極端な場合には自分を殺してしまうほどに働きます。嫁と姑の場合に、嫁は、働かせる姑への反抗を、倒れるまで働くことによって示そうとする。

大来　話は変わりますが、先年、モスクワでコンスタンチン・ポポフという、古くからの日本研究家と何回か話した際、彼は次のように言っていました。

――日本の戦後の発展はアメリカン・パテントとジャパニーズ・ブレインのコンビネーションによるもので、特に日本人のブレインが経済成長に重要な役割を果たしている。

しかし、現在の日本は、三〇万トンタンカーをつくったとか成長率が一〇%を越えたというような、かつてソ連も悩まされたことのある、ジャイアント・マニアに取りつかれているようだ。このやり方をしていると、しだいに息が続かなくなるのではないか。自分は日本経済について、短期的にはオプティミストであるけれども、長期的にはペシミストたらざるを得ない――というわけです。

ソ連についてさらに言えば、フェデレンコ前駐日大使が『日本印象記』のなかで、日本人の勤勉さを強調し、また昨年暮れに日本を訪れたワレンチン・ゾーリンという国際問題評論家が、レポートを『新時代』誌（一九六八年第七号）に書いています。

そのなかでゾーリンは、日本の技術装備は、アメリカに劣らぬばかりか、よりすぐれている場合が少なくないこと、最新の技術装備とならんで古い伝統的なものが残り、古いものと新しいものとが極端な対照をなしていることは強い印象を受けた、と述べています。今日の日本を――例えば資本主義の発展はかならず軍拡によって支えられるというような――古い、単純な図式で理解することは、とてもできない、と言っています。

日本あるいは日本人に対する別のタイプの批判としては、例えば、東京都政の調査をやって勧告を出したロブソン（イギリス）のそれがあります。彼と会ったとき、次のように話していました。

――自分は日本へやってきて東海道新幹線や新宿の民衆駅や虎の門付近の大きなビルなど、個々の構造物からは、非常に強い印象を受けた。これら個々の構造物はたしかに素晴らしい。しかしながら、これらの構造物が周囲の他の構造物と全く無関係にバラバラにつくられ、広い意味での統一性を欠いていることにもまた、大変驚かされた――と。

この話に関連して、私たち日本人の仲間で、東海道新幹線はなぜうまく建設できたのか、それなのに、東京をはじめとする都市計画はなぜうまくいかないのか、ということを議論したことがあります。この結論はこういうことになりました。

つまり、新幹線は国鉄一家という一つのグループがやったために、非常な大仕事を短期間で成功的にやり遂げることができたのだ。ところが東京の都市計画については、建設、運輸、通産、大蔵、東京都、埼玉県などいろいろなグループがからんでおり、しかもこれを一つにまとめていく力がない。

ここにみられるように、日本人は自分の属するグループに対して忠実であるために、そのグループからはみだした問題については無力であり、しばしば反感さえも抱く。だから、一つのグループでできる仕事は非常にうまくいくけれども、多くのグループが共同しなければならぬような仕事は、非常に難しい。このことは、将来の大規模な技術革新——例えば原子力利用やコンピュータ利用を進めていくうえで、ウィーク・ポイントになるかもしれません。

なお、戦前から日本経済について書いてきたロンドン大学のG・C・アレン教授は、日本が敗戦によって経済面以外のあらゆるプレステッジ（面子）を捨てさったということを——イギリスとの対比において——非常に重視しております。例えば、政治、軍事などの面でのプレステッジにとらわれなくなったことが、経済の発展にとっては少なからぬプラスになったと見るわけです。

もう一つ、彼は、一般国民のスキル（熟練）が高いことを指摘している。外国の場合、高い賃金を払って雇わなければならぬような熟練労働者が日本にはたくさんおり、彼らを安い賃金で使うことができる。また熟練労働者にかぎらず、日本の労働者は全般的にスキルの程度が高く、これが経済成長にとって幸いしたと書いています。

それから——これは直接に聞いた話ですが——指導者はどうかわからないけれども（笑）、日本の一般市民は、タクシーの運転手などを含めて、大変正直で善良だと言っていました。

わりあい包括的に日本の発展を分析したものとしては、『フォーチュン』誌（一九六七年一一月号）が掲載したマック・スウェイスのレポートがあります。彼はその中で、ビジネスと政府がしばしば敵対的な関係に立つアメリカなどと違い、日本では、政府と民間企業との関係がきわめて密接であって、経済政策についても「官民一体」といわれるような協力が行なわれていることに注目しています。

しかし、私はこうした姿に問題がないとは思いません。なるほど両者の関係は密接ですが、じつは、この場合の民間というのは大企業のことです。政府と大企業の間には人的なつながりも強いし、産業界の人は、自己の企業に都合のいいことは、国家のためでもあると考えます。

けれども、はたしてほんとうに国民全体のためになっているのかどうかは、かならずしも突っ込んで検討されない。そして、国民のなかに、欲求不満の状態に置かれたグループが、かなりの規模で存在します。

隅谷　外国人の日本経済なり日本人なりに対する理解・認識をみておくことは、われわれが気づかなかった面を発見し、われわれ自身の日本への理解をいっそう深めることになると思います。

なおお聞きしたいことは多くありますが、きょうはこれぐらいで……。

日本文化論

兵隊から神学校へ

――文化の日が近づいてきましたので、きょうは外国人の見た日本文化論、それは同時に日本人論になるかと思いますが、それについてあれこれおうかがいしたいと思います。

その前に、ヒルシュマイヤーさんのご経歴をお話願いたいと思います。お生まれは今ポーランド領になっているシレジアだそうですが。

ヒルシュマイヤー　以前のドイツ領ですけれどもね、ご存じのようにドイツが終戦後三つに分離されましたですね。一部はポーランド、ほんとは北のほうはロシアも取っちゃったんですけれども、いわば北海道と東北に相当するところがポーランドになった。中央部はいまの東ドイツ、西部は現在の西ドイツと、このような不幸なことになりまして……。

戦争の間、私はやっぱり軍人でしたから四年以上ウチに帰れなくて西ドイツに残ったんです。すぐ神学校へ入って勉強を続けました。実は、今年の夏、初めて三二年ぶりに故郷に帰りましたんです。シレジアには兄と姉がまだいるんです。

——先生は純ドイツ人ですね。

ヒルシュマイヤー　ドイツ人です。いま家族はシレジアに残った者と東ドイツにいる者と、西ドイツに行った兄弟と、みな分かれています。私ははるばる日本という風に……、そういう非常に分断された家族です。

——第二次世界大戦では兵隊だったんですか。

ヒルシュマイヤー　そうです。召集されまして四年半くらい。で、最後はバルジ大作戦、あのなかにいたんです。アメリカ人に対して戦って、あと、そのまま私服を着て、うまくアメリカ人の追及を逃れて、すぐ神学校に、いわば消えてしまったんです。そうして終戦後、また哲学や神学の勉強を続けました。

——その神学校に入られたのはなにか特別な……。

ヒルシュマイヤー　私は、小さいときから、宣教師、カトリック神父になって、外国に布教の仕事に行きたい、という希望を持っていたんです。それで、西ドイツに神言会という大きな神学校がありますが、そこで戦後ずっと勉強を続けました。

——日本には一九五二年に来られたんですね。

ヒルシュマイヤー　ええ、そうです。

——その前は宣教師で、どこかほうぼうに行かれたんですか。

ヒルシュマイヤー　いや、そうじゃなくて、勉強がそのくらいかかったんです。五一年まで勉強して。終戦後もけっこう六年かかりました。長い勉強です、カトリック神父というのは。大学だけで七年かかります。イギリスで英語を勉強して、それから、日本に来ました。

——すぐ南山大学に……。

ヒルシュマイヤー　そうじゃありません。東京でまず日本語を二年間、ただ日本語を勉強するだけで精いっぱい……。どういう仕事をするかというのは、修道会ですから、目上の人が決めるわけですね。で、私は日本に来たときに、決して大学の先生になるなんてね、考えなかったんです。むしろ、戦争で頭がさびてしまったものですから、今度は勉強じゃなくて、すぐ教会で働きたいという希望を持っていました。

日本経済の研究

ヒルシュマイヤー　宣教師の仕事をやりたいと思っていたら、パッへという南山大学の初代学長に「お前は経済学を勉強しなさい。将来は大学に経済学部をつくるんだから」と言われました。「経済学って聞いたことがない。なんですか」と言ったら「やればわかるから勉強しなさい」と言われまして、しようがないから「ハイ」と言ってひきさがりました（笑い）。私はそれで「二つの条件があります」と言ったんです。「せっかく日本語を勉強して、またアメリカに行って勉強すれば日本語を忘れますから、日本で経済学を勉強したい」と。そうすると、パッへさんは「日本人が経済学を学ぶのにみんなアメリカに行くのに、お前は、日本で勉強すれば、時間がかかりすぎるし、ちょっとあほうだ」と言われまして、それで「じゃ、しようがない、行きます」と言って初めてアメリカに行った……。

——それでハーバード大学ですか。

ヒルシュマイヤー　すぐハーバード大学はあんまり自信がなかったものですから、まず、ワシントンにカトリック大学というのがあるんですね。そこで経済学のＡＢＣをまず一年覚えまして、あと、ハーバードに変わりまして、そうしてハーバード大学で博士課程終了まで。その間、日本に来て日本の経済とか、企業者というものについて研究し、博士論文に二年かかりました。それは、いま、日本語にも翻訳されている『企業者精神の生成』という本ですね。

これがハーバード大学の出版の原本で、これが日本のものです。（本だなから抜いて手渡す）相当広く使われているらしいですけれどもね。ハーバード大学では「せっかく日本語を覚えたのだから、やっぱり日本についてなにか研究したい。将来、日本人を教えるんだから……」と言いましたところ「じゃ行け、東京へ、そしてなにか博士論文を書け」と言われました。

日本経済近代化における、いわば精神的基盤ですか、企業のなかの企業者とは一体どういう人間だ、どういう背景でもって、どういうモティベーション（刺激）で、どういう組織で……と、そういうことをちょっと勉強してこの本にまとめました。

いま、新しいものを明治大学教授の由井さんと一緒につくりました。一〇月末に出ると思うんです。これは、『総合日本企業発展』〔『日本の経営発展　近代化と企業経営』〕というもので、一六〇〇年から去年まで。総合研究としてまだ存在しない、そういうのは。日本語ででも存在しない。日本のビジネス発展、いろんな価値体系全部入れて、ダイナミックな研究というのはこれが初めてでしょう。二つの出版社から同時に出す。ハーバード大学とイギリスの出版社と……。

――日本の企業者の精神というものを、簡単に言うと、どういうところに興味を持たれたんですか。

ヒルシュマイヤー　結局、外国で、日本の経済復興というのが非常に興味を持たれまして、日本の企業をいわば動かす力、あるいは日本の企業の特質とか、いわゆる日本型経営というものは一体どこに始まった、どういうものか、と大変興味深い問題だと思いました。そういう意味で勉強を進めまして、ライシャワー教授も私の博士論文の一人の指導者になりました。

政治指導下の近代化

ヒルシュマイヤー　いままで日本の近代化はマルクスの歴史観ですか、いわば、マル経的講座派というアプローチで、つまり、西洋のモデルをもとにして説明したわけです。そういう資本主義発達史というのと、私の基本的なアプローチの違いというものは、日本は、自然に資本主義が発達せずにいわば上から……、外国から輸入された、移植された技術でもって、後進国として外国のチャレンジに応じて近代化を始めた。担い手もブルジョアジーじゃない。つまり、政治的指導のもとに発達したということ。

日本のモデルはどちらに似ているかというと、政治的革命を中心にして初めて近代化を行なうという、ほとんど現在の開発途上国、あるいはソ連に非常に似た面があります。特に、インテリゲンチャが中心になって指導を行なう。インテリゲンチャが指導者になって近代化を指導し、新企業を起こすというパターンと、イギリス、アメリカ、ドイツのいわばブルジョアジーが中心になって、自由主義パターンで発達するというのと、まるで違うんです。

——なるほど。

ヒルシュマイヤー　つまり、モデルは資本主義モデルでしたが、実際、精神と人間と方法が、いろいろ現代の、いわば近代化政策を上から指導し……、革命的エリートが中心になって、どんどんやるのと非常に似ているんだ。そういうところが、私のアプローチの中心なんです。だから、明治前期のいわば企業を起こした指導者の考え方の基本は何か、彼らの背景は一体どういうものか、というのがメイン・テーマなんです。英語で言うとモダナイジング・エリートですか、モダナイズド——近代化するエリートというもの。国によって、モダナイジング・エリートというのは、階級別、思想別に違うんです。だから、ノン・ブルジョアジー・モダナイジング・エリートといいますか、それとブルジョア・エリートとあるんですね。

そのノン・ブルジョアジーというものにいくつかのタイプがあるが、日本の場合は、特にインテリの、いわばエリートと、ナショナリズムを動機にする、つまり、〝わが国のために〟という、この二つのコンビだと私は思うんですね。インテリというのは、日本では武士だったんです。渋沢（栄一）とか、ああいう人々がインテリです。もちろん非常にプラクティカル（実際的）なインテリです。私が日本の企業者精神の二人の指導者というのは渋沢と福沢（諭吉）。福沢はビジネスマンじゃないけれども、ビジネスマンの先生でしょ。それは、みんな周知のことですけれども、それを理論に入れて、その近代化理論をつくるというのが、私のやったことです。

――近代化の担い手であるテクノクラートをどうみますか。

ヒルシュマイヤー　外国のテクノクラシーと日本のパターンの違いは、そこへ日本の文化が入ってくる。家族主義ですか、企業がファミリーだということ、終身雇用だということ。ただ一般の、国のために働くようなテクノクラートのような、ああいう、ビューロークラートでなく、ライフ・コミュニティーである企業という……。それはやはり日本の家の伝統のなかにある一つのパターンです。だから単なるテクノクラシーとまた完全に違うモデルです。

集団化された個人

――近く出される本はどのような内容のものですか。

ヒルシュマイヤー　日本の、そのような経済を支える、以前から現代までできている価値体系を、少し整理しようと思ったんです。日本の文化のいわば基本、どこに基本があるのか。つまり、徳川時代から現代まで、絶えず変わってくるんだが、なにかシンがあるんですね。四つの段階を通じて、日本のカルチュラル・パターン（文化形態）をもう少し整理しよう、これが一つの私の興味になっているものです。

そのほか別に、もう一つ考えている仕事は、いま学長であるかぎりは、教育そのもの、大学はこれからどうなる……、日本の教育というより、われわれの南山の教育をいかに改善すべきかというところ。さらにもう一つは、なんといってもカトリック神父だから、クリスチャンという現代の問題、現代のクリスチアニティーの社会・人間観、変わりつつある人間観など非常に興味があります。自分でも現在まで南山大学で一つの講義を――キリスト教についてはキリスト教思想という系列がありまして、そのなかの一つを持っています。そのタイトルは「マルクス主義とキリスト教の人間像」です。

ちょっと大げさなんですけれども、マルクス主義とキリスト教の比較は、非常に魅力を感じます。マルキシズムは無神論的なんですけれども、それはどうして、どういうわけで……と。つまり、マルクス主義が同じキリスト教から生まれたものですからね。キリストを否定しているけれども、基本的な歴史観は非常に似ているんです。そういうところを、ちょっとやりまして……、大体そういうものですね、私のやること、興味あるところは……。

――経済を離れた日本人、および日本文化ですね、これについてお話していただきたいと思うんですけれども……。日本人というのは、こんな民族だ、というようなお話――これはちょっと大ざっぱで、難しいですが、お気づきになった点ですね。

ヒルシュマイヤー　どこから始めたらね……。日本人はいま世界にちょっと珍しいものになった。まず、赤軍派という非常にいやなものもありましてですね……。あるいはいま「むつ」の問題の処理法というのがあり、また小野田さんの長い間の特殊な生活というものがありましてですね、そこに外国人にとても珍しい現象があるんですね。

いま私は、あえて非常に極端な現象をピックアップしてみたんですが、最近、日本の企業エゴイズムというのが、非常に批判されました。つまり、日本人の一つの傾向として、グループが閉鎖的なユニティー（統一体）になってしまうんです。個人が中に入ってしまうと、もう出られないような危険がいつもあるんですね。つまり、グループに対するスーパー・コミットメント（超献身）、トータル・コミットメント（全献身）。完全に中に入ってしまって、もう出られない。そうすると、そのコミットメントが強すぎると極端な行動が生まれるわけです。いわば個人を束縛する、強い円ですか、中のものと外のものと、ほとんどもう橋がなくなってしまう。そうすると、極端なグループになる……ということは赤軍派のようになる。

庭園の型と社会の型

ヒルシュマイヤー　集団の円の中に個人が埋没してしまって、もう個人が冷静に判断して「それは無理だ」と言っても通じません。「むつ」と漁業組合の問題、あるいはもっと悪いケースは成田空港での農民たちの行動も、ここまでいってしまっては、冷静に話しても通じないというね……、そういうところにですね、非常に大きなプラスとマイナスが現れてくる。その特質というのは、決してマイナスだけじゃない、決してプラスだけじゃない。プラスの可能性として非常に大きなものがあって、同時に非常に危険があるんです。

このプラスは、やはり個人が、ほんとに自分を、いわば犠牲にするまでついていく。一つのグループにコミット（関わり合う）すると、もうほんとにグループがものすごく強い。日本の企業を支えているのはこれなんですよ。中のほうにものすごく強い。しかし、その危険は「外が見えない」ということですね。つまり中向きだ。これは私が以前に書きました「三つの庭」のパターンと同じです。

世界によく知られている（もちろん、インターミディアム＝中間的＝なタイプは幾らでもあるんですが）典型的なタイプを三つ私は覚えている。イングリッシュ・ガーデン、フレンチ・ガーデン、ジャパニーズ・ガーデン。フレンチ・ガーデンは、私は一番きらいです。不自然でしょ。四角とか三角とか……なんとかですね。アイデアだけでしょ。抽象でしょ、自然じゃないんですね。抽象化された一つのアイデアでもって、木が木じゃない、そういう庭園のパターンがいわばイデオロギー化された社会だ。もう全部、一つのアイデアをバーンとあてはめて、人間はそうあるべきだ、というんですね。イデオロギーの下に置かれている社会、一番不自然な人間のあり方、例えば共産主義、あるいは独裁主義なんか……。

イングリッシュ・ガーデンは放任社会でしょ。自然にやって……、自然は大きいから、狭い社会にはとうていイングリッシュ・ガーデン方式はダメなんです。だから、日本のような狭い社会というのは、放任社会なら大変なことですよ。できない。整理のプリンシプルがなければダメなんですね。イングリッシュ・ガーデンはいつも広い。小さいイングリッシュ・ガーデンはあり得ないんですね。

――ロンドンのハイドパークなんかはむやみに広い……。

ヒルシュマイヤー　広くてね……、グリーンがたくさんあって、人間を放任して、いわば自己を、完全に自己実現といいますか、ライフ・リバルティー、ああいうアイデアは、きれいですけれども、どうも、どこでもマネできるわけじゃない。

第三の、日本のガーデンというのは調和あるものですね。つまり、木はほんとの木ですね。石は石で……。石と木と水と、全部調和させて、ほんとに無理じゃないんです。むしろ生かすんですね。全部のなかのいわば和といいますか、これが人の和の社会。ものの和でしょ、これをうまくして……。みんなで一つの自然を生かすようにしている。これが非常にきれいな社会です。ジャパニーズ・ガーデンほどきれいなものはない。ただ、一つの危険がある。外に出ると全く違う。庭園の外はがらり違ったものになる。

内部の調和だけ

ヒルシュマイヤー　ジャパニーズ・ガーデンに壁があるでしょ。壁の外側に、ときどきゴミの山もあったりなんかする。ところが中に入るとまるで違う。いわば中向きの調和です。外は知らん、関係ない。だから、日本のガーデンは畑のまん中につくることはできない。京都に行くと、どこでしたか、桂離宮ですか、入る前の風景は全然関係がない。入ったとたんに、まるで違った、素晴らしい調和なんです。だからね、日本のガーデンは、ミクロ・ハーモニーでしょ。外の、もっと大きなものに関係を持っていません、というのは危険です。企業のなかに一人ひとりが、全体に調和を持っていても、外は知らん。外は下水とかなんとか、どんどん流したってかまわない、関係ないんだからね。こういうものの考え方。だから中の調和というのは素晴らしいものです。力です。それを外にもう少しオープンにしてね、壁をはずして、この調和を広くするというところが課題です。

だから、ちょっと飛んでいる話だけれども、赤軍派の事件のとき、パイロットは、彼らと話して「ものすごく紳士的」と言いました。しかし、自分の一つのアイデアを持っていて、このかぎりにおいては絶対譲らない。ほかは完全な紳士です。だから、悪いというより、こういうアイデアのほかに、なにも考えられないという危険があります。企業エゴイズムの場合には、それがもっと広く見られたんです。

企業の、中にはものすごく力があって、外に対して非常に迷惑をかけたという、日本の近代化のなかに現れた一つの文化的危険、だからミクロ・ハーモニーから、もう少しマクロ・ハーモニーに力を入れるというのがこれからの問題。視野を広めるという、一つのカルチャラル・プログラム……。日本庭園のたとえからみて、そういうことが言えますね。

——それから日本人の心、同時に日本の芸術にも大きな影響を持っている季節感ですね、シーズン・マインテッド、これが非常に強いんですが、これなんかも日本の文化の一つの、外国にない特徴じゃないんでしょうか。

ヒルシュマイヤー　まず、日本ではシーズンが非常に規則的でしょ。ドイツはね、夏は寒いか暑いか、行ってみないとわかりません、どういう服を着たらいいか……。場合によって七月、八月にストーブをたかなくちゃならない、場合によっては三四度にもなりますしですね。そういう意味では、シーズンのバリエーション（変化）は人間のサイクルにはならないんです。生活パターンにはならない。つまり、日本はリライアビリティー、非常に穏健な自然ですね、これが決定的なことです。外国はそうじゃない。

もう一つはね、これがやっぱり世界観の全体に関わってくる。どちらが先だったか、もちろんわかりません。自然がそうだったから考え方がそうなったのか、あるいは、考え方がだんだん努力したから非常に四季を大事にするということになったのか。西欧人はね、自然をちっとも神秘的な目で見ないんです。いわば、合理的にみて、自然を利用したり、壊したりは自由にできるんだ、ということ。つまり、人間が自然の一部ではないし、自然を支配する。マスター・オブ・ア・ネイチャーという考え方になっている。

自然と日本人

ヒルシュマイヤー　日本の伝統のなかに、仏教の影響がどれほどあるか、私は仏教はあまり知りませんけれどもね、自然のなかに親しみ、自然とともに生きる、自然の一部である、自然と調和を保つ、その考え方が強いからこそ、自然とともに歩む。だから、祭りは非常に自然につながる祭りが多いでしょ。われわれ外国には、自然につながる祭りはほとんどありません。キリスト教関係の祭りは多いが、例えば、復活祭は決して春の祭りじゃないんだし、クリスマスは冬の祭りにあまり入ってこない（ちょっと、ニュアンスが入っているですけれども）。いわば、自然に溶け込んだ人生を考えないで、自然を支配する人生ですから、自然とインディペンデント（独立）です。自然はそう穏健じゃないですしね。だから、やはり自分の生活のパターンを、インディペンデントに形成しなけりゃならなかったんです。家も日本の家のようじゃない。日本の家は非常に気候が入ってくるでしょう、中までね……。

外国はそうじゃないんです。もちろんロマンチシズムのなかに、非常に自然を美化したというのはありますけれども、日本人の感覚そのものが非常に自然に近いですね。神道のなかに流れている、禅のなかに流れている、生活パターンに流れている、モンスーン文化のなかに流れている。たくさんのファクターが入ってきて、そういう日本人を形成しているんですね。食事にまで自然の味を生かす……。野菜とか、さっぱりした感じ、味が好きでしょ。ミックスしない。外国人はミックスして。中国人もミックスするでしょ。あんまり自然の味を生かさないんですね。日本人は自然の味を生かす、生かして好むんです。そういう全体ですから、やはりなんと言いますか、価値観は支配より調和といいますか。自然の中に人間の世界もとけ込んでしまう。自分は流れの一部にすぎない。自然の流れ、ご先祖と子孫までの流れの一部にすぎない。自然の恩を受けて、また次の世代に受けた恩を残すとか、こういう大きなコンセントですね。

——さっきの企業エゴイズムに関係があるのですが日本人というものが最近、外国に非常に評判が悪いんですね。

ヒルシュマイヤー　必ずしもそうじゃないんです。私はドイツ人ですが、今年の夏にドイツに行きまして、改めて感じたんですが、ドイツ人は日本人に弱いですよ、正直に言うとね。

——どうしてですか。

ヒルシュマイヤー　南山（大学）にはもう今度七回目の、ヨーロッパ・ツアーというのがあるんです。一〇〇人くらいの学生がヨーロッパ諸国を回って、九週間とか一〇週間くらい、いろんなグループに分かれて行きますけれどもね、ドイツではいつも大評判なんですよ。民宿して、言葉は全然通じなくても、最後はみんな涙をこぼしながら抱き合って、プレゼントを交換して別れるんだが、もう別れたくないという。だから、ドイツ人には日本人が非常に、はっきり言うと、好まれているんです、高く評価されているんです。日本人は非常に親切で、ドイツ人にちょっと似ています。よく働く、非常に力がある、目的がはっきりしている。そういうところで似ていますし、また非常にセンチメンタルなところがある。

ドイツ人と日本人

ヒルシュマイヤー　日本人とドイツ人はいろんな点で、アフィニティー（類似性）ですか、関連性がありますけれども、二、三のことだけどうもわからないといわれます。さっき言ったような、日本人の極端な行動がわからない。しかしまた、ドイツ人も非常に極端な行動をときどき見せるんです。そういうところはわかるんです。例えば、いま、ドイツのラジカリズム運動――ウルトラ・レフトですか、フランクフルトの学生がデモをすると、ものすごく極端で、派手に動きまくる。無政府主義がどうの、こうのとか宣言したりして、イデオロギー的に走ったりするんですが、やっぱりドイツ人にも、こういう、なにか極端な行動をとる危険性がいつもあるんです。ドイツにいつも新しいイデオロギーが生まれる。ヒトラー、マルクス、あるいはヘーゲルとか、ニーチェとかね。思想的に走りすぎるんですね、ドイツ人は……。ミディアムを知らずにいつも極端なんです。そういうことでまた日本人を、ある意味で理解できるんです。

赤軍派は、はなはだ遺憾だが、場合によってドイツ人も、やはり走りすぎることがある。つまり、一つのアイデアにとらわれて、これだけだ、といってそこまで走っていくんだ。だから、赤軍派は小さいスケール、個人レベルで、ナチズムはドイツ人全体でやったということを、はなはだ強く感じるんです。ドイツ人がいっぺん変なアイデアを持つと、もう限度を知らない。ほんと、われわれもいつも反省して、どうも遺憾だなあ、と思う。ドイツ人はそういうところまでは日本人を理解できる。だから、日本人の評判は悪いとはそういちがいに言えません。

――日本の経済侵略、そういう言葉で言われているんですが、エコノミック・アニマルだとか……。ああいうことは西欧の人たちは、わかっていて日本を批判しているんでしょうね。

ヒルシュマイヤー　まあ、ね、これはもう、自分のことが先で、自分の商売上、経済侵略をあまり喜ばないのはわかりきったことですね。だから、あまりそういうことを気にする必要はないんです。強いだけに、うらやましいと思いながら、きらいだ、と言う。しかし、ドイツ人も堂々とやはり経済侵略をやることはやるんですから、いつも輸出過剰が相次いである。それはやっぱりよく働いているからで、あいつらは働かんから……とドイツ人は言う。文句言うのは、もう、しようがないんだという。

私は主にドイツに行きますが、日本人が、またあれをやって、これをやって、すごいなあと言う。すごいなあと言って、われわれドイツ人も、もう少しがんばらなくちゃとかね、大体そういう程度です。だから、非常にいやがる、というんじゃなくて、やっぱり危険性を感じるんだね。しかし、例えば、東南アジアのような反発というのは決してないわけです。つまり、西欧では、もう日本は、こういう条件の国で、こういうふうにがんばらざるを得ん、というのは大体わかっているんですし、そう悪い印象じゃないんです。エコノミック・アニマルというのは、私がこの本で分析したんですが、外国でエコノミック・アニマルどうのこうのとは、あまり言わないんです。むしろ日本人がしょっちゅうこれを言うんですよ。

経済アニマル論

ヒルシュマイヤー　「エコノミック・アニマル日本人」を初めて言った人は、パキスタンのブット首相（当時外相）だった。「日本人はなかなかしっかりしている。エコノミック・アニマルみたいだ」と言って、むしろほめたらしい。私はパキスタンに住んでいる人からそれを聞いたんです。自分の国民に対する自己批判で、日本人のようにエコノミックにパッと強くやる、そういう人にならなければという、ほんとはほめたはずなのに、日本人がそういうエコノミック・アニマルという批判とかニックネームを、ものすごく気にしたんでしょう。それ自体がおもしろいです。どうして、日本人がこれほど、この言葉をいやがるか。例えばアメリカのビジネスマンなら「当たり前」だと思うんです。つまり、ビジネスマンは利潤だけしか考えない。利潤追求をアメリカ人はちっとも変に思わない。日本人がそう言われて、非常に、これが気になるということは、文化の一つのおもしろい現象なんです。

明治時代からの近代化においてはね、決して「ワシは利潤のためにやる」ということを口にしてはならなかったんでしょ。やるなら企業を大きくするためにやるとか、社会に貢献するためとかいろいろ……。自分のために、利潤のためにやるとは誰も認めなかったし、それはあまり高く評価されなかった。外国人は当然なんですよ。ビジネスはフォー・マイセルフ（自分のため）。それがタブーでした、日本の社会では……。徳川時代に商人というのは、低い位だった。自分のためにやるあいつらと軽蔑された。いわば公と私に関係があることです。公のための人なら偉い、自分のエゴイスティックな利潤を求めるのはけしからん。だから商売というのは、あまりいい名前じゃない。あいつは商人だ、商売だと言う。

アメリカでは、ビジネスマン、というのは非常に偉いですよ。日本では商売だとか、利潤だ、儲けだというのは、汚いんですね。私が講演し、講演料いくらだと率直に言うと、はなはだ失礼になる。お礼ですから向こうでキチンと包んで渡す。中を見ちゃいかん。そういうのはね、アメリカでは、はっきり、例えば「私はこの講演は五万円でないとしない」と言う。日本ではそう言ったら軽蔑されます。外国では当たり前なんです。日本の文化のなかに物質追求、利潤追求は汚いんだという考えがあるようです。とにかく、それを口にしてはならない。建前になっちゃならない。

終戦後は、もちろん堂々と利潤追求はみんなやったんだが、とにかく、本田宗一郎氏の言ったように「われわれは輸出をもって世界に、いかに日本が強い国か示そう」と、そういう心でもって、みんな一致してがんばったんでしょう。

それを、突然「お前たちは、やっぱり商売をやり、利潤を追求するエコノミック・アニマル……」とショッキングなことを言われた。つまり、建前を完全にはずされて、商売です、と言われた。

外国人はエコノミック・アニマルは当たり前くらいなのに、日本人は気になって気になって、ものすごくコンプレックスをもっているが、堂々と「ビジネスをやりますよ、マイ・ビジネス・フォー・プロフィト（利益）」と言ったらいいんじゃないですか。

国の文化的使命

ヒルシュマイヤー　どこの国でもいいビジネスマンは利潤を追求する、エコノミック・アニマルです。それはいいんですが、ただここに一つの問題があるんです。もう一つの面、これが反省の面になるんです。つまり、外国にはね、個人がビジネスを堂々とやって利潤を追求するのは、ちっとも恥ずかしくないが、ただ、国としては、また別の目的があるんです。つまり、国には自尊心ですか、国の自尊心という面も非常に強くあるんです。例えば、宗教、あるいは文化とか……。

しかし、日本は終戦後、いわば政府、国家の目的と、ビジネスの目的が一緒になってしまったんです。というのは、やはりその前の天皇制とか、ほかの、いわば思想的基礎を失ってしまった日本では自尊心を回復できるようなところは、新幹線をつくってとかね、工場をつくって、とにかく、自分たちは経済的に強いと示すこと……。経済的に強いのだ、ということは国家、あるいは市民としての自尊心を回復するための、一つの手段ではあったかもしれないが、事実上では、物質最高が国家の目的になってしまう。それではやはり外国に通じない。

つまり、個人のレベルでは、ビジネスはビジネスで当たり前だが、国にはまた別な大きな、カルチュラル（文化）

というか大きな目的・理想があるはずですね。それなのに日本はとにかく会社をつくって、大きな経済力になる、そこで、国際的にまた認められるだろうと……。ところが、国際的には、やはり別なもの、超生産レベルの高い目標、自尊心がなくてはなりません。

――あげて日本株式会社になったんですな……。

ヒルシュマイヤー　そういうことです。つまり、経済自体を国の、国民の目的にするということ自体が問題です。そこで、いま、日本文化の再発見とか……、ディスカバー・ジャパン、ただ旅行するんじゃなくて、ディスカバー・ジャパニーズ。心ですよ。新しい課題ですよ。ビヨンド・エコノミー（経済を超えて）。そういうことがどうしても必要です。エコノミーはたしかに自尊心のために必要ですけれども、ビヨンド・エコノミーでいかないといけない。そのエコノミーの二つの面をはっきり区別しないと、なにか混乱するんです。経済は当たり前だ。しかし、プラスアルファーがどこにある……ということですね。

――東南アジア開発途上国の日本観、これなんかはどうみられますか。

ヒルシュマイヤー　アジアの開発途上国の気持を理解するには、いまの勝海舟のテレビが一番いいんです。あの当時の日本人の気持、攘夷と開国の心の矛盾。一方ではね、やっぱりアメリカのね、いろんなもの、船とかを見て、ものすごく魅力を感じていながら、あいつらはダメだ、われわれの国を守らなくちゃいかん……と。東南アジアにもそういう二つの面がある。とても日本に関心を持っているんです。日本のようになりたい、なりたくてしようがない。と同時に、日本人がやってきてわれわれを支配するということをいやがる。つまり自分の力でやりたいが、自分の力ではできない。外国から技術を借りなきゃならない。勝海舟の時代と同じですよ。

後進性と自尊心

ヒルシュマイヤー　明治前期、外人の技師というのが来ましたね、日本に。鉄道を敷いたときなどに、ものすごく多かったんです。そこでいろんな矛盾があったんです。彼らの生活を見て、彼らは偉い、月給は高い、わしらは安い、一日も早く彼らの知識を覚えて、早くあいつらを追い出して、あとは自分でやると。どうしてもそうなりますね。関心と憎しみはいつも一緒です。その関心が大きければ大きいほど、また憎しみが強い。つまりインビテーション（招待）しながら追い出したい。というのは、こういう気持ですよ。

どこの国でもやっぱりね、経済的に弱ければ文化の伝統を大切にする。明治時代には、ビジネスマンをはじめ、いろんな人は「わしらはたしかに技術の面、経済面は外国に比べて遅れている。けれども、われわれの武士道は、やはり外国の考え方よりすぐれている」と言った。つまり、士魂洋才。だから、そういう士魂が傷つけられると大変です。士魂という、偉い自分の文化を傷つけるというのはなんだと怒ると同じように、日本人が向こうに行って、彼らをただ、貧しい、だから軽蔑する……、これは向こうの人は許さない。つまり、貧しいですけれども、文化的にやっぱり自尊心を持ちたい。それが踏まれ、軽蔑されるといけない。

例えば、日本のビジネスマンはみんなお金、ドルがありますからね。そうすると、ごちそうを食べたり酔っ払ったりすると「お前たち……」と言うと思うんです。大変悪いところに触れる……。ヨーロッパ人は、外国人が例えば少し行動、あるいは行儀がときどき悪くても、まあ別にどうでもいい。開発途上国では非常に敏感なんですから……。明治前期の士族、幕末の志士は攘夷論者と開国論者になって両方、二つの魂がいつもあったんです。その二つの魂の矛盾。それがアジア諸国にあって、日本を自分のモデルに見る……、だからこそ気をつけなくちゃいかん。決して永久に日本を追い出す、ということはないんですけれども……。そういう動きがありますね。

——そこのところをよく理解してかからなければ……。

ヒルシュマイヤー　自分の歴史をまずよく勉強して、日本ではどうだった、そのときに……。同じ問題があったんです。例えば、貿易条件が自由じゃなかった。不平等の貿易条約でしたね。非常に当時問題になったんでしょ。つまり、まだ一人前に認められてないから、ものすごく反発するものが強かった。

革命を起こすインテリゲンチャ、近代化をもたらすインテリゲンチャ、その代表的なのが東南アジアですけれども、彼らは自分の国の、いわば後進性をまず批判するでしょう、と同時に自分の国の伝統を尊ばなければ、自分の愛国心の根拠がなくなるでしょ。そういう矛盾のなかに生きているんです。例えば、日本の五箇条の御誓文のなかに、全世界から知識を学ぶと同時に、永久に日本の伝統を尊ぶという、二つ一緒に考えたんです。その自分の、いわば過去の弊害を捨てなければならない。しかし、過去の文化を大事にしたい。でないと自分の国の根拠がなくなる。そういう動揺の中から一〇〇％の自信を回復して、ほんとの近代化のプロセスが進めば、そういう問題は自然に消えてしまう。

問題を考える教育

ヒルシュマイヤー　日本とアジア諸国との関係は、長い目で見て問題はないんだけれども、例えば一〇年とか……。劣等感から生まれたスーパー・ナショナリズム、そういうものを日本人はよっぽど気をつけないと問題になります。

——話は変わりますが、南山大学の学長をされておって、近頃の学生を見られてどうですか。あなたが日本に来られたときの大学生と、最近の大学生、なにか変化を感じられますか。

ヒルシュマイヤー　まあ私は一四年前に初めて南山で勉強教えたんですけれどもね、本当の勉強の意欲、ほんとに勉強したい人は、比較的に少なくなっているように思います。特にね、大きな人間問題に興味がちょっと薄くなったような感じ。まあ、クラブ活動やったりして、あとは試験の前にちょっと勉強して、非常にプラクティカル（実利的）なものを吸収して……、ほんと人間問題を、問題として考える、そういう態度が薄くなったような感じがします。

しかしね、私、自分の経験からしても、高等学校とか大学へ入ったときは、先生方みんな、いつも同じことを言ったんですから。「お前たちはダメだ、一〇年前の学生はよかった……」と。だから私があまりそういうことを言うと、やっぱり年をとったんだな……（笑い）。年をとると、いつも「前はよかったのにいまは悪い」と言う。ちょっと警戒しなきゃならないわけです。

一四年前には、私はもっと学生といろいろ討論し合ったりして、おもしろかった。非常にハキハキした学生がおった。しかし、いまは上から教えるんで学生が……という、そういう危険もないことはないんです。だが、あんまり、そういうことも、ちょっと言いたくないんです。むしろ学生の質というのは、四、五年前よりいまのほうがいいんですよ。というのは、四、五年前は、本当に紛争ばっかりやって、あんまり勉強しなかったんですから。いまはまじめに勉強するようになったのは事実なんです。

ただ、これ自体はやはり全国の問題になりますが、教育そのものはあまりにもいわば既成知識を詰め込む。教育の場がそういう機関になってしまった。高等学校から大学まで、いわば試験勉強、あるいはそのカン詰式のような知識を吸収するだけ。知識というものは、まず多くの場合にちょっと古くさいでしょ。というのはね、生きてないんです。先生が勉強して、あと学生に与えるということで、生きてない、ということと、問題意識が弱いということ。先生は問題意識を持っているかもしれないけれども、既成知識をそのままに詰め込まれるとね、学生のほうが自分で問題を意識しているかどうか、ということがある。ただ、まあ講義だから覚えるんだ、それがどうももったいないと思うんです。この知識は五、六年あとは、どうせまたクズ箱に捨てなくちゃいかんだろう。だから知識を修正するだけの力のない学生には、あまり役に立たないだろうと思うんです。
だから、せめて大学のレベルでは、問題アプローチがもう少しあればいいんです。つまり、この問題を考える、というね、このようなアプローチが十分に強くないといけない。講義自体の組み合わせは、あまりにも実務的なのが多すぎるような気がしますね。

私大は弾力的に

ヒルシュマイヤー　これからの教育ではプロブレム・センター・アプローチですか、問題中心のアプローチ。そこで学生に問題を考えさせる、いろんな観点から。そういうのがね、欲しいんです、もう少し……。普通、講義では一人の先生の意見がそのままポンとあるんですね。ところが同じ問題について、例えば雑誌に別なアイデアがある、あれを読め、これを読め……。それを今度、小さいグループで討論する、レポートを書く、そういうような問題提起と、問題処理の能力は、十分にわれわれの教育システムのなかに入ってないんです、ええ……。そういうことはちょっと全部の教育システムの弱さだと思います。

――日本の文部省なんかがうるさいことは言いませんか。

ヒルシュマイヤー　いや、別に南山大学はこうやれ、ああやれとはなにも言いません、普通の基準ならばそれでいいという……。ただ、一般の基準とか、いろいろな規定とかいろいろあるんですね。そこであまりにも国立大学が、いつも模範になりすぎる。ここではやっぱり、日本の中央集権的考え方、官僚的考え方が教育に入りすぎているんです。国立だから、まずトップだと……。たしかにお金があって、いろいろの意味でトップですけれども、別な意味では、自由にエクスペリメンテーション（実験）ができない。非常に壁が強いでしょ、学科と学科の間でね。講座制で、専任のその講座が永久に続くというような……。だからね、グループ研究がどれほど十分できるか、全く新しいものを自由にやるということでは、国立大学が十分オープンになっていない。だから、私立大学はもう少し、いわば実験したらいいと思うんです、いろんな問題を……。

私はハーバード大学で勉強したのですが、ハーバードはいろんなレベルで、新しいものを試みるんですね。もし、例えばハーバード大学、あるいはアメリカの一流の私立大学で、いつも文部省の許可が必要なら、全然進めないだろうと思います。つまり、あるグループがなにか新しいプロジェクトをやろうとすれば、大学は自分の責任でやるんだから、ダメならそれをスクラップするんだ。だから、そこで、日本の私立大学のよさというのを、もう少し生かす、文部省の弾力性ですか、あればと思うんですけどもね。まあ、最近はよくなりつつあるように思いますが。

一つの例なんですけれども、うちに別科というのがあるんです。そこでセンター・フォー・ジャパニーズ・スタディーを今度始めました。外国人のために、日本の文化と日本語を教える一カ年のプログラムです。アメリカの諸大学の学生がここに来て勉強しているんです。あちらでは九月から学年が始まるんです。しかし、文部省で言いますと、これが第二学期から始まることになる。彼らには第一学期なんです。しかし、日本では第一学期はあくまで四月からです。だから、私たちは第二学期から始めて、第一学期があとになる。どうも変なことなんですね。外国のほとんどの大学は九月からでしょ。外国留学生のためなのにどうしてこれが許されてないのか。そういう小さい例なんですけれどもね。ほんとは、もう少し国際的交流を考えれば、やはり学年を、せめて大学レベルでは九月から第一学期にすべきなんでしょうね。

破産直前の私大経営

ヒルシュマイヤー　新学期は九月からというのは、私だけでなく、いろんな人が考えるんですけれども。いまは高校三年はもうほんと、試験勉強ばっかりするんでしょ、特に学年の後半ではね。そうすると、試験勉強のあと、すぐ大学に入っちゃう。勉強で疲れてしまって、もう勉強意欲がなくなってるんです。最初、大学に来るとまずブランクですよ。半年はいわゆる五月病、ほんとうに困るんです。だから、われわれが考えるのは、まず高校三年は普通で終わる。三月末なんかで……。あと、大学で、入学試験は五月あたりか、あるいは六月。九月から大学の学年が始まる。暑いときはね、どうせ勉強できないでしょ。だから六、七、八の三カ月はなにもない。高校は四月システムでよろしいが、大学が九月から始まったら、いろんな意味で助かる。

――経営面はどうですか、私立大学の……。

ヒルシュマイヤー　絶対ダメです。いや、破産のちょっと前です。それは、みんな知ってることでしょう。何億も借金がありまして……。なんと言いますか……人事院勧告……。

――人事院の給与勧告ですか。

ヒルシュマイヤー　あの勧告では給与三割増でしょう。しかし、国庫援助は三割上がらないし、われわれは先生方にやっぱり給与を、ちゃんと払わなくちゃいかん。学生から三割アップはとうてい考えられません。じゃ、お金はどこからくるんですか。ガスも水道も全部あがりますしですね。国はなにも知らんというでしょう。それでも八割くらいの学生が私立大学に行く。ほんとに国がもう少し私立大学の事情をわかって欲しいんです。

――ドイツのほうの神言会からは補助はこないんですか。

ヒルシュマイヤー　きます。が、やっぱりまずわれわれ神言会員が、給与のほとんどを大学に返上します。寄付です。私の学長のサラリーもゼロです。私は募金運動に行きました。ドイツに。「南山大学を助けてください」と。「へえー、経済大国・日本に寄付をするんですか」「はい、そうです、お願いします」と。なにかくるだろうと思います。

ちょっと恥ずかしいね、そういうこと。でもこれからですよ。いろいろやりますよ。

南山の特徴として、いつも私が言うのは三つあるんです。一つはね、まず本当に学問第一、研究、教育をまじめにやる。たとえ経済的に犠牲を払っても、決して質を下げるということはいけません。第二はね、人間の尊厳を中心にして教育を行なう。つまり、クリスチャン・プリンシプルで、クリスチャン世界観でもって、前に言ったような文化的世界観をつくる。ただ知識を授けるというだけじゃないんです。

第三は、われわれはただ狭い意味での、日本だの、日本国民だけを考えるのではなくて、国際的視野を徹底化する。南山大学は国際的なコミュニティーである、堂々と……。これからの日本人にとって非常に必要なのは、こういう世界的視野と日本の文化を大事にすることです。また同時に、世界を理解する、世界のなかの市民であるということ、その両方の日本人というのでなければ世界の市民にはなれんですよ、これは……。

日本的経営の前途

どうも皆さん、大勢私の話のために集まって下さいまして、ありがとうございます。初めて関西大学に参りましたが、関大といえば関関同立として知られている関西の名門であり、われわれ南山といえば、「名古屋の南山大学とは〝みなみやま〟と書きます」とかなんとかスペリングまで教えなきゃならない程度であります。もう一〇年目になりますが、私はそこで学長を務めさせていただいてるわけですけれども、研究する時間があまりないもので「研究しない奴はせめて講演をやってくれ」ということでしょうか、講演はどうも学長の務めのひとつのようになっています。まあ、それに応じまして、今日、私なりにこの頃感じています、あるいは考えている、日本的経営のプラス・マイナスとか、これからの問題がどこにあるかということについて話を進めたいと思います。

日本的経営とはなにか

実は最近、ドイツからあい継いで日本に調査団だの、研究団だの、ジャーナリスト団だのが来て、日本的経営を研究しようとしています。南山大学にも来て、なぜかというと大学がトヨタの本社へ行く途中にあるものですから、トヨタの視察に来て、「ヒルシュマイヤーさん、あなたはドイツ語ができるのだから、ちょっとしゃべってくれ」と言われる。先週もまた、一四人のドイツ人経営者に、二時間半ぶっ続けて喋りました。

だいたい皆さん、びっくり仰天なさるんですね。まず見たところ「わけがわからない」と言うんです。日本人は一生懸命働いているし蟻のように動いているが、ぶつかりはしないしね。まず、彼らが東京駅に着いたときに、こりゃもう、未来像だと思うようです。二一世紀、二二世紀の人類はこうなるんじゃないかという。狭いスペースで、皆スムーズにさっさっと歩いてる。にこにこしながら走っている。それにまず、びっくりするんです。ドイツならすぐにケンカを始める。「お前はなんだ。私を押してるじゃないか」なんて言って。それで、けんかの社会と、和の社会の違いを実感するのです。これが第一で、続いて工場に行くとますます驚くわけです。まあそういう意味で日本的経営っていうのは、今研究の対象になっていますが、実は日本的経営っていうのは、外国人によって発見されたと言ってもいいくらいです。

だいたい一五年前まで、日本的経営という名前はなかったし、日本の経営は、まだ封建的な要素があるんだから、早くアメリカの経営を完全に覚えて、それで日本の近代化を図らねばならないといっていた。みんなアメリカに行って、アメリカの経営を覚えようとした。で、ヒューマン・リレーションズだの何だのという、いろんなかっこいい名前を、ハーバード・ビジネス・スクールで学んで、どんどんテキストの中に入れてそして堂々と教えていた。

ところが、それらは日本の現実とどうしても合わない。アメリカの理論は日本に合わないわけです。それは日本がまだ後進的だからだと考えていたところが、後進的な経営でもってだんだんと成功していく。アメリカはゴタゴタになっていくのに、日本は成功しつつあるもんだから「あるいは後進的じゃないんじゃないか。何かいいものがあるんじゃないのか」、ということになってきました。これはうれしい事実ですけれども、そこには理論がないわけで、あわてて理論をつくろうとし始めたのです。今かなりの本が、日本的経営について出版されております。

いまお話したようなことの土台にあるのは、いわば単一文化の人間像ではないかと思っています。この人間像に基づいて経営理論も組み立てられねばならないと思います。経営というのは人間の組織の administration でしょう。人間が取り扱う材料やお金も入ってくる。それは確かです。お金はどこの国でも同じような性質をもっている。しかし、お金の使い方は違います。また勤労意識が違うし、組織意識が違うし、命令系統意識が違う。そう考えると、経営というのは、本当は九割ぐらい人間関係なんですよ。だから経営を量的に整理しようとしても、最後には、背後にある人間がこういうもんだということがなければ、学術的な理論はできないんですね。ところが、従来の経営理論は、西洋の個人主義的な人間像を、黙って、――これはインチキなんですネ――、なにも説明せずに、理論の基礎にしてきたのです。

その上に立って、どうのこうのと理論をつくる。ハーバード・ビジネス・スクールが教えていたものを丸覚えして話してきたわけです。

ところが、人間は違うんです。肌の色が違うだけじゃなくて行動様式が違う。文化が違う。価値観が違う。倫理意識が違う。ここからもう一遍出発して経営を考える必要があるんだということが、ようやく最近になってわかってきた。つまり経営というのは、多面的なシステムなんです。単純な、単一的な、システムではなくて、その経営の基盤たる人間が、例えばコミュニティ意識が強いか薄いか、権利意識が強い、あるいはそうでないとか、いろいろその事実によって経営組織が、また経営のアプローチが違うだろうということがようやくわかってきた。まあ、わかったというか、直観的にわかった段階で今それを体系化しようとしています。

それでは日本的経営とはいったいどういうものか。これがまた難しいのです。漠然とみんなわかっているようで実はそうではないのです。日本的経営とは、日本人がやってる経営というのでは、定義としてだめなんですね。日本の経営は、現在日本の企業の中にあるものかといえば、そうではないんです。一つ一つの特徴をまず整理して、一つ一つにコメントをつけてみようと思います。そのあとで、その評価と前途ということについて、ちょっと触れてみたいと思います。

まず経済学にならって——経営学と経済学とは違うんですよ、私はもともと経済学出身ですので、マクロとミクロをまず区別してみましょう。日本的経営をミクロ的とマクロ的に分けてみましょう。
マクロ的日本的経営とはどういうものか。皆さん何回も聞いた、あるいは読んだことがあるでしょう。〝株式会社日本〟というニックネームを外国人がつけました。大手企業は本社をできるだけ東京に、つまり中央政府の近くに置かなければならない。

東京中心の経営

東京が中心ということは日本人には常識なんです。外国人には分らないことです。外国人は株式会社日本の中心は「MITI《ミィティ》」つまり通産省であることをよく知っています。

でどうしてこうなったかっていうと、三つのことを言っていいと思うんです。まず第一はですね、徳川時代の中央集権の社会ができたということは、参勤交代社会のことですが、その将軍の中央管理が、非常に見事に確立されて、いわば地方文化、地方の独立性が弱まって、全部中央から指導され、管理されるようになった。だがビジネスは大坂に中心をおいていたんですよ。しかし、明治に入って近代ビジネスは東京に移った。住友は大阪にがんばったけれども、大部分はやっぱり、明治政府の近くに位置しなければ駄目だということで、明治政府の援助金を求めて東京に移っていった。結局、中央政府との協力体制というのが、経済近代化の中心、一つの方針となり、これはもう皆さんご存知のことでありますが、財閥も、東京を中心としてできたわけです。住友を除いて、だいたい財閥は東京なんです。政府は自分でできないことを民間企業にやってもらうけれども、癒着方式です。ちょっと別な言葉でいえば、協力体制です。最後は、政府の監督、政府の指導、政府の援助、等々によって、ビッグ・ビジネスはできていく。近代化の担い手となったのはビッグ・ビジネスです。ビッグ・ビジネスは、なぜいろいろと援助を受けたかというと、富国強兵のためである。岩崎弥太郎は威張った。「わしは国のためにやるんだから、援助をもらって何が悪い。わしは第一線にがんばってるんだ」。

まあ、今でも三菱は、そういう姿勢でがんばってる。日本のためにがんばっているんだと思っている。ビッグ・ビジネスは、日本のためにがんばっているから、戦後もまた保護を受けた。通産省はそういうふうに指導した。ということが第一のポイントです。ということは、その帰着をだいたい三つのところにまとめることができるのではないかと思います。

第一に、経済は消費者のためでなくて国のためである。ところで国は何ですか、庶民じゃないんです。国っていうのは、ＧＮＰであったり、近代技術であったり、国際競争力であったりするけれども、一人ひとりの田舎にいる普通の家族の人間これが消費者ですが、これは国家と違うんです。こういう古い伝統のもとにあって、国のための経済は必ずしも、直接、消費者の経済につながるわけではない。これは第一のポイントです。

第二は、ロケーションは、東京でなければ不利だということです。だから新幹線は非常に儲け、新幹線はいつも黒字である。この体制が続くかぎり今後も新幹線は黒字だと思う。しょっちゅう東京に行って許可をもらわなくてはいけない。指導をもらわなくちゃいけない。三分の一の（地方）自治というのは、このことからでてきます。

三番目は、大きければ大きいほどいいということ、小さいのはだめで、大きいものは国のためになるという発想。だから「大きい」と「東京」と「政府」、それらはイコール日本のとか、日本のためとか、ということと同義になるのです。この点を外国人はよく指摘するんです。

連帯と競争の共存

第二の点は、同じ本質を別の観点からみたものですが、団結と競争のうまい組み合わせであります。団結というのは、経団連だの日経連だの商工会議所だの、あるいは何々グループ、何々一〇社、何々自動車グループとか、どこでもあるんです。実際財界と接触してどっかに何か頼もうとすれば「いや、われわれは一〇社ですからちょっと相談しよう。相談しあってからでないと返事ができない」と言う。そういうことは、まず集団の連帯制があって、しかし、その枠内では、ある程度激しい競争をやるということ、そういう意味で、個人主義ではないという特性があります。昔からの同業組合もありましたし、いろいろな連帯制があって、その連帯制にちゃんと役割を区分して、配分する。で、日経連は何をする、経団連は何をする、商工会議所は何をする、同友会が何をするということは、ちゃんと役割を与えられていてそれを果たす。いわば中央的な、あるいは地方的な guidance system があり、これを脱線できない。

カルテルは、日本で非常に優遇された。あるいは強制的にカルテルが戦前から導入されて戦後にまた、わりとたやすくカルテルが許されているわけですが、外国ではなかなかできない。独占禁止法だのいろんなところに引っかかる。日本ではそうじゃない。やっぱり、社会的考え方としてグループが自治をもって相談しながら、いろんな問題に対処すべきであり、個人は勝手にやるべきでないという基本的な考えがあるのです。これがワン・ポイントです。まとめて guided economy と表現できるでしょう。政府のガイド、自分の属す集団、何々連盟、何々業界の非常にキメの細かい指導、これがまず、外国にはなかなか見られない日本の経営のマクロ的特徴であります。

系列と下請制度

第二のマクロ的な特徴は、系列の形成です。六つの大きなグループとか系列というのは、三菱をはじめ、住友、三井などありますが、そういういわば系列という存在は、なぜ必要なのでしょうか、それらは全然所有関係からできたものではないのです。戦前にはもちろん財閥や同族がいろいろあったけれども、戦後は全然ないのにvoluntarilyでする。そういう系列を作っちゃった。第一勧業銀行の系列、まだまだ団結は弱いけれど、ますます強くなりつつあるんです。つまりそのわれわれ、何々グループというものは、何か名前まで同じ名前をつけるのです。社長会とか会長会とか、あるいは常務会とかいろいろあるが、これらがまた一緒に問題に対処する。そうすると、それにともなって対決が発生する。こちらが新しい問題を細かく計画する。新しい大企業をつくるため、いろんな問題、助け合うだの、株を持ち合うだの、いろんなことをやる。これが一つの点です。

もう一つは「このグループは敵だ」という意識。だから三菱がやったら三井は必ずまたやる。住友も同じようにやる。でないと恥ずかしい。われわれは三井に、三菱に負けた。しょうがないんだ、われわれもやろうといった調子です。そういう一つの野球みたいな、ひとつチームと別のチームが対決して、阪神と巨人のようにですね、宿命的対決のようなものがみられるのです。「今年は運が悪い、阪神が負けているけれども、来年こそ」という、案外にこのような非合理的なと言ったら非合理的なんですが、この協力と競争の組み合わせといったものが、なかなかうまくいっているのです。単独じゃない。団結してあるグループに対立している。私は一つの個人の意見ですけれども、系列の存在こそ、日本の経済の過当競争の一つの原因となっていると思っています。

過当競争はいろんな人によって健全なものだと思われているかもしれません。つまり、過当競争によって経済成長が非常に刺激された。余分に投資してマーケットを獲得しようとして、彼らがやる、だからわれわれもやるんだという。その結果として生産がどんどん伸びた。スクラップ・アンド・ビルドとか、こっちが新しい施設をつくった。こんどはわれわれも最新の施設を作らんと、負けるとばかり、まだ七、八年前につくったばかりのものでもこれをスクラップして、また新しいものをつくろうという、外国に対する対決より国内からそれが始まります。

日本の経済のヴァイタリティというのは、このような競争心から新しく導入されている。もしそういう系列がなければ、いわば宿命的対決といいますか、大手同士のそれがなければ、やっぱり日本の経済はかなり沈滞するんじゃないのかというふうに思います。

そこにおいてはもちろん、総合商社が非常に重大な役割を果たしていることはいうまでもないし、あるいは都市銀行が金融面での系列の中心になっています。

総合商社、系列銀行、重工業の一つのグループとこれらが対決し、争っている。今度三菱商事が№1だ。三井物産がゴタゴタしてああよかった、と思う人もいるかもしれないし、これは変な話なんですけれども日航と全日空の対決が表面化してきて、そうすると一つはロッキードでまきこまれて、その会社は隠そうとしたけど他方の会社はいい気味だっていうようなくらいですね。全日空と日本航空の対決、などのようにどの会社もいつもどこかに対決する会社をもっているというのは、外国にはなかなか見られない現象です。

次に三番目のマクロ的現象というのは、下請制度です。私はトヨタ、グループをだいたい知っているつもりですけれども、トヨタの協豊会というのは一六〇～一七〇位の会社、下請会社が加入しているのですが、末端にいたるまで契約書は一つもないんですよ。契約がない、話し合いだけで価格とかその他全部の事項を決め、信用しあうのです。相互依存が強いですよ。団結している。そういうことを外国人に話すと、「信じられない」とまず言うんです。「契約書なしで商売できるもんか」という反応が返ってきます。私が答えるのは「こういう下請関係で契約書が必要となれば、もうおしまいなんだ」と。「わからん」わからんといったって、私も日本人の心はわからない。しかし信用しあってる。信用してるから協力して、悪いときにもみんな一緒にがんばり、忍耐して、いいときにはみんな儲けようと、だから協豊というんだそうです。

こういう精神がわからないと、日本の成功の理由もわからない。これが、やっぱり、ともにがんばって、ともに、まあ倒れてはいけないけれど、おたがいに支えあっていく姿勢です。

もう一つは中心には本家がある。最後は本家の儲けは、われわれみんなの儲けであると考える、分家別家の連中がいる。トヨタの中でみんなの大本家というのは、まあトヨタ自動車工業でしょう。それをみんなで支えているんです。大家族主義というようなメンタリティがここにあるわけですね。その中には縦の関係がありまして、日本人は平等という概念が理論にはあるんだけども、なかなかどうして実際には縦ですね、どっちが上、どっちが下っていうのは必ずあるんですから。それは総本家っていう自工が中心で、そのあと第一、第二、第三の段階の下請システムがあって、信用しあって、協力しあって、相談しあってそうすると、だんだんみんな一蓮托生になっていく。

で、当然下の者は我慢しなきゃならない、当然、条件が多少悪いけれども、経営は独立であるから、多面的な独立経営をやりながら団結していく。外国には、従属的な下請制度というのはない。もちろん部品メーカーから買ったりしますけれども、それは契約によっている。向こうは対等な free agent であるからですね。

マクロ的には、三つの特徴、その相互的な東京を中心とする連帯制、二番目は系列同士のぶつかりあう競争、三番目は縦の系列ということは、まず一つのもので、その背後にあるのは国の概念。第二は縦の概念がここに出てくる。第三は、大きければ大きいほど良い、エリートが集まるんだ、つまり、就職のためには大きければ大きいほどよいでしょう。すると大手企業にはエリートが集まって、ますますよくなる。で縦の概念ですね。就職内容を見るとか、仕事がどうとか、就職する前に誰も言ってくれないんです。

大学ではなく企業が人を教育する

次には、ミクロ的な、すなわち一企業内部の日本的経営の特徴というものがあるんです。当然いうまでもないのは、まず二つが最近よくいわれますけどね、終身雇用なんですがね。終身雇用のまた背後にある大きな概念は、個人は専門家として採用されてないということです。何を関大で学んだということは企業の中ではそれほど問われない。経営学、経済学を覚えたことは、若干参考になるかもしれないけど、多くの企業は「早く忘れちまえ」と言うんです。なぜかというと、これはアカデミックであり、これからお前たちは本当の実社会、実の企業のことを覚える。これから本当の勉強をする。そういうメンタリティも反映されてでしょうか大学生の勉学の意欲は鈍くなり、課外活動が重視されがちになる。

最近、東大の学生も野球が上手になってる。びっくりしました。東大もやっぱり、同じことがわかってきたんです。かえって野球をよくやればやるほど、ガッツがあることになる。頭がよいのは入学試験でわかった、あとはガッツをみせてくれというわけです。基本的条件は揃っているからお前を採用するんだよ、しかしこれから人間としてお前をつくるんだと、企業は構えています。

人間としてつくるためには、電話のかけ方から話し方、歩き方まで研修期間を設けて教えています。私は四年間、兵士でした、徴兵を受けたとき、「お前は何だ」と言われ、「大学生です」と言ったら、「それでお前は歩くことができると思ったら大間違いだ。これから歩け」って、そこで普通に歩いたら「だめ、こうしてこう歩け」と。本当に、日本の会社は人間づくりまでしようとしている。人間を採って、これから、この材料をちゃんとした社員にしましょうというわけです。専門職というのは、大学ではなく会社が与えて、会社がそれをまた採用するんです。「お前は二年ぐらい会計やって、あとは総務課だ」「へえ、せっかく覚えたのに、やれやれまたや」という調子です。

時間をかけてオール・ラウンドな社員をつくるんです。これが経営者の候補者なんですね。外国人は大学で覚えてきたことを、そのままに生かそうとする。だから、経済学を学んだ人はだいたい、ある限られた仕事をしたいから、大学で一生懸命勉強するんです。その知識を将来つかいたいから、いわば professional training をやるわけです。日本の大学で professional training は何もない。pre academics なんです。

そういうのはね、日本の企業が人間を採って、その人の一生を企業のものと考えているから、一〇年かけてでもまた違ったものを覚えさせ、その中から幅広い視野や理解力を養成して、新しい問題に取り組ませて力をつけさせる。professional はその点狭いものだけしか考えないから、新しい問題にぶつかると対処しにくい。

だからゼネラリストを採用するというのは、長い時間をかけ得るからできるんです。短期決戦ならば会社はそんな贅沢はできないんですよ。半年トレーニング、そのあと配置転換や何とかやるっていうのはできないんです。

外国ではですね、どんどんと会社を辞めたり移ったりするのはむしろ普通です。なぜかっていうと、この会社ではもう二年やったから、今度はまた別ないい会社に行こうと考える。この会社で功績を評価してもらって、このトレーニングを授けてもらったから、次にはこの会社に行ってその場で技能を生かそうとしてる。それが外国では profession、何々 profession だというんですね。で、そういう意味で三つの会社ぐらいに行かなかった人はたいした評価を受けないのです。また別の意味では三つの大学くらい行かなかった人もたいしたことないと思われます。

だいたい、ドイツ人の履歴書をみますと三つの大学を出ている。私も三つ出ていますが。

日本人は関大に入って関大を出るんだと考えている。会社でもここに入って、同じ会社で定年退職する。それが理想です。実際そうできるかどうかは別問題ですが。

そういうものの考え方、会社に入るのは結婚するみたいで、離婚はだめだっていうような考えですから、会社が本当の妻みたいで、本当の妻のほうは、第二級の扱いを受けています。

最近の若い男は、デートの時間がないようです。女の子は積極的なんですがね。男は会社で忙がしいから、二七、八歳になっても、夜遅くまで会社で働らき、女性に合うチャンスは少ない。

だから終身雇用ってのは、一つの「場」に、私はずっと、これからずっと過ごすんだっていう意志を示しています。それにともなう年功序列なんですが、年功序列は、これも当然世界によく知られているけれども、今はピンチに陥っています。年功序列とは、「怠けてたって給与は増えるんだ」という意味なんですね、じゃあなんで能率給がないかっていうのは、外国では、年功序列があるのはだいたい国家公務員でしょう。国家公務員、いずれもあんまりきつい働きはしないっていう概念なのか、あるいは信用していて、ちゃんと責任は果たすんですけれども、国家っていうのは利潤を追求しないから、ちゃんとした規定を守ればそれでいいという、いろんな考え方はあるでしょう。だから、だいたい外国には、年功序列ってのは、公務員とか、あるいは先生とか、あまり競争的な要素が入れば困まる職業領域のみで機能しています。

しかし、日本における私企業での年功序列、世間で非常に有名になったということは一つの問題があるからです。その場合仕事のプレッシャーはどこから来るかという疑問です。怠けてても給与は上がるのに、どうしてモーレッツ社員になっていくのか、これが外国人には理解できない。

事実としては、仕事へのプレッシャーは大きいですよ。給与に直接反映されなくても、非常に大きい。組織の中で、「お前は怠け者じゃないか」といわれるのは恥になります。同じ部屋に働いている人は、一番最初に帰宅する人を変な目で見ます。われわれみんな、一生懸命に仕事してるから、せめて一時間残業してくれという。そういう意味で、payのために働くのではなくて、会社のために働くという精神を示さないと、あとで昇進が遅くなる。だから、どっかに働らきの結果は出るんです。誰が、いつ課長になるかというと、やっぱり前に蓄積した、忠誠ですか、あるいはモーレツ精神が反映されるわけで、直接ペイされなくてもよく働くっていう、理由はそこにあるのです。しかし、この年功序列は、だんだん駄目になりつつあるようです。

ご存知のとおり、経済成長率が、あるパーセンテージ以上に維持されないと、年功は駄目になるんです。これを実質的に説明するのはやや難しいけれども、あの年功序列というのは、先輩の数のほうが少ないとき、つまり会社が成長してるからいつも後輩のほうが多いとき、すなわち一人の一生の平均給与より、会社の全平均給与が低くないと実現できないのです。ところがピラミッドの型が頭でっかちになって高い給与をもらう人が多くなると、しかも彼らの能率は下がるとなると、(もう五〇歳の人はそんなにきつく働けないんですよ、私、自分でもわかるんです、もう五〇歳じゃなくて六〇歳だから)、会社がそういうシステムを維持すると大変ですよ。だから五五歳で定年退職して、あとで再契約するということが、だんだんできなくなる。まあ、六〇歳まで働く、あるいは六〇歳以上になっても働くと、年功はますます上がる。とんでもなく高いコストになってしまう。若い人たちが、不満を持って「われわれが働いて、あいつらが高い給料もらうんだ」と言う。若い人もちょっと生意気になってしまう。「われわれも高い給料が欲しい」と言いだしたりし、いろんな面から年功序列というのは、調整されなければならない。企業は実際やってるんです。能力給を導入したり、いろいろやるんですけれども、他方でこの終身雇用と年功序列というのは現在世界で非常に熱心に分析されています。場合によっては外国にも、導入されるわけですけれども、先日〝キッコーマン〟っていう、ご存知の醬油のメーカーですがね、アメリカのミネソタに工場、大きな工場を造りましてね、その常務とちょっと話しまして、実は年功序列は全然外国に通じない。しかし、終身雇用のようなものはありがたがられる。と、この二つを、ちゃんと分けるわけです。

なぜ年功序列は駄目かというと、若い人もやはり仕事を時々替えたいのです。替わるとまた第一から始めねばならないのですが、やはり自分の能力に応じて働きたいと思うのです「equal pay for equal work」というわけです。こういうことが頭の中にあるわけで、だから年配者だけが優遇されて、しかもいい仕事をしないっていうのは、西洋では受け入れられにくい。ところが終身雇用っていうのはそれとは違った形なんです。まず解雇はしないことを、まず組合に約束してしまう。解雇は最後なんです。まずみんな解雇する前に、賃金の一〇％カットをする。社長から末端まで、みんなが合意し、首切るよりまずわれわれは引きしめてがんばろうという姿勢、これをみんな喜ぶわけです。ということは、安定性を欲しがるっていうことは、全世界的傾向としてなかなか強いのですね、だから首切りは難しくなるんです。どこでも。

そうすると、終身雇用は残し、年功序列はなくてもいいじゃないかという考えがでてくる。日本では一九二〇年代に初めて、終身雇用と年功序列が導入されました。これはそれ以前の昔からは、ないんですよ。ないけれども今度の問題は、終身雇用を残して年功序列を完全にやりなおす。例えば、四〇歳になればあと横這いだとかいろいろあるんです。そういう試みがあるだろうと思う。だから人によって、年功序列を廃止すれば、終身雇用も廃止される、崩れるだろうと思う。私はそうは思わない。なぜそう思わないかというのは、人々にとって給与は唯一の問題ではないからです。終身雇用というのは、私はこの仲間を知ったから、この仲間の中で一生過ごしたいという考え方が中心なんです。

私は三菱だ、私は何々だっていう場ですと、その一生がいろいろなトレーニングを受けて、運命をともにしようっていうことは、給与に関係なく、強い、精神的な日本の文化の一つの基盤である、というふうに私は思う。だからそう簡単にね、「じゃあ、年功序列、今度はまあ手直しされるんだから、日本的経営もこれで過去のもんだ」とは思わない。しかし、この二つね、終身雇用と年功序列、これだけが日本の経営ではないんです。あるいはもっと大切なものがあるのです。終身雇用があってこそ、もっと大切なものが次にまたでてくるんです。

日本的経営における民主化

それこそ外国人の深い関心をよぶものであります。一つは、民主化です。経営の民主化。民主化というのは、世界のスローガンになっています。もちろん独裁制より民主主義はよいんだってことは、誰しも言うんですよ。西ドイツにもですね、戦後、〝共同決定法〟っていうのができました。あるいはそれについて、聞いたことがあるだろうと思いますけれども、それはどういうものかっていうと、日本の経営っていうのは、ピラミッドの絵で示すと一つのピラミッドなのです。下から入って上に行くんです。横からはあまり入らないんです。徐々に上へ昇進していく、すなわち係長、課長、部長、常務、専務、社長、会長という具合にですね。ドイツの制度っていうのは、〝監査役会〟ってものがあるんです。意思決定のピラミッドと切り離された形で、〝監査役会〟ってものがあるんです。この監査役会っていうのは、経営者じゃないんです。経営者はピラミッドの頂点です。経営者は直接命令をして経営するんだけれども、しかし監査役会の役員のほとんどは外から派遣された人間です。半数は資本側から、半数は労働組合から出てきて、経営をコントロールする。だからコントロールと経営の分離なんですね。

西洋はだいたいそうです。アメリカの取締役会も、一応、上に立って経営者を監督するけれども、経営者も中に入ってるから、ちょっとゴッチャになってるんですけれども、ドイツは完全に分かれている。監査役会こそ、方針を決め、あるいは経営者、つまり取締役を任免するなどのですね、権限を持っています。この人たちはどういう人間であるのかというと、だいたい、よその会社の重役とか銀行の重役だの、これが資本側、もう一方は労働組合が、いろんな役員を派遣してくる。そして年に四回会うんですよ。法律上でそれが決まってる。彼らは全然経営にタッチしないんです。コントロールするだけなんです。

このようなピラミッドの外、あるいは上からのコントロールが日本にはないのです。では日本人はどこからコントロールされるか、下からなんです。外からはコントロールがないんです。最近商法がちょっと改正されましてね、監査役会の強化とかなんとかっていってるんです。しかし、その監査役は日本では弱いのです。社長によって任命されるから、社長をあまり厳しく監査すると、後で「どうぞお止め下さい。別な人に頼みましたから」ということになりかねない。だからいくら法律を強化しようとしても、日本のシステムとしては、外の人間はあまり影響力をもたないわけです。基本的な一つの問題がここにあります。経営の民主化といいますが、ドイツは上から、労資双方を代表して下へという民主的、いかにも民主的なようにみえますが、下の人間は発言権がないんですよ。実際には、日本の経営方式は、一番民主的なもんだと私は思っています。形はそうじゃない。形は違うんですけれども実際は、会社は一つの人間的輪として機能している。

そこではコントロールは下から上へという流れをもっている。つまり働く現場から、アイディアや提案だの、稟議書だの、提案書、いろんなものが上にいく。上からまた下へは決裁だの、あるいは相談だの、根回しだのというかたちで行なわれる。根回し、かきまわし、後回しっていうのがあるんですね。とにかく全面的に回して掻き回さないと承知しないんだね、日本人社会は。

誰か上の一人が決めると「ああそうですか、いやだけれども、あいつはまたそういうことを決めたんだ。ふん、しようがない」と反感を抱かせてしまい、組織はうまく機能しなくなる。だから非常に時間をかけて意思決定を行なう。私も大学を経営していますが、「本当に日本的経営とは、つらいもんだな」と、時々思うんですよ。じゃみんな賛成ですか？　一人でも「反対」と言ったら、また下げてぐるぐる回って、掻き回して、最後に「まあ、こうしようね。じゃはい、よろしい」と、非常に時間がかかる。外国ではそれをやりたくてもうまくやれないのです。

ＱＣサークルとか、いろんな変な名前があるんですよ。わざわざＱＣサークルを作って、相談しあって、提案書書いて、日本でしょっちゅうやるんですよ。みんなQCサークルなんです。正式じゃなくて、現場の人が話し合って、ああこれはどうしようと。だから課長はまん中に座ってしょっちゅう誰かと話し合ったり、お茶を飲んだりして、大部屋課長は、末端までだいたい人の心を把握している。

外国の課長っていうのは自分の個室に座っていて、一人でサインするんです。さっと命令して、反発があれば「ワシの権限です。お前何を文句言うんだ。クビだ」と言うことになる。日本でそういうことをしようとする課長はクビです。いやクビにはならない。またどこかへ回されるんです。つまり人の和を保つのがまず課長の第一の条件でしょう。鋭いideaを自分で持つ必要はない。これは全部、下から出て来るんですから大丈夫です。

これをうまく、全部平和的にまとめるのが課長なんですよね。だから大部屋にちゃんと座ってる。だから日本的意思決定については、命令系統図をかいてもだめなんです。理論的に経営学をやる人は、命令はこうだ、あとはこうだとか、きれいな図式を書いてみせます。現実はそうではないのです。

ある者は強い意見を持ってる。ある者は弱い意見を持ってる、それらをみんな混ぜ合わせて方針をつくります。が責任を持つかではなくて、最後はボスが責任を引き受けるんです。〝持つ〟じゃない、自分で失敗の責任を取る。取っても実際責任は、もっと外の人に回っていく。

そういう意味で、決定した人が責任を持つのではなくて、一〇の判があれば、最後の判を押した者が責任を持つ。彼がなにも考えないで判を押したとしても、そうです。

私の場合ですと、南山大学に何か悪いことが起これば学長辞任ということになる。どういうことかわからないけれども、それは全体を守るために必要なことと考えられているのです。

たがいを守り、たがいに話し合う、これによって経営者は下からコントロールされる。そうすると、経営者は上からまた下をコントロールする。相互の協力、相互の提案、話合いで決める。こういうものは非常にユニークなシステムです。

だからこういうことができる一つの重大な条件は、われわれみんなに「わが会社だ」という意識がなけりゃだめなんです。横車を押そうとすれば、もうそういうことはできません。「お前は何を言うんだ」、「権限はこっちだ」という話し方、あるいは「ワシは株主を代表している。お前は下だから黙れ」というのが、外国のやり方です。これは日本ではうまくいかないのです。とともに外国でも日本のやり方を模倣しようとしています。というのは教育水準が上がれば上がるほどみんなバカではなくなり、黙って従うことができなくなります。「ワシもあんたも同じような教育うけて、わしは現場で働いているから、課長だけでなく、私も知ってるんだよ」といった、自信が増えていくでしょう。だから外国でも〝一方通行の命令方式〟は行き詰まってくるのです。

下の人間の教育のレベルが上がれば上がるほど、自分も参加しなきゃならない。しなきゃ損です。形式的なルートだけではなく、非公式でもいいから積極的に経営に参加させる道が求められるようになる。

上の連中は何も知らないのです。よそ者でしょう。彼は見る。何を? 決算を見るだけです。process of decision making が大切なのです。誰が最後に決断するかということではなくて、過程が問題なのです。その前提はコミュニティ意識です。コミュニティ意識がなければ、そういうことを導入しようとしても、手間がかかります。最後に誰かが責任をとるっていうのを別にすれば、この方式は責任的な人間を前提にしています。一生私はこの会社をわが会社とよぶ。ということが、この方式の条件です。それが日本的経営のエッセンスの一つです。

次は勤労意識です。

ドイツ人と日本人はよく働くといわれました。いま残ったのは日本人だけです。ドイツ人は、働かなくなってきました。いろんな理由で。ドイツ人はよく働いた、日本人もよく働く。じゃ、どう違うんですか?

ドイツ人が働くと、よしこれをやろうと、と一生懸命やって、仕事が終わったら家へ帰って、それから人間になります。これからゆっくりとこれやってあれやって、趣味を生かしてと考えます。だから五時にちゃんと帰ります。その前に一生懸命働く。日本人は仕事と余暇をうまく混ぜて、お茶を飲んで、またやって。本当は日本人はそうきつく働かないと思ったんですけれども、今度、トヨタに行ってみて、ブルーカラーの仕事見ると、「わぁ、ひゃあ、私はこうはできないなあ」と思った。ものすごくよく働くんです。

ホワイトカラーの仕事のペースっていうのは、日本人は時間をかけて、残業をやってもいいんだということで、よく働くというのは、仕事から逃げないということです。ドイツ人は一生懸命働くんですけれども、一歩離れて家に帰ると奥さんと子どもと遊んで、友人を呼んでテニスをやったりして人間にかえる。会社では遊びません。会社の連中から早く離れて、「私」の個人生活を生かそうとしているんです。両方よく働く。「働く」ということの基本的意味が違うのです。外国に旅行した人はよくわかると思いますが、外国に行くと、日曜日は、買物もできないし、洗濯もいけないし、何もできない。「教会に行きなさい」って言うんですけれども、教会に行かないのであればまあ休んで下さいというわけです。午前中は何もない。あと、サッカーに行ったり、酒を飲んだりします。

つまり、日曜日っていうのは働いちゃいかんと国家の法律で定められています。安息日を守りなさいという、聖書の言葉のとおりです。

それは、ユダヤ教にもある。キリスト教にもある。イスラム教にもある。絶対一日は仕事してはいけない日が。仕事しないときこそ、人間性を回復するときなのです。祈りをするか、家族とともに過ごすかする。そしてそのとき、彼らは本当に人間になると思っている。だから日曜日に教会に行くことは、仕事から全く離れて、精神的解放を味わうわけで、このような休暇によって人間の精神的な基盤が強められるわけです。

ヨーロッパにおける仕事の理念は、こういうもんです。仕事は何か「罰」みたいなもので、これを無事に済ませたら、あとは celebration なんです。だからお祭りとか祝祭日とかは仕事にいっさい関係がありません。クリスチャンのクリスマスだの、復活祭だのいろんなものですね、いっさい仕事に関係ないんです。むしろ仕事から離れて人間と神の関係、あるいは人間同士の関係を考えるのです。

日本のすべての祭は、仕事になにか関係があるみたいです。農民のいなかの祭は仕事の初めとか、収穫とか仕事に直接間接関係をもつものなのです、それと同じように会社の中にも祭といいますか、いろんな行事があり、日本人は休暇、祭り、レジャーも会社を単位にして行ないます、人間性の回復は決して会社と切り離されるものではないのです。

日本人でも有給休暇が三週間ぐらいあるでしょう。しかし取らんですよ。三週間は仕事を休んで、生きる人間のコミュニティから離れることは、魚を陸に引き上げて「あなたは一年中海の中で泳いでいるから、ちょっと一服して下さい。あなたは泳ぎ疲れているでしょうから」と言うのに等しいようです。

冗談じゃない。魚は水の中でしか生きられないのです。極端な表現を用いたようですが、しかし、日本人に「お前は三週間、会社を離れて休みなさい」って言ったら、お金もかかるし設備もないし、どうしようと戸惑ってしまう。女房は私を追い出すじゃないかと思う。このような、ヨーロッパ人にはまず信じられない生活観を、彼らは、日本人を〝労働中毒〟と表現するわけです。先日、私がこういうことを説明したところ、一人のドイツ人の新聞記者の曰く、「日本人って、いったいいつ人間になるのですか」。そこで私は、「怠けるときに初めて人間ですか。労働は、人間的じゃないんですか?」と言ったんです。すると彼は「ああそうか」と黙っていました。

しかし、仕事ばっかり考えて、仕事のペースによって人生を送るっていうのは、どっかに問題があるんだと思うんです。家族はどうなるんですか？ 文化的な考えはどうなるんですか？ 生涯教育はたしかに、ますます必要となりますが、しかし労働者やサラリーマンのためには、企業から切り離して新たに勉強するチャンスを与えるべきではないでしょうか。

これは、いかに金を儲けるか、そしていかに成長を良くするか、いかに技術はどうの、いかに経済の動きがあるかっていう、経済ばっかりなんです。日本にだけしかないような新聞、日経新聞。立派な新聞ですけれども、文化的なものもよく取り扱う、非常に尊敬する新聞ですけどもやっぱり〝日本経済新聞〟という。他の新聞も経済がまず、第一頁、かなり大きなウェイトを占めてる。まあいまはそれほどでもないですが、六〇年代、七〇年代の始めまでかなり強かった。そういう、つまり始めから終わりまで会社を中心にした生活、仕事中心にした生活に問題がある。特に、取り残された人、すなわちそういう大きな会社に入ってない人はどうするんだ、奥さんたちはどうするんだという問題があります。日本の制度は親父の不在の家族を生みだす制度です。よく働くけれどもいつ人間になるか、いつ日本の家族は、親父をよび戻すかっていういろんな真剣な問題があることは、みなさんご存知です。ある意味で日本には母子家庭が多すぎます。ただ一方で日本人は、仕事に意欲を感じているのは事実です。外国人がよく言うのは、「日本人は、わざとわれわれをいじめるためによく働くんじゃないか」とね、「やせがまんしている。わざわざ外国に対する競争をするんじゃないのか」。冗談じゃないです。普通ですよ。これは日本人の仕事についての意識とか、伝統とか、そういうものによっているのです。コミュニティ意識から生じた一つの責任感である。プラス・マイナスがありますけれども。

日本人における「場」の意識

さて最後に、もう一つの特徴として、「場」という問題を取り上げたいと思います。「場」、これは他の機会にも何回も述べているのですけれども、日本人が仕事をする会社っていうのは、一つの場ですね。場が人間グループをつくるんです。始めに、日本には場があって島がある。島、よく言われた島国根性、その島国から国を消して下さい。島根性です。日本人は、島根性。どこでも日本人が集まれば、すぐ島をつくります。まず島があって、その中に人間があって、人間が精神的に島をつくるわけです。その島に関係ない離れた人は排除されます。関係ないものとなります。ということは二つのことがいえます。一つは株主、戦前の大株主はだいたい社長でした。一番の株主は社長なんです。財閥の同族の代表者は、みんなそれぞれの大会社の、社長になった。つまり場に入っていた。単なる所有権を持って権利を振るったのでなくてある機能を持っていた。いくら小さくても、一応、機能を持っていて、実際の仕事その他は代理者がしたけども、その社長はまあ「よくやった」とかなんとか、社内をぐるっと回ってちょっとほめたり、批判したりするのが仕事で専門的な仕事をしなくてもよかった。

ところが戦後は、株主は、完全に場から離れて関係ないものになってしまった。いわば中じゃない、外なるものです。

これが島ですね、これが島だとすれば、外にいる人間は排除される。当然ですよ。だから株主の影響力は、ほとんどゼロに近い。それは、商法に何と書かれていようとそれは関係ないのです。

株主総会っていうのはね、喜劇ですね。総会屋という株主が騒ぎを起こすかもしれない。そのためにだからちょっとお金を出さなくちゃいけないかも。株主というのは、場から離れているからあまりものを言えない。もちろん株数とか株式の比重ですか、それらは借入金が大きいですから、実働資本に占める割合が低くそういう理由もありますでしょうけれども全体として、ドイツのようにですね、全然関係のない株主が代表者を選んで代表者を派遣して上から権利を行使するということは日本に起こらないのです。私はその理由をやっぱり場の問題——場に入ってない人は、自然に、あまりものを言えないんだ、という感情に帰したいと思います。日本人はどこでも閉鎖的なグループを作って、外からリモート・コントロールされるかたちでは働かないんです。

だから日本の社長だってですね、ちゃんとああいうハッピを着て、時々職員食堂に行ってラーメンを注文するんです。これも大事なシンボルです。場に入っているんだという意識を示すための。じゃトヨタとかはどうですか？　っていうと、トヨタはちゃんと場に入ってるから、非常に、影響力を持つ。株主であるからじゃない。株主としては、豊田家は株式総数の一％以下しか保有していません。豊田英二さんが社長で、豊田章一郎氏もトヨタ自販の社長になった。場の中に入らないで、特権を持って、外に立って利益だけを享受するなんていうのはあり得ないんです。理論的には商法に株主の権利が、ちゃんと書いてあります。しかし、それはアメリカ的な理論です。実際は違うんだということを、私はやっぱり日本的場の論理からしか理解できないと思っています。

もう一つは、組合はどうでしょう。組合もこういう外からのコントロールはなかなか行使できない。だから企業組合になった。中に入って中に吸収される。責任を持てば発言権がある。責任を持たなければ、発言権もないというわけです。

外国では、責任はないんです。中央組合、横断組合が奔放な運動をやる。一企業が潰れても賃金要求を通そうとし、三カ月ストを実施することもあるでしょう。日本人は絶対そんなことをしませんよ。これをやれるのは国鉄だけです。国鉄は潰れんから。虫のいい話です。責任を持たずに要求するっていうのでは、組織が腐ってしまう。日本じゃできません。場にあって、事情を見て、責任を感じて、その上で発言権がある。ストをやっても三〇分ストといったものです。そのあとで社長や利用者に「迷惑かけましてすみませんでした」とちゃんと詫びをしますよ。なぜかっていうと、同じ社員ですから。組合の委員長は、ちゃんと係長、課長になりたいから。いまは委員長として役割が違うから、ストを指導しただけなんです。同じ社員として、会社に対し同じ忠誠心を持っています。

以上、組合のことと株主と、二つのもの、理論的には企業の外に立ち企業に影響を与えるものの、日本的存在様式についてお話しましたが、一つは島から取り残されて、一つは島の中に入っているわけです。非常におもしろい現象です。世界にあまりない現象です。この背後には文化的背景というか、共同体意識、〝われわれ〟という共同責任意識があるのです。日本人の基本的倫理意識がここにみられるのです。けれども、日本の倫理意識っていうのは、現場に対し、共同体に対し、強く、外に対して鈍感です。汚染だの公害だのが日本で特に強くあらわれるのは中さえよければ、その島を守りさえすればよい。他の島がどうなるかは、誰か他人が考えるだろうという意識、そこにまた問題があるんじゃないでしょうか。市民としての意識、一人の人間としての意識っていうのが、きわめて薄いのです。

こういう問題が強く浮び上がってくると、将来これらのものが部分的には変わることは充分あり得るでしょう。しかし、基本的なものはなかなか変わらないだろうと思います。つまり基本的な意識は、日本においてはまだ崩れてない。

島に入る前に学生は勝手に考えるかもしれません。おかしい。私が入れば絶対にこんな馬鹿なことはしません、といった具合に。しかし、たいてい三カ月後に彼らは変わった人間になるんです。島の中に入って再教育されるからです。日本の一番の教育者とはもちろん企業ですよ。さてこれから本物を教えてやる。今までのものは遊びと準備であったというわけです。だからね、若い人の意見調査やったり、学生対象にして意見調査したって、将来の日本の経営がどうなるかについては、全然信頼がおけない。部外者であり、島の中に入ってないから、その空気を吸ってないから。だから同じことを中に入って五年経った人に聞くと、ちょっとわかるんです。一年目はだめです。まだ訓練中ですから。まだその島の人間になりきってないからです。

問題の評価

次に問題点ですが、前にもお話したように、家族はどうなるのでしょうか。これはこれからの問題としてますます大きいものになると思うんです。会社が、ホワイトカラーやブルーカラーをあまりにも自分のために使いすぎる、日曜日までゴルフさせてですね、あれでいいのかという問題です。これから家族問題が大きくなる。夫人は不満を持ち、子どもは甘やかされて、父親という強い芯が日本の家族に欠けているのです。母親だけでは、産むことはできるけれども、子どもを育てられないんです。どうしても同時に、いつも二人が必要ですから強い芯、社会の現実、厳しい現実を経験した男である父親が、姿を家庭生活にみせることは大事だと思うんです。

これは今の日本のシステムにおける問題点ですが、一方では、じゃあ外国はいいのか、外国の家族はいいのかというと、もっとひどい面もあり、あんまり非難ばかりはいえない。

もう一つ大きな問題は、アルバイトだの、臨時工だのといったグループが、きわめて不平等な取り扱いを受けていることです。島の中に入る者と、通う者との大きな、差別待遇は、はたして続けられるか、ということ、あるいは続けさせていいのかっていうのは真剣な問題です。現在いろいろ社会問題上のテーマになって、議論の対象になっています。

とすると、次に縦の関係も、下請制度も不利な条件の中で活躍してるんだがこれも問題になるでしょう。なぜかというと、悪循環なんですが、小さい企業に入る人間は、能率が低い人間で、悪いんですけれども、だいたいエリートとか、能率のいい人間は大企業に組み込まれる。こんな意識が現実をある程度反映して、蔓延している社会には問題があります。

これは学歴だけじゃないんです。学歴がなくても大企業は、まずエリートを採る。面接その他でもって。例えば高校卒業でも社長にさせようとしたら、能率によってでしょう。だから結局、学歴どうのこうのの問題じゃなくて、大企業がまず第一の選択対象になる。大企業ならいいと、日本中のお母さん、お父さんがみんなそう思う。全日本がそう思うと、人は会社によって評価され、profession によっては評価されなくなる。これが大きな問題です。

なぜかっていうと、零細企業が、能率の悪い人だけしか雇えないとするならば、経営に安定性がなく、合理化も後回しになり、人々は、各種のシワ寄せを受けることになります。

そういう経済は、人権的にはいろんな問題を起こしてると思うんです。しかし、それもどうも永久に続くものではなく、労働力供給の条件によって変わると思うんです。他面、大きなプラスとしてまあ三つのことを指摘したいと思います。第一は、組織の意思決定過程において、形式はともかくとして、実質的には先進国が今導入しつつあるような全面的参加といいますか、誰も無視されないという、私は無視されていないと感じさせる方式、その結果としての、私の意見が大事にされている、という意識は非常に大切だと思います。

そういう面について、欧米諸国ではトラブルが多いのですが、日本はそういうところは摩擦をかなり解消したんじゃないかと思っています。このプラスが残るかぎりにおいては、日本的経営はやっぱり強さを堅持していくのではないかと考えています。

もう一つは、企業のなかにいる者だけが会社だという意識です、株主によって、株主のためにあるのではないという意識を、私は社会主義でなければ資本主義でもないと評したい。企業主義といったら、何かよくわからないけれども、新しい主義なんです。あいにく日本人は、理論をつくらないから、適切な用語がまだ存在しないのです。このことについて『日本的経営の新しい未来体制』とか、『未来社会像』とか、誰か学術論文を書いたら、外国人に稗益するところ大だと思うんです。

つまり資本主義の弊害と、社会主義の弊害の両方を案外に避け得るものだと思います。日本人のインテリの中には多い、マルクス主義の理論を、私は支持したくない。これは輸入物です。消化されてない。階級闘争といったって、日本に階級はないんだから。場の中の、労働者あるいは労働組合、これは階級でしょうか。そうではなく集団、いや共同体です。

集団ってのは寄せ集めの人たちが、ワーッと、ヨヨギ・パークに集まってくるのをいうのであって、彼らは本当には一緒に生活しているんじゃないんです。ただ旗を振って何かをやるだけです。実際、毎日はまた別のところに集まってるんだから。その毎日が本音です。もう一方は、建て前にすぎない。日本人は本音について理論化したらいいんじゃないかと思う。日本は階級社会じゃないんだ。役割の違う連帯心をみんな持ってるんです。社長も私も同じ××社の一員というだというわけで同じバッジを持っている。

これは新しい体制なんですけれども、それを理論的に裏付けられてないだけなんで、私は、日本的経営の研究のために、外国人の学者がどんどん相ついで来て、そういうポイントをもう少し分析したら、おもしろいだろうと思います。

資本主義は行き詰まっています。イギリスだって、アメリカだって。株主の一方的な要求が一方にあり、他方で下には闘争する組合がある、あれはもうめちゃくちゃなんです。日本がもっているユニークなシステムは、大きな可能性をもっているだろうと思うんです。

一つの危険

最後に、将来における一つの危険を述べておこうと思います。どうも危険といったら誤弊があると思うんですが、福祉国家ってのはね、極めてよいもんです。ある意味でよいもんですけれども、裏目にでるんです。

西ドイツの国民がなぜあまり働かなくなったかというと、自分の働く場に関係なく、失業保険もあるし、年金もあるし、何でもあるからです。勉強もただだし。何でも国家から与えられると、自分の働く場に対する責任が薄くなる。日本の政府は、いままで福祉のためにあまりお金を出さなかった。ケチケチで、自分で貯金してなんとかしろとね、教育費も自分たちで捻出しろという調子です。そのために、高い貯蓄率が維持されて、民間投資があり、そうなると各人が持ち場に対し責任感を強くもつようになるんです。逆に福祉国家では、私の将来が保障されてる、会社がいやになったら勤めなくてもいい、という安易な気分が、芽生えてきます。これが福祉国家における一つの問題だと思うんです。

福祉の適切なレールが問題です。もし日本が行き過ぎたら、金があるからと、経済が強いだけに何でもただでやろうとすれば、多分国民の会社に対する責任が、薄くなるかもしれない。もう少し詳しくお話したいところですが、問題点を指摘するだけで、あとはフリー・ディスカッションの中で補なっていきたいと思います。これで私の話を終わります。

解　説　経済学者・経営史家としてのヒルシュマイヤー——経歴と功績——

林　順子

1　日本経済・経営史との出会い(1)

ヨハネス・ヒルシュマイヤー（Johannes Hirschmeier）は、一九二一年一〇月二八日、当時ドイツ領、現ポーランド領のシレジア（シレジェン）州ハインリッヒスホフ村に生まれた。幼少期より、宣教師となって海外布教するのが夢であったという。聖アウグスティン大神学校在学中の一九四一年に徴兵され、終戦まで衛生・通信兵として西部戦線に派遣され、バルジでの戦いにも参加した。一九四五年九月から一九四七年六月までボンの聖アウグスティン大神学校の哲学科に学び、哲学士の学位を取り、一九五一年まで神学科に在学し、この間、一九五〇年にカトリック司祭に叙階された。一九五一年九月からの一学期間、ロンドン市立大学で英語を学んだ後、幼少からの夢が叶って、一九五二年、宣教師として東アジアへ派遣された。日本の地に立ったのは六月、場所は神戸港であったという。そして九月、東京フランシスコ会日本語学校に入り、約二年間、語学習得に励んだ。

ヒルシュマイヤーに経済学研究を命じたのは、南山大学初代学長アロイス・パッヘ（Alois Pache［一九〇三〜六九〕）であった。南山大学には経済学部を設ける構想があり、その前身となる社会科学部社会学科経済学コースが一九五二年に開かれたばかりであった。[2] パッヘは、いずれ経済学部が発足したときに、ヒルシュマイヤーをその教員とすることを考えていた。パッヘからの突然の命令に、宣教師志望のヒルシュマイヤーが「経済学って聞いたことがない。なんですか」と困惑するのに対して、パッヘは「やればわかるから勉強しなさい」と答えた、という。「しょうがないから「ハイ」と言ってひきさがりました」と、後年、ヒルシュマイヤーは苦笑している。[3] これが、ヒルシュマイヤーにとって、経済学研究の道に入るきっかけとなった。

アメリカ留学も、パッヘの意向であったようである。ヒルシュマイヤー自身は、覚え始めた日本語を忘れぬようにと日本の大学を希望したが、パッヘは、日本人でもアメリカに学びに行こうとしているときに日本に残り、しかも苦手な日本語で経済学を学ぶのは難しいであろうと一蹴した。

もっとも、パッヘが、ヒルシュマイヤーの留学先に、西欧諸国ではなくアメリカを指定したのは、アメリカの研究者たちが日本近代政治経済史に熱い視線を投げかけていたからである。第二次世界大戦後、先進国アメリカでは、途上国、当時の言い方をすれば「後進国」の経済発展論に、大きな変化が生じていた。以前は、理論経済学に基づき、資本財や技術を投入して労働力と結合させれば、途上国においても経済発展は実現可能と考えられていた。しかし、そのような先進国の経済理論を途上国に適用する試みは、失敗に終わった。途上国の経済発展には、従来の理論経済学では扱われていない要素も重要であることが、明らかになったのである。

この反省から、アメリカの経済学界では、非経済的要素、例えば、歴史、思想、文化などを考慮した新しい理論が模索され始めた。一九一二年、シュンペーター（Joseph Alois Schumpeter［一八八三〜一九五〇］）は、*Theorie der wirtschaftlichen Entwicklung*（『経済発展の理論』）で、国の経済発展の原動力として、企業家（entrepreneur）が技術、経営等の部門で巻き起こす革新を重視する見解を示した。一九四六年、コール（Arthur Harrison Cole［一八八九～一九七四〕）が経済史学会長に就任してからは、企業家史に関する組織的な研究が進められた。ロシア経済研究者で、ハーバード大学の経済史主任となったガーシェンクロン（Alexander Gerschenkron〔一九〇四～七八〕）も、この潮流に乗った。

アメリカでの動きは一九五〇年頃、特に一九五五年から活発化した。その契機の一つは、コールも強く関わった一九四八年創設の「企業家史研究センター」である。ロックフェラー財団の援助でハーバード大学内に設けられたこのセンターで、経済、社会、経営、歴史学の研究者が、人間の活動が経済成長に及ぼす作用についての共同研究に取り組んだ。彼らが特に注目していたのが、一九世紀半ばの日本の近代化である。非西欧国の中で唯一、自立的な経済発展、それも社会主義でなく資本主義的な経済発展に成功した日本の例は、資本主義国の旗頭として途上国を導こうとするアメリカが、経済発展論を組み立てるにあたって、最も適切な研究材料とみなされるようになった[4]。

経済学部創設を目論むパッヘが、ヒルシュマイヤーの留学先にアメリカを選んだ理由は、ここにあったのであろう。

こうしてヒルシュマイヤーは渡米し、一九五四年九月から二学期はワシントンのアメリカ・カトリック大学大学院経済学科で経済学の基礎を学んだ後、一九五五年七月にハーバード大学大学院で経済学を専攻するにいたった。そして、ガーシェンクロンの指導のもと、ヒルシュマイヤーは、日本の経済発展を促した人的要因の解明に取り組むのである。後に彼は、日本の企業家の精神に興味を持ったきっかけを問われたとき、「外国で、日本の経済復興というのが非常に興味をもたれまして、日本の企業をいわば動かす力、あるいは日本の企業の特質とか、いわゆる日本型経営というものは一体どこに始まった、どういうものか、と大変興味深い問題だと思いました[5]」と答えている。

ヒルシュマイヤーのハーバード大学での研究の様子を示す資料は少ない。ただ、一九五六年に国際経済学のペーパーを提出し、日本経済が重工業に重きを置くようになった点を積極的に評価したところ、この科目の担当教授は、国際分業論の立場から、労働人口が多く天然資源がない日本は、資本集約型の近代的重工業より労働集約型の軽工業

を拡充するべきである、と批判的コメントを付けたという。(6)

一九五七年、ヒルシュマイヤーは、ハーバード大学に籍を残したまま、博士論文作成のために再来日し、九月から一九五九年五月まで東京大学研究生となって、日本経済経営史の資料収集と研究に没頭した。そして、一九五八年三月にハーバード大学修士号（M. A.）、一九六〇年六月に博士号（Ph. D.）を取得した。南山大学で教鞭をとり始めるのは、この頃である。(7) ガーシェンクロンのほか、東洋史研究者で一九六一年から駐日大使を務めるライシャワー（Edwin Oldfather Reischauer［一九一〇〜九〇］）の指導を受けて(8)執筆した博士論文は、一九六四年、*The Origins of Entrepreneurship in Meiji Japan* のタイトルで、ハーバード大学より出版された。本書は、次章で述べるように日本人研究者の間でも反響を呼び、翌年には土屋喬雄、由井常彦の手で日本語訳され、『日本における企業者精神の生成』の題名で出版されて、さらに多くの日本人の目に触れることとなった。(9) なお、一九六五年には、明治期の代表的企業家として渋沢栄一を取り上げ、企業家精神および、明治維新から受けた影響や明治期に直面した問題を分析した論文 "Shibusawa Eiichi: Industrial Pioneer"(10) も発表している。

2 『日本における企業者精神の生成』の日本での反響

ヒルシュマイヤーの最初の研究が、日本の経営史研究者の間でどのような評価を得たか、当時の学会誌に掲載された紹介文や書評を整理しておこう。(11)

日本での紹介者や評者の多くが、共通して注目したのは、第一に、ヒルシュマイヤーが「外国人」であるにもかかわらず「日本」経済経営史を研究フィールドとしていること、第二に、企業家活動という人的要因によって経済発展を説明する、アメリカでの近代経済史研究の手法を、初めて本格的に日本近代史研究に取り入れたことである。もちろん、ハーバード大学で学んだヒルシュマイヤーがこの手法を用いるのは当然であり、日本の研究者間でも、明治の企業家史は注目されつつあった。とはいえ、森川英正の言葉を借りれば、「ただ、今日まで、わが国における個別企業家の史的研究はとかく方法論的模索の段階にあり、ようやく、最近、具体的成果を生み出す地点にたったところである。ところが、われわれが、このように立ち遅れている間に……われわれ日本人の研究者がなすべき仕事を、外人の手によって、まんまと先取りされた」[12]。森川と同様、梅井義雄もまた、日本でも企業家研究は土屋喬雄、楫西光速、宮本又次らによってなされていたものの、ハーバード大学の研究者が採用する手法による研究は、「わが国ではまだようやく、その緒についたばかりである」と述べる[13]。さらに、注目点の第三として、マクロ的視点での研究であったことがあげられる。『社会経済史学』の書評を担当した関順也は、本書を、企業家精神と経済発展を「巨視的に把握された異色ある業績」と評した[14]。

日本近代経済経営史研究が、企業家の個別研究の段階にあり、ミクロからマクロ的な視点への転換、あるいは両者の統合に苦戦している中で、外国人研究者が発表した経済経営史研究は、異彩を放っていた。しかし、それだからこそ、当時の日本人研究者たちは、ヒルシュマイヤーの分析や論理の展開の荒さを見逃すことはなかった。まず、森川が指摘した問題点を列記しよう[15]。

一つ目は、明治政府が、士族階級の内部にあった企業家の資質（教育、社会的責任、自尊心、義務への献身など）に働きかけ、それに触発された士族が企業家となって、明治日本の近代化を支えた、とするヒルシュマイヤーの考察への疑問である。森川は、士族階級内部の差異に着目して、企業家となり得た士族と、そうでない士族が生まれた理由、特に、明治政府指導者のような、ずば抜けた進歩性を備えた者がなぜ士族から輩出されたのかが説明されていないと指摘した。

二つ目は、江戸時代の農村の地主、豪農、商人、製造業者にも、資本力、事業経験、進歩性、社会や政治への関心といった、企業家としての資質が備わっていたにもかかわらず、技術的後進性や地主としての立場、さらに政府の指導と援助の欠如によって、彼らは近代化から隔絶されてしまったという点に向けられた。森川は、農村の上層民もまた、明治期の企業家活動に無関係ではなく、何らかの影響を与えていたはずであると反論した。

さらに森川は、同書には基本的欠陥があると、口調を強くして、三つ目の指摘をする。「企業家活動、あるいは企業家活動の主体的要因のなかで、意志・感情・精神といった〝主観的〟側面の起源しか明らかにされず、能力の側面については、一切その起源が取り扱われていないこと」、またそれ以上に、「日本人の国民性が開港後の国際環境に面したところに生じた感情的昂揚といった、ごく一般的要因に起源が求められた点である」。ヒルシュマイヤーは、冒頭で、明治日本の企業家精神（entrepreneurship）を、投資に関する〝決定〟と〝能力〟であると定義したうえで、本論部分で明治の企業家活動の起源をたどった。そして、開港時点の日本を取り巻く国際的諸環境の圧力が、日本人の国民性にかかった結果、士族の内部に特殊な感情的、心理的な発酵が生まれ、これを企業家活動の起源と結論づけた。しかし森川は、企業家精神の定義に掲げられた、投資に関する〝決定〟につながる、士族の意志、感情といった主観的側面ばかりが強調されているのではないか、と言う。それらは、幕末から明治初期に起きた海外からの圧力を受けて引き起こされたものであり、それを重視するならば、江戸時代の武士、商人、農民各階級の中に、企業家活動の要素、特に投資に関する〝能力〟の起源を探った本論の意味がなかったことになってしまうのである。

投資に関する〝能力〟に関して、森川は別の問題も提起している。〝能力〟の起源と形成を明らかにするには、江戸時代の武士階級から、明治政府で工業化を進める士族、工業化を担う企業家が生まれる過程を精密にたどる必要がある。その過程の出発は、例えば江戸時代の武士階級がかかわった藩の政治経済改革、軍事財政等の近代化であり、それが明治の近代化に帰結するのか否か、そうした過程を分析しつくした先に、初めて企業家活動の起源が見えるのではないかと、今後の研究課題を提案している。

さらに、森川は、別の論文[16]でも、明治期における士族企業家の経営が多数失敗している点と、明治前期のごく一部のビジネスリーダーを除いて、ナショナリズムを動機とする企業家は見られない点をあげて、ナショナリズムに動かされた士族の企業家が、日本の経済発展に寄与したとは言いがたい、と述べている。ただ、森川は、ヒルシュマイヤーの主張する企業家のナショナリズムを完全に否定したわけではない。利潤的動機のみでは企業家行動を説明できないし、当時の経営者の記録には確かに愛国的記述が見られるとしつつ、「ヒルシュマイヤー氏は、これをすなおに受けとりすぎているのではないか」という。なお、森川は、ナショナリズムに代わる動機として「共同体内個人主義」、すなわち、国家への貢献を通じての社会的名声の獲得をあげている。本音としては個人主義でありながら、それを表明できない共同体の中で、建前としてナショナリズムを唱える、と森川は企業家行動を説明する。

栂井義雄は、ヒルシュマイヤーはマクロ、ミクロ両面からの接近と両者の統合に挑戦したが、その結果は、「じゅうぶんの効果」と「じゅうぶんの説得力」を持つ形にはなっていないと評した。そして、企業家個々人についての一層のミクロ的研究を行なうようにヒルシュマイヤーに勧め、日本人研究者に向けては、ヒルシュマイヤーが十分に成し遂げ得なかった企業家活動の起源を追求するよう提言した[17]。

関による『社会経済史学』の書評も、先掲のような賛辞を表す一方で、本書に用いられた企業家史研究の方法論、および実証のために使用する史料について、疑問視する言葉を漏らしている。いずれも研究の根本部分に触れる指摘と思われるが、紙幅の都合上として、詳しく述べられてはいない。ただ、おそらくそれも、先の栂井の指摘、つまりミクロからマクロへの連結が可能か否か、また、個々の企業家分析をヒルシュマイヤーが疎かにしている（ようにみえる）点への疑問であろう。このほかにも、企業家の精神（動機）、例えば経済的合理性以外の儒教倫理や愛国主義、西洋技術崇拝等が、具体的にはどのような行動として発現したのかが明らかにされていない点、雇用者と被雇用者の関連、例えば企業家イデオロギーと低賃金の関連への言及が不足している点も指摘した[18]。

後にヒルシュマイヤーの共同研究者となる由井常彦も、『経営史学』に載せた紹介文の中で、ミクロ的観点での研究に終始する日本人研究者がヒルシュマイヤーのマクロ的な研究手法に向けがちな批判を、以下のように退けた。[19]

われわれの本書にたいする評価の態度も、次のようにあるべきことになろう。すなわち蒐集されている資料の多寡とか史実にたいする考証といった問題は、もちろん歴史記述として大切であるが、ここでは二義的と考えるべきである。そうではなくて、なによりも著者の命題が著者のアプローチによって、いかにリーゾナブルに論証されているか、いいかえれば、明治日本の産業発展の諸相が著者の仮説と手法によってどのていどまで説明されているかという点になければならないのであり、さらにはこうした論証が問題意識の解決に有意義であったかどうか、におかれるべきであろう。[20]（中略）

もちろん、日本の近代史や経済史の専攻者が、自分の専門とする研究対象にてらして、本書のなかで日本の近代産業の発展に重要と考えられる諸条件や諸問題が、軽視されたり閑却されたりしていることを指摘することはよういにできる。たとえば、幕末期における国内市場の問題とか、日本の賃労働の量と質の問題とか、明治初期の国立銀行はじめ金融機関の役割とか、さらには維新政府の性格規定とか封建遺制の問題とかについて、専門史家は不満をもつかもしれない。しかしそれらは、本書の基本的な研究目的からすれば、やはり二義的であって、そうした批判は、本書の価値や意義を大きく減殺するものとはいいえないであろう。[21]

由井は、本書について、企業家活動という人的要因から近代日本の経済発展をどの程度合理的に説明できているかに留意して検証するべきであると主張し、その点で、ヒルシュマイヤーの研究を高く評価した。[22] 一方で、由井は、森川と同じく、すべての国民が一様に企業家精神を発揮し、企業家活動にいそしんだわけでもないのに、それが説明されていない点を問題視した。それ以上に由井は、企業家精神の起源が明らかにされていない点を、厳しく指摘した。ヒルシュマイヤーは、伝統的社会への不満、緊張が高まっているときに海外の圧力を受けた日本国民に、従来の思考態度を一変させるような「感情の新規まき直し」が発生し、ここに企業家精神の起源があると言うが、本当の起源は、それ以前にまで、さかのぼれるのではないか。ヒルシュマイヤーは、江戸期の階級的基礎から断絶して明治期の企業家が生まれたと、江戸期と明治期の「不連続性」を強調するが、由井は、不連続性にとらわれすぎると歴史的「連続性」が無視され、企業家精神の形成に影響するはずの歴史的な制約を見失う懸念がある、とする。これは、由井以外の日本人研究者からも多く指摘されたものであろう。

　しかし、面白いことに、幕末明治期の「不連続性」にこだわっていたヒルシュマイヤーの研究は、後年には、同時期の企業家精神の「連続性」を突いたものとして紹介される。例えば作道洋太郎は、ヒルシュマイヤーが指摘した、明治期の企業家精神とは新しい形の尊皇攘夷の精神であるとの主張を挙げて、「幕末維新期における意識構造の連続性を鋭くついているのは興味深い[23]」（傍点筆者）と述べている。

　もっとも、当時、精神的連続性より階級的不連続性を重くみていたヒルシュマイヤーは、一九六七年、本書重版の際に、「日本語版重版への序」を新たに書き加え、それを強調している[24]。この序は、日本語版初版に対して、「詳細な史実について私よりも通じておられる諸学者から、活発な批判が寄せられた」ことに答えるためであった。その批判のひとつに、武士階級の役割を軽視しているのではないかというものがあり、これについてヒルシュマイヤーは、次のように持論を説明した。

　私が立論しようとした肝腎のポイントは、それぞれの階級を代表する人たちがどれ位企業家になったかということではなくて、あらゆる企業家が新しくスタートしたということである。伝統的な連続を重視する思考にたいする、私のこの不連続性の主張が重要なのである。私は、武士階級については、武士の身分が新しい企業家（実業家）身分のモデルとなったと述べているのである（傍点筆者）。

彼によれば、武士階級はもちろん、伝統的商人、農村の商人や製造業者も、江戸時代における姿のままでは明治の企業家とはなり得ず、その意味では江戸時代と明治時代は不連続で、明治の企業家は「新しいスタート」を切ったことになるのである。その一方で、武士階級が新しい企業家の〝モデル〟になったと、江戸時代の武士階級と明治期の企業家に、何かしらの連続性があったかのような表現もしている。つまり、作道のいう「意識構造の連続性」を、ヒルシュマイヤーも意識していたと考えられる。この意識構造の連続性を、伝統的な価値観と捉え、この価値観と、そこから生まれた日本の企業家精神の特徴を解明するのが、ヒルシュマイヤーの次の研究課題となった。(25)(26)

3　日本的価値観の体系化と『日本の経営発展　近代化と企業経営』

ヒルシュマイヤーが日本的価値観の特性の整理に着手したのは、一九六九年頃とみてよいであろう。この年に発表した「外国人は日本人の経済行動をいかに見るか」の中で、近代日本の経済発展に大きな影響を及ぼした「日本人の持つ三つの一般的な特性」として「ナショナリズム」「教育」「社会中心性（community centeredness）」を示している。また、一九七一年発表の「文化的価値と工業化の論理」では、「日本の基本的価値」として「調和の優位」「集団の中に埋まっていること」の二つを挙げた。

こうした模索の後、由井常彦との共同研究によって、ヒルシュマイヤーが、日本人の伝統的価値の体系化を完成し、それにしたがって企業家精神の特徴を整理し終えたのは、一九七五年のことである。

ヒルシュマイヤー・由井常彦によると、日本人が重んずる価値（規範）は、三つに整理できる。一つ目は、公が私に優先されるという「垂直的価値」、二つ目は、グループ内の結束・調和を重んじる「水平的価値」（但し、これが責任の分散を招くという）、三つ目は、村、町、仲間、将軍、天皇、国といった古くから受け継がれてきた「連続的価値」である。言い方を換えれば、日本人は、現在における垂直的な序列関係と水平的な集団的関係、そして祖先から子孫への連続的（時間的）関係という、三次元の人間関係（human nexus）を結び、そこに価値を作り上げている。そして、この人間関係で構築されたそれぞれの社会からの「役割期待」が、日本人の、ひいては日本人企業家の行動の動機であるとした。

この共同研究の成果は、まず、一九七四年一〇月の経営史学会第一〇回全国大会の共通論題の中で報告された。そして翌一九七五年、『日本における企業者精神の生成』に並ぶ代表作 *The Development of Japanese Business, 1600-1973*[27] が公刊された。同年、日本では、経営史学会での報告内容をまとめた「江戸時代の価値体系とビジネス――明治期の工業化との関連において――」[28]が雑誌に掲載された。一九七七年、*The Development of Japanese Business, 1600-1973* を日本人向けに翻訳、改訂した『日本の経営発展　近代化と企業経営』[29]の刊行に至った。

同書の構成は、明快である。時代を四つに区切って、「第一章　江戸時代の社会と商人――伝統的社会と商家経営――」「第二章　工業化の開始と企業家活動（一八六八―一八九五）――企業家の登場と近代企業の形成――」「第三章　工業化の進展と企業経営（一八九六―一九三七）――高学歴の後継的実業家と日本的経営の形成――」「第四章　戦後の工業化の高度化と経営者（一九四五―一九七三）――高度経済成長の組織者と日本的経営の再編――」としている。労働社会学者の間宏は、この構成をみて、二つの特徴を指摘する。[30]

第一は、章立てに関してである。この時代区分は、各期間の不連続性を強調する発展段階論に沿うものではない。重要な局面で時代を区分する「局面的アプローチ」を採用することで、各期間の不連続性だけでなく、連続性をも捉えようとしたのである。

第二は、各章の項に関する指摘である。第四章を除く各章は、「(一)ビジネスの発展を可能にした社会経済的条件、(二)ビジネスの主たる担い手たちの経歴や特徴、(三)企業の外部組織（業者団体）の形成と役割、および企業の内部組織の管理運営の実際、(四)ビジネスマンの抱いていた価値観とビジネス活動との関係、(五)代表的な経営体の事例」という、ほぼ共通の項で構成されている。これによって、各局面の特徴や局面が変わるときの連続性と不連続性が、明確に示されるのである。この構成から、ここでもまた、ミクロ的視点でなく、マクロ的視点で日本の企業家をとらえようとしていることがわかる。故に、先著『日本における企業者精神の生成』と同様、国内の各地各商家の事例一つひとつと本書の内容のすれ違いを細かに取り上げて批判することは無意味である。

より深刻な問題として、間は、「西欧」というあまりに大きな括りでヨーロッパ諸国と日本との比較がなされている点を挙げた。ドイツ出身のヒルシュマイヤーも、ヨーロッパ諸国や民族それぞれが持つ歴史文化の差異を、日本人以上に感じてはいた。しかし、ヨーロッパの歴史文化を厳密に分析し、論理的に整理する作業は、一研究者が生涯において完成できる類のものではないであろう。

中村青志は、日本経済経営史研究の立場で同書を論評した(31)。例えば、明治期の地租と江戸期の年貢を、同質であるかのように取り扱っている点や、企業家、経営者、実業家といった類似の語の使い分けの曖昧さなど、語の用法に苦言を呈している(32)。また、第三章の扱う期間が、一八九六～一九三七年と、重化学工業化の契機とされる第一次世界大戦を無視するような区切り方をされている点も指摘した。そのほか、個々の企業の経営理念の形成に、日本の価値体系が具体的にどのように影響したのか、その際、西欧の近代思想や行動様式の影響も無視できないのではないか、と課題もあげている。

加藤義喜の論評は、開発論の立場からなされている(33)。ヒルシュマイヤーが提示した学説自体は高く評価しつつも、日本の近代化のあり方にどちらかといえば肯定的な論調には、批判的である。つまり、経済開発は、「大衆の地についた生産と消費の相互依存的な発展に基礎をおいたものでなければならない」のに、日本の近代化は、必ずしもそうではない。戦後の後進諸国は、日本の近代化の欠陥に気づかずに、日本をモデルに経済政策を実施し、そこに先進国も加担し、経済的混乱を引き起こすことになったとしている。

4　研究の特徴と意義

ヒルシュマイヤーの研究の特徴は、一言でいえば、その視野の広さである。具体的には、次の三つをあげることができよう。

(1)　学際的な視野

経済史、経営史だけでなく、思想史、文化史、社会学、教育史などの研究成果や分析方法を採用し、工業化・近代化という事象を多面的に把握した。特に、社会成員の行動を社会的価値観が規制するという、社会学における価値体系を、投資家、経営者、労働者の行動規範の分析に応用し、経済発展に必要な投資の動機の解明や、経営理念、職業倫理の整理を試みた。

(2)　長期的な視野

一時代に止まらず、江戸時代中期から昭和後期までを通観した。但し、主流であった発展段階説にとらわれず、重要な局面で時代を区分し、各時代の特徴を整理し、連続性と不連続性を明らかにしようとした。

(3)　空間的な視野

国内の一地域、一産業、一企業を研究対象したミクロ的研究ではなく、日本一国全体を捉えるマクロ的研究を行ない、外国人の立場も生かして、他国との比較も行なった。

このように、学問的にも時間的にも空間的にも広い視野で事象を捉えようとする故に、個別ケースの特徴の無視や、若干の事実誤認、不正確さも発生し、批判されることもあった。また、当時の世界の政治・経済状況の影響から、日本と欧米およびソ連についての言及が多くなりがちで、アジア、アフリカ、南アメリカの諸国にはほとんど触れていない。欧州内部の国々や民族の、複雑な歴史とそこから生まれる差異についても、これを分析するまでには至らなかった。

その後、南山大学長としての業務や講演など多忙を極める中、ヒルシュマイヤーは突然の死を迎えた。残された問題や課題は少なくないが、ヒルシュマイヤーの提示した日本の企業家史論は、彼の死後も、強い影響力を持ち続けている。

一九八五年に経営史学会がまとめた『経営学史の二十年史——回顧と展望——』では、石川健次郎が企業家史・経営者史に関する数々の先行研究を振り返り、それらを、次の三つに大別した。一つ目は、出自などの社会的属性の特徴から、企業家・経営者の供給源と社会移動を整理し、社会的背景やその精神を解き明かそうとするもの、二つ目は、具体的な企業経営の動向と意思決定者との関連から、企業家・経営者の役割をみようとするもの、三つ目は、企業家・経営者一人ひとりの行動や思考を伝記的に取り上げ、日本の企業家・経営者の歴史的特性を探るもの。『日本における企業者精神の生成』『日本の経営発展』は、第一のグループの筆頭にあげられている。

石川の言う第一のグループの研究に関して、一九九九年、日本経済史・経営史学の宮本又郎は、さらに細かに整理した。すなわち、近代の企業家の出自に関する諸説を、㈠武士階級が主であるとする説、㈡政策に密接に関わる企業の経営者技術者には武士階級が多いが在来産業の企業には商人を出自とする経営者が多いとする説、㈢武士と商人は数としては均等で、むしろ、身分制が弛緩し、身分あるいは階層が流動的な幕末に生まれた限界的階層者が多いとする説の三つに分類した。ヒルシュマイヤーは、この㈢の説の提唱者として紹介されている。なお、宮本自身は、㈠、㈡のように武士階級からとか商人からといった括りでは、日本の企業家の登場を説明できないと考えている。そして、社会的に周辺的な位置にいる人々が、社会的革新を引き起こしやすいとするシュンペーターやホゼリッツ（Bert F. Hoselitz［一九一三～一九九五］）の仮説との親和性を示しつつ、ヒルシュマイヤー・由井の説に賛同した(34)。

一方、ヒルシュマイヤー・由井説の抱える課題の指摘も尽きない。例えば、一九八六年、橋本寿朗は、戦後の高度経済成長を支えたものとして、企業家の資質はもちろんだが、それを取り巻く企業内部の労使関係、あるいは他企業との関係なども統合して仮説を組み立てる必要を述べている(35)。

賛同の声があがるとともに、問題点や課題が提示され続けたのは、ヒルシュマイヤーの著作が注目されてきたことの証であり、ヒルシュマイヤーの説が今後進化する可能性を示唆するものでもあろう。

注

（1）　ヒルシュマイヤーの経歴は、『アカデミア経済経営学編（ヒルシュマイヤー教授追悼号）』第八三号、一九八四年収録の「ヒルシュマイヤー教授略歴・業績」のほか、J・ヒルシュマイア『日本における企業者精神の生成』東洋経済新報社、一九六五年、収録の土屋喬雄による「序」、および由井常彦による「解題」、ヒルシュマイヤー、A・デヴァルト『西ドイツと日本』東洋経済新報社、一九七九年、二四～二五頁、「この人と」『毎日新聞』一九七四年一〇月三〇日～一一月一五日、「ヒルシュマイヤー学長の経歴」『南山』第六五号、一九八三年、南山大学史料室所蔵「教職員個人ファイル」Hirshmeier I による。

（2）　一九五〇年度に南山大学文学部社会学科が開設され、一九五二年に社会科学部社会学科経済学コースに改組、一九六〇年、経済学部が独立した。この間の事情の詳細は、永井英治「南山大学経済学部、半世紀を超えて」『南山経済研究』第二五巻第三号、二〇一一年。

（3）　「この人と」『毎日新聞』一九七四年一〇月三一日。なお、後年、南山大学長となったヒルシュマイヤーは、かつて自分がパッへにされたのと同じように、南山大学講師であった和田一夫を学長室に呼び、トヨタ自動車への訪問を命じ、彼にその後の研究のきっかけを与えた。和田一夫『ものづくりの寓話――フォードからトヨタへ』名古屋大学出版会、二〇〇九年、「あとがき」参照。

(4) アメリカにおける近代日本経営経済史研究の系譜は、正田健一郎「アメリカにおける日本近代化の研究――その動向と問題点(最近一〇年間における社会経済史学の発達)」『社会経済史学』第三一巻一~五号、一九六六年に詳しい。アメリカの経済経営史研究史に関する本文中の記述は、これによる。

(5) 「この人と」『毎日新聞』一九五四年一〇月三一日。

(6) 「経済奇跡の回想」『ふだん着の日本経済』ダイヤモンド社、一九七一年、二五頁。

(7) ヒルシュマイヤーは、一九四七年四月に南山大学の助手を務めた後、一九六〇年四月から講師として初めて教鞭をとった。

(8) ガーシェンクロンからは、特に研究開始初期における資料収集に関する教示を受け、ライシャワーには、解釈上の欠陥を是正されたという。『日本における企業者精神の生成』「著者はしがき」参照。なお、ライシャワーは、一九八二年の中日新聞社創立五〇周年記念講演に招かれ、ヒルシュマイヤーとも対談した。『中日新聞』一九八二年一〇月六日。

(9) 訳者の一人、土屋喬雄は、ヒルシュマイヤーが一九六三年一二月頃まで、『渋沢栄一伝記資料』刊行会事務室を頻繁に来訪し、渋沢資料の調査をしていたと述懐している。『日本における企業者精神の生成』「序」参照。

(10) J. Hirshmeier. Shibusawa Eiichi: Industrial Pioneer. in *The State and Economic Enterprise in Japan: Essays in the Political Economy of Growth. edited by* W. W. Lockwood. Princeton: Princeton University Press, 1965. 本論文は日本語訳されていないが、由井常彦「ヒルシュマイアの渋沢栄一論について」『経営論集』第一四巻第四号、明治大学経営学研究所、一九六七年に詳細な紹介がある。

(11) 紹介文や書評としては他に、上智大学のR・K・パウスによる「明治日本における実業家の起源」『ソフィア』第一四巻第三号、一九六五年がある。

(12) 森川英正「Johannes Hirschmeier 'The Origins of Entrepreneurship in Meiji Japan,' 1964」『経営志林』第二巻第一号、一九六五年。

(13) 栂井義雄「企業者史関係の著作と資料」『専修経営学論集』第一号、一九六六年。

(14) 関順也(書評)「日本における企業者精神の生成」『社会経済史学』第三二巻第六号、一九六六年。

(15) 森川「The Origins of Entrepreneurship」。
(16) 森川英正「日本の企業者活動を支えるものはなにか」『日本人の経済行動』下、東洋経済新報社、一九六九年。
(17) 栂井「企業者史関係の著作と資料」。
(18) 関「日本における企業者精神の生成」。
(19) 由井常彦「ヒルシュマイア著「明治日本の企業者精神について」」『経営史学』第一巻第二号、一九六六年。
(20) 同右、九一頁。
(21) 同右、一〇三頁。
(22) その由井でさえも、一九五八年、ヒルシュマイヤーに初めて会ったときは、彼の研究手法に懐疑的であった。「当時の私は、日本の経済発展のゼネラルな論理と個々の実業家の人物研究とを体系的に統合するという著者の意図にたいし、そうした試みが、まったく常識的な説明にとどまるか、でなければ具体的史実からかけ離れたいわば絵空事のスキームの提示におわるのではないかと、漠然とした感じをいだいたのであった」。同右、一〇二頁。
(23) 作道洋太郎『阪神地域経済史の研究』御茶の水書房、一九九八年、一九頁。
(24) 『日本における企業者精神の生成』、「日本語版重版への序」参照。
(25) 「価値」の定義について、ヒルシュマイヤーは、『日本の経営発展　近代化と企業経営』の「はしがき」の中で、社会学の上での価値を指すもの、具体的には、「社会生活における様々な制度や慣習に具現するところの、望ましいものごとについての普遍的な評価の基準」、いわゆる「規範」と同義で使用されるものとした。
(26) 『日本における企業者精神の生成』に言及した研究には、他にも、正田健一郎『日本資本主義と近代化』日本評論社、一九七一年、Kozo Yamamura. *A Study of Samurai Income and Entrepreneurship:Quantitative Analyses of Economic and Social Aspects of the Samurai in Tokugawa to Meiji Japan.* Cambridge, MA: Harvard University Press, 1974、津田真澂「アジアの労使関係の研究」社会政策学会『七〇年代の労働者状態』御茶の水書房、一九七二年、川本真哉「兼任役員と戦前日本企業㈠」『京都大学経済論叢』第一七七巻第二号、二〇〇六年など、枚挙に暇がない。
(27) J. Hirschmeier and Tsunehiko Yui. *The Development of Japanese Business, 1600–1973.* London: George Allen & Unwin, Cambridge, MA: Harvard University Press, 1975.

（28）『経営史学』第一〇巻第一号、一九七〇年。経営史学会第一〇回全国大会は「文化構造と企業者活動」を共通論題として掲げ、中川敬一郎が、当時の企業者史研究の動向と課題を整理している。日本の経営史学界は、企業家史研究への興味を失いつつあったアメリカに代わり、この研究分野の牽引役になろうとしていた。
（29）『日本の経営発展　近代化と企業経営』東洋経済新報社、一九七七年。
（30）間宏［紹介］「Johannes Hirschmeier and Tsunehiko Yui; The Development of Japanese Business, 1600–1973, 1975について」『経営史学』第一二巻第三号、一九七七年。
（31）中村青志「J・ヒルシュマイヤー・由井常彦著『日本の経営発展　近代化と企業経営』」東京大学経済学会『経済学論集』第四四巻第三号、一九七八年。
（32）加藤義喜「J・ヒルシュマイヤー・由井常彦共著「日本の経済発展と企業経営　一六〇〇―一九七三」（Johannes Hirschmeier and Tsunehiko Yui; The Development of Japanese Business 1600–1973）」『経済集志』第四七巻第一号、一九七七年。
（33）石川健次郎「企業家・経営者」経営史学会編『経営史学の二十年――回顧と展望――』東京大学出版会、一九八五年。なお、同書では、由井常彦も「経営理念」の項を執筆し、工業化と企業家活動との関連の中で経営理念に論究した研究として『日本における企業者精神の生成』を紹介している。
（34）宮本又郎『企業家たちの挑戦』〈日本の近代11〉中央公論新社、一九九九年、三二〇～三二三頁。
（35）橋本寿朗「戦後高度経済成長研究の成果と問題点」『社会経済史学』第五二巻二号、一九八六年。

解題

広瀬　徹
岡部　桂史
梅垣　宏嗣

I　総論

一九六〇年六月にハーバード大学で博士号を取得したヒルシュマイヤーは、翌年、「経済発展のための企業家供給」と、「資料「マーテル・エト・マジストラ」」を発表し、一九六四年に博士論文 *The Origins of Entrepreneurship in Meiji Japan* をアメリカで出版した。翌年、その日本語版『日本における企業者精神の生成』が刊行されると、日本の学界でも脚光を浴び、さらに、一九七七年刊行の由井常彦との共著『日本の経営発展』は、日経・経済図書文化賞を受賞するなど、日本経営史の研究者として高く評価された。その間に多彩な文筆、教育活動を行なったヒルシュマイヤーの経営史家としての到達点を示した論考が、一九七九年の「経営史」である。本著作集は、年代別にヒルシュマイヤーの業績をまとめているが、まずこの「経営史」を一読して、ヒルシュマイヤーの研究全体を鳥瞰してほしい。

経営史

本論文は、一九七九年一月に刊行された南山大学経済経営学会編『経営学ガイドブック』の第二編「企業と社会」の「V　経営史」として収録された。『経営学ガイドブック』は、一九七九年一一月、白桃書房より、一般書籍としても刊行された。

一九五二年四月に設置された南山大学社会科学部社会学科には、社会学、法学、経済学の三分野が包含されていた。一九六〇年四月、社会科学部は廃止されて、経済学部が設置された。文部省への設置認可申請書には、「経済学特殊問題担当」としてヒルシュマイヤーの名が見え、最終的には選択科目「日本経済史特殊問題」となった。一九六三年四月には、「経営担当人材の供給」「経営に関する理論と実際に通ずる人材を育成」することを事由として、経済学部に経営学科が増設された。経営学を志望する志願者数が増大する中で、一九六八年四月、経営学領域を独立させ、中部地区最初の経営学部が設立された。ヒルシュマイヤーは、第三年次履修の選択科目「経営史」の担当となった。一九七二年、学長に就任したヒルシュマイヤーは、引き続き講義を担当し、ゼミも開講、「ヒルゼミ」という愛称で呼ばれていた。

一九七七年に、南山大学に法学部が設立された際、経済、経営両学部から法学系教員が法学部に転出、経営学部のカリキュラムは大幅に改定された。新カリキュラムの学生への説明と、学外へのアピールも兼ね、経営学部創設十周年記念刊行物として『経営学ガイドブック』が刊行された（南山大学五十年史作成小委員会編『南山大学五十年史』南山大学、二〇〇一年）。

『経営学ガイドブック』は、以下の三編から構成されている。

第一編「経営学研究の4つのコア」（経営組織論・財務論・マーケティング論・会計学）

第二編「企業と社会」（経営史・企業論・産業関係論）

第三編「経営学研究のための基礎分野」(数量分析法・経済分析・行動科学)

当時経営学部長を務めていた中村精は、「社会における企業の意味、企業の社会的責任が鋭く問われ出した」現代において、「広い視野に立ち、歴史的社会的に」諸問題を理解するには、「企業と社会」という視点が必要と考え、敢えて第二編を設けた、と序文で述べている。

本論文は、まず西洋の企業発展を「商業革命」「産業革命」「経営革命」という三段階で画期し、歴史的な解釈を行なった。日本においてもこれら三段階の革命は実現しているとし、それぞれ徳川時代、明治前期、日清戦争から第二次世界大戦終結時という時代区分を行なっている。経営史の歴史的俯瞰を前提に最終章「経営の近代化」では、経営者、財界、経営組織、労務管理という視点から日本経営の「エッセンス」を抽出し、最終的に日本の経営発展の特質を、ヒルシュマイヤー独自の思考様式に沿って、五つの要因に集約している。日本人の素質、日本の特殊な価値体系と行動様式、徳川体制の制度的遺産、明治期以降の近代化と官民協力体制、実業家と財界人のリーダーシップである。経営史を学んでいた当時の学生にとって、ヒルシュマイヤーの論点は、刺激的であったであろう。

(広瀬　徹)

Ⅱ　前期（一九六一〜一九六七）経済発展と回勅の経済思想

第Ⅱ部は、一九六〇年代に執筆されたヒルシュマイヤーの前期論文をまとめたものである。この時期に四〇代を迎えたヒルシュマイヤーは、博士論文をアメリカおよび日本で公刊し、気鋭の研究者として、優れた論考を日本語、英語で発表している。ここでは、南山大学の『アカデミア』に発表した四編の日本語論文を収録した。いずれもハーバード大学での研究を十二分に生かした好論である。特に、「回勅」について論じた二編は、経済学者とカトリックの神言会神父の両面をあわせもったヒルシュマイヤーの研究者としての特色をみることができる。

経済発展のための企業家供給

本論文は、南山学会編『アカデミア』第三二号（一九六一年一二月）に、北野利信・橋本博之訳で掲載された。一九六〇年にヒルシュマイヤーは、ハーバード大学で博士号を取得し、一九六四年に博士論文が *The Origins of Entrepreneurship in Meiji Japan* として刊行された（翌一九六五年に日本語版『日本における企業者精神の生成』刊行）。博士論文と比較すると、本論文は、後進国における経済発展と企業家の関係について、理論的考察に力点を置いて叙述されている。これは、一九六〇年代に南山大学においてヒルシュマイヤーが「経営史」に加えて、「経済発展論」を講義していたこととも、関係があるように思われる。

本論文は、経済発展における人間的要因について、「企業家精神」（entrepreneurship）の視点から検討した研究であり、経済発展と企業家に関する研究史の整理と明治期の日本のケーススタディの二つから成る。とくに前者の理論的サーベイは、博士論文の前提となったものであり、その問題関心をより鮮明に示している。

前半の理論的アプローチは、全体としてハーバード大学で指導を受けたA・ガーシェンクロンの影響を受けており、一般的な経済理論の経済成長モデルに対する懐疑からスタートして、A・ハーシュマンやJ・シュンペーターを引用しつつ、後進国の後進国たる要因を「低い投資可能性」、すなわち企業家の投資能力や意欲の欠如に求め、企業家のダイナミクスの重要性を指摘する。ここから後進国における国家・政府の役割や企業家の供給の問題へと議論が進み、さらに伝統的商人から近代的企業家への転換を利潤動機に求めるH・ライベンシュタインや階級分析に基づくP・バランらの研究を鋭く批判した上で、近代企業家の「非利潤的動機」の重要性を強調する。

後半では、明治期の日本を事例に実証的かつ理論的な分析が行なわれる。ベースとなるのは、『日本における企業者精神の生成』の第五章「民間部門における企業者の精神」、第七章「五〇人の代表的企業者」である。ここで特徴的なのは、後進国の経済発展の検討に際して、安易な事例研究や既存理論の適用、先進国との比較を戒め、「実証的史料」に基づく分析の重要性を指摘している点である。

明治日本で近代的企業家がどのようにして出現したのか。また、彼らはどのような人物であったのか。この問いに対して、ヒルシュマイヤーは、旧来の保守的な商人層が近代的企業家に転化するのは容易ではないとした上で、西欧からの突然の「衝撃」を受ける中で、優れた洞察力や意欲をもった新しい企業家たちが登場し、新時代を担ったと主張する。さらに、彼らの革新的な企業家活動の原動力が経済学の想定する利潤極大化にあるのではなく、非利潤的な動機に基づく社会的威信の獲得や社会的受容（容認）にあったと論じた。注目すべきは、この考察の中で、博士論文では触れていない「社会の外集団（out-group）」について言及している点である。これは、一九七七年の『日本の経営発展』で論じた限界的階層者（従来の武士や商人、農民といった従来の階級区分に収まらない出自をもった企業家）

につながっており、ヒルシュマイヤーの企業家論の形成をみることができよう。

本論文の分析は、公刊された博士論文とともに、きわめて新鮮に受け止められた。発表から約半世紀を過ぎた現在では、企業家研究の古典的な業績となっているばかりか、末尾を飾る「純粋に計量的な要因とか、階級観念や史的決定論による手頃な青写真に問題を狭めてしまわぬよう警戒すべき」との警句は、今日もなお、企業家研究の基本的視座を与えているように思われる。


（岡部　桂史）

経済発展は自由市場体制によるべきか中央計画によるべきか

本論文は、南山学会編『アカデミア』第三六号（一九六三年二月）に、北野利信訳で掲載された。本論文は、「後進国」の経済発展に必要な三つの要素（資本蓄積、有効需要、投資性向）について、自由市場体制と中央計画との対比を軸に検討している。

まず、資本蓄積については、国家がどの程度関与すべきなのかという点に焦点を当てる。中央計画によって資本蓄積を行なう場合、仮にそれが効率的であったとしても、往々にして抑圧をともないがちである。しかし、とくに「後進国」の場合は、強力な政府による資本蓄積の推進も必要となるであろう。ヒルシュマイヤーは、こうした問題に対する解として、インドや明治期日本の例を挙げ、完全な自由市場体制でもなく、完全な中央計画でもない経済社会体制の可能性を示唆する。

次に、有効需要については、中央計画経済における資本財産業への投資集中と消費財産業の軽視という問題、自由市場経済における投資不足による設備の過少利用という問題を指摘する。これは、有効需要の絶対量を確保しつつ、特定産業への投資集中を避けなければならないということである。そして、前者については国家の役割の重要性を肯定しており、後者については市場の機能を活かすためにも、中央計画にまで踏み込むべきではないと論じる。

最後に、投資性向については、それが「後進国」の経済成長のために必須であると明言する。そして、西欧において宗教改革を通じて陶冶されたピューリタン精神や、明治期日本における愛国心・国民主義が企業家精神を鼓舞したということを取り上げ、投資性向が利潤動機のみによって促進されるのではないことを強調する。

これまでみてきたように、極端に走らず穏当な解決策を追求するというヒルシュマイヤーの思索スタイルは、本論文においても健在である。また、東西冷戦が最高潮に高まったキューバ危機（一九六二年）の収束以後、米ソを頂点とする二極的世界秩序は、次第に混沌としたものへと変容していったが、本論文はそうした時代の変動を鋭くとらえた先駆的な成果と評価することもできるであろう。

（梅垣　宏嗣）

回勅「マーテル・エト・マジストラ」——その経済学的評価——

本論文は、南山学会編『アカデミア』第三二号（一九六一年一二月）に、北野利信訳で掲載された。『アカデミア』には、「資料」として掲載されたが、本著作集では、「教皇パウロ六世の経済発展モデル」とも関連するため、論文として掲載する。なお、掲載にあたって、論文タイトル冒頭に「回勅」を付した。

「回勅」という用語は、非キリスト教徒にとってはもちろん、カトリック以外のキリスト教徒にとっても、耳慣れない用語であろう。回勅（ラテン語で Litterae Encyclicae）は、諸国の司教や信徒に対して、宗教・道徳・社会など重要問題について、教会の最高方針を示す教皇書簡の一つである。原文は伝統的にラテン語で記され、冒頭の二語ないし三語からその回勅のタイトルが付けられる。なお、本論文の回勅「マーテル・エト・マジストラ」は、日本語では「母とし教師として」の意味である。この回勅は、教皇ヨハネ二三世（一八八一〜一九六三年、在位一九五八〜六三年）によって発布されたもので、一八九一年にレオ一三世によって発布された「レールム・ノヴァルム」（表題「新しき事柄について」、副題「労働者の境遇」）の七〇周年を記念するものである。「レールム・ノヴァルム」は、教皇が社会労働問題について発布した史上初の「社会回勅」であり、「マーテル・エト・マジストラ」は、一九三一年の「クアドラジェジモ・アンノ」（表題「四〇周年の記念に」、副題「カトリック的社会秩序改新策」）に続く、三回目の社会回勅であった。

「マーテル・エト・マジストラ」（一九六一年）は、第一部「回勅レールム・ノヴァルムの教えと、ピオ十一世、十二世によるその適時的発展」、第二部「回勅レールム・ノヴァルムの教えの説明と発展」、第三部「社会問題の新生面」、第四部「真理と正義と愛における社会関係の再建」の四部構成である（回勅の日本語訳は、ヨハネ十三世『マーテル・エト・マジストラ』小林珍雄訳、中央経済社、一九六二年。本解題も、訳者による序、および解説に多くを負っている）。この回勅には、「キリスト教の教えに照らしてみた社会問題の最近の発展について」の副題が付され、第二次世界大戦後の政治・経済・社会の変化にカトリック信徒がどのように向き合うべきかが語られている。ここで留意しなければならないのが、本論文でヒルシュマイヤー自身が「なぜ、経済学者がこのような文書に関心を払わなければならないか」と提起しているように、回勅そのものの位置づけであろう。

社会回勅は、教会の社会論を権威的に指示するものであり、社会論の中には、経済学などの社会科学も含まれる。カトリックの教学や指導原理に基礎を置く点で、一般的な社会科学とは学問的な土台を異にしているが、社会回勅は、スコラ学に基づく一貫した理論体系を背景として、当該分野の卓越したカトリックの専門家の協議によって生み出されたものである。したがって、ヒルシュマイヤー自身が、「全信者が深い敬意を表すべき重要な道しるべ」としつつも、

「カトリック信者といえども、そこに書かれていることすべてを信じなければならないという義務はない」、さらに「適切な判断力を備えたものが、それらの諸説に異論を唱えることも許される」とも述べているように、社会回勅は、机上の空論や単なる託宣とは異なり、研究者の検討対象たりうる性格をもった文書であるといえよう。

さらに、本論文で目を惹くのが、ハーバード大学で経済学を学んだヒルシュマイヤーの経済学者としての姿勢、あり方が、明確に打ち出されている点である。論文中にある「数学方程式のみを尊重することなく、産業社会における生活環境の中の人間に対する関心をなお失っていない経済学者」、「厚生経済学の無差別曲線が万事を明らかにすると考えていない経済学者」とは、まさにヒルシュマイヤー自身のことであり、彼が経済学をどのようにとらえていたのかを端的に知ることができる。

ヒルシュマイヤーは、この回勅が、第二次世界大戦後の社会変化（技術革新や大衆社会）を的確にとらえ、個人と国家の関係の変化に基づく福祉国家の到来を論じているとして、「進歩的」と高く評価し、私有財産、労働・賃金、小企業・農業、後進国の経済発展、人口問題の各論に対して、コメントを加えている。経済発展については、「均衡成長論」に引き付けつつ検討し、人口過剰の問題に関しては、回勅を「よく知られたカトリック的立場」の再表明とみなしつつも、人間の善意に基づく楽観的な見通しを示して締めくくっており、研究の前提にある神父としての立場がみて取れる。そして、この回勅がカトリック教会の『非共産党宣言』であると最後に力強く述べている点からは、ヒルシュマイヤーのマルクス主義的社会主義に対する強い拒否感がうかがえる。

本論文は、教皇の発布した回勅について、経済学者ヒルシュマイヤーが検討を加えたユニークな成果であり、信仰と経済学の関係を考える上で、大いに参考になる。社会回勅については、アントン・ラウシャー「社会回勅の百年」（桜井健吾訳）『社会と倫理』（南山大学社会倫理研究所）第九号（二〇〇〇年七月）、同「社会回勅」（桜井健吾・大橋聡訳）『社会と倫理』第一一・一二合併号（二〇〇一年七月）を参照。また、日本の経済学者が回勅の内容について研究したものは少ないが、上智大学の緒田原涓一が「カトリシズムと後進国援助の諸問題――新社会回勅マーテル・エト・マジストラを中心として」（『上智経済論集』第九巻第二号、一九六二年）を発表している。

（岡部　桂史）

教皇パウロ六世の経済発展モデル――回勅「ポプロールム・プログレシオ」の評価――

本論文は、南山学会編『アカデミア』第六二号（一九六七年一一月）に、杉山俊治訳で掲載された。回勅「ポプロールム・プログレシオ」（一九六七年）は、「人間の調和ある進歩のために」、「人間の連帯的進歩のために」、「進歩とは平和の新しい呼び名」、「結びの呼びかけ」の四部から構成される。回勅の表題は「諸民族の進歩」、副題は「諸民族の進歩推進について」である（回勅の日本語訳は、パウロ六世『ポプロールム・プログレシオ――諸民族の進歩推進について――』上智大学神学部訳、中央出版社、一九六七年）。ヒルシュマイヤーは、「回勅「マーテル・エト・マジストラ」」と同様に、この回勅が「不可謬のもの」ではなく、学術論文と同じように、経済学的分析に関するかぎりは、学術的評価を受けなければならないとする。

ヒルシュマイヤーは、まず回勅「ポプロールム・プログレシオ」の内容を簡潔に紹介し、この回勅には「散在的に一つの経済モデルが存在する」として、後進国の発展に関して、①工業化、②資本供給、③過剰人口、④経済体制、⑤経済発展のイデオロギーと文化の五点から議論を展開する。

①工業化については、工業投資を大きく重視するソ連＝中国型モデルを否定し、工業投資にやや重点を置きつつ、農業と工業のバランスをとることが重要であると主張する。②資本供給に関しては、私有財産権、外国からの援助、輸出振興の三点から言及している。私有財産権では、「公正な補償」に基づく私有財産の収用まで踏み込んだ点、外

国からの援助では、先進国が後進国を援助する義務があるという「連帯性の原理」を強調した点を評価しているが、他方で回勅が「外国資本による直接投資」を検討していない点を批判し、輸出振興では、先進国から発展途上国への援助の一形態としての貿易という新しい見方を提供する。カトリックにとって議論することが難しく、回勅もあまり触れていない③過剰人口の問題については、「教会は、産児制限に対する態度について重大な局面に立っている」として、経済学と神学の双方の間に立った独自の分析を加えている。

そして、この回勅を一つ特徴付けるのが、④経済体制に関する分析であろう。世界中で大きな反響を呼んだマルクス主義的、絶対主義的ではない「計画経済の採択」と「一九世紀的自由主義への非難」について、ヒルシュマイヤーは、回勅がマルクス主義を肯定したのでもなく、現在の資本主義体制を非難してもいないと力説する。「人間の人格的完成を中心に据える」経済体制の実現が、回勅の指し示す方向であるとして、経済的な利己主義を批判するとともに、教皇が「キリスト教的兄弟愛による協力」に基づき、現代資本主義の新たな段階を示そうとしていると、強い賛意を示すである。

最後の⑤経済発展のイデオロギーと文化については、一九六〇年代後半の世界情勢を反映して、後進国におけるマルクス主義的イデオロギーの受容に対する危機感が打ち出されている。ただし、ピオ一一世（在位一九二二～三九年）や次のピオ一二世（在位一九三九～五八年）の時代に、共産主義を激しい言葉で批判していたのに対して、今回の回勅は、直接的に「共産主義」や「マルクス主義」といった言葉は用いず、暴力革命の拒否を訴えるという形で、間接的に非難している点には、注意が必要である。回勅における計画経済への言及は、「二番煎じのマルクス主義」との批判を世上から浴びたが、ヒルシュマイヤーは、カトリックにおけるマルクス主義との「対話」を「承認」と混同してはならないし、また計画経済とマルクス主義的社会主義を同一視してもならないとして、教会のマルクス主義に対する反対姿勢に変更がないと述べる。ヒルシュマイヤー自身は、回勅の間接的な批判と異なり、本論文の中でマルクス主義に対して、人びとの自由を奪い、一般大衆を生贄にする体制と強く批判を加えている。
　経済発展と文化に関する分析からは、明治期の日本について研究したヒルシュマイヤーの独自性をみいだすことができる。回勅は、国家主義を拒否する一方、民族文化を積極的に評価しているが、ここで彼は、伝統と進歩との間に生ずる衝突を回避、あるいは和らげるイデオロギーとして、さらには、発展へのイデオロギーとして国家主義を再評価する。そして、ここでのイデオロギーや文化をめぐる考察が、後年に明確となる日本的な「経営発展ナショナリズム」の議論につながっていくのである。

（岡部　桂史）

Ⅲ　中期（一九六九〜一九七四）
日欧文化比較からみる経済行動

第Ⅲ部は、一九七〇年前後に執筆されたヒルシュマイヤーの中期論文をまとめたものである。「東洋の奇跡」、「Japanese Miracle」とも呼ばれた日本の高度経済成長に諸外国の関心が集まる中、日本在住の外国人研究者として、独自の視点から日本と西欧の比較を試みている。とくにヒルシュマイヤーが力を注いだのが、明治以降の日本経済の発展をもたらした「日本的価値観」の体系化であった。この時期は、学生運動が激化する中で、南山大学において副学長、続いて第三代学長に就任するなど、大学運営でも多忙を極めていたと思われるが、一九七五年刊行の *The Development of Japanese Business, 1600-1973* の準備期間にもあたり、本書に収録した三編から、同書刊行に向けたヒルシュマイヤーの思索の過程をたどってほしい。

ニッポンの挑戦――広がるネオ・ナショナリズムへの恐怖――

本論文は、東洋経済新報社の『週刊東洋経済』一九六九年一〇月四日号（通巻三四九八号）に、鶴岡厚生訳で掲載された。高度経済成長期において最長の好景気（五七カ月）となった「いざなぎ景気」（一九六五年一一月〜一九七〇年七月）の最中に執筆された論考である。

本論文は、通常の学術論文と異なり、日本経済や社会を伝えるアメリカ、イギリス、ドイツの新聞・雑誌の記事が紹介され、それに対してヒルシュマイヤーがコメントや解説、検討を加える形で進められる。右の三カ国の中では、彼自身がドイツ出身ということに加えて、一九六八年に日本がGNPで西ドイツを上回り、世界第二位の経済大国となったことを反映して、ドイツの記事が多く取り上げられている。

本編部分は、「市場の奪い合い」、「躍進の秘密は何か」、「未来への確信」の三つから構成される。「市場の奪い合い」では、日本の高度経済成長を西欧がどのように認識しているかが示され、新幹線や光学機器（カメラ）、造船業の発展、社会主義体制と異なる形で築かれた政府と民間企業の強い協力関係、戦後の若き企業経営者たちによる旺盛な設備投資とそれを支えた国民の高い貯蓄率など、日本に対する賛辞が贈られる。他方、第二次世界大戦前のソーシャル・ダンピングを彷彿とさせる日本批判についても言及がなされ、日本企業の海外市場での強力な営業活動や日本国内の保護政策について苦言が呈される。

「躍進の秘密は何か」では、西欧の目からみた日本の高度経済成長の要因、すなわち、①貯蓄性向、②二重構造、③集団主義と勤勉性、④新しい民族主義、⑤未来に対する楽天主義の五点が示される。①・②・③については、個人の高い貯蓄率、中小企業の高い生産性、日本の協調的労使関係と勤勉な労働者、職務規律などの日本的特徴が検討される。ヒルシュマイヤー独特の議論が展開するのは、「未来への確信」で検討される④・⑤である。④新しい民族主義では、敗戦で打撃を受けた日本人の「自信」が、高度経済成長の結果、取り戻されつつあるとして、その方向性が論じられ、明治期と同様に、戦後の経済発展において、日本の民族文化や国家主義が少なからざる貢献をしたとの評価が与えられる。また、民族主義に言及する中で、ヒルシュマイヤーの現実主義者としての側面を感じさせるのは、中国の軍事的脅威に触れた点で、日本の平和主義を賞賛しつつも、経済力に見合った国際的責任やアジアにおけるリーダーシップを担うため、軍事の増強が必要になるだろうと予測している。

最後の⑤未来への楽天主義では、西欧と異なる「日本的」な価値観の重要性が論じられる。ヒルシュマイヤーは、一九七〇年前後の過激な学生運動を意識しつつ、日本の過去の文化的価値と決別することなく、穏健にかつ漸進的に経済や社会、文化を進歩させることこそ、二一世紀を日本の時代とするための方策であると強く主張するのである。

（岡部　桂史）

「GNP教」への熱情と不安——日本人の行動の原点を求めて——

本論文は、日本能率協会の『マネジメント』第三〇巻第五号（一九七一年五月）に掲載され、のちに会田雄次編『日本人の探求——「日本再発見」のすすめ——』日本能率協会、一九七二年に再掲された。訳者は、日本能率協会国際企画室である。

本論文は、エッセイ風にまとめられた日本人論であり、外国人ヒルシュマイヤーの目を通して、世界第二位の経済大国とよばれるようになった一九七〇年代初頭の日本社会の行動原理、すなわち、彼によって「GNP教」と名付けられた成長至上主義や集団主義が論じられる。

ヒルシュマイヤーは、最初の来日から一八年を経過してもなお、自身が日本をみる際には、「つねに外部から窓ガラスを通して」であり、一方、わずか四年間のアメリカ滞在では、アメリカ人になったような錯覚に陥ったと、対照的な感慨を述べる。そして、この日本社会の「排他性」こそに、日本の経済力の源泉があるのではないかと問題提起するのである。この排他性をヒルシュマイヤーは、「I」を重視する個人主義の西欧と異なり、「We」を重視する「われわれ主義（We-ism）」と命名する。これはまさに、日本人の集団としての強さを強調する議論であり、当時の外国人の日本人観、日本社会観とほぼ同様である。

一見すると単純な日本論、日本人論のように思われるかもしれないが、ヒルシュマイヤーの強みは、経営史家、そして神父としてのバックボーンの広さにある。彼は、明治期における欧米へのキャッチアップを目標とする国民意識を「国家的信仰」になぞらえ、戦後は、GNPが成長のメルクマールとして最高の宗教（当時の流行語を用いて、「モーレツ宗教」とも称している）になったと論じる。しかし、ここで彼は、一見、同じ成長至上主義のようにみえても、明治期と高度経済成長期の二つの時代は、「豊かさの実現」という意味では全く異質であると説く。そして、この「豊かさ」によって、経済成長の源泉である日本人の勤勉性が減退していくのではないかと危惧するのである。

とはいえ、当時の日本に対する明るい未来予測もあって、この時点でのヒルシュマイヤーの抱く日本の将来像は楽観的である。この楽観主義は、彼だけでなく、経済大国を実感しつつあった当時の日本人全体も共有していたように思われる。しかし、他方で彼は、一人の外国人として、欧米にキャッチアップした日本が次なる時代にGNP教に変わる「何か」、すなわち新しい価値観、新たな目標をみいださなければ、「輝かしい未来」で日本人が「あるべき姿」を見失うのではないかと警句を発するのである。

（岡部　桂史）

文化的価値と工業化の論理

本論文は、経営史学会の『経営史学』第五巻第三号（一九七一年八月）に、大橋吉久訳で掲載された。ヒルシュマイヤーが近代日本の工業化をもたらした日本的価値観の解明に研究を進めつつあった時期の研究であり、一九七〇年前後の問題関心が色濃く反映されている。

西洋と日本を比較して、両者の工業化に向けた「経済行動」には、何らかの同じ原理が存在するのか、そしてそれは文化様式（文化的要素）から説明できるのか、本論文でヒルシュマイヤーは、この二つの問いを通して、経済発展や工業化を幅広い視点からとらえようと試みている。本論文の構成は明快であり、「西洋の工業化に影響を与えた文化様式」、「日本の工業化に影響を与えた文化様式」という二つの対になった節に、それぞれに「基本的な価値」と「経済行動のパターン」と題された同じ項目が立てられている。

西洋の基本的価値として、ヒルシュマイヤーは、「理性の優位」と「個人の尊厳」、すなわち合理主義、個人主義を挙げ、日本の基本的価値として、「調和の優位」と「集団の中に埋まっていること」、すなわち協調主義（「和」の精神）と集団主義を挙げる。聖書の引用なども含めて、神学を修めた神父の学識が随所に垣間みられ、本論文の一つの特色となっている。「経済行動のパターン」の分析では、「革新と破壊のプロセス」、「市場における競争」、「目標の設定」の三点に焦点が絞られ、西洋と日本の相違点や共通点について様々な事例を通して検討が加えられる。本論文は、異なる歴史や文化的背景を持ちながら、「工業化」という同じ目標に到達した西洋と日本について、「文化」という共通の視点・枠組みから比較し、総合的に理解しようとした点で、極めて意欲的な論考となっている。

（岡部　桂史）

Ⅳ　後期（一九七五～一九八四）
近代企業経営と企業家精神

第Ⅳ部は、一九八四年六月にヒルシュマイヤーが六一歳で急逝するまでの後期論文をまとめたものである。由井常彦との共著、*The Development of Japanese Business, 1600-1973* が Harvard University Press より一九七五年に刊行され、その日本語版も一九七七年に『日本の経営発展　近代化と企業経営』として東洋経済新報社から刊行された。同書は、一九七八年度の第二一回日経・経済図書文化賞を受賞し、学界からも高い評価を受けた。

この時期のヒルシュマイヤーは、南山大学長の要職を務めながら、各種の公職、講演なども積極的に引き受け（巻末年表参照）、さらに研究面でも、学会報告や学術論文の執筆、共著の刊行など、五〇代後半の円熟期を迎えていた。一九五〇年代に明治日本の工業化からスタートした研究も、日本が高度経済成長期を経て石油危機後の安定成長期に移行する中で、経済学者、経営史家の範疇を超えて、日本的経営から日本文化論、日本社会論まで多方面に広がり、日本語に堪能で日本の歴史や文化にも通じた外国人研究者として、特色のある業績を残しつつあった。第Ⅳ部に収録した五編からは、こうしたヒルシュマイヤーの研究の多彩さと広がりみることができる。

経営イデオロギーの比較史――西洋と日本――

原本は、“Management Ideologies, East and West”, *The Japan Industrial Relations Research Association and The Japan Institute of Labour*. The 1971 Asian Regional Conference on Industrial Relations, March 16-19, 1971,

Tokyo, Japanである。「東西経営イデオロギー」の表題で、日本労働協会編『日本労働協会雑誌』第一五三号（一九七一年一二月）に、中村精訳で掲載された。南山大学史料室に、原本が唯一保存されていることから、本著作集の中で本論文のみ、稲葉公一による新訳を収録することにした。

本論文は、西洋・アメリカ・日本における、封建商人および近代経営者の「経営イデオロギー」確立過程の差異を、彼らの社会的承認過程の差異として描出することを通じて、近代化の根底に何が存在するのかを論究したものである。西洋封建社会における商人は、社会的承認の獲得手段として、商行為の持つ実用性と功利性をその基礎に据えた。さらに、宗教改革を通じて浸透したプロテスタンティズムによって、「結果としての成功」こそが「神の救い」の何よりの証であるとの解釈が浸透したことから、商人は、商行為をキリスト教の枠組みからも正当化することができた。これに対して、日本封建社会における商人は、富を以て武士の身分と外観を文字通り「購入」し、封建社会の頂点にあった武士に自らを近づけることによって社会的承認を獲得しようとした。これは、封建的価値制度への恭順を意味しており、その点で西洋における宗教改革を通じた社会的承認過程とは根本的に異なっていた。また、西洋における商人とは異なり、商行為そのものを正当化することもなかった。

さらに、日米の近代経営者による「経営イデオロギー」確立過程を、次のように分析する。アメリカでは、功利主義・自然法・社会ダーウィニズムによって経済的利益追求が正当化され、自助自立の精神が労働者階級にも浸透した。これに対して、日本では、天皇の地位の高揚に象徴されるように、伝統的な価値が保持・強化された。「経営イデオロギー」との関連では、忠誠と家族主義といった伝統的な価値は、企業強化の手段へと転化され、それが終身雇用・年功序列制度という日本的雇用慣行に結実した。

以上の論考を踏まえて、近代化の根底には歴史的に培われてきた各国固有の文化的アイデンティティが存在していると結論付ける。本論文は、歴史的連続性・経路依存性を前面に打ち出しており、これまで強調してきた企業家の生成をめぐる江戸期と明治期の不連続性の描出とは、また異なった角度からの近代化論を展開しているのである。

（梅垣　宏嗣）

企業家と社会秩序――アメリカ、ドイツおよび日本（一八七〇～一九〇〇）――

本論文は、南山学会編『アカデミア』経済経営学編、第四五号（一九七五年一月）に掲載された（同号は、南山大学創立二五周年記念号である）。

本論文でヒルシュマイヤーが問題とするのは、経済発展（工業化）と企業家の関係における古典的な問い、すなわち、企業家はどこから来たのか（どのような社会階層をバックボーンとして登場したのか）、そして、工業化過程において、企業家が社会をどのように変えていったのかの二点である。こうした問題意識には、支配的な文化価値が企業家活動に影響を与えるというA・H・コールやT・コクランの研究が強く影響しているが、本論文に独自性を与えているのは、ドイツ人であるヒルシュマイヤーがアメリカに学び、そして日本で経営史を専門に研究しているという点であろう。

本論文では、一九世紀に新たな工業国として登場したアメリカ、ドイツ、日本の三カ国を比較して、社会と企業家の関係が考察される。具体的な論点として掲げられるのは、①社会的エリートとしての企業家の認識、②工業労働者に対する権威の確立、③企業家と国家の関係の三点である。

社会的エリートとしての企業家については、企業家の価値体系や行動パターン、目標の形成にとって重要な企業家の社会的起源（出身階層）から整理を進め、彼らが工業化後の社会において、どのような集団を形成したのかが分析される。プロテスタントが社会の主流を占め、そのピューリタン的価値観に基づき、「ビジネスマン」が社会的エリートとされるアメリカ、宗教的制約や低い社会的流動性、古い大陸ヨーロッパ的価値観によって、新時代の工業企業家（Fabrikant）の社会的地位が不安定で、保守的な貴族化を志向したドイツ、近代化をリードした武士階級の価値観に強く影響され、利潤極大化ではなく、「公利」を目的とした事業活動が展開した日本、いずれの三カ国も一九世紀後半の新興工業国として登場したものの、それを担った企業家たちの異なる心性が提示される。日本経営史家らしく、ここでヒルシュマイヤーは、日本において福沢諭吉や渋沢栄一が、賤商意識の強い日本にあって、近代産業に従事する企業家たちを社会的エリートとして認識させようとする努力、すなわち「実業」概念の形成にも言及している。

次に企業家の労働者に対する権威の確立に移り、ここでは、個人主義と家族主義を両極に置き、個人主義のアメリカ、家族主義の日本、その中間に位置するドイツという枠組みで分析が進められる。企業家と労働者という利己的な二人の「自由な個人」間の労働契約に基づくアメリカ、労働を「天職」としてとらえる労働者と温情主義の経営者を基盤とするドイツ、年功序列や終身雇用、福利厚生の充実など、経営家族主義的に労務管理を行なう日本、対照的な三カ国の企業家と労働者の価値観まで踏みこんだ分析が行なわれる。

最後の企業家と国家の関係では、国家とビジネスが距離を置くアメリカ、国家が精神的権威として上位に位置づけられるドイツ、事業を「国事」としてとらえ、個人の利潤極大化ではなく、国家（公共）の利益を優先する国家意識の強い企業家を擁する日本、新興国である三カ国の特徴が丁寧に整理される。

（岡部　桂史）

江戸時代の価値体系とビジネス――明治期の工業化との関連において――

本論文は、経営史学会の『経営史学』第一〇巻第一号（一九七五年八月）に、由井常彦と共著で掲載された。本論文は、一九七四年一〇月に開催された経営史学会第一〇回全国大会共通論題の報告をまとめたものであり、オーガナイザーは、中川敬一郎（東京大学経済学部教授）であった。当日は、中川による問題提起「文化構造と企業者活動」と間宏「文化と企業者活動についての諸理論の検討――M・ウェーバー以後の理論的展開――」、杉山和雄「企業の財務・投資活動と文化的背景――明治期の鉄道業・綿紡績業を事例として――」、安岡重明「財閥形成の文化的・社会的背景」に由井・ヒルシュマイヤーを加えた個別報告四本、各報告にはそれぞれコメンテーターが付き、最後にパネル・ディスカッションが行われた。由井・ヒルシュマイヤー報告のコメントは、アメリカ経営史の専門家である小林袈裟治（龍谷大学経営学部教授）である。経営史・企業家史に関する第一線の研究者によって構成された共通論題であり、掲げられた「文化構造と企業者活動」は、まさにヒルシュマイヤーが博士論文執筆以来、研究を重ねてきたテーマであった。

さて、中川敬一郎の問題提起によれば、由井・ヒルシュマイヤーに課されたテーマは次のようなものであった。

明治維新以来の日本の工業化過程の企業者的研究に先駆的業績をあげてこられた由井常彦氏とJ・ヒルシュマイア氏に江戸時代に遡って日本独特の価値体系を論じ、それがビジネス一般とどのような関連をもって来たかについて報告していただく。経済学の基本概念としての「利潤」と「競争」の問題を考えてみても、理論的にいうと競争市場の存在と熾烈な競争意識の存在とは全く別物であり、後者は経済学よりもむしろ社会学の研究課題であると言いうるが、企業目的についてみても日本の企業のそれは決して経済学で想定するような「利潤」だけのものではなかった。しかも、そのことは単に企業者の意識だけの問題ではなく、そうした企業経営意識を与える独特な社会意識が日本の社会全体に広汎に浸透していることが、両氏の報告によって明らかになるであろう。

（『経営史学』第一〇巻第一号、一九七五年八月）

これを受けた二人の報告（本論文）は、「統合化された社会」、「垂直的な序列の価値」、「水平的な集団的組織の価値」、「時間の連続性の価値」、「機能的役割期待の論理」、「挫折した資本主義の精神——日本とヨーロッパのブルジョア商人の精神の比較——」の六節から構成される。共同研究であるため、はじめに由井が五節を、次いでヒルシュマイヤーが最終節を発表した。

由井常彦は、江戸時代における日本人を規定した倫理、価値観について、垂直的な序列、水平的な集団組織、時間的な連続性という三つの側面から検討を進め、江戸時代の価値体系が、「ヒューマン・ネクサス（human nexus）」という人間同士が緊密に結びついた中に存在すると結論づける。この由井の日本の江戸時代の検討を前提にヒルシュマイヤーが、日本とヨーロッパの商人の違い、すなわち、なぜ江戸時代の商人の中で欧米商人のような進歩的で功利的な精神が生じなかったについて検討する。ヒルシュマイヤーは、北イタリアの商人と元禄期の日本商人を比較し、ルネサンス期以来培われたヨーロッパの個人主義とヒューマン・ネクサスに基づく日本の価値体系は根本的に異なり、明治期の工業化、近代化の過程もまた、西欧とは異なっていたと述べる。ただし、その価値体系は、ヴェーバーのいう近代資本主義の精神からみれば、従来、「後進的」とみなされてきたが、ヒルシュマイヤーは、それこそが明治期の企業家にみられる「公利」を優先する企業家を生み出し、集団主義や協調主義の源泉になったと高く評価するのである。

（岡部　桂史）

日本型企業社会、その特質と課題

本論文は、伊東光晴編『世界の企業　国際企業社会と日本』筑摩書房、一九七六年に掲載された。同書は、伊東光晴、石川博友、植草益の責任編集による『シリーズ比較企業体制』全五巻の中の一冊であり、加瀬正一編『イギリスの社会と企業』、石川博友編『アメリカの産業と企業』、井上隆一郎・伊沢久昭編『フランス・イタリアの政府と企業』、永川秀男編『西ドイツの経済と産業』に続く、第五巻にあたる。このシリーズは、戦前の農村社会に代わって、大企業が日本社会の中核となっているという問題意識に基づき、各国の大企業体制を比較する目的で編集された。本論文においてヒルシュマイヤーは、「日本人の行動様式」、「日本的経営」、「企業と社会」、「今後の課題」の五節から、終身雇用、年功序列賃金、企業別組合に代表される「日本的経営」の特質を明らかにしようとする。

日本的経営の背景を探る「日本人の行動様式」では、日本人の行動様式の特徴として、ヒエラルキー社会と排他的集団形成の二点が挙げられる。前者については、個人主義の欧米社会と異なり、日本社会における個人が「タテの関係での相対的位置づけ」によって規定されること、後者については、集団が所属する個人を全人的に同化・吸収し、集団の目的が個人の目的となる傾向が強いことが示される。また、日本人の倫理的規律、行動基準の中に、形式主義と実用主義という正反対の考え方が共存している点も指摘されるが、この点は、「江戸時代の価値体系とビジネスの議論がベースとなっており、由井常彦との共同研究がヒルシュマイヤーに与えた影響の大きさを読み取れよう。

次の「日本的経営」では、稟議制度からみた日本と欧米のトップ・マネジメントの違い、終身雇用制度の下で利潤率ではなく、売上高極大化を目指す日本の「モーレツ社員」、年功序列制とゼネラリストの関係、新入社員から経営者までが一体となった日本企業の集団性が考察される。

続く「企業と社会」では、明治以来の政府と民間企業の密接な関係、東京中心の中央集権主義、財閥批判の高まった一九三〇年代と一九七〇年代の石油危機後における大企業批判の比較など、特色ある議論が展開される。ここでヒルシュマイヤーは、戦前の財閥批判と戦後の大企業批判を比較して、前者が国家中心主義、後者がＧＮＰ追求主義に対する国民の反発に由来していると分析する。自己の利益を追求した財閥（大企業）への反発が大きな流れとなった戦前と異なり、戦後の大企業批判の根源には、日本人の「弱者の権利意識の目覚め」があったとする彼の分析は、非常に鋭い点を突いているように思われる。

最後に今後の日本経済、日本社会の課題が整理され、日本企業の多国籍企業化や安定成長時代の課題が検討される。日本企業の多国籍企業化に向けた東南アジア進出の重要性、日本社会が「成長」から「安定」へと時代が移る中で必要となる「新しい目標」の設定など、今日から振り返ると、ヒルシュマイヤーの「予言」がきわめて的確であったことがわかる。

（岡部　桂史）

「会社資本主義」社会における所有意識と勤労意識

本論文は、南山学会編『アカデミア』経済経営学編、第八三号（一九八四年六月）に、家本博一（南山大学社会倫理研究所）の名前で発表された。ヒルシュマイヤーは、前年の一九八三年六月一六日に急逝し、本論文が掲載された『アカデミア』第八三号は、「ヒルシュマイヤー教授追悼号」として編集されたものである。本著作集に掲載した理由は、第一に、本論文が海外でのヒルシュマイヤーの講演原稿であり、二回にわたって本人による加筆・修正が行われたものであること、第二に、本論文が南山社会倫理研究所の共同研究「日本の企業経営の研究」の中間報告であり、同研究でヒルシュマイヤーが中心的役割を果たしていたこと、以上の二点が『アカデミア』掲載にあたって、明記されていたためである。

一八世紀のイギリス産業革命にはじまる資本主義社会の成立は、人間社会を大きく変化させた。資本主義の発展は、工場や企業が経済・社会生活の中心となることを意味したが、他方で、それは資本と労働の対立を必然的に生み出した。第二次世界大戦後、欧米では、福祉国家という新たな目標が掲げられたが、福祉政策の充実は、資本主義のダイナミズム喪失の危機をもたらすことになった。そうした中で日本においては、資本主義社会成立以前の「共同体」でみられた「協同」の精神が、資本と労働との双方に残在している。日本の資本主義は、欧米の「所有に基づく資本による労働支配」ではなく、「資本と労働との新しい総合」を実現させているのではないか。このような問題意識のもとに、ヒルシュマイヤーは、この新しい社会を「会社資本主義」社会と名付け、「日本の内部組織と市場」、「現代日本の所有意識と勤労意識」の二節から検討を進める。

まず「組織」と「市場」という二つの資源配分メカニズムに注目し、日本とアメリカの二国間に関する労働市場、企業間関係、金融（資本）市場の比較・分析が行われる。ここでは、内部労働市場の発達した日本、内部資本市場が発達したアメリカという対照的な特徴が示され、人的資本における「企業特殊熟練」の議論を援用しつつ、本論文の視角でもある「人間共同体」の一つの発展形態として、日本企業の仕組みを高く評価する。続く日本企業の所有意識と勤労意識の検討では、日本学術振興会によるアンケート調査結果が利用される。日本の労働のあり方、とくに労働者の「働く意識」に関して、多くの興味深い指摘がみられるが、大企業を中心とした日本企業において、労働が「苦役」ではなく、経営者と労働者が「協同」する形で、「仕事」が残っているとの主張には、説得力がある。そして、人間共同体として協同する「場」として会社をとらえる資本と労働の新たな総合を、本論文では、「ヒルシュマイヤー仮説」として提示する。この新しい社会、すなわち「会社資本主義」社会をヒルシュマイヤーは、「資本主義社会の進むべき一つの方向」と結論づけるのである。

本論文で注目されるのは、労働における「協同」を考える際に、「人間の尊厳」というキリスト教の教えが掲げられている点であろう。この「人間の尊厳」（ラテン語で Hominis Dignitati）は、ヒルシュマイヤーが学長を務めた南山大学において最も重要な教育理念である。現在の南山大学社会倫理研究所は、一九八〇年にヒルシュマイヤーの提言によって、南山経済倫理研究所として設立されるが、なぜ当初「経済倫理」という言葉を用いたのか、まさに本論文の序論の中に、研究所設立に込めたヒルシュマイヤーの思いが凝縮されている。経済学、経営史研究からスタートした研究は、次第に日本社会論や日本人論まで広がっていくが、ここで強調しておきたいのは、復興期、高度成長期、安定成長期と大きく日本経済・社会が変化していく状況を目の当たりにしてきたヒルシュマイヤーが、いくつかの問題点を指摘しつつも、一九七〇年代後半から一九八〇年代初頭の日本について、総体としては、きわめて好意的にとらえていたということである。彼の死後、われわれは、バブル経済、その後の平成不況を経験してきた。仮にヒルシュマイヤーが存命であれば、現在の日本をどのように評するのであろうか。

（岡部　桂史）

V　対談と講演

第V部は、ヒルシュマイヤーの参加したシンポジウム、対談、講演の中から、研究論文とつながりがあり、また人物像を知る上で参考になる三編をまとめたものである。日本の歴史・文化に精通し、日本語に堪能なヒルシュマイヤーは、多くの対談や講演を引き受け、経済学や経営史の専門家としての立場にとどまらず、外国人の知識人の代表として、さまざまな場で日本について語っている。ヒルシュマイヤーは、どのように日本人や日本社会をとらえていたのであろうか。なお、彼の日本観については、一九八一年の『ふだん着のニッポン経済』（ダイヤモンド社）や一九八四年のA・デワルト（南山大学助教授・神言会神父）との共著『西ドイツと日本――東西〝優等生社会〟の比較――』（東洋経済新報社）も参考になる。この第V部の三編から、日本を愛したヒルシュマイヤーの思いを感じ取ってほしい。

外国人は日本人の経済をいかに見るか

本報告と討論は、『週刊東洋経済』一九六八年八月二四号（通巻三四二六号）に掲載されたシンポジウム「外国人の見た日本経済」の記録であり、のちに隅谷三喜男編『日本人の経済行動』下巻、東洋経済新報社、一九六九年に「外国人は日本人の経済をいかに見るか」に改題の上、再録された。全体テーマとして「日本人の経済行動」を掲げたシンポジウムは、「日本人はなぜよく働くか」、「日本人はなぜよく貯めるか」、「日本の企業者活動を支えるものはなにか」など、様々なテーマにわたり一一回開かれ、ヒルシュマイヤーの参加したシンポジウムも、その一つであった。第一線で活躍する知識人を集めたシンポジウム全体の目的は、当時のトピックである「明治百年」を背景に、日本の近代の歩みについて、社会的・文化的構造の変化や日本人の経済行動を支えた価値観や組織原理を再検討することであった。各シンポジウムでは、専門家による個別報告ののち、報告者一人を含む四人に司会の隅谷三喜男が加わり、計五人で各テーマに関する討論が行われた。

「外国人の見た日本経済」では、ヒルシュマイヤーによって「日本人の三つの特性」と題した報告が行われ、R・J・バロン（上智大学教授）、井上薫（第一銀行会長）、大来佐武郎（日本経済研究センター理事長）によって討論が進められた。

ヒルシュマイヤーは、問題提起となる個別報告において、ナショナリズム、教育、社会中心性（グループ中心主義）の三つをキーワードに日本近代を分析し、それらに共通の「後進的特性」があることを指摘する。ただし、彼は「後進的」という表現を用いているものの、明治以降、日本が先進国に「追いつく」、あるいは「追随者」となるためには、それらの特性が有機的に関係しながら、有効に機能したと高く評価する。そして、高度経済成長の結果、これからの日本は追随者から、自立して独創性をもったリーダーに変化しなければならず、日本人の性質も変わらざるをえないと結ぶ。シンポジウムでの発表ということもあり、「私は、日本を非常に尊敬し、愛しており、日本で毎日を過ごすことを非常に楽しく思っている」との、ヒルシュマイヤーの個人的な感慨も述べられている。

ヒルシュマイヤーの報告を材料として、識者によって、経済発展のイデオロギー、武士道と資本主義、集団的忠誠と他律的倫理、西洋の企業・日本の企業、〝覚えさせる〟日本の教育、さまざまな日本観など、多岐にわたる活発な討論が行われた。なかでも興味深いのは、ナショナリズムついての議論である。ヒルシュマイヤーが「ナショナリズムは目的ではなくて手段です。経済発展を促進させるために使われている思想であるといえます」と発言したのに対して、討論者からは、ナショナリズム概念の厳密性について疑問が呈され、その後、国家主義、武士道まで議論が広がっていった。討論の過程で浮き彫りとなるのは、ヒルシュマイヤーのとらえるナショナリズムが、西欧的に定義されるナショナリズムと異なり、日本の幕末・明治期から現代まで続く、「経済発展ナショナリズム」をイメージしているということである。本著作業に収録した各論文においても、ナショナリズムをはじめ、さまざまな概念・用語が登場するが、本シンポジウムの記録を読むことで、さらにその理解が深まると思われる。

（岡部　桂史）

日本文化論

本対談は、『毎日新聞』のシリーズ「この人と」において、一九七四年一〇月三〇日から一一月一五日に「日本文化論」と題して掲載された。対談者は、毎日新聞編集局顧問で政治評論家の松岡英夫である。対談の内容は、ヒルシュマイヤーの生い立ちから、近代化論、日本社会論、ドイツとの比較、教育論など、多方面におよび、ヒルシュマイヤーの人となりを知ることができる。また、この対談の時期は、*The Development of Japanese Business, 1600–1973*の刊行を控えていた頃と重なり、同書の問題意識が一般読者にも理解できるように平易に語られる。

当時の日本人自身が否定的・批判的な言葉としてとらえていた「エコノミック・アニマル」という用語に対して、ビジネスマンの利潤追求は当然の行為であり、「外国人はエコノミック・アニマルは当たり前くらい」と、日本の「内」から日本を観察するという、ヒルシュマイヤーの強みを生かした見方を提示している箇所や、南山大学長として、教育論、大学経営論に触れている箇所は、大変小気味よい発言が続いている。とりわけ私立大学経営の難しさを述べている部分では、秋入学（九月入学）の問題など、現在にも通じる話題も含まれており、研究者にとどまらない、大学経営者としてのヒルシュマイヤーの人間的な幅の広さを感じ取れる。

（岡部　桂史）

日本的経営の前途

本講演は、一九八一年六月四日に関西大学経済学会主催で開催された講演会の記録であり、のちに「日本的経営の前途」『関西大学経済学会報』第二号（一九八一年一二月）に講演記録として掲載された。講演タイトルも「日本的経営の前途」であり、大学学部生を対象として、高度経済成長から安定成長に移行する中で、国際的な注目を集めつつあった日本的経営について語られている。

講演では、「日本的経営とはなにか」、「系列と下請制度」、「大学でなく企業が人を教育する」、「日本的経営における民主化」など、講演記録の掲載にあたって付された小見出しからもわかるように、日本的経営をキーワードにしながら、ヒルシュマイヤーらしい論点を入れ込み、国際的な視点から日本的経営の特徴を論じている。日本の近代化・工業化にあたっての中央集権主義（講演では、「東京中心」と表現している）、財界やカルテルなどを例にした集団主義、系列（企業集団）間の競争（競争的寡占構造）といった、これまでの論文でも触れてきた問題について、わかりやすく解説している。また当時も現在も、一つの課題である大学教育と企業教育の関係にも触れ、プレ・アカデミクス（pre academics）としての日本の大学教育と、プロフェッショナル・トレーニング（professional training）としての企業教育の違いを説明した上で、終身雇用、年功序列という日本的経営の特徴を説明している。全体として、日本的経営のプラスの側面を評価するというヒルシュマイヤーの従来の姿勢が貫かれている点が本講演の特徴であろう。

（岡部　桂史）

※解題の各部冒頭の解説は、すべて岡部桂史による。

ヒルシュマイヤー年譜

業績の※は、本書収録。

西暦	履歴	経済・経営史に関する業績	南山大学と周辺の出来事
1921	10月28日　ドイツ領シレジア州ハインリッヒスホフ村（現ポーランド）に生まれる。		
1932			南山中学校（旧制）創立
1939			〔第二次世界大戦勃発〕
1941	徴兵		
1945			〔第二次世界大戦終結〕
1946			南山外国語専門学校創立
1947	6月　聖オーガスチン大神学校哲学科卒業（哲学士）		
1949			南山大学創立
1950	8月　カトリック司祭に叙階		
1951	6月　聖オーガスチン大神学校神学科卒業（神学士）		〔サンフランシスコ平和条約調印〕
1952	6月　来日。東京フランシスコ会日本語学校において日本語修得		
1954	9月　米国ワシントン市アメリカ・カトリック大学大学院経済学科在学		
1955	7月　米国ハーバード大学大学院経済学専攻入学		
1956	9月　ハーバード大学経済学科助手		
1957	4月　南山大学助手 9月　米国ハーバード大学大学院在学のまま、博士論文作成のため東京大学研究生		

1958	3月　ハーバード大学M・A（経済学修士）		
1960	4月　南山大学講師		南山大学経済学部設置 〔日米新安保条約調印〕 〔所得倍増計画決定〕
1961	6月16日　ハーバード大学Ph.D（経済学博士）	※「経済発展のための企業家供給」『アカデミア』32 ※「資料「マーテル・エト・マジストラ」」『アカデミア』32	
1962	9月　南山大学助教授		
1963		※「経済発展は自由市場体制によるべきか中央計画によるべきか」『アカデミア』36	南山大学経済学部経営学科増設
1964		*The Origins of Entrepreneurship in Meiji Japan*. Harvard University Press	〔東京オリンピック開催〕
1965		"Shibusawa Eiichi: Industrial Pioneer," in *The State and Economic Enterprise in Japan*. edited by W. Lockwood. Princeton University Press 『日本における企業者精神の生成』東洋経済新報社	〔米、ベトナム北爆を開始〕
1966		「ドイツ農業の近代化」『アカデミア』55	
1967	9月　南山大学教授	※「教皇パウロ六世の経済発展モデル」『アカデミア』62	
1968	4月　南山大学指導司祭	※「外国人の見た日本経済」『週刊東洋経済』8月24日号	南山大学経営学部設置

1969	9月 学校法人南山学園理事 10月 南山大学臨時学長補佐	※「ニッポンの挑戦」『週刊東洋経済』10月4日号	南山大学で学生運動激化
1970	4月 南山大学学長補佐	"The Japanese Spirit of Enterprise, 1867-1970", *Business History Review*, vol. 44	〔日本万国博覧会開催〕
1971	4月 南山大学副学長	※「「GNP教」への熱情と不安」『マネジメント』30（5） ※「文化的価値と工業化の論理」『経営史学』5（3） ※「東西経営イデオロギー」『日本労働研究雑誌』（153）	〔ニクソン・ショック〕
1972	4月 南山大学長 名古屋日独協会副会長		〔日中国交正常化〕
1973			〔第一次オイル・ショック〕
1974		『中日新聞』「紙つぶて」連載 ※『毎日新聞』「日本文化論」連載	
1975		※「企業家と社会秩序」『アカデミア』経済経営学編83 *The Development of Japanese Business, 1600-1973*, Harvard University Press ※「江戸時代の価値体系とビジネス」『経営史学』10（1）	
1976	愛知文化問題懇談会委員（～79年）	※「日本型企業社会、その特質と課題」伊東光晴編『世界の企業5』筑摩書房	〔ロッキード事件〕
1977		『日本の経営発展』東洋経済新報社	
1978	第21回日経・経済図書文化賞受賞		
1979	アイセック全国理事・中部地区理事長	※「経営史」『経営学ガイドブック』	〔第二次オイル・ショック〕

		『人間の尊厳のために』南山大学 『西ドイツと日本』東洋経済新報社	
1980	石田科学経済研究財団評議員、アジア保険研修所理事、名古屋テレビ海外派遣奨学生選考委員 南山経済倫理研究所第二種研究所員		南山経済倫理研究所設立
1981	豊田工業大学評議員、愛知県地方計画委員会専門委員、愛知県生涯教育推進懇話会委員、愛知県国際交流調査会議委員 南山大学社会倫理研究所第二種研究所員	『ふだん着のニッポン経済』ダイヤモンド社 ※「日本的経営の前途」『関西大学経済学報』2	経済倫理研究所から南山大学社会倫理研究所への名称変更 〔88年オリンピックの名古屋招致失敗〕
1982	盛田国際教育振興財団選考委員	『先進国病と日本経済の諸問題』長野県経営者協会	
1983	日本私立大学連盟理事、リトルワールド企画委員、名鉄国際育英会奨学会理事 6月16日　心不全にて死去。61歳。		
1984		※「「会社資本主義」社会における所有意識と勤労意識」『アカデミア』経済経営学編83	

墓標　多治見修道院（岐阜県多治見市）

〔撮影：大川隆〕

マ行

ヤ行

ラ行

ワ行

ワ行

アルファベット

人　名

ア行

カ行

マ行

ヤ行

ラ行

タ行

ナ行

ハ行

サ行

索　引

事　項

ア行

カ行

【編者紹介】

川崎　勝（かわさき　まさる）
1942年生まれ
2011年南山大学経済学部退職
現　在　南山大学社会倫理研究所非常勤研究員
主な業績：「田口卯吉の「私利心」」（『社会と倫理』第25号、2011年12月、南山大学社会倫理研究所）

林　順子（はやし　よりこ）
1965年生まれ
2000年南山大学大学院経済学研究科博士後期課程修了
現　在　南山大学経済学部教授
主な業績：『尾張藩水上交通史の研究』（清文堂、2000年）、『新修　名古屋市史』資料編近世二（共著、名古屋市、2010年）

岡部　桂史（おかべ　けいし）
1974年生まれ
2005年大阪大学大学院経済学研究科博士後期課程修了
現　在　南山大学経営学部准教授
主な業績：『戦前期北米の日本商社』（共著、日本経済評論社、2013年）、『日本経済の歴史』（共著、名古屋大学出版会、2013年）

工業化と企業家精神

2014年3月18日　第1刷発行　　定価（本体6500円＋税）

著　者　ヨハネス・ヒルシュマイヤー
編　者　川　崎　　勝
　　　　林　　順　子
　　　　岡　部　桂　史
発行者　栗　原　哲　也

発行所　株式会社　日本経済評論社
〒101-0051　東京都千代田区神田神保町3-2
電話　03-3230-1661　FAX　03-3265-2993
info8188@nikkeihyo.co.jp
URL：http://www.nikkeihyo.co.jp

装幀＊渡辺美知子　　印刷＊文昇堂・製本＊高地製本所

乱丁・落丁本はお取替えいたします。　Printed in Japan

ISBN978-4-8188-2281-8

島田昌和著
渋沢栄一の企業者活動の研究
―戦前期企業システムの創出と出資者経営者の役割―
A5判　六五〇〇円

膨大な数の民間企業の設立・運営に関わった渋沢の企業者活動について、関与のあり方、トップマネジメントの手法、資金面のネットワークなど多方面から分析した画期的な研究。

下谷政弘著
経済学用語考
四六判　二八〇〇円

明治期に経済学はなぜ「理財学」と呼ばれたのか？「系列」はいつから経済用語になったのか？　重工業と化学工業はなぜ「重化学工業」に合成されたのか？　など、経済用語の謎を探る。

山本長治著
武藤山治
―日本的経営の祖―
四六判　二五〇〇円

鐘紡を率い、「日本的経営の祖」といわれた武藤山治。福沢諭吉の精神を継承しつつ、財界のみならず、政界、言論界でも体現した「独立自尊の経営者像」を描く。

D・R・ヘッドリク著／横井勝彦・渡辺昭一監訳
インヴィジブル・ウェポン
―電信と情報の世界史1851～1945―
A5判　六五〇〇円

国家間の対立の武器であり原因でもあった電信による情報の伝達をいかに迅速化し統制し防衛するか。また暗号通信と解読、通信諜報と防諜をどのようにリードしていくか。

小野浩著
住空間の経済史
―戦前期東京の都市形成と借家・借間市場―
A5判　五四〇〇円

投資収益を生み出すハコとしての住戸とヒトがつくる生活空間としての住空間。土地と建物を巡る重層的関係が織りなす柔軟な市場という視点から、戦前期の都市形成を描く。